O Livro dos Mortos do ANTIGO EGITO

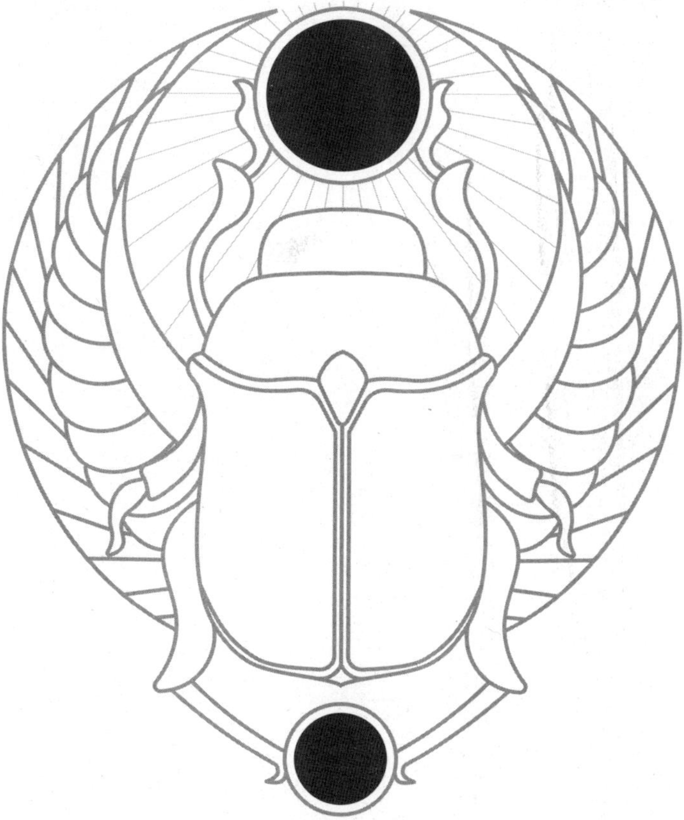

O PAPIRO DE ANI

O livro é a porta que se abre para a realização do homem.

Jair Lot Vieira

E. A. Wallis Budge

O Livro dos Mortos do ANTIGO EGITO

O Papiro de Ani

Tradução
Martha Argel
Humberto Moura Neto

mantra

Título original: *The Book of the Dead*. Traduzido a partir da edição revisada em inglês publicada pela The Medici Society, Londres, e pela G. P. Putnam's Sons, Nova Iorque, em 1913.

Grafia conforme o novo Acordo Ortográfico da Língua Portuguesa.

1ª edição, 2025.

Editores: Jair Lot Vieira e Maíra Lot Vieira Micales
Coordenação editorial: Fernanda Godoy Tarcinalli e Karine Moreto de Almeida
Produção editorial: Carla Bettelli
Tradução: Martha Argel e Humberto Moura Neto
Edição e preparação de textos: Marta Almeida de Sá
Assistente editorial: Thiago Santos
Revisão: João Macruz e Thiago de Christo
Diagramação: Aniele de Macedo Estevo e Estúdio Design do Livro
Capa: Aniele de Macedo Estevo

Dados Internacionais de Catalogação na Publicação (CIP)
(Câmara Brasileira do Livro, SP, Brasil)

Budge, E. A. Wallis, 1857-1934

O livro dos mortos do Antigo Egito : o papiro de Ani / E. A. Wallis Budge ; tradução Martha Argel, Humberto Moura Neto. – 1. ed. – São Paulo : Mantra, 2025.

Título original: The book of the dead.

ISBN 978-65-87173-35-1 (impresso)
ISBN 978-65-87173-36-8 (e-pub)

1. Egito – Religião 2. Morte – Aspectos religiosos I. Título.

25-298820.0 CDD-299.31

Índice para catálogo sistemático:
1. Livro dos Mortos :
Religião egípcia antiga : 299.31

Aline Graziele Benitez – Bibliotecária – CRB-1/3129

mantra.

São Paulo: (11) 3107-7050 • Bauru: (14) 3234-4121
www.mantra.art.br • edipro@edipro.com.br
@editoramantra

SUMÁRIO

APRESENTAÇÃO DESTA EDIÇÃO

No vasto universo dos textos antigos, poucos oferecem um vislumbre tão profundo e fascinante da espiritualidade e das crenças de uma civilização quanto *O Livro dos Mortos do Antigo Egito*. Não é um livro no sentido moderno, mas uma coleção de textos sagrados e feitiços destinados a guiar as almas dos mortos na jornada ao além-vida e auxiliar a ascensão ao reino dos imortais. Escritos em papiros e gravados nas paredes das pirâmides, os textos — que não possuem autores definidos e foram editados em diversos momentos, ao longo de mais de 4 mil anos —, acompanhavam faraós, nobres e até mesmo cidadãos comuns no leito de morte.

O conteúdo aqui apresentado tem suas raízes na renomada tradução realizada por E. A. Wallis Budge, curador das antiguidades egípcias e assírias do Museu Britânico, e publicada pela The Medici Society e pela G. P. Putnam's Sons em 1913, sob o título *The book of the dead — Papyrus of Ani*, sendo esta a versão mais famosa do documento.

Budge, um dos maiores egiptólogos de sua época, teve papel fundamental na divulgação do Papiro de Ani — o qual foi descoberto após escavações nas proximidades de Luxor, no sul do Egito, e adquirido por Budge, em 1888, para a coleção do Museu Britânico, onde permanece até hoje. Considerado o manuscrito mais completo e bem preservado da coletânea de textos sagrados, sua tradução revela a dimensão espiritual e ritualística dos antigos egípcios, evidenciando a profunda conexão entre o homem e o divino — uma ligação que transcende as fronteiras da vida e da morte.

A presente edição inclui a reprodução das pranchas que compõem o Papiro de Ani, com base na publicação original de Budge. Elas acompanham a transcrição de seu capítulo correspondente, sempre buscando honrar a integridade e a riqueza do trabalho do egiptólogo. Cada capítulo deste papiro ancestral é apresentado com notas explicativas, que facilitam uma apreciação mais abrangente dos complexos rituais e crenças que definiram a visão do Egito Antigo acerca do além-vida.

Inclui também dois textos introdutórios, de autoria do pesquisador inglês, que contribuem para melhor compreensão da obra:

- *As recensões do Livro dos Mortos*, que detalha como os textos foram compilados e editados, e como eles influenciaram a prática fúnebre e a visão egípcia do pós-morte. A partir dele, é possível compreender a complexidade e a riqueza do *Livro dos Mortos* e como ele retrata a evolução das crenças egípcias sobre a vida após a morte; e
- *O papiro de Ani — Data e conteúdo*, no qual o arqueólogo descreve em minúcias as características de sua descoberta, apresentando detalhes importantes sobre o documento que alicerçou sua tradução.

No texto utilizado como base, Budge complementa o Papiro de Ani com vinhetas de outros papiros, como é o caso do Papiro de Nu, do Papiro de Turim, dentre outros. Nossa publicação foi organizada de modo a diferenciar o Papiro de Ani dos demais, a fim de facilitar a identificação pelo leitor.

Para isso, os conteúdos alheios ao Papiro de Ani aparecem sobre fundo cinza e com fonte e pranchas em tamanho reduzido. Além disso, os comentários feitos pelo autor ao longo do texto estão diferenciados pelo uso de fonte sem serifa. Assim, caso o leitor opte por consultar apenas o conteúdo referente ao Papiro de Ani, será mais fácil identificá-lo.

Nosso objetivo é proporcionar ao leitor uma experiência que respeite o legado de Budge e exponha a sabedoria e a tradição egípcias. Esperamos que esta seja uma contribuição valiosa inspiradora a todos aqueles que buscam compreender a riqueza e a profundidade da tradição espiritual do Antigo Egito.

Os editores

O Livro dos Mortos do ANTIGO EGITO

O Papiro de Ani

O Papiro de Ani é uma reprodução em fac-símile editada com transcrições de hieróglifos, tradução e introdução de *sir* E. A. Wallis Budge, mestre em Artes, doutor em Letras, curador de antiguidades egípcias e assírias no Museu Britânico, publicada com permissão dos conselheiros do Museu Britânico.

INTRODUÇÃO*

As recensões do *Livro dos Mortos*

As recensões do grande corpo de composições religiosas que foram elaboradas para o uso de reis, nobres, sacerdotes e outros mortos, e que compõem *O Livro dos Mortos do Antigo Egito*, podem ser assim sumarizadas:

I. A Recensão Heliopolitana, isto é, aquela que foi editada pelos sacerdotes da Escola de Anu (a On da Bíblia e a Heliópolis dos gregos), e que foi baseada em uma série de textos hoje perdidos. Encontra-se gravada em hieróglifos nas paredes das câmaras e dos corredores dos túmulos piramidais[1] de determinados reis[2] da V e da VI Dinastia. Representa o sistema de teologia promulgado pelos sacerdotes de Rá, o deus Sol, mas todos os elementos essenciais nela, com exceção das doutrinas solares, derivam dos egípcios primitivos, indígenas e provavelmente pré-dinásticos. Nos textos dos reis posteriores vemos que os sacerdotes de Rá eram obrigados a reconhecer a supremacia de Osíris, cujo culto, mesmo nas primeiras dinastias, era muito difundido no Alto e no Baixo Egito.

Durante a XI e a XII Dinastia, seções dos Textos das Pirâmides, com títulos nos quais são chamados de "capítulos", foram escritos em hierógli-

---

*. A introdução aqui apresentada é um excerto extraído do volume I da obra original de E. A. Wallis Budge, cujo intuito é oferecer ao leitor uma experiência mais completa e enriquecedora acerca destes importantes textos sagardos, bem como uma melhor compreensão de seu conteúdo. (N.E.)

1. Daqui em diante, denominados "Textos das Pirâmides".

2. Isto é, Unas, Teta, Pepi I, Mehti-em-sa-f e Pepi II. Suas pirâmides foram exploradas por Mariette e Maspero de 1880 a 1884, e os textos hieroglíficos foram publicados, com tradução francesa, em *Recueil de Travaux*, tt. III-XIV, Paris, 1882-1893. Uma versão revista do texto foi publicada recentemente por Sethe, *Pyramidentexte*, Leipzig, 1908-1910.

fos cursivos sobre sarcófagos e caixões,[3] e a eles foram acrescentados vários capítulos que parecem ter sido compostos durante o intervalo entre a VI e a XI Dinastia. O tratamento dado aos textos mais antigos e o caráter dos textos mais recentes podem ser estudados nas excelentes transcrições feitas por Lacau a partir dos caixões de Al-Barshah, publicadas por ele em *Recueil de Travaux*, t. 26-27, 28-33.

II. A Recensão Tebana, comumente escrita em papiros e pintada em caixões em hieróglifos, que era dividida em seções ou capítulos; cada um dos quais tinha um título distinto, mas nenhum lugar definido na série. Essa versão foi muita usada entre as Dinastias XVIII e XXII. Essa Recensão também foi escrita em papiros por meio de caracteres hieráticos e hieróglifos.

3. Nas Dinastias XI, XII e XIII, muitos monumentos foram inscritos com seções do texto de Unás. Assim, ll. 206-269 são encontradas na forma de hieróglifos no caixão de Amamu (Museu Britânico, n. 6.654; ver Birch, *Egyptian Texts of the Earliest Period from the Coffin of Amamu*, 1886, Pranchas XVII-XX); ll. 206-214 e 268-284 no caixão de 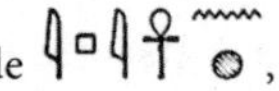, Apa-Ankh, de Sakkarah (ver Lepsius, *Denkmäler*, II, Bl. 145; Maspero, *Recueil*, t. III, p. 200, 214 ss.); ll. 206-210 e 268-289 no caixão de Antef (ver Lepsius, *Denkmäler*, II, Bl. 145; Maspero, *Recueil*, t. III, p. 200, 214); l. 206 em um caixão de Menthu-hetep em Berlim (ver Lepsius, *Aelteste Texte*, Bl. 5); ll. 269-294 no sarcófago de Heru-hetep (ver Maspero, *Mémoires*, t. I, p. 144). Uma seção encontra-se nas paredes do túmulo da Rainha Neferu (ver Maspero, *Recueil*, t. III, p. 200 ss.; *Mémoires*, t. I, p. 134); outras seções encontram-se no sarcófago de , Taka (ver Lepsius, *Denkmäler*, II, Bl. 147, 148; Maspero, *Guide au Visiteur*, p. 224, n. 1.053; *Mémoires*, t. I, p. 134); ll. 5-8 ocorrem na estela de Apa  (ver Ledrain, *Monuments Égyptiens de la Bibl. Nationale*, Paris, 1879, fol. 14, 15); ll. 166 ss. se encontram na estela de Nehi (ver Mariette, *Notice des Mon. à. Boulaq*, p. 190; Maspero, *Recueil*, t. III, p. 195); e ll. 576-583 no caixão de Sebek-Aa 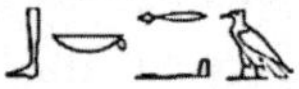 (ver Lepsius, *Aelteste Texte*, Bl. 37; Maspero, *Recueil*, t. IV, p. 68). Na XVIII Dinastia, l. 169 foi copiada em uma parede do templo de Hatshepset em Der Al-Bahari (ver Dümichen, *Hist. Inschriften*, Bl. 25-37; Maspero, *Recueil*, t. I, p. 195 ss.); e cópias de ll. 379-399 existem nos Papiros de Mut-hetep (Museu Britânico, n. 10.010) e Nefer-uben-f (Paris, n. 3.092. Ver Naville, *Todtenbuch*, Bd. I, Bl. 197; *Aeg. Zeitschrift*, Bd. XXXII, p. 3; e Naville, Einleitung, p. 39, 97). Na XXVI Dinastia, encontramos textos da V Dinastia copiados nas paredes do túmulo de Peta-Amen-apt, o *kher-heb* mor em Tebas (ver Dümichen, *Der Grabpalast des Patuamenap in der Thebanischen Nekropolis*, Leipzig, 1884-1885); bem como no papiro feito para a dama Sais 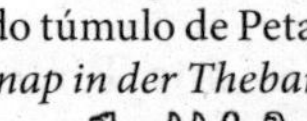, por volta de 200 d.C. (ver Devéria, *Catalogue des MSS.* Égyptiens, Paris, 1874, p. 170, n. 3.155). As palavras de Schiaparelli são: "Esso è scritto in ieratico, di un tipo paleografico speciale: l'enorme abbondanza di segni espletivi, la frequenza di segni o quasi demotici o quasi geroglifici, la sottigliezza di tutti, e l'incertezza con cui sono tracciati, che rivela una mano più abituata a scrivere in greco che in egiziano, sono altrettanti caratteri del tipo ieratico del periodo esclusivamente romano, a cui il nostro papiro appartiene senza alcun dubbio". [Está escrito em hierático, de um tipo paleográfico especial: a enorme abundância de signos, a frequência dos signos ou quase demóticos ou quase hieroglíficos, a sutileza de todos, e a incerteza com que se traçam, que revela uma mão mais acostumada a escrever em grego do que em egípcio, são caracteres do tipo hierático exclusivamente do período romano, ao qual nosso papiro sem dúvida pertence. (N.T.)] *Il Libro dei Funerali*, p. 19. Sobre a obra de Devéria relacionada a este manuscrito, ver Maspero, *Le Rituel du sacrifice Funéraire* (em *Revue de l'Histoire des Religions*, t. XV, p. 161).

III. A assim chamada Recensão Saíta, na qual, em algum período, provavelmente anterior à XXVI Dinastia, os capítulos estavam organizados em uma ordem definida. Foi escrita em caixões, papiros etc., por meio de hieróglifos e em hierático e demótico, e foi muito usada da XXVI Dinastia até o final do período ptolomaico.

O título de *Livro dos Mortos* tem sido dado comumente por egiptólogos às recensões Tebana e Saíta, mas, nesta introdução, o termo é usado para incluir o corpo geral de textos religiosos que tratam do bem-estar dos mortos e de sua nova vida no mundo além-túmulo, os quais sabemos terem existido e sido usados pelos egípcios desde 4000 a.C. até os primeiros séculos da era cristã.

Os Textos das Pirâmides constituem a forma mais antiga do *Livro dos Mortos* que conhecemos, e, apesar de termos apenas cópias que foram escritas para reis, e nenhuma que tenha sido escrita para sacerdotes, funcionários e particulares, não é correto concluir com base em tal fato que não foram feitas cópias para outras pessoas além dos reis, nem é correto tentar fazer a distinção entre a Recensão Heliopolitana do *Livro dos Mortos* e as recensões posteriores. Os túmulos mastaba da IV Dinastia são provas de que a *Liturgia das Oferendas Sepulcrais* e o *Livro para a Abertura da Boca* eram recitados em intenção de funcionários civis e eclesiásticos, e não há razão para duvidar de que cópias de seções dos Textos das Pirâmides fossem feitas para eles.

Os túmulos mais antigos descobertos no Egito provam que os egípcios primitivos davam destino a seus mortos em parte enterrando, em parte queimando, mas não há nenhum fundamento para supor que *todos* os mortos fossem enterrados e queimados, pois desde tempos imemoriais sempre foi o costume na África, e ainda é em muitas partes daquele continente, permitir que os corpos de todos, exceto reis, governadores, nobres e homens de alta posição, fossem devorados por animais selvagens ou consumidos pela miríade de insetos devoradores de carne que infestam o solo. Os corpos enterrados eram desmembrados ou enterrados inteiros. Os corpos enterrados em túmulos eram deitados sobre o lado esquerdo, com a cabeça voltada para o sul, e às vezes eram envoltos em peles de animais, em juncos ou esteiras de capim. Os corpos eram cortados em pedaços por duas razões: para economizar espaço em um país onde a terra era peculiarmente valiosa e para impedir que os espíritos dos mortos voltassem e tornassem a ocupar seus antigos corpos. Nos casos em que o fogo era usado como destinação dos mortos, os corpos só eram parcialmente queimados, e os ossos eram recolhidos e jogados em uma vala rasa, cuidando-se para manter juntas a cabeça e as mãos. Nesse período, é certo que se faziam oferendas para os mortos, e é muito claro que tanto aqueles a quem as oferendas eram feitas quanto os que as faziam tinham ideias muito bem definidas sobre a vida futura no Outro Mundo. Estavam bastante convencidos de que os homens não pereciam definitivamente ao morrer, e que depois da morte alguma porção de um homem partia para algum lugar onde renovaria a vida de algum modo, segundo os ditames de algum ser divino.

Os habitantes do Egito que davam destino a seus mortos enterrando-os e queimando-os não sabiam escrever; portanto, não poderiam ter possuído alguma coleção de textos religiosos que pudesse ser considerada como a base do *Livro dos Mortos* que conhecemos, e é muito improvável que fizessem uso de alguma fórmula religiosa ao enterrar ou queimar seus mortos. Há vários trechos no *Livro dos Mortos* que contêm referências aos hábitos de enterro dos primitivos egípcios, o que indica que os aborígenes cultuavam uma forma primitiva de crença religiosa. Eles não podem, entretanto, de modo algum, ser considerados os fundadores do *Livro dos Mortos*, porque este pressupõe a existência de conceitos que os aborígenes não dominavam e refere-se a um sistema elaborado de sepultamento que eles nunca colocaram em prática. Qualquer que seja a posição defendida quanto à origem dos egípcios, é absolutamente certo que os aborígenes do Egito empregavam um sistema de sepultamento bem diferente do sistema usado por seus últimos descendentes pré-dinásticos e por seus primeiros descendentes dinásticos.

Em relação ao que foi dito no parágrafo anterior, fica claro que os habitantes mais antigos do Egito não fizeram nenhuma tentativa de mumificar seus mortos no sentido estrito do termo. Ainda assim, como Fouquet encontrou traços de betume em alguns esqueletos pré-dinásticos, podemos supor que os egípcios primitivos teriam tomado precauções bem mais elaboradas para preservar seus mortos caso tivessem o conhecimento necessário. Assim que os egípcios começaram a mumificar seus mortos, em outras palavras, a preservar os corpos de forma completa, também começaram a executar cerimônias funerárias de natureza simbólica e a recitar fórmulas e preces que acreditavam ser de grande benefício para os mortos. Grande importância era dada a essas cerimônias e fórmulas, pois acreditava-se que proporcionariam ao corpo morto o poder de resistir à decomposição, garantiriam a ele uma existência renovada e abençoada junto aos deuses e o preservariam para sempre. A grande mudança que aconteceu nas visões religiosas dos egípcios um pouco antes do início da história dinástica deveu-se totalmente, acredito, ao crescimento e à expansão do culto de Osíris em todo o Egito. Se foi introduzido no Egito por um povo vindo da costa do

Mediterrâneo ou por uma tribo líbia, ou por "protossemitas" do leste ou do sudeste, ou se foi um ato puramente nativo, é algo com que não precisamos nos ocupar aqui. O importante a destacar é que os mestres do culto de Osíris afirmavam que o corpo morto de um homem era uma coisa sagrada e que, por isso, não deveria ser devorado por homens ou animais, ou queimado, ou mutilado. Ao contrário, se fossem levados em conta os desejos de Osíris, o corpo deveria ser tratado com o maior cuidado, e embalsamado e enterrado em um túmulo cuidadosamente oculto. Mas por quê? A preservação do corpo era de importância vital porque o dogma de Osíris pregava que a partir dele emergiria o invólucro translúcido, transparente, imaterial, resplandecente e glorioso no qual a alma-espírito do morto faria morada com todos os seus atributos mentais e espirituais.

A evidência derivada da enorme massa de material novo que devemos às importantes descobertas dos túmulos e das pirâmides mastaba feitas por Maspero, e à publicação dos textos religiosos mais antigos realizada por ele, demonstra, além de qualquer dúvida, que os textos essenciais compreendidos no *Livro dos Mortos* são, de um modo ou de outro, muito anteriores ao período de Mena (Menés), o primeiro rei histórico do Egito.[4] Algumas seções, de fato, parecem pertencer ao Período Pré-Dinástico.

---

4. "Les textes des Pyramides (...) nous reportent si loin dans le passé que je n'ai aucun moyen de les dater que de dire qu'elles étaient déjà vieilles cinq mille ans avant notre ère. Si extraordinaire que paraisse ce chiffre, il faudra bien nous habituer à le considérer comme représentant une evaluation à minima toutes les fois qu'on voudra rechercher les origines de la religion Égyptienne. La religion et les textes qui nous la font connaitre étaient déjà constitués avant la Ière dynastie: c'est à nous de nous mettre, pour les comprendre, dans l'état d'esprit où était, il y a plus de sept mille ans, le peuple qui les a constitués. Bien entendu, je ne parle ici que des systèmes théologiques: si nous voulions remonter jusqu'à l'origine des éléments qu'ils ont mis en oeuvre, il nous faudrait reculer vers des âges encore plus lointains." ["Os textos das Pirâmides (...) nos remetem tão longe no passado que não tenho modo algum de datá-los a não ser dizer que já eram antigos cinco mil anos antes de nossa era. Por mais extraordinária que essa cifra pareça, será melhor que nos acostumemos a considerá-la como constituindo uma avaliação *mínima* todas as vezes que desejarmos pesquisar as origens da religião egípcia. A religião e os textos que nos fazem conhecê-la já estavam constituídos antes da I Dinastia; para compreendê-los, devemos colocar-nos no estado de espírito das pessoas que os constituíram há mais de sete mil anos. Por certo, aqui só me refiro aos sistemas teológicos; se quisermos nos remeter à origem dos elementos que eles utilizaram, será preciso recuar a épocas ainda mais remotas." (N.T.)] Maspero, La Religion Égyptienne (em *Revue de l'Histoire des Religions*, t. XIX, p. 12; e em *Études de Mythologie et d'Archeologie Égyptiennes*, t. II, p. 236). Compare também "dass die einzelnen Texte selbst damals schon einer alten heiligen Litteratur angehorten, unterliegt keinen Zweifel, sic sind in jeder Hinsicht alterthiimlicher als die altesten uns erhaltenen Uenkmaler. Sie gehören in eine für uns "vorhistorische" Zeit und man wird ihnen gewiss kein Unrecht anthun, wenn man sie bis in das vierte Jahrtausend hinein versetzt". ["Não há dúvida de que os textos individuais, mesmo então, pertenciam a uma antiga literatura sagrada; eles são, em todos os aspectos, mais antigos do que os mais antigos monumentos preservados. Eles pertencem a uma época que é 'pré-histórica' para nós e certamente não cometeremos nenhuma injustiça se os movermos para o quarto milênio." Erman,

Os textos mais antigos trazem em si provas não só de terem sido compostos, mas também de terem sido revisados, ou editados, muito antes de as cópias que conhecemos terem sido feitas, e, a julgar por muitos trechos nas cópias inscritas em hieróglifos nas pirâmides de Unas (o último rei da V Dinastia, por volta de 3333 a.C.), e Teta, Pepi I, Mehti-em-sa-f e Pepi II (reis da VI Dinastia, por volta de 3300-3166 a.C.), pareceria que, mesmo naquela data remota, os escribas estavam perplexos e mal compreendiam os textos que tinham diante de si.[5] De acordo com a estimativa mais moderada, algumas seções do *Livro dos Mortos*, como conhecidas a partir dessas tumbas, remontam a um período anterior a 3 mil anos antes de Cristo. De todas as formas, temos fundamento ao estimar a versão mais antiga desta obra como sendo contemporânea à fundação da civilização[6] que chamamos de egípcia no vale do Nilo.[7] Determinar um limite cronológico para as artes e a civilização egípcias é absolutamente impossível.[8]

A forma ou edição mais antiga do *Livro dos Mortos*, assim como a recebemos, não fornece qualquer informação sobre o período em que foi compilada; mas uma cópia do texto hierático inscrita em um caixão da Rainha Khnem-Nefert, a esposa de Menthu-hetep, um rei da XI Dinastia,[9] por volta de

---

A relação das línguas egípcias com as semíticas. (N.T.)] Erman, *Das Verhältniss des aegyptischen zu den semitischen Sprachen. In*: *Z.D.M.G.*, Bd. XLVI, p. 94.

5. "Le nombre des prières et des formules dirigées contre les animaux venimeux montre quel effroi le serpent et le scorpion inspirait aux Égyptiens. Beaucoup d'entre elles sont écrites dans une langue et avec des combinaisons de signes qui ne paraissent plus avoir été complètement comprises des scribes qui les copiaient sous Ounas et sous Pepi. Je crois, quant à moi, qu'elles appartiennent au plus vieux rituel et remontent au delà du règne de Mini." ["A quantidade de preces e de fórmulas dirigidas contra os animais venenosos mostra o pavor que as serpentes e os escorpiões infundiam nos egípcios. Muitas delas são escritas em uma língua e em uma combinação de sinais que parecem não ter sido inteiramente compreendidas pelos escribas que as copiavam durante os reinados de Unas e de Pepi. De minha parte, acredito que elas pertenciam ao ritual mais antigo e remontam para além do reino de Mini." (N.T.)]. Maspero, *La Religion Égyptienne. In*: *Revue de l'Histoire des Religions*, t. XII, p. 125. Ver também *Recueil de Travaux*, t. IV, p. 62.

6. "So sind wir gezwungen, wenigstens die ersten Grundlagen des Buches den Anfängen der Aegyptischen Civilisation beizumessen." ["Portanto, somos forçados a atribuir pelo menos as primeiras bases do livro aos primórdios da civilização egípcia." (N.T.)] Ver Naville, *Das Aegyptische Todtenbuch* (Einleitung), Berlim, 1886, p. 18.

7. A data de Mena varia entre os autores, como 5869 a.C. (Champollion), 5004 a.C. (Mariette), 4455 a.C. (Brugsch), 3893 a.C. (Lieblein), 5510 a.C. (Petrie), 3892 a.C. (Lepsius), 3623 a.C. (Bunsen).

8. Ver Chabas, *Aeg. Zeitschrift*, 1865, p. 95. Sobre o tema da antiguidade da civilização egípcia em geral, ver Chabas, *Études sur l'Antiquité Historique d'après les Sources Égyptiennes*, Paris, 1873 — Introdução, p. 9, e ver especialmente Morgan, *Recherches*, Paris, 1897; *L'Age de la Pierre et les Métaux*, Paris, 1896; *Les Premières Civilisations*, Paris, 1909.

9. O nome da rainha e seus títulos são dados assim: .

2500 a.C., feita pelo falecido *sir* J. G. Wilkinson,[10] informa que o capítulo que, segundo o ordenamento de Lepsius, tem o número LXIV[11] foi descoberto no reinado de Hesep-ti,[12] o quinto rei da I Dinastia, por volta de 4266 a.C. Sobre esse caixão encontram-se duas cópias do capítulo, uma logo após a outra. Na rubrica do primeiro, consta que o nome do rei em cujo reinado o capítulo foi "encontrado" seria Menthu-hetep, o que, como Goodwin primeiro apontou,[13] é um erro, sendo o correto Men-kau-Ra,[14] o quarto rei da IV Dinastia, por volta de 3633 a.C.;[15] na rubrica do segundo, porém, o nome do rei é dado como Hesep-ti. Assim, parece que no período da XI Dinastia se acreditava que o capítulo poderia alternativamente ser tão antigo quanto a época da I Dinastia. Além disso, é atribuído a Hesep-ti, nos papiros da XXI Dinastia,[16] um período em que se deu uma atenção especial à história do *Livro dos Mortos*; e, assim, parece que os egípcios do Império Novo acreditavam que o capítulo datava do período mais remoto. Para citar as palavras de Chabas, o capítulo já era considerado "muito antigo, muito misterioso e muito difícil de entender" catorze séculos antes de nossa era.[17]

A rubrica no caixão da rainha Khnem-Nefert, que atribui o capítulo a Hesep-ti, afirma que "este capítulo foi encontrado nas fundações sob o Habitante da barca *Hennu* pelo supervisor dos construtores na época do rei do Sul e do Norte, Hesep-ti, cuja palavra é verdade";[18] o Papiro de Nebseni afirma que esse capítulo foi encontrado na cidade de Khemenu (Hermópolis),

10. Foi trazida ao Museu Britânico em 1834, e hoje está no Departamento de Antiguidades Egípcias e Assírias. Um fac-símile desta cópia foi publicado por Budge, *Egyptian Hieratic Papyri*, Londres, 1910.

11. *Todtenbuch*, Bl. 23-25.

12. , o Οὐσαφαῖς υἱός de Maneton. O nome hoje é, em geral, lido como Semti.

13. *Aeg. Zeitschrift*, 1866, p. 54

14. Ver Guieyesse, *Rituel Funéraire* Égyptien, chapitre 64e, Paris, 1876, p. 10, nota 2.

15. A recensão tardia do *Livro dos Mortos* publicada por Lepsius também dá o nome do rei como Men-kau-Ra , (*Todtenbuch*, Bl. 25, l. 31). Na mesma recensão, o Capítulo CXXX é atribuído ao reinado de Hesep-ti 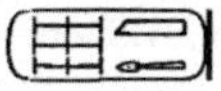 (Bl. 53, 1. 28). Ver também Budge, *The Chapters of Coming Forth by Day*, Capítulo LXIV.

16. Naville, *Todtenbuch* (Einleitung), p. 33 e 139.

17. Chabas, *Voyage d'un Égyptien*, p. 46. Segundo M. Naville (Einleitung, p. 138), que segue a opinião de Chabas, esse capítulo é uma versão condensada do *Livro dos Mortos* completo; e, apesar de não conter toda a doutrina religiosa dos egípcios, tinha um valor equivalente ao completo.

18. 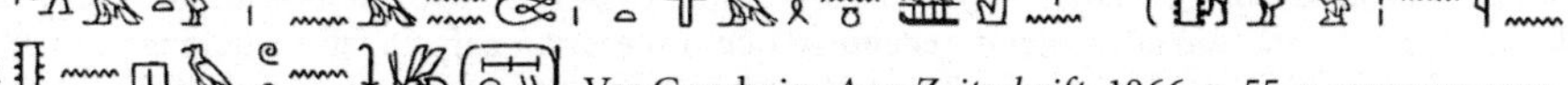 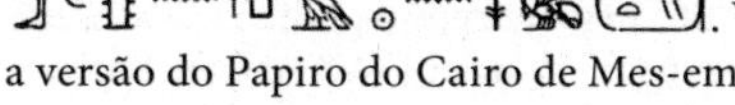. Ver Goodwin, *Aeg. Zeitschrift*, 1866, p. 55, e compare com a versão do Papiro do Cairo de Mes-em-neter dada por Naville (*Todtenbuch*, II, p. 139).

em um bloco de alabastro, escrito em letras de "lápis-lazúli, sob os pés do deus";[19] e o Papiro de Turim (XXVI Dinastia ou posterior) acrescenta que o nome do descobridor era Heru-ta-ta-f, 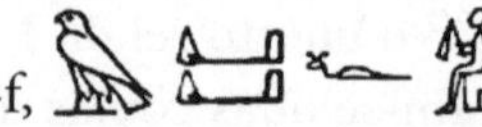, o filho de Khufu ou Quéops,[20] o segundo rei da IV Dinastia, por volta de 3733 a.C., que na época estava fazendo uma viagem de inspeção dos templos. Birch[21] e Naville[22] consideram o capítulo um dos mais antigos do *Livro dos Mortos*. O primeiro baseia sua opinião na rubrica, e o segundo, na evidência derivada do conteúdo e do caráter do texto; enquanto Maspero, embora admitindo a grande antiguidade do capítulo, não dê muita importância à rubrica para a determinação de uma data exata para sua composição.[23] Sobre Herutataf, que encontrou o

19. Ver Budge, *The Chapters of Coming Forth by Day*, Capítulo LXIV.

20. Lepsius, *Todtenbuch*, Bl. 25, 1. 31.

21. "O capítulo mais notável (...) é o 64º. É um dos mais antigos, e é atribuído, como já dito, à época do rei Gaga-Makheru 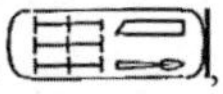, ou Menkheres (...) Esse capítulo gozou de alta reputação até uma época tardia, pois foi encontrado em uma pedra dada ao General Peroffsky pelo falecido Imperador Nicolau. Deve proceder do túmulo de Petemenophis,* em El-Assassif,** e foi feito durante a XXVI Dinastia. Algum compilador mais recente dos livros herméticos evidentemente o parafraseou para o ritual de Turim." Bunsen, *Egypt's Place in Universal History*, Londres, 1867, p. 142. O bloco de pedra a que Birch se refere é descrito por Golénischeff, *Ermitage Impérial, Inventaire de la Collection* Égyptienne, n. 1.101, p. 169 e 170. Existe um galvanótipo dessa pedra no Museu Britânico (n. 29.553). Publiquei uma cópia dos textos nela contidos (Capítulos XXVI, XXX(b) e LXIV) em meu livro *Chapters of Coming Forth by Day*, v. III, p. 241 ss., Londres, 1910. Maspero acredita que teria como propósito constituir um "*prétendu fac-similé*" da laje original, que, de acordo com a rubrica, foi encontrada no templo de Thoth, *Revue de l'Historie des Religions*, t. XV, p. 299, e *Études de Mythologie*, t. I, p. 368.

*. Isto é, 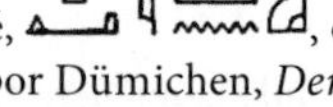, o "leitor principal". Muitas das inscrições em seu túmulo foram publicadas por Dümichen, *Der Grabpalast des Patuamenap*, Leipzig, 1884, 1885.

**. Isto é, Asasifal-Bahriyah, ou Asasif do Norte, atrás de Der al-Bahan, na margem ocidental do Nilo, em frente a Tebas.

22. *Todtenbuch* (Einleitung), p. 139. *Sir* P. Renouf também era dessa opinião, *Trans. Soc. Bibl. Arch.*, 1893, p. 6.

23. "On explique d'ordinaire cette indication comme une marque d'antiquité extrême; on part de ce principe que le *Livre des Morts* est de composition relativement moderne, et qu'un scribe égyptien, nommant un roi des premières dynasties memphites, ne pouvait entendre par là qu'un personnage d'époque très reculée. Cette explication ne me parait pas être exacte. En premier lieu, le chapitre LXIV se trouve déjà sur des monuments contemporains de la Xe et de la XIe dynastie, et n'était certainement pas nouveau au moment où on écrivait les copies les plus vieilles que nous en ayons aujourd'hui. Lorsqu'on le rédigea sous sa forme actuelle, le règne de Mykerinos, et même celui d'Housapaiti, ne devaient pas soulever dans l'esprit des indigènes la sensation de l'archaisme et du primitif: on avait pour rendre ces idées des expressions plus fortes, qui renvoyaient le lecteur au siècles des *Serviteurs d'Horus*, à la domination de Ra, aux âges où les dieux régnaient sur l'Egypte." ["Geralmente explica-se esta indicação como um sinal de extrema antiguidade; parte-se do princípio de que a composição do *Livro dos Mortos* é relativamente recente, e que um escriba egípcio, ao mencionar um rei das primeiras dinastias menfitas, só poderia entendê-lo como um personagem de uma época muito remota. Esta explicação não me parece correta. Em primeiro lugar, o Capítulo LXIV é encontrado

bloco de pedra, sabemos por textos posteriores que era considerado um homem instruído, e que sua fala só conseguia ser entendida com dificuldade,[24] e também sabemos do papel de destaque que teve, como um reconhecido homem de letras, em trazer à corte de seu pai Khufu o Sábio Teta.[25] Portanto, não é improvável que o caráter erudito de Herutataf tenha sugerido a conexão de seu nome com o capítulo, talvez como seu revisor literário; de qualquer forma, desde o período do Império Médio a tradição o associa a esse texto.

Saindo da região da tradição nativa egípcia, tocamos terra firme com a evidência advinda dos monumentos da II Dinastia. Um baixo-relevo preservado em Aix-en-Provence menciona Aasen e Ankef,[26] dois dos sacerdotes de Sent ou Senta , o quinto rei da II Dinastia, por volta de 4000 a.C., e uma estela em Oxford[27] e outra no Museu Egípcio em Giza[28] registram o nome

já em monumentos contemporâneos às X e XI Dinastias, e com certeza não era novo no momento em que eram escritas as cópias mais antigas que temos hoje em dia. Na época em que era redigido sob a forma atual, o reino de Miquerinos, e mesmo aquele de Housapaiti, não devia suscitar no espírito dos nativos a sensação de arcaico e primitivo: para expressar tais ideias, havia expressões mais fortes, que remetiam os leitores aos séculos dos *Servidores de Hórus*, à dominação de Rá, às épocas em que os deuses reinavam no Egito." (N.T.)] *Revue de l'Histoire des Religions*, t. XV, p. 299.

24. Chabas, *Voyage*, p. 46; Wiedemann, *Aegyptische Geschichte*, p. 191. No Papiro n. 10.060 do Museu Britânico (Harris 500), Herutataf é mencionado junto com I-em-hetep como um autor conhecido, e o compositor do canto fúnebre afirma: "Escutei as palavras de I-em-hetep e de Herutataf, cujos muitos e variados escritos são recitados e cantados; mas, agora, onde estão seus lugares?". O texto hierático foi publicado, com uma transcrição em hieróglifos, por Maspero no *Journal Asiatique*, Sér. VIIème, t. XV, p. 404 ss., e *Études Égyptiennes*, t. I, p. 173; para traduções inglesas, ver *Trans. Soc. Bibl. Arch.*, v. III, p. 386, e *Records of the Past*, 1. ed., v. IV, p. 117.

25. De acordo com o Papiro Westcar, Herutataf informou a seu pai, Khufu, sobre a existência de um homem de 110 anos de idade que vivia na cidade de Tet-Seneferu, que foi capaz de juntar uma cabeça ao corpo do qual havia sido decepada, e tinha influência sobre o leão e conhecia os mistérios de Thoth. Por ordem de Khufu, Herutataf trouxe-lhe o sábio de barco e, quando este chegou, o rei ordenou que a cabeça de um prisioneiro fosse decepada para que Teta pudesse uni-la de volta ao corpo. Como o sábio havia pedido para que não executassem esse ato em um homem, um ganso foi trazido, e sua cabeça foi cortada e colocada em um lado do aposento e o corpo em outra. O sábio proferiu certas palavras de poder 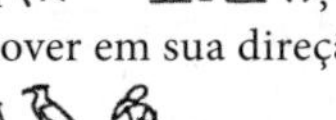, e o corpo do ganso se ergueu e começou a caminhar, e a cabeça começou a se mover em sua direção; quando a cabeça voltou a se unir ao corpo, a ave se ergueu e grasnou 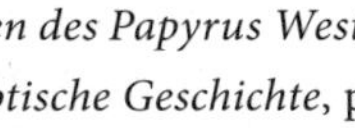. Para o texto hierático completo, transcrição e tradução, ver Erman, *Die Märchen des Papyrus Westcar*, Berlim, 1890, p. 11, Prancha 6.

26. Wiedemann, *Aegyptische Geschichte*, p. 170. Em uma mastaba em Sakkarah, existe uma estela de Sheri 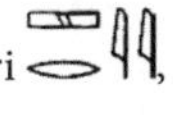, que é superintendente dos sacerdotes do Ka 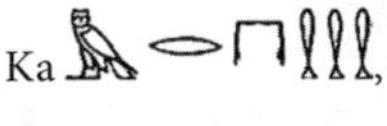, em que os cartuchos de Sent e Per-ab-sen 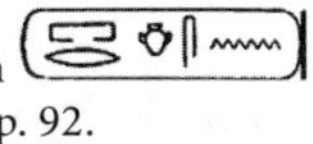 ocorrem. Ver Mariette e Maspero, *Les Mastaba de l'ancien Empire*, Paris, 1882, p. 92.

27. Ver Lepsius, *Auswahl*, Bl. 9.

28. Ver Maspero, *Guide du Visiteur au Musée de Boulaq*, 1883, p. 31, 32 e 213 (n. 1.027).

de um terceiro sacerdote, Shera [29] ou Sheri , um "parente real" . Na estela de Oxford, o morto e sua esposa são representados sentados, cada um de um lado de um altar [30] coberto com oferendas sepulcrais de parentes devotos; acima, em linhas perpendiculares de hieróglifos em relevo, estão os nomes dos objetos ofertados,[31] e abaixo está uma inscrição que diz:[32] "milhares de pães, milhares de jarros de cerveja, milhares de roupas de linho, milhares de mudas de roupa e milhares de reses".[33] A partir desse monumento, fica evidente que já na II Dinastia existia uma casta de sacerdotes no Egito que incluía, entre seus membros, parentes da família real, e que um sistema religioso que prescrevia como um dever o fornecimento de oferendas de carne e bebidas para os mortos também estava em funcionamento. A oferenda de objetos específicos é uma boa prova da existência de um ritual ou de uma cerimônia em que seu significado seria indicado; a coincidência dessas palavras e da prece por "milhares de pães, milhares de jarros de cerveja" etc., com a promessa "Anpu-khent-Amenta te dará teus milhares de pães, teus milhares de jarros de cerveja, teus milhares de recipientes de unguento, teus milhares de mudas de roupa, teus milhares de reses, e teus milhares de bois", nos permite reconhecer aquele ritual no texto inscrito na pirâmide de Teta, na VI Dinastia, do qual provém a promessa citada.[34] Assim, a evidência do texto no caixão da esposa de Menthu-hetep e a cena no monumento de Shera reforçam-se mutuamente, e juntas provam, sem a menor dúvida, que uma forma do *Livro dos*

29. Também existe uma laje do túmulo de Shera no Museu Britânico. Ver *Guide to the Egyptian Galleries*, p. 1, n. 1.

30. Uma discussão de Borchardt sobre o método de representar esse altar em monumentos egípcios está em *Aeg. Zeitschrift*, Bd. XXXI, p. I (*Die Darstellung innen verzierter Schalen auf aeg. Denkmällern*).

31. Entre outras, (1) , (2) , (3) , (4) , a palavra incenso está escrita duas vezes, . Alguns itens figuram na lista de oferendas feita por Unas (l. 147) e por Teta (ll. 125, 131 e 133; ver *Recueil de Travaux*, 1884, Prancha 2).

32. 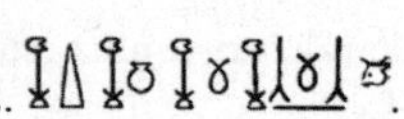.

33. O escultor não tinha espaço para o que pertencia a .

34. 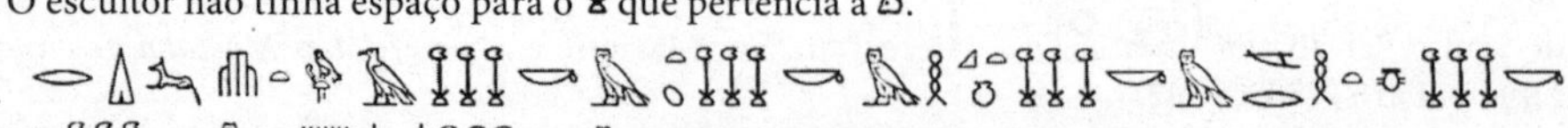, Teta, ll. 388 e 389. (*Recueil*, ed. Maspero, t. V, p. 58).

Mortos era usada pelo menos na época das primeiras dinastias, e que cerimônias sepulcrais conectadas a ela eram devidamente executadas.[35]

Com a IV Dinastia, temos um número maior de monumentos, principalmente sepulcrais, que fornecem detalhes quanto ao sistema sacerdotal egípcio e as cerimônias funerárias que os sacerdotes executavam.[36] As inscrições nos monumentos anteriores provam que muitos dos funcionários sacerdotais ainda eram aparentados à família real, e os túmulos de senhores feudais, escribas e outros registram vários de seus títulos oficiais, junto aos nomes de diversos de seus festivais religiosos. O aumento posterior no número de monumentos durante esse período pode ser consequência do desenvolvimento natural da religião da época, mas é bem provável que a maior segurança de vida e propriedade garantida pelas guerras vigorosas de Seneferu,[37] o primeiro

35. Os argumentos aqui apresentados como prova da grande antiguidade de um sistema religioso no Egito recebem um suplemento notável das inscrições encontradas na mastaba de Seker-kha-baiu em Sakkarah. Aqui temos um homem que, como Shera, era um "parente real" e um sacerdote, mas que, ao contrário dele, desempenhava algumas das funções mais altas do sacerdócio egípcio em função de seu título *xerp hem*. (A respeito de *, ver Max Müller, *Recueil de Travaux*, t. IX, p. 166; Brugsch, *Aegyptologie*, p. 218; e Maspero, *Un Manuel de Hiérarchie* Égyptienne, p. 9). Dentre as oferendas no túmulo citadas encontram-se as substâncias , e , que são também mencionadas na estela de Shera da II Dinastia e nos textos da VI Dinastia. Mas o túmulo de Seker-kha-baiu difere de qualquer outro que conhecemos, tanto na forma e na inscrição dos hieróglifos, que estão em relevo, como na forma em que estão dispostos e agrupados. O estilo do monumento inteiro é tosco e muito primitivo, e não pode ser atribuído a nenhuma dinastia posterior à II, ou sequer à própria II; deve, portanto, ter sido erigido durante a I, ou, nas palavras de Mariette e Maspero, "L'impression générale que l'on reçoit au premier aspect du tombeau n. 5, est celle d'une extrême antiquité. Rien en effet de ce que nous sommes habitués à voir dans les autres tombeaux ne se retrouve ici (...) Le monument (...) est certainement le plus ancien de ceux que nous connaissons dans la plaine de Saqqarah, et il n'y a pas de raison pour qu'il ne soit pas de la Ière Dynastie." ["A impressão geral que se tem ao ver o túmulo número 5 pela primeira vez é a de antiguidade extrema. De fato, nada do que estamos acostumados a ver nos outros túmulos se encontra aqui (...) O monumento (...) certamente é o mais antigo de todos os que conhecemos no planalto de Sakkarah, e não há razão para afirmar que não provenha da I Dinastia." (N.T.)] *Les Mastaba de L'ancien Empire*, Paris, 1882, p. 73. No entanto, como não existe prova irrefutável de que esse túmulo pertença à I Dinastia, os textos na estela de Shera, um monumento de uma dinastia posterior, foram propostos como as evidências mais antigas de um sistema religioso fixo e literatura no Egito.

*. Ptah-shepses carregava esse título; ver Mariette e Maspero, *Les Mastaba*, p. 113.

36. Muitos dos monumentos em geral atribuídos a esta dinastia deveriam mais propriamente ser descritos como obras da II Dinastia; ver Maspero, *Geschichte der Morgenländischen Völker im Alterthum* (traduzido por Pietschmann), Leipzig, 1877, p. 56; Wiedemann, *Aegyptische Geschichte*, p. 170.

37. Ele conquistou os povos da península sinaítica e, segundo um texto posterior, construiu uma muralha para manter os Aamu fora do Egito. Na história de Saneha, um "lago de Seneferu" é mencionado, o que demonstra que seu nome era conhecido nas fronteiras do Egito.

rei dessa dinastia, por volta de 3766 a.C., encorajou as pessoas a gastar mais, a construir maiores e melhores moradas para os mortos e a celebrar os rituais completos nos festivais estabelecidos. Nessa dinastia, os mortos reais eram honrados com monumentos sepulcrais de tamanho e magnificência maiores do que jamais se havia visto, e as capelas anexas às pirâmides eram servidas por sacerdotes cujos únicos deveres consistiam em celebrar as cerimônias. O costume de construir uma pirâmide em lugar de uma *mastaba* retangular de teto plano para um túmulo real foi revivido por Seneferu,[38] que chamou sua pirâmide de Kha, e seu exemplo foi seguido pelos sucessores imediatos, Khufu (Quéops), Khaf-Ra (Quéfren), Men-kau-Ra (Miquerinos) e outros.

No reinado de Miquerinos, parece ter sido realizado um trabalho importante referente a determinadas seções do *Livro dos Mortos*, pois as rubricas dos Capítulos XXX(b) e CXLVIII[39] afirmam que essas obras foram encontradas inscritas em "um bloco de alabastro do sul em letras de verdadeiro lápis-lazúli sob os pés da majestade do deus na época do Rei do Sul e do Norte Men-kau-Ra, pelo filho real Herutataf, cuja palavra é verdade". A crer na tradição grega, era de esperar que um novo impulso fosse dado às práticas religiosas e que uma revisão de textos religiosos acontecesse no reinado de Miquerinos, pois tanto Heródoto como Diodoro Sículo o representam como um rei justo, ansioso para apagar da mente do povo a memória da alegada crueldade de seu predecessor, reabrindo templos e permitindo que todos celebrassem os próprios sacrifícios e cumprissem os próprios deveres religiosos.[40] Sua pirâmide é aquela hoje conhecida como "a terceira pirâmide de Gizé", sob a qual ele foi enterrado em uma câmara verticalmente sob o ápice e dezoito metros abaixo do nível do solo. Estivesse a pirâmide terminada quando o rei morreu ou não,[41] seu corpo certamente foi colocado nela, e, apesar de todas as tentativas dos governantes muçulmanos do Egito[42] de

---

Ver Golénischeff, *Aeg. Zeitschrift*, p. 110; Maspero, *Mélanges d'Archéologie*, t. III, Paris, 1876, p. 71, l. 2; Lepsius, *Denkmäler*, II, 2a.

38. A construção da pirâmide de Meidum é em geral atribuída a Seneferu, mas as escavações nela realizadas em 1882 nada fizeram para dissipar a incerteza a esse respeito; sobre as escavações recentes, ver Petrie, *Medum*, Londres, 1892, 4to.

39. Para o texto, ver meu livro *Chapters of Coming Forth by Day*, 2. ed.

40. Heródoto, II, 129, 1; Diodoro, I, 64, 9.

41. Segundo Diodoro, ele morreu antes que a pirâmide fosse terminada (I, 64, 7).

42. Segundo Abdal-Latif, o nome do califa era Mamun, mas de Sacy duvidava que ele fosse o primeiro a tentar fazer esse trabalho; as autoridades sobre esse assunto estão todas listadas em seu *Relation de l'Égypte*, Paris, 1810, p. 215-221. A tradição, representada nas "Mil e uma noites", afirma que Al-Mamun estava decidido a derrubar as pirâmides e que gastou uma fortuna no processo; só conseguiu, no entanto, abrir um pequeno túnel em uma delas, no qual, segundo se diz, encontrou

destruí-la no final do século XII de nossa era, ela sobreviveu para fornecer-nos fatos importantes para a história do *Livro dos Mortos*.

Em 1837, o coronel Howard Vyse teve êxito em forçar a entrada. Em 20 de julho, ele iniciou as operações e, em 1º de agosto, conseguiu entrar na câmara sepulcral, onde, entretanto, não encontrou nada a não ser um sarcófago retangular de pedra sem a tampa.[43] Em muitos casos, as grandes lajes de pedra do chão e os revestimentos das paredes haviam sido removidos por ladrões em busca de tesouro. Em uma câmara mais abaixo, conectada à câmara sepulcral por uma passagem, foi encontrada a maior parte da tampa do sarcófago,[44] juntamente com pedaços de um caixão de madeira, e partes do corpo de um homem, consistindo nas costelas e vértebras e nos ossos das pernas e dos pés, envoltos em um tecido grosseiro amarelo, ao qual uma pequena quantidade de substância resinosa e goma aderiam.[45] Parece, portanto, que, como o sarcó-

---

um tesouro de valor exatamente equivalente à quantia que havia gastado na obra, nem mais nem menos. O escritor árabe Idrisi, que escreveu por volta de A.H. 623 (1226 d.C.), afirma que alguns anos antes a "pirâmide Vermelha", ou seja, a de Miquerinos, foi aberta pelo lado norte. Depois de atravessarem várias passagens, chegaram a um recinto onde encontraram um recipiente longo e azul totalmente vazio. A abertura dessa pirâmide foi executada por pessoas em busca de tesouro; trabalharam nela com machados por seis meses, em grande número. Encontraram em uma bacia, depois de quebrar a tampa, os restos decompostos de um homem, mas nenhum tesouro, exceto alguns tabletes de ouro inscritos com caracteres de uma língua que ninguém conseguiu entender. A parte de cada homem desses tabletes foi de 100 dinares (cerca de 50 libras esterlinas). Outra história lendária narra que a pirâmide ocidental contém trinta câmaras de sienito parcialmente colorido cheias de joias preciosas e armas caras ungidas com unguentos para que não enferrujem até o dia da Ressurreição. Ver Howard Vyse, *The Pyramids of Gizeh*, v. II, p. 71 e 72; e Burton, *The Book of the Thousand Nights and a Night*, 1885, v. V, p. 105, e v. X, p. 150.

43. Vyse, *The Pyramids of Gizeh*, v. II, p. 84. Um fragmento desse sarcófago está em exposição no Museu Britânico, Primeira Sala Egípcia, Vitrine B, n. 6.646.

44. Com dificuldade considerável, esse interessante monumento foi retirado da pirâmide por Raven e, depois de acomodado em toras resistentes, foi enviado para o Museu Britânico. Embarcou em Alexandria no outono de 1838, em um navio mercante, que supostamente naufragou ao largo de Cartagena, porque nunca mais se ouviu falar dele depois de partir de Leghorn em 12 de outubro daquele ano, e porque alguns destroços do naufrágio foram encontrados perto do porto anterior. O sarcófago é ilustrado por Vyse, *Pyramids*, v. II, prancha oposta à p. 84.

45. Como existe considerável equívoco quanto à descoberta desses restos, vale a pena fazer um relato das circunstâncias sob as quais foram achados: "Senhor, atendendo à sua solicitação, envio os detalhes da descoberta dos ossos, a mortalha da múmia e partes do caixão da Terceira Pirâmide. Ao limpar o entulho do grande aposento de entrada, depois que os homens trabalharam ali por vários dias e avançaram alguma distância em direção ao canto sudeste, alguns ossos foram descobertos por baixo do entulho. E os ossos restantes e partes do caixão foram imediatamente descobertos, todos juntos. Nenhuma outra parte do caixão nem os ossos foram encontrados no aposento; portanto, fiz com que o entulho que havia previamente sido retirado do mesmo recinto fosse reexaminado cuidadosamente, e então várias partes do caixão e da mortalha da múmia foram encontrados; mas nada foi encontrado em qualquer outra parte da pirâmide, embora todos os lugares fossem examinados minuciosamente, para deixar o caixão o mais completo possível. Havia cerca

fago não podia ser removido, apenas um caixão de madeira contendo o corpo foi trazido para o recinto maior para ser examinado. Se os restos humanos[46] ali encontrados são os de Miquerinos ou de alguma outra pessoa, como foi sugerido, isso não afeta de forma alguma a questão de saber a quem pertence o caixão, pois sabemos, graças aos hieróglifos nele inscritos, que foi construído para abrigar o corpo mumificado do rei. Essa inscrição, disposta em duas linhas perpendiculares na frente do caixão, diz:

1.

[Salve] Osíris, | Rei do Sul e do Norte, | Men-kau-Ra, | que vive | para sempre, | nascido | do

céu, | concebido por | Nut, | herdeiro | de | Keb, | sua amada.

Que tua mãe Nut se estenda sobre ti, | com | seu nome | de

"Mistério dos | Céus", | e conceda-te | que possas existir | como | um deus | para

teus inimigos, | ó Rei do Sul e do Norte, | Men-kau-Ra, | que vive | para sempre!

Devemos agora ressaltar que a passagem "Que tua mãe Nut se estenda sobre ti, com seu nome de 'Mistério dos Céus', e conceda-te que possas estar sem inimigos" aparece nos textos inscritos nas pirâmides construídas pelos reis da

---

de um metro de entulho sobre ele, e o fato de que os ossos e parte do caixão foram encontrados juntos sugere que o caixão havia sido levado para aquele lugar e desembalado ali. — H. Raven." (Vyse, *Pyramids*, v. II, p. 86).

46. Estão em exposição na Primeira Sala Egípcia, Vitrine B, com os fragmentos do caixão.

VI Dinastia,[47] e assim temos evidência do uso da mesma versão de um texto religioso na IV e na VI Dinastia.[48]

Mesmo que admitíssemos que o caixão é uma falsificação da XXV Dinastia, e que a inscrição que está sobre ele foi tirada de uma edição do texto do *Livro dos Mortos*, ainda assim o valor do monumento como evidência da antiguidade do *Livro dos Mortos* mal seria afetado, pois quem acrescentou a inscrição com certeza a teria extraído de um texto da época de Miquerinos.

Na V Dinastia, temos evidência, pelo número maior de mastabas e outros monumentos, da extensão dos cerimoniais religiosos, incluindo a celebração de ritos funerários; mas um texto que componha o *Livro dos Mortos* como um todo não ocorre até o reinado de Unas (3333 a.C.), o último rei da dinastia, que, segundo o Papiro de Turim, reinou por cerca de trinta anos. Esse monarca construiu no planalto de Sakkarah uma pirâmide de pedra de 19 metros de altura, cada lado tendo cerca de 60 metros na base. Na época de Perring e Vyse, era cercada por montes de pedras quebradas e entulho, resultado de repetidas tentativas de abri-la, e de pedras de revestimento, que consistiam de calcário compacto das pedreiras de Tura.[49] Em fevereiro de 1881, Maspero começou a limpar a pirâmide, e pouco depois conseguiu entrar e chegar às câmaras mais internas, cujas paredes estavam cobertas de hieróglifos, dispostos em linhas perpendiculares e pintados de verde.[50] A condição do interior mostrava que, em algum momento, ladrões haviam conseguido entrar, pois a tampa do sarcófago de basalto negro de Unas havia sido arrancada e movida

47. Ver os textos de Teta e Pepi I, em Maspero, *Recueil de Travaux*, t. V, p. 20 e 38 (l. 175, 279), e p. 165 e 173 (l. 60, 103) etc.

48. Já em 1883, Maspero, ao lamentar (*Guide du Visiteur de Boulaq*, p. 310) o fato de o Museu de Bulaq conter apenas partes de caixões de madeira do Antigo Império, e nenhum exemplar inteiro, notou que o caixão de Miquerinos, preservado no Museu Britânico, de acordo com alguns egiptólogos, havia sido declarado uma "restauração" da XXVI Dinastia, e não uma obra da IV Dinastia, de acordo com a inscrição feita nele; mas, assim como Birch, ele era da opinião de que o caixão com certeza pertencia à IV Dinastia, e, para substanciar essa opinião, ele citou a existência de partes de um caixão similar de Seker-em-sa-f, um rei da VI Dinastia. Mais tarde, no entanto, houve outra tentativa (*Aeg. Zeitschrift*, Bd. XXX, p. 94 ss.) de provar, pela concordância das variantes no texto no caixão de Miquerinos com as de textos da XXVI Dinastia, que o texto de Miquerinos é do período mais tardio, ou de qualquer forma não anterior à época de Psamético. Mas todos admitem que na XXVI Dinastia os egípcios ressuscitaram textos das primeiras dinastias do Império Antigo, e que copiaram as artes e a literatura do período tanto quanto possível. Assim sendo, os textos nos monumentos que foram tomados como parâmetro de comparação para o do caixão de Miquerinos podem, eles próprios, estar equivocados em suas variantes. Se fosse possível provar que o texto da tampa difere tanto de um texto comprovadamente da IV Dinastia quanto daqueles da VI Dinastia, o argumento filológico poderia ter algum peso; mas mesmo isso não eliminaria o fato de que a própria tampa é uma relíquia genuína da IV Dinastia.

49. Vyse, *Pyramids of Gizeh*, p. 51.

50. Maspero, *Recueil de Travaux*, t. III, p. 178.

para perto da porta da câmara do sarcófago; as pedras do piso haviam sido arrancadas na vã tentativa de encontrar um tesouro enterrado; a múmia havia sido despedaçada, e dela não restava mais que o braço direito, uma tíbia e alguns fragmentos do crânio e do corpo. As inscrições que recobriam algumas paredes e os corredores do túmulo foram posteriormente publicadas por Maspero.[51] A descoberta do texto de Unas[52] é um marco na história do *Livro dos Mortos*, e sua tradução deve ser vista como um dos maiores triunfos da decifração egiptológica, pois a falta de determinativos em muitas partes do texto e a grafia arcaica de muitas das palavras e de alguns trechos apresentaram dificuldades que não foram fáceis de superar.[53] Aqui, pela primeira vez, foi demonstrado que o *Livro dos Mortos* não era uma compilação de um período comparativamente tardio na história da civilização egípcia, mas uma obra que remonta à Antiguidade remota; e naturalmente depreendeu-se a seguir que textos já conhecidos, que se pensava serem textos antigos originais, eram apenas versões que haviam passado por duas ou mais revisões sucessivas.

Continuando suas escavações em Sakkarah, Maspero abriu a pirâmide de Teta,[54] rei do Egito por volta de 3300 a.C., que Vyse pensou[55] nunca ter sido aberta e da qual, na época dele, se podia ver a alvenaria em um dos lados. Aqui, mais uma vez, constatou-se a ação de ladrões, que, em sua frenética busca por tesouros, haviam destroçado paredes, pisos e várias outras partes das câmaras. Como no caso da pirâmide de Unas, certas câmaras, entre outras coisas desse túmulo, foram encontradas revestidas de hieróglifos, mas de menor tamanho.[56] Um rápido exame desse texto revelou tratar-se de uma série de extratos do *Livro dos Mortos*, alguns deles idênticos aos da pirâmide de Unas. Assim, foi revelado um *Livro dos Mortos* da época do primeiro rei[57] da VI Dinastia.

---

51. Ver *Recueil de Travaux*, t. III, p. 177-224; t. IV, p. 41-78.

52. Em 1881, o doutor Brugsch descreveu duas pirâmides da VI Dinastia inscritas com textos religiosos similares àqueles encontrados na pirâmide de Unas, e traduziu certos trechos (*Aeg. Zeitschrift*, Bd. XIX, p. 1-15); ver também Birch, *Trans. Soc. Bibl. Arch.* 1881, p. 111 ss.

53. A pirâmide conhecida pelos árabes como Mastabat al-Far'un, ou "Banco de pedra do Faraó", foi escavada em 1858 por Mariette, que, por ter encontrado o nome de Unas pintado em certos blocos de pedra, concluiu se tratar do túmulo de Unas. As escavações de Maspero, como o doutor Lepsius observou (*Aeg. Zeitschrift*, Bd. XIX, p. 15), retificaram a questão.

54. A múmia do rei havia sido retirada do sarcófago por um buraco feito pelos ladrões; eles a quebraram em pedaços, e os únicos restos encontrados por Maspero consistiam em um braço e um ombro. Partes do caixão de madeira estão preservadas no Museu de Gizé.

55. *The Pyramids of Gizeh*, v. III, p. 39.

56. Foram copiados em 1882 e publicados por Maspero em *Recueil de Travaux*, t. V, p. 1-59.

57. A múmia partida deste rei, juntamente com fragmentos das bandagens, foi encontrada jogada no piso.

A pirâmide de Pepi I, rei do Egito por volta de 3233 a.C., foi a próxima a ser aberta.[58] Ela está situada no grupo central de Sakkarah, e é comumente conhecida como a Pirâmide de Shekh Abu-Mansur.[59] Algumas câmaras e outras partes do túmulo estavam revestidas com textos hieroglíficos, que não só repetiam parcialmente aqueles encontrados nas pirâmides de Unas e Teta, mas também continham um número considerável de seções adicionais do *Livro dos Mortos*.[60] Na mesma área, Maspero também explorou a pirâmide de Mer-en-Ra, o quarto rei da VI Dinastia, por volta de 3200 a.C.,[61] e a pirâmide de Pepi II, o quinto rei da VI Dinastia, por volta de 3166 a.C.[62]

Temos, assim, antes do final da VI Dinastia, cinco cópias de uma série de textos que constituíam o *Livro dos Mortos* daquele período, e um extrato de um trecho bem conhecido daquela obra no caixão de madeira de Miquerinos; vimos também, em inúmeras mastabas e estelas, que as cerimônias funerárias relacionadas ao *Livro dos Mortos* certamente eram executadas na II Dinastia, e com quase igual certeza na I Dinastia. É fácil demonstrar que certas partes do *Livro dos Mortos* desse período foram copiadas e usadas nas dinastias seguintes até um período por volta de 200 d.C.

O fato de, não só nas pirâmides de Unas e Teta, mas também nas de Pepi I e seus sucessores imediatos, termos encontrado trechos selecionados sugere que o *Livro dos Mortos* era, mesmo naquela época remota, tão extenso que até um rei sentia-se à vontade para retirar dele uma seleção que contivesse apenas os trechos que agradassem a seu gosto individual ou que considerasse suficientes para garantir seu bem-estar no outro mundo. Nas pirâmides de Teta,

58. Ver Vyse, *Pyramids of Gizeh*, v. III, p. 51.

59. Ela havia sido parcialmente aberta por Mariette em maio de 1880, mas a remoção da areia não foi efetuada até o início de 1881.

60. O texto completo é fornecido por Maspero em *Recueil de Travaux*, t. V, p. 157-158, Paris, 1884; t. VII, p. 145-176, Paris, 1886; e t. VIII, p. 87-120, Paris, 1886; e por Sethe em *Pyramidentexte*, 2 v.

61. Ela foi aberta no início de janeiro de 1880 por Mariette, que, ao constatar que a câmara do sarcófago tinha inscrições, abandonou sua teoria de que as pirâmides nunca continham inscrições, ou que, se as tinham, não eram túmulos reais. Os textos hieroglíficos foram publicados por Maspero em *Recueil de Travaux*, t. IX, p. 177-191, Paris, 1887; t. X, p. 1-29, Paris, 1888; e t. XI, p. 1-31, Paris, 1889. O vaso de alabastro no Museu Britânico, n. 4.493, proveio dessa pirâmide.

62. Essa pirâmide é um pouco maior que as outras do período e foi construída em degraus de pedras pequenas; é comumente chamada pelos árabes de *Haram al-Mastabat*, por estar situada próxima à construção normalmente chamada de *Mastabat al-Far'un*. Ver Vyse, *Pyramids*, v. III, p. 52. Os textos hieroglíficos foram publicados por Maspero em *Recueil de Travaux*, t. XII, p. 53-95 e p. 136-195, Paris, 1892; e t. XIV, p. 125-152, Paris, 1892. Há poucas dúvidas de que essa pirâmide foi arrombada mais de uma vez durante a época cristã e que os primeiros colecionadores de antiguidades egípcias obtiveram os belos vasos de alabastro inscritos com os cartuchos e os títulos de Pepi II das pessoas que tiveram acesso à câmara do sarcófago. Entre esses objetos na coleção do Museu Britânico, os números 4.492, 22.559, 22.758 e 22.817 constituem belos exemplos.

Pepi I, Mer-em-Ra e Pepi II encontram-se vários textos idênticos àqueles utilizados por seus predecessores, e um exame de uma inscrição de Pepi II demonstrará que cerca de três quartos do conjunto podem ser encontrados nos monumentos de seus ancestrais. É impossível dizer qual princípio guiava cada rei ao selecionar os textos, ou se os acréscimos em cada um representam mudanças religiosas; mas, como a religião egípcia não pode ter permanecido estática em cada detalhe, é provável que alguns textos reflitam as mudanças de opinião dos sacerdotes em questões doutrinárias.[63] Os "Textos da Pirâmide" provam que cada seção dos livros religiosos dos egípcios era originalmente uma composição separada e independente, que foi escrita com um propósito definido e que pode ser disposta em qualquer ordem em uma série de textos similares. O que precedia ou o que vinha a seguir não era levado em conta pelo escriba, embora às vezes pareça que a tradição tenha atribuído uma sequência a certos textos.

Acontecimentos históricos contemporâneos eram às vezes refletidos no *Livro dos Mortos* das primeiras dinastias, e isso é demonstrado pelo que se segue. Vemos, nas inscrições no túmulo de Heru-Khuf , em Assuã,[64] que foi ordenado a este governador de Elefantina que trouxesse ao rei Pepi II[65] um pigmeu, 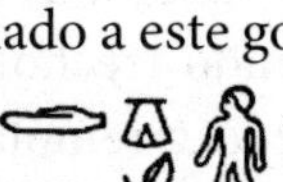,[66] do interior da África, para dançar para o rei e diverti-lo; e lhe foi prometido que, se conseguisse trazer o pigmeu vivo e

63. Nota-se uma evolução no esquema de ornamentação das pirâmides da V e da VI Dinastia. Na pirâmide de Unas, cerca de um quarto da câmara do sarcófago está revestido com decorações arquitetônicas, e os hieróglifos são grandes, bem espaçados e encerrados em linhas largas. À medida que avançamos na VI Dinastia, porém, o espaço dedicado a propósitos decorativos diminui, os hieróglifos são menores, as linhas ficam espremidas, e as inscrições transbordam para dentro das câmaras e para os corredores, locais que na V Dinastia eram deixados em branco. Ver Maspero, *Revue des Religions*, t. XI, p. 124.

64. O texto completo desse túmulo e a discussão sobre seu conteúdo estão em Schiaparelli, *Una tomba egiziana inedita della VIª dinastia con inscrizioni storiche e geografiche. In: Atti della R. Accademia dei Lincei*, anno CCLXXXIX, Ser. 4ª, Classe di Scienze Morale etc., t. X, Roma, 1893, p. 22-53. Este texto foi tratado por Erman (*Z.D.M.G.*, Bd. XLVl, 1892, p. 574 ss.), que foi o primeiro a apontar a referência ao pigmeu nos Textos das Pirâmides, e por Maspero em *Revue Critique*, Paris, 1892, p. 366.

65. Ver Erman, *Aeg. Zeitschrift*, Bd. XXXI, p. 65 ss.

66. Sobre o pigmeu, ver Stanley, *Darkest Africa*, v. I, p. 198; v. II, p. 40 ss.; Schweinfurth, *Im Herzen von Afrika*, Bd. II, cap. 16, p. 131 ss. É certo que os pigmeus pagavam tributo aos egípcios, de acordo com a passagem 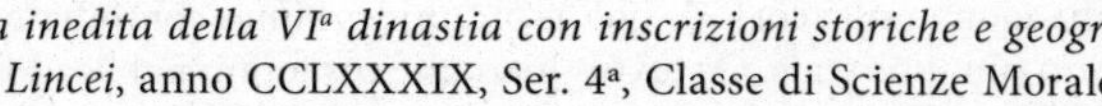. "Os pigmeus vieram a ele das terras do sul, trazendo coisas de serviço para seu palácio." Ver Dümichen, *Geschichte des alten Aegyptens*, Berlim, 1887, p. 7.

em boa saúde, Sua Majestade lhe conferiria posição e dignidade mais elevadas do que as que o Rei Assa conferiu a seu ministro Ba-ur-Tettet, que prestou esse serviço muito apreciado a seu soberano.[67] Assa foi o oitavo rei da V Dinastia, e Pepi II, o quinto rei da VI Dinastia, e entre os reinados desses reis houve, segundo Maspero, um intervalo de ao menos 64 anos, mais provavelmente 80 anos. Entretanto, no texto da pirâmide de Pepi I, que deve ter sido composto em algum período entre os reinados desses reis, temos o seguinte trecho:

> Salve, tu que [à tua vontade] faz passar para o Campo de Aaru a alma que é correta e verdadeira, ou que a faz naufragar. Ra-meri (isto é, Pepi I) é correto e verdadeiro no que se refere ao Céu e no que se refere à Terra. Pepi é correto e verdadeiro no que se refere à ilha na Terra até a qual ele nada e aonde ele chega. Ele que está entre as coxas de Nut (isto é, Pepi) é o pigmeu que dança [como] o deus, e que agrada o coração do deus [Osíris] diante do grande trono deste [...] Os dois seres que estão sobre o trono do grande deus proclamam que Pepi é firme e saudável, [portanto] Pepi navegará na barca para o belo campo do grande deus, e lá fará aquilo que é feito por aqueles a quem é devida veneração.[68]

Aqui, temos claramente uma referência ao fato histórico da importação de um pigmeu das regiões ao sul da Núbia; e a ideia principal que parecia ter em mente o redator do texto era que, assim como o pigmeu agradou ao rei para quem ele foi trazido a este mundo, da mesma forma o falecido Pepi poderia agradar ao deus Osíris[69] no além. Da mesma forma que o pigmeu foi trazido de barco ao rei, assim também Pepi poderia ser levado de barco à ilha onde vivia o deus; da mesma forma que as condições indicadas pelo rei foram cumpridas por aquele que levou o pigmeu, também as condições de Osíris em relação aos mortos seriam cumpridas por aquele que transportasse Pepi à sua presença. O fraseado do trecho justifica amplamente a suposição de que esse acréscimo ao texto foi feito após a missão de Assa, e durante a VI Dinastia.[70]

67. 

68. Para o texto hieroglífico, ver Maspero, *Recueil de Travaux*, t. VII, p. 162 e 163; e t. XI, p. 11.

69. Pietschmann acredita (*Aeg. Zeitschrift*, Bd. XXXI, p. 73 ss.) que os sátiros, que Diodoro (I, XVIII) menciona como os companheiros e associados de Osíris na Etiópia, se originaram dos pigmeus.

70. Toda a questão do pigmeu no texto de Pepi I foi discutida por Maspero em *Recueil de Travaux*, t. XIV, p. 186 ss.

Como outras obras de natureza similar, no entanto, os Textos das Pirâmides, que representam a Recensão Heliopolitana, não nos fornecem qualquer informação quanto a sua autoria. Em versões posteriores do *Livro dos Mortos*, alguns capítulos[71] são considerados obra do deus Thoth. Com certeza, pertencem àquela classe de literatura que os gregos chamavam de "hermética",[72] e é bastante seguro afirmar que em algum grupo foram incluídos na lista de 42 obras que, segundo Clemente de Alexandria,[73] constituíam os livros sagrados dos egípcios.[74] Como Thoth, que os gregos chamavam de Hermes, é chamado nos textos egípcios de "senhor dos livros divinos",[75] "escriba da Companhia dos Deuses"[76] e "senhor da fala divina",[77] esta acepção é bem fundamentada.

Os Textos das Pirâmides são versões de composições religiosas antigas que os sacerdotes do colegiado ou da escola de Anu[78] conseguiram estabelecer como a versão autorizada do *Livro dos Mortos* nas primeiras seis dinastias. Rá, a forma local do Deus Sol, usurpa o lugar ocupado pela forma mais antiga Temu, mas, antes do final da VI Dinastia, Osíris havia assumido seu lugar nos Textos das Pirâmides como o maior dos deuses. A grande influência da escola de Anu de sacerdotes, mesmo durante a época de Unas, é comprovada neste trecho do texto em sua pirâmide: "Ó deus, teu Anu é Unas. Ó deus, teu Anu é Unas. Ó Rá, Anu é Unas, teu Anu é Unas, ó Rá. A mãe de Unas é Anu,

71. Capítulos XXX(b), CLXIV, XXXVII(b) e CXLVIII. Embora esses capítulos tenham sido encontrados em Hermópolis, a cidade de Thoth, isso não significa que tenham sido redigidos lá.

72. Ver Birch, em Bunsen, *Egypt's Place in Universal History*, v. V, p. 125; Naville, *Todtenbuch* (Einleitung), p. 26.

73. *Stromata*, VI, 4, 35, ed. Dindorff, t. III, p. 155.

74. Sobre os livros sagrados dos egípcios, ver também Jâmblico, *De Mysteriis*, ed. Parthey, Berlim, 1857, p. 260 e 261; Lepsius, *Chronologie*, p. 45 ss.; e Brugsch, *Aegvptologie*, p. 149.

75. .

76. 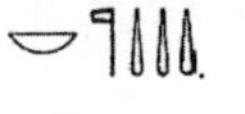.

77. 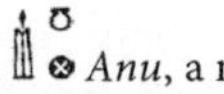.

78. 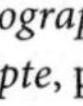 *Anu*, a metrópole do XIII Nomo* do Baixo Egito; ver Brugsch, *Dict. Géog.*, p. 41; de Rougé, *Géographic Ancienne de la Basse*-Égypte, p. 81; e Amélineau, *La Géographie de l'Égypte à l'Époque Copte*, p. 287. Anu é אן Gênesis XLI, 45; אוֹן Gênesis XLI, 50; אָוֶן Ezequiel XXX, 17; e Bêth Shemesh, בֵּית שֶׁמֶשׁ Jeremias XLII, 13; e a Heliópolis dos escritores gregos (Ἡλιούπολις, Strabo XVII, i, §§ 27 e 28; Heródoto, II, 3; Diodoro, I, 57, 4).

*. *Nomo*: termo que designava, genericamente, as 42 províncias do Antigo Egito. (N.E.)

o pai de Unas é Anu; o próprio Unas é Anu, e nasceu em Anu.".[79] Outro trecho informa que Unas "vem até o grande touro que vem de Anu"[80] e que ele "profere palavras de grande magia em Anu".[81] Em Anu, o deus Temu produziu os deuses Shu e Tefnut,[82] e em Anu habitava a grande e mais antiga Companhia dos Deuses, Temu, Shu, Tefnut, Keb, Nut, Osíris, Ísis, Set e Néftis.[83] A morada dos abençoados nos céus era chamada de Anu,[84] e afirmava-se que as almas dos justos lá se uniam a seus corpos espirituais ou glorificados, e que viviam face a face com a divindade por toda a eternidade.[85] A julgar pelo fato de que os textos nos túmulos de Heru-hetep e Neferu, e aqueles inscritos no sarcófago de Taka, todos da XI e XII Dinastia, diferem apenas em extensão e não em caráter ou conteúdo daqueles das pirâmides reais de Sakkarah da V e VI Dinastia, foi declarado que a religião, bem como a arte do Primeiro Império Tebano, não passa de uma cópia servil da religião do Egito do Norte.[86]

---

79. 
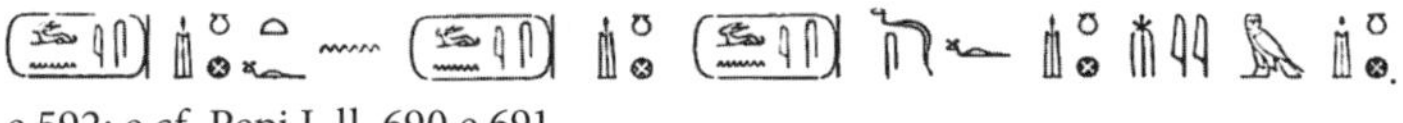. Maspero, *Unas*, ll. 591 e 592; e cf. Pepi I, ll. 690 e 691.

80. Ver l. 596.

81.  (l. 455).

82. 
. Maspero, *Pepi I*, ll. 465 e 466.

83. *The Pyramid of Pepi II*. l. 665.

84. Na leitura dos textos egípcios, deve-se considerar a existência da Anu celestial, que era para os egípcios o que Jerusalém era para os judeus e o que a Meca ainda é para os muçulmanos. A Anu celestial era a capital do mundo mitológico (ver Naville, *Todtenbuch* [Einleitung], p. 27), e era, para os espíritos dos homens, o que a Anu terrena era para seus corpos, isto é, a morada dos deuses e o centro e a fonte de toda instrução divina. A exemplo de muitas outras cidades mitológicas, como Abtu, Tetu, Pe, Tep, Khemenu etc., a Anu celestial não tinha localização geográfica.

85. A importância de Anu e de seus deuses da VI Dinastia é bem indicada por uma prece da pirâmide de Pepi II (para os textos, ver Maspero, *Recueil*, t. X, p. 8, e t. XII, p. 146), que diz: "Salve, Nove Grandes Deuses habitantes de Anu, concedei que Pepi possa prosperar, e concedei que a pirâmide dele, esta construção erguida para a eternidade, possa prosperar, assim como o nome do deus Temu, o chefe da Grande Companhia dos Nove Deuses, prospera. Se o nome de Shu, o senhor do templo celestial em Anu, prospera, então Pepi prosperará, e sua pirâmide prosperará, e seu trabalho perdurará por toda a eternidade. Se o nome de Tefnut, a senhora do templo terreno em Anu, perdura, o nome de Pepi perdurará, e sua pirâmide perdurará por toda a eternidade. Se o nome de Keb prospera, o nome de Pepi prosperará, e sua pirâmide prosperará, e seu trabalho perdurará por toda a eternidade. Se o nome de Nut prospera no templo de Shenth em Anu, o nome de Pepi prosperará, e sua pirâmide prosperará, e seu trabalho perdurará por toda a eternidade. Se o nome de Osíris prospera em This, o nome de Pepi prosperará, e sua pirâmide prosperará, e seu trabalho perdurará por toda a eternidade. Se o nome de Osíris Khent-Amenti prospera, o nome de Pepi prosperará, e sua pirâmide prosperará, e seu trabalho perdurará por toda a eternidade. Se o nome de Set prospera em Nubt, o nome de Pepi prosperará, e sua pirâmide prosperará, e seu trabalho perdurará por toda a eternidade.".

86. Maspero, La Religion Égyptienne d'après les Pyramides de la Ve et de la VIe Dynastie. *In*: *Revue des Religions*, t. XII, p. 138 e 139.

A Recensão Tebana, que foi usada em todo o Egito por todos os que tinham condições financeiras para serem "enterrados", da XVIII à XXI Dinastia, comumente era registrada em papiros com caracteres hieroglíficos; o escriba invariavelmente começava a copiar da extremidade esquerda do rolo do papiro e trabalhava seguindo para a direita. O texto foi escrito com tinta negra, em colunas perpendiculares de hieróglifos, separadas umas das outras por linhas pretas; os títulos dos capítulos ou das seções, e algumas partes dos capítulos e das rubricas pertencentes a eles, são escritos com tinta vermelha. Nos papiros desse período pode-se observar uma constante evolução na iluminação das vinhetas. No início da XVIII Dinastia, as vinhetas são feitas com traço preto, como vemos nos Papiros de Nebseni; contudo, no Papiro de Iuau, um genro de Amen-hetep III, vemos que as vinhetas estão pintadas de vermelho, verde, amarelo, branco e outras cores, e que todo o texto e as vinhetas estão encerrados por uma margem vermelha e amarela. Originalmente, o texto era a parte mais importante da obra, e tanto ele como suas vinhetas eram obra do escriba; gradualmente, porém, as vinhetas de colorido brilhante receberam cada vez mais atenção, e quando a habilidade do escriba falhava, o artista entrava em cena. Em muitos excelentes papiros do Período Tebano, fica evidente que todo o planejamento das vinhetas de um papiro foi feito por artistas que frequentemente não deixavam espaço suficiente para os textos aos quais elas pertenciam; como resultado, muitas linhas de capítulos eram frequentemente omitidas, e as linhas finais de alguns textos ficaram tão espremidas que estão quase ilegíveis. Os frequentes erros de escrita também mostram que, enquanto um artista da maior habilidade era empregado para fazer as vinhetas, a execução do texto ficava a cargo de um escriba descuidado, ou até ignorante. Ainda, às vezes, o artista dispunha as vinhetas na ordem errada, e ocasionalmente é evidente que nem o artista nem o escriba compreendiam o assunto de que estavam tratando. Segundo Maspero,[87] os escribas da VI Dinastia não compreendiam os textos que estavam escrevendo, e na XIX Dinastia o escriba de um papiro atualmente preservado em Berlim sabia tão pouco, ou se importava tão pouco, com um texto que estava copiando que transcreveu o Capítulo LXXVII de trás para a frente, e ao que parece nunca se deu conta do erro, apesar de terminar o capítulo com o título.[88] A princípio, cada cópia do *Livro dos Mortos* era escrita sob encomenda, mas logo surgiu o costume de preparar cópias com espaços em branco onde o nome do comprador podia ser inserido, e muitos dos erros de ortografia e a maior parte das omissões de palavras, sem dúvida, se devem à

87. *Recueil de Travaux*, t. IV, p. 62.

88. Naville, *Todtenbuch* (Einleitung), p. 41-43.

pressa com que essas cópias "de estoque" eram feitas por membros da casta dos sacerdotes cuja profissão consistia nisso, fazer cópias.

Os papiros nos quais eram feitas cópias da Recensão Tebana variam, em comprimento, de 6 a 27 metros, e em largura, de 36 a 46 centímetros; na XVIII Dinastia, as camadas dos papiros têm uma textura mais espessa e a cor mais escura do que nas dinastias seguintes. A arte de fazer grandes extensões de papiros de cor clara e textura fina atingiu o ápice na XIX Dinastia. Um exame dos papiros tebanos revela que o trabalho de escrever e iluminar uma boa cópia do *Livro dos Mortos* era frequentemente distribuído entre dois ou mais grupos de escribas e artistas, e que posteriormente as seções eram juntadas para formar um todo. Ocasionalmente, por engano, dois grupos de homens transcreviam o mesmo capítulo; assim, no Papiro de Ani, o Capítulo XVIII aparece duas vezes.

As seções ou os capítulos da Recensão Tebana formam uma série de composições separadas e distintas, as quais, como as seções dos Textos das Pirâmides, não tinham ordem fixa nem nos caixões nem nos papiros. Ao contrário desses textos, porém, com pouquíssimas exceções, cada composição tem um título especial e uma vinheta que indica seu propósito. A seleção geral dos capítulos para um determinado papiro parece ter sido deixada à escolha do gosto individual do comprador ou do escriba, mas alguns deles eram, sem dúvida, absolutamente necessários para a preservação do corpo do falecido no túmulo, e para o bem-estar de sua alma em seu novo estado de existência. As seleções tradicionais provavelmente eram respeitadas, e seleções recentes aprovadas por qualquer escola de pensamento religioso dominante no Egito eram, sem dúvida, aceitas.

Enquanto no período dos textos das Pirâmides as diversas seções eram recitadas ou cantadas por sacerdotes, provavelmente com a assistência de alguns membros da família do falecido, o bem-estar de sua alma e de seu corpo sendo proclamado em nome dele como fato estabelecido, na Recensão Tebana, os hinos e as preces aos deuses eram colocados na boca do morto. Como só os poderosos e os ricos podiam pagar pelas cerimônias que eram executadas nas primeiras dinastias, economia provavelmente foi a principal causa dessa mudança, que ocorreu em Tebas já na XII Dinastia. Pouco a pouco, as partes rituais do *Livro dos Mortos* desapareceram, até que, finalmente, na Recensão Tebana, os únicos capítulos dessa classe que permaneceram foram o XXII, XXIII, CV, CXXXVII e CLI.[89] Cada capítulo e cada prece dessa recensão deveriam ser recitados no outro mundo,

89. Ver Naville, *Todtenbuch* (Einleitung), p. 20. Sobre os títulos "Livro dos Mortos" e "Rituel Funéraire" que foram dados a esses textos, ver Lepsius, *Todtenbuch*, p. 3; De Rougé, *Revue Archéologique*, N.S., t. I, 1860, p. 69-100.

onde as palavras, ditas de modo apropriado, permitiriam ao morto derrotar qualquer inimigo e obter a vida da alma aperfeiçoada que habitava um corpo espiritual na morada dos abençoados.

O nome comum para o *Livro dos Mortos* no Período Tebano, e provavelmente também antes disso, é  *pert em hru*, nome que foi traduzido de várias formas: "manifestado na luz", "saído do dia", "sair para o dia", "la manifestation au jour", "la manifestation à la lumière" "[Kapitel von] der Erscheinung im Lichte", "Erscheinen am Tage", "[Caput] egrediendi in lucem" etc. Esse nome, no entanto, provavelmente tinha um sentido para os egípcios que ainda não foi traduzido para uma língua moderna, e uma ideia importante em conexão com a obra inteira é expressa por outro título,[90] que a chama de "o capítulo de tornar forte (*ou* perfeito) o *Khu*".

Na Recensão Tebana, mantêm-se os princípios fundamentais da religião egípcia que estavam em voga na época em que os Textos das Pirâmides foram escritos, e as visões referentes à existência eterna da alma permanecem inalteradas. Muitas passagens da obra, porém, indicam que houve modificações e evoluções em detalhes, e muito do que não se encontra nas primeiras dinastias aparece, até onde sabemos, pela primeira vez. As vinhetas também são acréscimos à obra; embora mostrem cenas da vida no além-túmulo, no entanto, não parecem formar uma série conexa, e é duvidoso que estejam dispostas de acordo com algum plano definido. Pode-se ter uma ideia geral do conteúdo desta versão pela seguinte lista de capítulos:[91]

Capítulo I: Têm início aqui os capítulos para Sair à Luz do Dia e dos cânticos de louvor e glorificação,[92] e para sair à luz e entrar no Submundo.[93] Com rubrica.

Vinheta: A procissão fúnebre da casa do morto à tumba.

90. Ver Naville, Einleitung, p. 24.

91. Os vários capítulos do *Livro dos Mortos* foram numerados por Lepsius em sua edição do *Papiro de Turim* em 1842. Esse papiro, no entanto, foi produzido no Período Ptolomaico, e contém diversos capítulos ausentes da Recensão Tebana. Por conveniência, os números de Lepsius foram mantidos, e os capítulos que pertencem à Recensão Saíta estão indicados por um asterisco.

92. Outro título é: "O capítulo para chegar até os Chefes Divinos de Osíris no dia do enterro, e para entrar depois de sair à luz". Este capítulo devia ser recitado no dia do enterro.

93. Khert-Neter, o nome mais comum para a tumba.

Capítulo I(b): O capítulo de fazer o Sahu, ou Corpo-Espírito , entrar no Tuat , no dia do enterro.[94] Com rubrica.

Vinheta: Anúbis em pé sobre o catafalco no qual a múmia do morto jaz.

Capítulo II: [O capítulo para] sair à luz do dia e para viver após a morte.

Vinheta: Um homem em pé segurando um cajado .

Capítulo III: Outro capítulo semelhante (isto é, como o Capítulo II).[95]

[—] *Este capítulo não tem vinheta.*

Capítulo IV: Outro capítulo para percorrer o caminho sobre a Terra.

[—] *Este capítulo não tem vinheta.*

Capítulo V: O capítulo para não permitir que o falecido trabalhe no Submundo.

Vinheta: O falecido ajoelhado sobre um joelho.

Capítulo VI: O capítulo para fazer as estatuetas *ushabtiu* trabalharem para um homem no Submundo.

Vinheta: Uma estatueta *ushabti* .

Capítulo VII: O capítulo para passar sobre as amaldiçoadas costas de Aapep, a maligna.

Vinheta: O falecido arpoando uma serpente.

Capítulo VIII: O capítulo para passar através do Amentet, e para sair à luz do dia.

Vinheta: O falecido ao lado de .

---

94. *sma ta*, "a união com a terra". Uma cópia deste capítulo, com as imagens dos nove vermes mencionados no texto, é apresentada no Papiro de Iuau (ed. Naville), como afirmei em meu livro *Chapters of Coming Forth by Day*, 2. ed., v. I, p. LXXXIX, Londres, 1909.

95. Em alguns papiros, os Capítulos II e III estão combinados com um só título; ver Naville, *Todtenbuch*, Bd. I, Bl. 6.

Capítulo IX: O capítulo para sair à luz do dia depois da passagem através da tumba.

Vinheta: O falecido adorando um carneiro 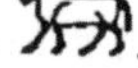.

Capítulo X: Ver o Capítulo XLVIII

Capítulo XI: O capítulo para um homem sair à luz do dia contra seus inimigos no Submundo.

[—] *Este capítulo não tem vinheta nem na Recensão Tebana nem na Saíta.*

Capítulo XII: Outro capítulo para entrar e para sair do Tuat.

[—] *Este capítulo não tem vinheta nem na Recensão Tebana nem na Saíta.*

Capítulo XIII: O capítulo para entrar e para sair do Amentet. Com rubrica na Recensão Saíta.

[—] *Este capítulo não tem vinheta nem na Recensão Tebana nem na Saíta.*

Capítulo XIV: O capítulo para afastar a vergonha do coração de um deus a respeito do falecido.

[—] *Este capítulo não tem vinheta nem na Recensão Tebana nem na Saíta.*

Capítulo XV: Um hino de louvor a Rá quando ele se ergue no horizonte oriental dos Céus, Hino e Litania para Osíris, e um hino a Rá.

Vinheta: O falecido adorando Rá.

Capítulo XV(b): **1.** Um hino de louvor a Rá quando ele se põe na terra da vida.

Vinheta: O falecido adorando o Sol poente.

Capítulo XV(b): **2.** Um hino de louvor a Rá-Harmakhis quando ele se põe no horizonte ocidental do Céu.

Vinheta: O falecido adorando Rá.

Capítulo XV(b): **3.** Outro capítulo oculto do *Tuat*, para passar através dos locais secretos do Submundo e para ver o Disco quando ele se põe em Amentet.

Vinheta: O deus ou o falecido arpoando uma serpente.

Capítulo XVI: Somente uma vinheta referente ao Capítulo XV.

Capítulo XVII: Têm início aqui os louvores e as glorificações para sair e para entrar no Submundo no belo Amenta; para sair de dia e para fazer transformações e para transformar-se em qualquer forma que ele desejar; para jogar damas na câmara *Seh*; e para sair à luz na forma de uma alma viva: para ser recitado pelo falecido depois de sua morte.

Vinheta: O falecido jogando damas; o falecido adorando os deuses Leão de ontem e de hoje; o catafalco de Osíris com Ísis e Néftis aos pés e à cabeceira, respectivamente etc. Ver as descrições das Pranchas VII-X.

Capítulo XVIII: Sem título.

Vinheta: O falecido adorando os grupos dos deuses pertencentes a várias cidades que eram centros do culto a Osíris.

Capítulo XIX:* O capítulo da coroa da vitória. Com rubrica.

[—] *Este capítulo não tem vinheta.*

Capítulo XX: Sem título na Recensão Tebana, mas na Recensão Saíta é chamado "Outro Capítulo da Coroa da Vitória".

[—] *Este capítulo não tem vinheta nem na Recensão Tebana nem na Saíta.*

Capítulo XXI: O capítulo para dar uma boca a um homem no Submundo.

Vinheta: Um sacerdote realizando a cerimônia da abertura de boca sobre o falecido.

Capítulo XXII: O capítulo para dar uma boca ao falecido no Submundo.

Vinheta: O "guardião das balanças" abrindo a boca do falecido.

Capítulo XXIII: O capítulo da "abertura da boca" do falecido no Submundo.

Vinheta: O sacerdote *Sem* "abrindo a boca" do falecido com o instrumento *Ur-hekau.*

Capítulo XXIV: O capítulo para conceder palavras de poder mágico ao falecido no Submundo.

[—] *Este capítulo não tem vinheta na Recensão Tebana.*

Capítulo XXV: O capítulo para fazer um homem lembrar-se de seu nome no Submundo.

Vinheta: Um sacerdote segurando  diante do falecido.

Capítulo XXVI: O capítulo para dar um coração ao falecido no Submundo.

Vinheta: Anúbis dando ao falecido um colar ao qual está preso um peitoral com um coração.

Capítulo XXVII: O capítulo para não permitir que o coração de um homem lhe seja arrebatado no Submundo.

Vinheta: O falecido adorando seu coração  na presença dos Quatro Filhos de Hórus.

Capítulo XXVIII: [O capítulo para] não permitir que o coração de um homem seja tomado dele no Submundo.

Vinheta: O falecido com a mão esquerda tocando o peito sobre o coração, ajoelhando-se diante de um demônio que segura uma faca.

Capítulo XXIX(a): O capítulo para não permitir que o coração de um homem seja levado dele.

Vinheta: O falecido segurando um cajado.

Capítulo XXIX(b): O capítulo para não permitir que o coração de um homem seja levado embora morto.

Vinheta: Ausente.

Capítulo XXIX(c): Outro capítulo de um coração de cornalina.
Vinheta: O falecido sentado em uma cadeira diante de seu coração, que está sobre um pedestal, , ou apenas um coração.

Capítulo XXX: O capítulo para não permitir que o coração de um homem seja levado dele. Com rubrica (Recensão Saíta).
Vinheta: O falecido adorando um besouro.

Capítulo XXX(a): O capítulo para não permitir que o coração de um homem seja levado dele no Submundo.
Vinheta: Um coração, .

Capítulo XXX(b): O capítulo para não permitir que o coração de um homem seja levado dele no Submundo. Com rubrica.
Vinheta: O falecido sendo pesado contra seu coração na balança, na presença de Osíris, "o Grande Deus, o Príncipe da Eternidade".

Capítulo XXXI: O capítulo para repelir o crocodilo que vem roubar as palavras mágicas  de um homem no Submundo.
Vinheta: o falecido matando três ou quatro crocodilos.

Capítulo XXXII:* O capítulo para repelir o crocodilo que vem roubar as palavras mágicas de um homem no Submundo.
Vinheta: O falecido arpoando quatro crocodilos.

Capítulo XXXIII: O capítulo para repelir serpentes de todos os tipos.
Vinheta: O falecido arpoando uma serpente.

Capítulo XXXIV: O capítulo para um homem não ser mordido por uma serpente no salão da tumba.[96]
[—] *Este capítulo não tem vinheta nem na Recensão Tebana nem na Saíta.*

96.  *amihat*.

Capítulo XXXV: O capítulo para não ser comido por vermes no Submundo.
Vinheta: Três serpentes.

Capítulo XXXVI: O capítulo para repelir *Apshai* .
Vinheta: O falecido arpoando um besouro ou um porco, ou a ponto de matar *Apshai*.

Capítulo XXXVII: O capítulo para repelir as duas deusas Merti 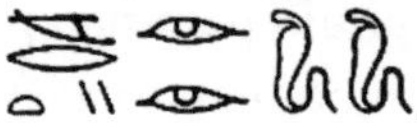.
Vinheta: Dois ureus, que representam os dois olhos de Rá.

Capítulo XXXVIII(a): O capítulo para viver do ar que existe no Submundo.
Vinheta: O falecido segurando uma vela de barco , emblemática do ar.

Capítulo XXXVIII(b): O capítulo para viver do ar e para repelir as duas *Merti*.
Vinheta: O falecido atacando três serpentes, com uma faca em sua mão direita e uma vela de barco na mão esquerda.

Capítulo XXXIX: O capítulo para repelir a serpente no Submundo.
Vinheta: O falecido arpoando uma serpente.

Capítulo XL: O capítulo para repelir o Comedor do Asno.
Vinheta: O falecido arpoando uma serpente que está mordendo o pescoço de um asno.

Capítulo XLI: O capítulo para evitar os sacrifícios que são realizados no Submundo.
Vinheta: O falecido arpoando uma serpente.

Capítulo XLII: [O capítulo] para evitar o massacre em Hensu (Heracleópolis).
Vinheta: Um homem dando ordem a uma serpente.

Capítulo XLIII: O capítulo para não permitir que a cabeça de um homem seja separada de seu corpo no Submundo.
Vinheta: O falecido saudando três deuses.

Capítulo XLIV: O capítulo para não morrer uma segunda vez.
Vinheta: O falecido sentado em um trono.

Capítulo XLV: O capítulo para não apodrecer. Com rubrica.
Vinheta: Anúbis segurando a múmia do falecido.

Capítulo XLVI: O capítulo para não apodrecer, e para viver no Submundo.
Vinheta: A Alma-Coração e a Alma Espiritual à porta da tumba.

Capítulo XLVII: O capítulo para não deixar que o trono de um homem seja tomado dele no Submundo.
[—] *Este capítulo não tem vinheta na Recensão Tebana.*

Capítulo XLVIII: [O capítulo para um homem sair à luz do dia contra] seus inimigos.
Vinheta: O falecido arpoando uma serpente.

Capítulo XLIX:* O capítulo para um homem sair à luz do dia contra seus inimigos no Submundo.
Vinheta: Ausente.

Capítulo L: O capítulo para não ir para a câmara do bloco divino de sacrifício. Duas versões deste capítulo são conhecidas, mas apenas uma tem uma vinheta.
Vinheta: Um homem em pé, de costas para o bloco.

Capítulo LI: O capítulo para não cair em uma armadilha no Submundo.
Vinheta: Um homem em pé.

Capítulo LII: O capítulo para não comer imundícies no Submundo.
Vinheta: Um homem sentado diante de uma mesa com comida (Recensão Saíta).

Capítulo LIII: O capítulo para não comer imundícies e para não tomar água poluída no Submundo.
Vinheta: Ausente.

Capítulo LIV: O capítulo para conceder o ar ao falecido no Submundo.
Vinheta: O falecido segurando uma vela de barco.

Capítulo LV: Outro capítulo para conceder o ar.
Vinheta: O falecido segurando uma vela de barco em cada mão.

Capítulo LVI: O capítulo para inspirar o ar na Terra.
Vinheta: O falecido segurando uma vela de barco.

Capítulo LVII: O capítulo para inspirar o ar e ter poder sobre as águas no Submundo.
Vinheta: O falecido segurando uma vela de barco, em pé em um curso de água.

Capítulo LVIII: O capítulo para respirar o ar e para ter poder sobre a água no Submundo.
Vinheta: O falecido tomando água em um rio.

Capítulo LIX: O capítulo para inspirar o ar e para ter poder sobre a água no Submundo.
Vinheta: O falecido recebendo carne e bebida de Nut ou Hathor.

Capítulo LX:* Outro capítulo.
Vinheta: O falecido segurando uma flor de lótus.

Capítulo LXI: O capítulo para não permitir que a Alma-Coração de um homem lhe seja arrebatada.
Vinheta: O falecido segurando sua Alma-Coração.

Capítulo LXII: O capítulo para beber água.
Vinheta: O falecido recolhendo água com a mãos.

Capítulo LXIII(a): O capítulo para beber água e para não ser consumido pelo fogo.
Vinheta: O falecido apanhando água com uma vasilha.

Capítulo LXIII(b): O capítulo para não ser fervido (ou escaldado) na água.
Vinheta: O falecido sentado diante de uma mesa com comida.

Capítulo LXIV: O capítulo para sair à luz do dia no Submundo. Duas versões, cada uma com uma rubrica.
Vinheta: O falecido adorando o disco, que está no alto de uma árvore.

Capítulo LXV: [O capítulo para] sair à luz do dia, e de ganhar o domínio sobre os inimigos. Em duas versões.
Vinheta: O falecido adorando Rá.

Capítulo LXVI: [O capítulo para] sair à luz do dia.
Vinheta: Ausente.

Capítulo LXVII: O capítulo para abrir as portas do Tuat e para sair à luz do dia.
Vinheta: Ausente.

Capítulo LXVIII: O capítulo para sair à luz do dia. Com rubrica.
Vinheta: O falecido ajoelhado ao lado de uma árvore diante de Hathor.

Capítulo LXIX: Outro capítulo.
Vinheta: Ausente.

Capítulo LXX: Outro capítulo.
Vinheta: Ausente.

Capítulo LXXI: O capítulo para sair à luz do dia. Com rubrica.
Vinheta: O falecido com ambas as mãos erguidas em adoração, ajoelhado diante da deusa Meh-urt.

Capítulo LXXII: O capítulo para sair à luz do dia e para passar através do *Amehet*. Com rubrica.
Vinheta: O falecido em pé diante de sua tumba.

Capítulo LXXIII: Ver o Capítulo IX.

Capítulo LXXIV: O capítulo para erguer as pernas e para emergir à face da Terra.

Vinheta: O falecido ajoelhado diante da Barca Henu de Seker.

Capítulo LXXV: O capítulo para viajar para Anu (On) e para receber um trono lá.

Vinheta: O falecido em pé diante do objeto *Anu* .

Capítulo LXXVI: O capítulo para [um homem] transformar-se em tudo aquilo em que desejar.

[—] *Este capítulo não tem vinheta.*

Capítulo LXXVII: O capítulo para transformar-se em um falcão dourado.

Vinheta: Um falcão dourado .

Capítulo LXXVIII: O capítulo para transformar-se em um falcão divino.

Vinheta: Um falcão .

Capítulo LXXIX: O capítulo para estar entre a Companhia dos Deuses e para transformar-se em um príncipe entre os poderes divinos.

Vinheta: O falecido adorando três deuses que representam os Quatro Filhos de Hórus.

Capítulo LXXX: O capítulo para transformar-se em um deus e para irradiar luz na escuridão.

Vinheta: Um deus com um disco solar sobre a cabeça.

Capítulo LXXXI(a): O capítulo para transformar-se em um lírio.

Vinheta: Um lírio.

Capítulo LXXXI(b): O capítulo para transformar-se em um lírio.

Vinheta: A cabeça do falecido emergindo de dentro de um lírio .

Capítulo LXXXII: O capítulo para transformar-se em Ptah, para comer pães, para tomar cerveja, para libertar o corpo e para viver em Anu (On).
Vinheta: O deus Ptah em um templo.

Capítulo LXXXIII: O capítulo para transformar-se em uma ave Benu.
Vinheta: Uma ave Benu . Com rubrica.

Capítulo LXXXIV: O capítulo para transformar-se em uma garça.
Vinheta: Uma garça.

Capítulo LXXXV: O capítulo para transformar-se na Alma, para não entrar no local de punições: todo aquele que o conhecer jamais perecerá.
Vinheta: O Deus da Alma, na forma de um carneiro.

Capítulo LXXXVI: O capítulo para transformar-se em uma andorinha. Com rubrica.
Vinheta: Uma andorinha.

Capítulo LXXXVII: O capítulo para transformar-se na serpente Sa-ta.
Vinheta: Uma serpente.

Capítulo LXXXVIII: O capítulo para transformar-se em um crocodilo.
Vinheta: Um crocodilo.

Capítulo LXXXIX: O capítulo para fazer a Alma-Coração se unir a seu corpo. Com rubrica.
Vinheta: A alma visitando o corpo, que jaz em um catafalco.

Capítulo XC: O capítulo para afastar as más recordações de um homem.
Vinheta: O falecido saudando Thoth (Recensão Saíta).

Capítulo XCI: O capítulo para não permitir que a alma de um homem fique presa. Com rubrica.
Vinheta: Uma alma em pé à porta da tumba.

Capítulo XCII: O capítulo para abrir a tumba para a alma de um homem, de modo que ele possa sair e ganhar o controle sobre suas pernas.
Vinheta: A alma do falecido voando através da porta da tumba para a sombra (?).

Capítulo XCIII: O capítulo para não navegar para o leste no Submundo.
Vinheta: O falecido saúda Her-f-ha-f.

Capítulo XCIV: O capítulo para orar por um tinteiro e uma paleta.
Vinheta: O falecido sentado diante de um pedestal, sobre o qual há um tinteiro e uma paleta.

Capítulo XCV: O capítulo para estar junto a Thoth.
Vinheta: O falecido em pé diante de Thoth; variante, um ganso.

Capítulo XCVI: O capítulo para estar junto a Thoth e para dar glória a um homem no Submundo.
Vinheta: O falecido em pé junto a Thoth.

Capítulo XCVII: [Sem título]
Vinheta: O falecido adorando Rá em sua barca.

Capítulo XCVIII: O capítulo para trazer uma barca ao Céu.
Vinheta: Ausente.

Capítulo XCIX: O capítulo para trazer uma barca ao Submundo.
Vinheta: Uma barca com as velas içadas.

Capítulo C: O capítulo para tornar perfeita a Alma-Espírito e para fazê-la entrar na barca de Rá, junto a seus seguidores divinos. Com rubrica.
Vinheta: Uma barca contendo uma Companhia de Deuses.

Capítulo CI: [O capítulo para proteger a barca de Rá.] Com rubrica.
Vinheta: O falecido na barca com Rá (Recensão Saíta).

Capítulo CII: O capítulo para entrar na barca de Rá.
Vinheta: O falecido na barca com Rá.

Capítulo CIII: O capítulo para estar no séquito de Hathor.
Vinheta: O falecido em pé atrás de Hathor.

Capítulo CIV: O capítulo para sentar-se entre os grandes deuses.
Vinheta: O falecido sentado entre dois deuses.

Capítulo CV: O capítulo para fornecer oferendas para o *Ka* .
Vinheta: O falecido queimando incenso diante de seu *Ka*.

Capítulo CVI: O capítulo para dar refeições sepulcrais todos os dias a um homem em Het-ka-Ptah (Mênfis).
Vinheta: Um altar com oferendas de carne e bebidas.

Capítulo CVII:* O capítulo para entrar e sair através do portão dos deuses do Ocidente entre os seguidores do deus e para conhecer as almas de Amentet.
Vinheta: Três divindades: Rá, Sebek e Hathor.

Capítulo CVIII: O capítulo para conhecer as almas do Ocidente.
Vinheta: Três divindades: Temu, Sebek e Hathor.

Capítulo CIX: O capítulo para conhecer as almas do Oriente.
Vinheta: O falecido fazendo a adoração diante de Rá-Heru-Khuti.

Capítulo CX: O início dos capítulos do Campo das Oferendas e dos capítulos para Sair à Luz do Dia, e para entrar no Submundo e de lá sair, e para chegar ao Campo de Juncos, e para estar no Campo das Oferendas.
Vinheta: O Campo das Oferendas.

Capítulo CXI: Ver o Capítulo CVIII.

Capítulo CXII: Outro capítulo para conhecer as almas de Pe.
Vinheta: Hórus, Kesta e Hapi.

Capítulo CXIII: O capítulo para conhecer as almas de Nekhen.
Vinheta: Hórus, Tuamutef e Qebhsenuf.

Capítulo CXIV: O capítulo para conhecer as almas de Khemenu (Hermópolis).
Vinheta: Três deuses com cabeça de íbis.

Capítulo CXV: O capítulo para sair para o Céu, para passar através do salão da tumba e para conhecer as almas de Anu.
Vinheta: O falecido adorando Rá, Shu e Sekhmet.

Capítulo CXVI: [O capítulo para] conhecer as almas de Anu. Com rubrica.
Vinheta: O falecido adorando Thoth, Sau e Tem.

Capítulo CXVII: O capítulo para seguir um caminho em Ra-stau.
Vinheta: O falecido segurando um cajado na mão, subindo as colinas ocidentais.

Capítulo CXVIII: O capítulo para sair de Ra-stau.
Vinheta: O falecido segurando um cajado na mão esquerda.

Capítulo CXIX: O capítulo para reconhecer o nome de Osíris e para entrar em Ra-stau e sair de lá.
Vinheta: O falecido adorando Osíris, que está em pé em um templo.

Capítulo CXX: Ver o Capítulo XII.

Capítulo CXXI: Ver o Capítulo XIII.

Capítulo CXXII: O capítulo para o falecido entrar depois de sair à luz por meio do Submundo.
Vinheta: O falecido curvando-se diante de sua tumba, que fica em uma colina (Recensão Saíta).

Capítulo CXXIII: O capítulo para entrar na grande casa (isto é, na tumba).
Vinheta: O falecido em pé diante de uma tumba.

Capítulo CXXIV: O capítulo para ir ao encontro dos Príncipes de Osíris.
Vinheta: O falecido adorando Kesta, Hapi, Tuamutef e Qebhsenuf

Capítulo CXXV: As palavras que devem ser ditas pelo falecido quando ele entrar no salão de Maati, que o separam de seus pecados, e que o fazem ver Deus, o Senhor da humanidade. Com rubrica.
A. Introdução.
B. Confissão negativa.
C. Saudação do falecido depois do Julgamento.
Vinheta: O salão de Maati, no qual o coração do falecido está sendo pesado em uma balança na presença dos grandes deuses.

Capítulo CXXVI: [Sem título]
Vinheta: Um lago de fogo, em cada canto do qual está sentado um macaco.

Capítulo CXXVII(a): O livro do louvor aos deuses dos Círculos

Vinheta: Ausente.

Capítulo CXXVII(b): O capítulo das palavras que devem ser pronunciadas quando o falecido for ao encontro dos Chefes de Osíris, e do louvor aos deuses que são os líderes no Tuat.
Vinheta: Oito pares de deuses, com uma mesa de oferendas diante de cada par.

Capítulo CXXVIII:* O capítulo para louvar Osíris.
Vinheta: O falecido adorando três divindades.

Capítulo CXXIX: Ver o Capítulo C.

Capítulo CXXX: O capítulo para tornar perfeita a Alma Espiritual. Com rubrica.
Vinheta: O falecido em pé entre as duas barcas do Deus Sol, Maatet e Sektet.

Capítulo CXXXI:* O capítulo para se juntar a Rá.
Vinheta: Ausente.

Capítulo CXXXII: O capítulo para fazer um homem voltar a fim de ver sua casa na Terra.
Vinheta: Um homem postado diante de uma casa ou de uma tumba.

Capítulo CXXXIII: O capítulo para tornar perfeita a Alma Espiritual no Submundo, na presença da Grande Companhia dos Deuses. Com rubrica.
Vinheta: O falecido adorando Rá, que está sentado em uma barca.

Capítulo CXXXIV: O capítulo para entrar na barca de Rá e para estar entre aqueles que se encontram em seu séquito. Com rubrica.
Vinheta: O falecido adorando Shu, Tefnut, Keb, Nut, Osíris, Ísis, Hórus, Hathor.

Capítulo CXXXV:* Outro capítulo que deve ser recitado durante a lua crescente [a cada] mês.
[—] *Este capítulo não tem vinheta.*

Capítulo CXXXVI(a): O capítulo para navegar na barca de Rá; em duas versões, a segunda com rubrica.
Vinheta: O falecido em pé com as mãos erguidas em adoração.

Capítulo CXXXVI(b): O capítulo para navegar na grande barca de Rá, a fim de percorrer o ardente caminho do Sol.
Vinheta: A cabeça de Rá em uma barca.

Capítulo CXXXVII(a): O capítulo das quatro tochas ardentes que devem ser acesas para o *Khu*. Com rubricas.
Vinheta: Quatro homens, cada um segurando uma tocha acesa.

Capítulo CXXXVII(b): O capítulo para o falecido acender o fogo.
Vinheta: A deusa Taurt acendendo uma chama.

Capítulo CXXXVIII: O capítulo para fazer o falecido entrar em Abidos.
Vinheta: O falecido adorando o estandarte .

Capítulo CXXXIX: Ver o Capítulo CXXIII.

Capítulo CXL:* O livro que deve ser recitado no segundo mês da estação Pert, quando o *utchat* está cheio no segundo mês de Pert. Com rubrica.
Vinheta: O falecido adorando Anpu, o *utchat* e Rá (Recensão Saíta).

Capítulos CXLI-CXLII: O livro que deve ser recitado por um homem para seu pai e para seu filho nos festivais de Amentet. Isso o tornará perfeito diante de Rá e dos deuses, e ele morará com eles. Deve ser recitado no nono dia do festival.

Capítulo CXLIII: Esta é a vinheta do Capítulo CXLII.
Vinheta: O falecido fazendo oferendas diante de um deus.

Capítulo CXLIV: O capítulo para entrar. Com rubrica.
Vinheta: Sete pilonos, cada um guardado por um porteiro, um sentinela e um arauto.

Capítulo CXLV(a): [Sem título]
[—] *Este capítulo não tem vinheta.*

Capítulo CXLV(b): [O capítulo] para sair à luz para os pilonos ocultos.
[—] *Este capítulo não tem vinheta. Na Recensão Saíta, este capítulo contém muitas vinhetas.*

Capítulo CXLVI: [O capítulo para] conhecer os pilonos na Casa de Osíris no Campo de Juncos.
Vinheta: Uma série de pilonos, cada um guardado por um deus.

Capítulo CXLVII: [Um capítulo] para ser recitado pelo falecido quando ele chegar ao primeiro salão de Amentet. Com rubrica.

Vinheta: Uma série de portas, cada uma guardada por um deus.

Capítulo CXLVIII: [O capítulo] para nutrir o *Khu* no Submundo e para remover dele todas as coisas malignas. Com rubrica.

Vinheta: As Sete Vacas e seu Touro, e os Quatro Lemes dos Céus.

Capítulo CXLIX: [O capítulo das Aats.]

Vinheta: As Aats da Casa de Osíris.

Capítulo CL: [Sem título]

Vinheta: As Aats da Casa de Osíris em forma tabular.

Capítulo CLI: [Sem título]

Vinheta: Cena da câmara da múmia.

Capítulo CLI(a): [O capítulo] para mãos de Anpu, aquele que habita a câmara sepulcral, se postarem sobre o senhor da vida (isto é, a múmia).

Vinheta: Anúbis postado ao lado do catafalco do falecido.

Capítulo CLI(b): O capítulo do Chefe das Coisas Ocultas.

Vinheta: Uma cabeça humana.

Capítulo CLII: O capítulo para construir uma casa na Terra.

Vinheta: O falecido colocando as fundações de sua casa.

Capítulo CLIII(a): O capítulo para sair à luz através de uma rede.

Vinheta: Uma rede de pesca ao lado da qual posta-se o falecido.

Capítulo CLIII(b): O capítulo para sair à luz através da rede de pesca.

Vinheta: Três macacos recolhendo uma rede de pesca.

Capítulo CLIV: O capítulo para não permitir que o corpo de um homem se decomponha na tumba.
Vinheta: O Sol brilhando sobre o corpo do falecido (Recensão Saíta).

Capítulo CLV: O capítulo de um Tet de ouro a ser colocado no pescoço do *Khu*. Com rubrica.
Vinheta: Um Tet , isto é, o osso sacro de Osíris.

Capítulo CLVI: O capítulo de um *tet* de ametista a ser colocado no pescoço do *Khu*. Com rubrica.
Vinheta: Um *tet* , isto é, o útero e a vagina de Ísis.

Capítulo CLVII:* O capítulo de um abutre de ouro a ser colocado no pescoço do *Khu*. Com rubrica.
Vinheta: Um abutre.

Capítulo CLVIII:* O capítulo para a colocação de um colar de ouro no pescoço do *Khu*. Com rubrica.
Vinheta: Um colar.

Capítulo CLIX:* O capítulo para a colocação de um cetro de crisoprásio no pescoço do *Khu*. Com rubrica.
Vinheta: Um cetro .

Capítulo CLX: [O capítulo] para colocar uma placa de crisoprásio.
Vinheta: Thoth entregando uma placa ao falecido.

Capítulo CLXI: O capítulo para a abertura das portas do Céu por Thoth etc. Com rubrica.
Vinheta: Thoth abrindo as quatro portas do Céu.

Capítulo CLXII:* O capítulo para fazer com que exista calor sob a cabeça do *Khu*. Com rubrica.
Vinheta: Uma vaca com um par de plumas e um disco entre os chifres.

Capítulo CLXIII:* O capítulo para não permitir que o corpo de um homem se decomponha no Submundo. Com rubrica.
Vinheta: Dois *utchats* e uma serpente, ambos com um par de pernas humanas.

Capítulo CLXIV:* Outro capítulo. Com rubrica.
Vinheta: Uma deusa com três cabeças, alada, postada entre dois pigmeus.

Capítulo CLXV:* O capítulo para a chegada ao porto, para não se tornar invisível, para fazer o corpo germinar e para satisfazê-lo com a água do Céu. Com rubrica.
Vinheta: O deus Menu com corpo de besouro e um homem com uma cabeça de carneiro em cada ombro.

Capítulo CLXVI: O capítulo do travesseiro.
Vinheta: Um travesseiro ou apoio de cabeça.

Capítulo CLXVII: O capítulo para conceder o *utchat*.
Vinheta: Um *utchat* sobre um .

Capítulo CLXVIII(a): [Sem título]
Vinheta: As barcas do Sol etc.

Capítulo CLXVIII(b): [Sem título]
Vinheta: Homens vertendo libações, deuses etc.

Capítulo CLXIX: O capítulo para preparar a câmara funerária.
Vinheta: Ausente.

Capítulo CLXX: O capítulo para dispor a câmara funerária.
Vinheta: Ausente.

Capítulo CLXXI: O capítulo para amarrar as vestes da pureza.
Vinheta: Ausente.

Capítulo CLXXII: Têm início aqui os capítulos dos louvores que devem ser recitados no Submundo.
Vinheta: Ausente.

Capítulo CLXXIII: Saudações de Hórus a seu pai.
Vinheta: O falecido adorando Osíris.

Capítulo CLXXIV: O capítulo para fazer com que o *Khu* saia à luz pelo grande portão do Céu.
Vinheta: O falecido saindo por uma porta.

Capítulo CLXXV: O capítulo para não morrer uma segunda vez no Submundo.
Vinheta: O falecido adorando Thoth.

Capítulo CLXXVI: O capítulo para não morrer uma segunda vez no Submundo. Com rubrica.
Vinheta: Ausente.

Capítulo CLXXVII: O capítulo para elevar o *Khu* e para fazer a alma viver no Submundo.
Vinheta: O falecido recebendo oferendas.

Capítulo CLXXVIII: O capítulo para elevar o corpo, para fazer com que os olhos vejam, para fazer com que os ouvidos ouçam, para tornar firme a cabeça e para conceder-lhe seus poderes.
Vinheta: Ausente.

Capítulo CLXXIX: O capítulo para sair à luz a partir de ontem, para sair à luz do dia e para orar com as mãos.
Vinheta: Ausente.

Capítulo CLXXX: O capítulo para sair à luz do dia, para louvar Rá em Amentet e para dedicar louvores àqueles que estão no *Tuat*.
Vinheta: O falecido adorando Rá e dois outros deuses.

Capítulo CLXXXI: O capítulo para ir ao encontro dos Chefes Divinos de Osíris que são os líderes no *Tuat*. Com rubrica.
Vinheta: O falecido adorando Osíris etc.

Capítulo CLXXXII: O livro para firmar a espinha dorsal de Osíris, para conceder alento àquele cujo coração está

sereno e para repelir os inimigos de Osíris por Thoth.
Vinheta: O falecido jazendo sobre o catafalco em um ataúde fúnebre, rodeado por diversos deuses.

Capítulo CLXXXIII: Um hino de louvor a Osíris, dedicando-lhe glórias, e para a adoração de Un-nefer.
Vinheta: O falecido, com as mãos erguidas em adoração, e o deus Thoth.

Capítulo CLXXXIV: O capítulo para estar com Osíris.
Vinheta: O falecido em pé ao lado de Osíris.

Capítulo CLXXXV: A dedicação de louvores a Osíris e de adoração ao senhor eterno.
Vinheta: O falecido fazendo a adoração a Osíris.

Capítulo CLXXXVI: Um hino de louvor a Hathor, Senhora de Amentet, e a Meh-urt.
Vinheta: O falecido aproximando-se da montanha dos mortos, da qual surge a deusa Hathor.

Capítulo CLXXXVII: O capítulo para entrar na Companhia dos Deuses.
Vinheta: Ausente.

Capítulo CLXXXVIII: O capítulo para construir uma casa e para aparecer em uma forma humana.
Vinheta: Ausente.

Capítulo CLXXXIX: O capítulo para não deixar um homem passar fome.
Vinheta: Ausente.

Capítulo CXC: O livro para tornar perfeito o *Khu*. Com rubrica.
Vinheta: Ausente.

Nos papiros que contêm a Recensão Tebana escritos em caractere hierático, as rubricas, os reclamos e certos nomes amaldiçoados, como o de Aapep, estão em vermelho. As vinhetas são feitas com traços grosseiros e não têm ornamentos; contudo, nas extremidades do lado direito dos melhores papiros, frequentemente encontramos cenas ilustradas em que o morto é retratado adorando a Rá ou a Hórus. Os nomes e títulos dos mortos são escritos em colunas perpendiculares de hieróglifos. O melhor exemplo de papiros desta categoria é o Papiro de Nesitanebtashru (Papiro de Greenfield), que está no Museu Britânico (n. 10.554). Antes de ser aberto, esse papiro formava um rolo compacto de uns 52 centímetros de comprimento, mais chato em uma extremidade do que na outra. Exceto por alguns hieróglifos no início do papiro, e partes das figuras de Osíris e dos mortos, o documento está completo, e o texto e as vinhetas, extremamente bem preservados. O papiro tem quase 37,5 metros de comprimento e 47 centímetros de largura; contém 2.666 linhas de texto, principalmente hierático, disposto em 172 colunas. Esse papiro é o mais longo dos códices tebanos do *Livro dos Mortos* e, exceto pelo grande Papiro de Harris, que mede 40,5 metros por 42 centímetros, é o maior papiro conhecido. Todos os textos estão escritos com tinta preta, e os títulos dos capítulos, as rubricas, os reclamos etc., estão em tinta vermelha. A bela e longa série de vinhetas foi desenhada a traço preto do começo ao fim. O trabalho artístico é de qualidade muito elevada, e provavelmente é o melhor exemplo de desenhos feitos a traço durante o Império Novo. O papiro foi grafado principalmente em hierático, uma escritura que é tanto escrita quanto lida da direita para a esquerda, e, portanto, começa na extremidade direita do papiro. A assim denominada "Confissão Negativa" aparece nele em duas cópias, uma em hierático e a outra em hieróglifos. Esse papiro foi escrito no segundo quarto do século X antes de Cristo e, para todos os propósitos práticos, é um documento datado. Sua autoridade para resolver questões a respeito da paleografia hierática do Império Novo é muito grande. Contém 87 capítulos da Recensão Tebana do *Livro dos Mortos*. Um fac-símile do papiro, com uma descrição de seu conteúdo, lista de capítulos etc., foi publicado recentemente pelos Conselheiros do Museu Britânico.[97] Outros ótimos exemplos dos papiros hieráticos e hieroglíficos desse período são as cópias do *Livro dos Mortos* que foram escritas para Maat-ka-Ra e Nesi-Khensu, que foram publicadas recentemente com uma introdução esclarecedora por Naville.[98] O caráter da caligrafia

97. *The Greenfield Papyrus in the British Museum, with Introduction and Description* por E. A. Wallis Budge, Londres, 1912.

98. *Papyrus Funéraires de la XXIe Dynastie*, Paris, 1912, 4[to.] grande. Naville está para publicar o texto do contrato entre Amon-Rá e Nesi-Khensu, do qual Maspero forneceu uma transcrição com tradução em seu *Momies Royales*, p. 600 ss. O texto desse notável documento é dividido em parágrafos que não contêm preces ou hinos, mas um verdadeiro contrato entre o deus Amon-Rá e a princesa Nesi-Khensu. Após a lista de nomes e títulos de Amon-Rá com a qual se inicia, seguem-se onze seções em que o deus declara em fraseologia legal que ele deificou a princesa

muda em diferentes períodos, mas, em um período de cem anos, aparentemente, o estilo refinado e fluido desaparece e a escrita se torna muito menor e um tanto espremida; o processo de redução de tamanho continua até a XXVI Dinastia, por volta de 600 a.C., quando os caracteres pequenos e escritos de forma tosca são frequentemente difíceis de decifrar. Os papiros nos quais esses textos estão escritos variam em comprimento de um metro a cerca de 36 metros, e na largura, de 23 a 46 centímetros. À medida que nos aproximamos do período da XXVI Dinastia, a textura fica mais grosseira, e a cor do material, mais escura. Os papiros tebanos desse período são de cor mais clara que aqueles encontrados no norte do Egito, e menos quebradiços. Com certeza, sofrem menos danos ao serem desenrolados.

A Recensão Saíta esteve em voga do período da XXVI Dinastia, por volta de 600 a.C., até provavelmente o fim do domínio dos Ptolomeus no Egito, por volta de 30 a.C. Os capítulos têm uma ordem definida e fixa, e parece ter sido feita uma revisão cuidadosa de toda a obra, e que várias alterações importantes foram executadas. Muitos capítulos que não são encontrados nos papiros mais antigos surgem no decorrer desse período, mas não são necessariamente invenções novas, pois, como os reis da XXVI Dinastia são famosos por terem revivido as artes, a ciência e a literatura das primeiras dinastias, é bem possível que muitos, senão a maioria, dos capítulos adicionais não passem de novas edições de extratos de obras mais antigas. Muitas cópias dessa recensão foram feitas por escribas que não entendiam o que copiavam, e são bastante comuns omissões de sinais, palavras e mesmo trechos inteiros. Em papiros do período Ptolomaico, é impossível ler alguns trechos sem a ajuda de textos de períodos anteriores. Os papiros desse período variam, na coloração, do marrom-claro ao marrom-escuro, e normalmente consistem em camadas compostas de tiras da planta medindo cerca de 5 centímetros de largura por 35 a 40 centímetros de comprimento. Bons exemplos de *Livros dos mortos* dessa recensão variam, em comprimento, de cerca de 7,5 metros (Museu Britânico n. 10.479, escrito para o *utcheb* Heru, o filho do *utcheb* Tchera 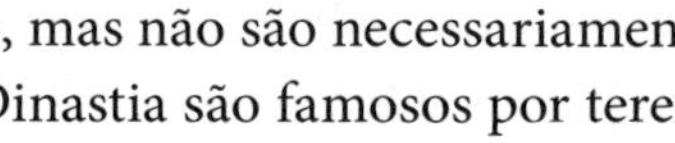) a 18 metros. Textos em hieróglifos estão escritos em preto, em colunas perpendiculares entre filetes, e textos hieráticos, em linhas horizontais; nem os hie-

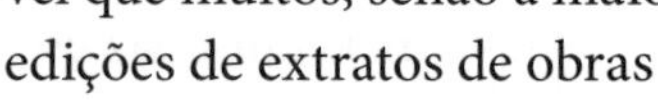) em Amenta e em Khert-Neter; que deificou sua alma e seu corpo para que não sejam destruídos; que ele a tornou divina como todo deus e toda deusa; e que decretou que tudo o que lhe for necessário em sua nova existência será feito para ela, assim como é feito para todos os outros deuses e as outras deusas. Para a tradução vertida ao inglês, ver meu livro *Chapters of Coming Forth by Day*, 2. ed., v. III, Londres, 1909.

róglifos nem os caracteres hieráticos têm a firmeza dos escritos do Período Tebano, e eles exibem as características de uma mão não treinada. Os títulos dos capítulos, os reclamos, as palavras  que introduzem uma versão variante, entre outras coisas, às vezes, são escritos em vermelho. As vinhetas normalmente são desenhadas a traço preto e formam uma espécie de borda contínua acima do texto. Nos bons papiros, entretanto, a cena que compõe o Capítulo XVI, a cena dos Campos da Paz (Capítulo CX), a cena do Julgamento (Capítulo CXXV), a vinheta do Capítulo CXLVIII, a cena que compõe o Capítulo CLI (a câmara sepulcral) e a vinheta do Capítulo CLXI preenchem toda a largura da parte inscrita do papiro e são pintadas em cores um tanto cruas. Em alguns papiros, o disco da cabeça do falcão de Hórus aparece coberto por uma folha de ouro, em vez de estar pintado de vermelho, como é o normal nos papiros mais antigos. No período greco-romano, tanto textos quanto vinhetas são executados de forma descuidada, e é evidente que foram escritos e desenhados por trabalhadores ignorantes e da forma mais rápida e desmazelada possível. Nesse período, também, certos trechos do texto foram copiados em hierático e demótico em pequenos pedaços de papiros que eram enterrados com partes dos corpos dos mortos e sobre bandagens estreitas de linho rústico nas quais estas eram envolvidas.[99]

99. Textos e traduções das principais composições que tomaram o lugar do *Livro dos Mortos* nos períodos Ptolomaico e Romano podem ser encontrados em meu livro *Chapters of Coming Forth by Day* (v. III do texto e v. III da tradução), 2. ed., Londres, 1909.

O PAPIRO DE ANI*

Data e conteúdo

O Papiro de Ani () foi encontrado em Tebas e adquirido por mim para uso dos Conselheiros do Museu Britânico em 1888. Mede 24 metros por 38 centímetros, encontra-se montado sob vidro em 37 folhas e foi registrado com o número 10.470. É o melhor e o mais extenso de todos os papiros pintados inscritos com a Recensão Tebana do *Livro dos Mortos*. O Papiro de Nebseni (n. 9.900) tem 23,6 metros por 33 centímetros; o Papiro de Nu tem 19,9 metros por 34 centímetros (n. 10.477); o Papiro de Hunefer (n. 9.901) tem 5,7 metros por 40 centímetros; o Papiro de Qenna (em Leiden) tem cerca de 15 metros de comprimento; e o Papiro de Dublin, publicado por Naville (D9 de seu *Todtenbuch*), 7,5 metros de comprimento. O Papiro de Ani se compõe de seis segmentos distintos de papiro, que variam entre 1,7 e 8,1 metros. O material é composto de três camadas de papiro provenientes de plantas cujos talos mediam cerca de 11 centímetros de diâmetro. Os diversos segmentos foram unidos com grande esmero, e os reparos e as inserções (ver Pranchas XXV e XXVI) foram executados com destreza. Ao ser trazido para a Inglaterra, o papiro tinha uma cor bem clara, semelhante à do Papiro de Hunefer (n. 9.901), mas, depois de ser desenrolado, ficou mais escuro, e os brancos, amarelos, azuis e verdes perderam sua vividez intensa, e algumas partes das seções se contraíram.

O papiro contém uma grande seleção de capítulos da Recensão Tebana do *Livro dos Mortos*, quase todos acompanhados de vinhetas; os textos e as vinhetas têm, em cima e embaixo, uma margem de duas cores, vermelha e amarela, ou amarela e laranja. No início e no fim do papiro, espaços de

*. O texto aqui apresentado é um excerto extraído do volume I da obra original de E. A. Wallis Budge, cujo intuito é oferecer ao leitor uma experiência mais completa e enriquecedora acerca destes importantes textos sagrados, bem como uma melhor compreensão de seu conteúdo. (N.E.)

15 e 28 centímetros, respectivamente, foram deixados em branco; esses espaços se mantiveram para que, ao se desenrolar o papiro, a vinheta de abertura não fosse danificada e, ao ser enrolado, a última vinheta também não fosse destruída. A parte inscrita, para todos os propósitos, está completa, e a perda dos poucos caracteres danificados quando o papiro foi desenrolado (ver Pranchas I, XV, XXIV) não prejudica a leitura. Aparentemente, mais de um escriba foi empregado para copiar o texto, mas a uniformidade da execução das vinhetas sugere ter sido o trabalho de um mesmo homem. Como sabemos por meio dos papiros, Ani foi um "escriba autêntico", ou seja, seu título de escriba não era honorário, e é provável que alguns dos capítulos tenham sido copiados por ele. Os títulos dos capítulos, das rubricas, dos reclamos, entre outros, estão escritos em vermelho, mas o texto de forma geral está em preto. Em alguns casos, o artista que pintou as vinhetas ocupou tanto espaço que o escriba foi obrigado a espremer o texto (por exemplo, na Prancha XI) e, algumas vezes, teve de escrevê-lo na margem (ver Pranchas XIV, XVII). Esses fatos sugerem que as vinhetas foram desenhadas e pintadas antes de o texto ser escrito.

As diferentes seções do papiro não foram todas escritas originalmente por Ani; em vários lugares seu nome foi adicionado depois, como nas Pranchas XV, XVI, XVIII, XXII, XXV, XXVIII e XXXVI. Entretanto, como tais acréscimos não ocorrem na primeira seção, que tem 5 metros de comprimento, devemos concluir que essa seção foi escrita especialmente para esse papiro, e que as outras eram algumas daquelas cópias pré-escritas nas quais havia espaços em branco para a inserção do nome da pessoa morta para quem eram compradas. O escriba que inseriu o nome de Ani nesses espaços escreveu com pressa, pois, na Prancha XV, ele não deixou espaço para escrever "Osíris" na frase "Ani, cuja palavra é verdade diante de Osíris", . Na Prancha XVII, ele escreveu o nome duas vezes; na Prancha XVIII, ele omitiu o hieróglifo; na Prancha XX, escreveu  em vez de ; na Prancha XXX, escreveu  duas vezes, provavelmente com o propósito de preencher toda a linha; na Prancha XXXIV, o nome foi escrito torto, e o determinativo foi omitido; e nas Pranchas XII e XXII, em dois espaços o escriba se esqueceu totalmente de escrever o nome. Parece razoavelmente claro que todas as seções do papiro foram escritas mais ou menos ao mesmo tempo. As variações na profundidade do espaço ocupado pelo texto e a diferença nas cores das linhas das margens provam que os melhores escribas não seguiam regras estritas de uniformidade nessas questões. O texto contém vários erros sérios. Por algum descuido extraordinário, ele inclui duas cópias do Capítulo XVIII, uma delas com uma introdução muito inusitada e a outra sem introdução alguma. Em uma, os deuses estão agrupados de forma a ficarem próximos às seções do texto que se referem a eles, e na outra estão todos sentados em fila. Uma grande parte do Capítulo XVII, um dos mais importantes do livro todo, foi omitida e, ao que parece, o escriba nem percebeu a omissão! Os textos relativos aos deuses da câmara da múmia contêm tantos erros que algumas partes deles são completamente intraduzíveis. Erros de escrita são muito comuns. Tais omissões e erros, no entanto, ocorrem em papiros mais antigos que o de Ani, pois o Papiro de Nebseni (Museu Britânico, n. 9.900), escrito em Mênfis no início da XVIII Dinastia, traz, em diferentes partes do papiro, duas cópias dos Capítulos L, LVI, LXIV e CLXXX, três cópias dos Capítulos C e CVI e dois extratos do Capítulo XVII.

O Papiro de Ani não foi datado, e é impossível obter dele qualquer dado exato que permita atribuí-lo ao reino de um rei específico. Um exame dos papiros do Período Tebano, preservados no Museu Britânico, mostra que, na XVIII Dinastia, existiam duas classes distintas de papiros do *Livro dos Mortos*. Na primeira, tanto o texto como as vinhetas estão traçados em preto, como no Papiro de Nebseni, e apenas rubricas, reclamos etc., estão em vermelho; na segunda, o texto está apenas em preto, a rubrica, os títulos, reclamos etc., estão em vermelho; e as vinhetas foram pintadas de uma forma muito bela, com uma variedade de cores brilhantes. O Papiro de Ani pertence a esta última classe, mas, se o texto e as vinhetas forem comparados com aqueles encontrados em qualquer outro papiro do início do Período Tebano, constataremos que ocupa uma posição independente em todos os aspectos. Embora concorde de forma geral com os papiros da XVIII Dinastia em termos das leituras textuais, o Papiro de Ani tem peculiaridades de ortografia, entre outras, que não encontramos em nenhum deles. A caligrafia da primeira seção, ao menos, sugere o melhor período da XVIII Dinastia; mas, como o escriba executa alguns dos hieróglifos de uma forma peculiar e própria, a evidência paleográfica nesse ponto não é decisiva. É razoavelmente certo que o papiro pertence ao período que produziu documentos como o Papiro de Neb-qet (ed. Devéria, Paris, 1872) e o Papiro de Qenna (ed. Leemans, Leiden, 1882), ou seja, a algum período da XVIII Dinastia; e é impossível não supor que seja mais antigo que o Papiro de Hunefer, escrito durante o reinado de Seti I. Isso porque, embora pertença à mesma classe de papiros altamente decorados, a execução das vinhetas é mais refinada e mais cuidadosa, e as formas livres e ousadas dos hieróglifos nas seções mais bem-escritas se assemelham bastante às dos textos inscritos em pedra nos reinados dos maiores reis da XVIII Dinastia. O "Senhor das Duas Terras", isto é, o rei do Alto e Baixo Egito, mencionado na Prancha IV, provavelmente é um dos últimos reis da XVIII Dinastia; assim, podemos situar o período do Papiro de Ani entre 1450 e 1400 a.C.

Do nascimento e do parentesco de Ani, nada sabemos; mas o mais provável é que não tenha se originado de uma família distinta, e que deva sua alta posição oficial, com o favor do rei, à sua capacidade e ao tato. Seus títulos são:

1. 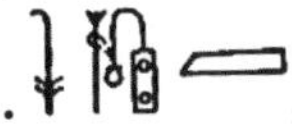, "escriba real autêntico", isto é, era um "escriba real", que de fato trabalhava em sua profissão, e não alguém que gozava do posto honorário de "escriba real", um título frequentemente dado pelo rei a funcionários de elevada origem e elevada posição.

2. 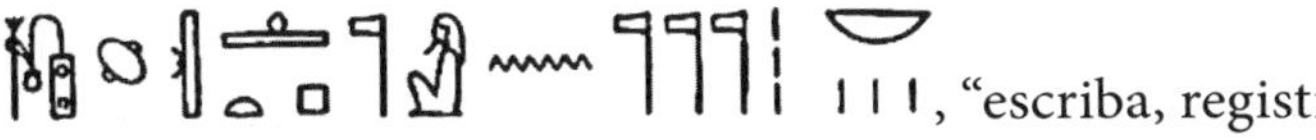, "escriba, registrador (ou assessor) das oferendas divinas dos deuses". Por esse título, aparentemente devemos entender que Ani era responsável pelo registro das oferendas feitas pelos devotos a todos os deuses de Tebas. É provável que também estivesse a seu cargo a avaliação das quantidades da produção — cereais, cabeças de gado etc. — que os vários sacerdotes do Egito exigiam dos egípcios afluentes como contribuições obrigatórias para a arrecadação dos deuses.

3. 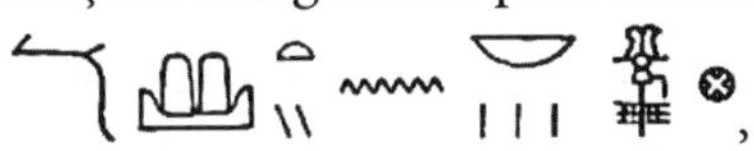, "supervisor dos celeiros dos Senhores de Abidos". As oferendas de cereais, *dhura*, trigo, entre outras, eram entregues pelos doadores aos celeiros do templo ou provavelmente a um único celeiro que servia como depósito geral para o cereal que pertencia a vários deuses. Esse celeiro era imenso, e sua administração deve ter exigido grande conhecimento e capacidade por parte do administrador.

4. , "escriba das oferendas divinas dos Senhores de Tebas". Se considerarmos por um momento a riqueza adquirida pelos templos de Tebas na XVIII Dinastia, de imediato fica claro que essa função de Ani tinha grande importância, exigindo não só uma grande capacidade, mas também muita integridade por parte do funcionário.

Tutu, , a esposa de Ani, é chamada de "senhora da casa", 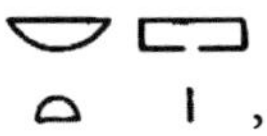, e *shemat en Amen*, , isto é, "cantora de Amon". O primeiro título mostra que Tutu era a principal esposa de Ani, caso ele tivesse mais de uma, e o segundo título mostra que era uma das damas de boa família que estavam oficialmente vinculadas ao culto de Amon-Rá, o rei dos deuses, em Tebas. Ela servia no templo e era uma das mulheres do coro que cantavam hinos a Amon e recitavam partes da liturgia. Em geral, é representada carregando um sistro, que ela chacoalhava enquanto entoava os hinos. Os metais do sistro produziam um som peculiar que, acreditava-se, era eficaz para afastar demônios do santuário. Assim, embora Ani fosse um escriba laico, sua esposa era uma sacerdotisa, e é provável que ele devesse alguns de seus cargos à influência dela.

O conteúdo do Papiro de Ani pode ser dividido em duas partes.

A Parte I contém: um Hino a Rá, introdutório à Cena do Julgamento (Prancha I), um Hino a Osíris, também introdutório à Cena do Julgamento (Prancha II); o primeiro tem duas vinhetas, a primeira na Prancha I e a segunda na Prancha II. A segunda vinheta representa o nascer do Sol no mundo físico e a ressurreição de Osíris e também do morto, que é relacionado a Osíris e chamado de "o Osíris"* no Outro Mundo. Essa vinheta é comumente conhecida como Capítulo XVI e, como vem imediatamente após o Hino a Rá, mostra que o escriba via esse hino introdutório como uma forma do Capítulo XV. Depois dos hinos vem a grande Cena do Julgamento, que se passaria no Salão de Maati, ou o Salão das Duas Deusas da Verdade, no fundo do qual Osíris está sentado, entronizado dentro de seu templo. A pesagem do coração de Ani é ilustrada na Prancha III, e a apresentação de Ani a Osíris por Hórus, o filho de Ísis, depois de ter sido declarado, por Thoth e os deuses de Anu, que ele falava a verdade, é ilustrada na Prancha IV. A Cena do Julgamento no Papiro de Ani foi representada de forma mais completa e está mais bem descrita que em qualquer outro papiro que contenha a Recensão Tebana. Em geral, a Seção Introdutória abre com uma vinheta de Osíris e uma curta saudação ou um hino ao deus, mas aqui o Hino de Rá precede a todos os demais. Isso sugere que, no fim da XVIII Dinastia, sob a influência dos sacerdotes de Amon, o Deus Sol começou a invadir os domínios de Osíris e a impor sua soberania não só sobre o Dia e a Terra dos Vivos, mas também sobre a Noite e a Terra dos Mortos.

A Parte II contém uma longa série de capítulos da Recensão Tebana do *Livro dos Mortos* que aparecem na seguinte ordem:

I, com vinheta, Pranchas V e VI; XXII, Prancha VI; Rubrica de LXXII, Prancha VI; XVII, com uma longa série de vinhetas, Pranchas VII-X; CXLVII, as Sete Arits, com vinhetas, Pranchas XI e XII; CXLVI, os Dez Pilonos, com vinhetas, Pranchas XI e XII; XVIII, Introduções, com vinhetas, Prancha XII;

*. Osíris, um dos deuses mais importantes do panteão egípcio, foi assassinado por seu irmão Set e, posteriormente, ressuscitado no além, tornando-se o soberano do Mundo dos Mortos. Por isso, ao adicionar a alcunha "Osíris" ao nome do falecido — como em "o Osíris Ani" — os antigos egípcios acreditavam estar garantindo a ele a possibilidade de renascimento e vida eterna, à semelhança do deus. Essa identificação simbolizava a vitória sobre a morte e a integração do falecido no ciclo divino de regeneração. (N.E.)

XVIII, com vinhetas, Pranchas XIII e XIV; XXIII, com vinheta, Prancha XV; XXIV, Prancha XV; XXVI, com vinheta, Prancha XV; XXXb, Pranchas III e XV; LXI, com vinheta, Prancha XV; LIV, com vinheta, Prancha XV; XXIX, com vinheta, Prancha XV; XXVII, com vinheta, Pranchas XV e XVI; LVIII, com vinheta, Prancha XVI; LIX, com vinheta, Prancha XVI; XLIV, com vinheta, Prancha XVI; XLV, com vinheta, Prancha XVI; XLVI, com vinheta, Prancha XVI; L, com vinheta, Prancha XVI; XCIII, com vinheta, Prancha XVII; XCIIIa, com vinheta, Prancha XVII; XLIII, Prancha XVII; LXXXIX, com vinheta, Prancha XVII; XCI, com vinheta, Prancha XVII; XCII, com vinheta, Prancha XVII; LXXIV, com vinheta, Prancha XVIII; VIII, com vinheta, Prancha XVIII; II, com vinheta, Prancha XVIII; IX, com vinheta, Prancha XVIII; CXXXII, com vinheta, Prancha XVIII; X ou XLVIII, com vinheta, Prancha XVIII; XV, com três vinhetas, Pranchas XVIII-XXI; CXXXIII, com duas vinhetas, Pranchas XXI e XXII; CXXXIV, com vinheta, Prancha XXII; vinheta da Escada, Prancha XXII; XVIII *bis*, com vinhetas, Pranchas XXIII e XXIV; CXXIV, com vinheta, Prancha XXIV; LXXXVI, com vinheta, Prancha XXV; LXXVII, com vinheta, Prancha XXV; LXXVIII, com vinheta, Pranchas XXV e XXVI; LXXXVII, com vinheta, Prancha XXVII; LXXXVIII, com vinheta, Prancha XXVII; LXXXII, com vinheta, Prancha XXVII; LXXXV, com vinheta, Prancha XXVII; LXXXIII, com vinheta, Prancha XXVII; LXXXIV, com vinheta, Prancha XXVIII; LXXXIa, com vinheta, Prancha XXVIII; LXXX, com vinheta, Prancha XXVIII; CLXXV, com vinheta, Prancha XXIX; CXXV, Introdução, com duas vinhetas, Pranchas XXIX e XXX; CXXV, A Confissão Negativa, com quatro vinhetas, Pranchas XXXI e XXXII; XLII, com vinheta, Prancha XXXII: Rubrica XLII ou CXXV, com vinheta, Prancha XXXII; CLV, com vinheta, Prancha XXXIII; CLVI, com vinheta, Prancha XXXIII; XXIXb, com vinheta, Prancha XXXIII; CLXVI, com vinheta, Prancha XXXIII; CLI, com uma série completa de vinhetas, Pranchas XXXIII e XXXIV; CX, apenas partes, com vinhetas, Pranchas XXXIV e XXXV; CXLVIII, com vinhetas, Pranchas XXXV e XXXVI; CLXXXV, com vinheta, Prancha XXXVI; CLXXXVI, com vinheta, Prancha XXXVII.

Os títulos desses capítulos, organizados segundo a numeração introduzida por Lepsius em seu *Todtenbuch*, são os seguintes:

Capítulo I: "Têm início aqui os capítulos para sair à luz do dia, e dos cânticos de louvor e glorificação, e para sair à luz a partir do Khert-Neter no Belo Amenti, e de lá sair. Ele deve ser recitado no dia do enterro; para entrar depois de sair." Ver Pranchas V e VI. Os papiros pertencentes ao período mais antigo da XVIII Dinastia referem-se a este capítulo como "O capítulo para entrar e se manter na presença dos Chefes Tchatchau de Osíris",

O grande número de homens assistindo ao catafalco e de mulheres chorando é uma peculiaridade do Papiro de Ani.

Capítulo II: "O capítulo para sair à luz do dia e para viver após a morte." Ver Prancha XVIII.

Capítulo VI: No Papiro de Ani, este capítulo está inserido no Capítulo CLI. Ver Prancha XXXII. No Papiro de Nebseni (Museu Britânico, n. 9.900), há um capítulo à parte, e está intitulado "O capítulo para fazer as estatuetas Ushabti trabalharem para um homem em Khert-Neter", 

Capítulo VIII: "O capítulo para abrir caminho por intermédio do Amenti e para sair à luz do dia." Ver Prancha XVIII. Essa composição, às vezes, é incorporada a outro capítulo.

Capítulo IX: "O capítulo para sair à luz do dia, tendo passado pela câmara Amhet." Ver Prancha XVIII. A vinheta no Papiro de Ani é semelhante à que aparece no alto dos Capítulos VIII e IX em outros papiros desse período.

Capítulo X *ou* Capítulo XLVIII: "Outro capítulo a ser recitado por um homem que sai à luz do dia contra seus inimigos em Khert-Neter." Ver Prancha XVIII.

Capítulo XV: **1.** "Um hino de louvor a Rá quando ele se ergue no céu oriental." Ver Prancha I. Esta versão do capítulo é exclusiva do Papiro de Ani.

Capítulo XV: **2.** "Um hino de Louvor a Osíris Un-Nefer, o grande deus que habita em Abidos." Ver Prancha II. Neste hino, Osíris é visto como uma das duas formas de Rá e, portanto, é incluído neste capítulo.

Capítulo XV: **3.** "Um hino de Louvor a Rá quando ele se ergue no céu oriental e quando ele se põe na terra da vida." Ver Pranchas XVIII-XXI.

Capítulo XVI: Em virtude da numeração dos capítulos feita por Lepsius, este consiste apenas em uma vinheta, que, como já foi dito, pertence ao Capítulo XV, ou à parte dele que se refere ao Sol nascente. Pode-se dizer, de passagem, que o Papiro de Ani, como muitos papiros antigos do *Livro dos Mortos*, não contém nenhuma vinheta do Sol poente. Ver Prancha II.

Capítulo XVII: "Têm início aqui os louvores e as glorificações para sair do glorioso Khert-Neter no Belo Amenti, e para nele entrar, para sair à luz do dia em todas as transformações que o falecido possa desejar assumir, para jogar damas e para sentar-se na câmara Set, e para sair à luz como uma Alma-Coração vivente." Ver Pranchas VII-X. Este é um dos capítulos mais antigos e mais importantes da Recensão Tebana, e na forma aqui apresentada contém os dogmas sobre deus e a criação do Sol, da Lua, das estrelas e da Terra, e sobre Osíris e os deuses e as deusas a ele associados, como formulado pelos sacerdotes de Rá em Heliópolis. As variantes podem representar as visões dos sacerdotes de Tebas. Uma grande seção do texto foi inexplicavelmente omitida pelo escriba, e as linhas que faltam foram fornecidas pelo Papiro de Nebseni.

Capítulo XVIII: Este capítulo não tem título no Papiro de Ani, o que sugere que era visto pelos escribas tebanos como continuação do Capítulo XVII. Alguns papiros lhe dão um título, a saber, "O capítulo para entrar e ficar em presença dos Chefes Tchatchau". O Papiro de Ani contém duas cópias deste capítulo. Na primeira, os deuses das cidades estão agrupados em uma série de vinhetas, cada uma das quais localizada próxima à seção que ilustra. Essa cópia é precedida por uma introdução que é exclusiva do Papiro de Ani. Os sacerdotes Anmutef e Sameref aparecem apresentando Ani aos deuses, com falas apropriadas, e são exibidas as saudações de Ani. Ver Pranchas XII-XIV. Na segunda cópia, os deuses não estão separados em grupos, mas dispostos em fileira sobre o texto. Alguns dos deuses mencionados no texto são omitidos nesta cópia. Ver Pranchas XXIII e XXIV.

Capítulo XXII: "O capítulo para dar uma boca a Osíris Ani, o escriba e registrador de todos os deuses." Ver Prancha VI. No Papiro de Ani, o capítulo não tem vinheta, e é notável que venha após o Capítulo I. Talvez o trecho de conclusão do Capítulo I, que trata das oferendas, tenha sugerido que o texto que forneceria a Ani uma boca para comê-las deveria vir na sequência.

Capítulo XXIII: "O capítulo para a abertura da boca de Osíris, o escriba Ani." É uma espécie de suplemento ao capítulo anterior. Ver Prancha XV.

Capítulo XXV: "O capítulo para conceder palavras de poder a Osíris Ani em Khert-Neter." Ver Prancha XV. Como em outros papiros tebanos antigos, no Papiro de Ani este capítulo não tem vinheta.

Capítulo XXVI: "O capítulo para dar um coração a Osíris Ani em Khert-Neter." Ver Prancha XV. A vinheta deste capítulo no Papiro de Ani provavelmente é exclusiva.

Capítulo XXVII: "O capítulo para não permitir que o coração de um homem lhe seja arrebatado em Khert-Neter." Ver Prancha XV. A vinheta deste capítulo no Papiro de Ani é incomum.

Capítulo XXIX: "O capítulo para não permitir que o coração de um homem seja levado dele em Khert-Neter." Ver Prancha XV. Não se conhece no momento nenhuma outra cópia deste capítulo.

Capítulo XXIX(b): "O capítulo de um coração de cornalina." Ver Prancha XXXIII.

Capítulo XXX(b): "O capítulo para não permitir que o coração de um homem seja levado dele em Khert-Neter." Ver Prancha XV. Uma cópia duplicada imperfeita é também dada na Cena do Julgamento. Ver Prancha III.

Capítulo XLII: Só uma parte do capítulo é apresentada, em forma tabular e sem título. Ver Prancha XXXII. Em papiros mais antigos, o título do capítulo é "O capítulo para repelir o massacre em Hensu"

(a Heracleópolis dos gregos).

Capítulo XLIII: "O capítulo para não permitir que a cabeça de um homem seja separada de seu corpo em Khert-Neter." Ver Prancha XVII. Como em outros papiros tebanos, no Papiro de Ani este capítulo não tem vinheta.

Capítulo XLIV: "O capítulo para não morrer uma segunda vez em Khert-Neter." Ver Prancha XVI.

O Capítulo CLXXV tem o mesmo título. A vinheta é exclusiva do Papiro de Ani.

Capítulo XLV: "O capítulo para não apodrecer em Khert-Neter." Ver Prancha XVI. Dentre os papiros tebanos, a vinheta é exclusiva do Papiro de Ani.

Capítulo XLVI: "O capítulo para não perecer e para tornar-se vivo em Khert-Neter." Ver Prancha XVI. Dentre os papiros tebanos, a vinheta é exclusiva do Papiro de Ani.

Capítulo XLVIII: "Outro capítulo daquele que sai à luz do dia contra seus inimigos em Khert-Neter." Ver Prancha XVIII. Dentre os papiros tebanos, a vinheta é exclusiva do Papiro de Ani. O texto deste capítulo concorda mais com a segunda versão contida no Papiro de Nebseni do que com a versão que se encontra no Museu Britânico de número 9.964. Isso era de esperar, pois o Papiro de Ani tem origem tebana.

Capítulo LIV: "O capítulo para prover ar em Khert-Neter." Ver Prancha XV. Outra cópia deste capítulo, publicada por Naville (*op. cit.*, Einleitung, p. 134), não tem vinheta.

Capítulo LIX: "O capítulo para respirar o ar e para ter poder sobre a água em Khert-Neter." Ver Prancha XVI. Cópias desse capítulo são bem raras.

Capítulo LXI: "O capítulo para não permitir que a alma de um homem lhe seja arrebatada em Khert-Neter." Ver Prancha XV. A vinheta é semelhante àquela contida no Papiro de Sutimes.

Capítulo LXXII: Rubrica. Ver Prancha VI.

Capítulo LXXIV: "O capítulo para caminhar com as pernas e para sair à face da Terra." Ver Prancha XVIII.

Capítulo LXXVII: "O capítulo para se transformar em um falcão dourado." Ver Prancha XXV.

Capítulo LXXVIII: "O capítulo para se transformar em um falcão que é divino." Ver Pranchas XXV e XXVI.

Capítulo LXXX: "O capítulo para se transmutar no deus que produz luz para iluminar a escuridão." Ver Prancha XXVIII.

Capítulo LXXXI(a): "O capítulo para fazer a transformação no lótus (ou em um lírio)." Ver Prancha XXVIII. O espelho d'água da vinheta é incomum.

Capítulo LXXXII: "O capítulo para fazer a transformação no deus Ptah." Ver Prancha XXVII. Como em outros papiros do período, esse capítulo tem uma vinheta.

Capítulo LXXXIII: "O capítulo para fazer a transformação na ave Benu (Fênix?)." Ver Prancha XXVII. Esse capítulo carece da adição feita ao Papiro de Sutimes; vários outros papiros também carecem dessa adição.

Capítulo LXXXIV: "O capítulo para fazer a transformação em uma garça." Ver Prancha XXVI.

Capítulo LXXXV: "O capítulo para fazer a transformação na alma de Temu." Ver Prancha XXVII. A vinheta deste capítulo é semelhante à vinheta encontrada no Papiro de Tura, a saber, de Nefer-uben-f, da XVIII Dinastia.

Capítulo LXXXVI: "O capítulo para se transformar em uma andorinha." Ver Prancha XXV.

Capítulo LXXXVII: "O capítulo para se transformar na serpente Sata (isto é, Filho da Terra)." Ver Prancha XXVII.

Capítulo LXXXVIII: "O capítulo para se transformar em um crocodilo." Ver Prancha XXVII.

Capítulo LXXXIX: "O capítulo para unir a alma ao seu corpo em Khert-Neter." Ver Prancha XVII. O dois pedestais para incenso, situados um à cabeceira e outro aos pés do catafalco, são exclusivos do Papiro de Ani.

Capítulo XCI: "O capítulo para não permitir que a alma de um homem seja mantida cativa em Khert-Neter." Ver Prancha XVII.

Capítulo XCII: "O capítulo para abrir a tumba para a alma e a sombra, para sair à luz do dia e para ganhar poder sobre as pernas." Ver Prancha XVII. A vinheta desse capítulo é incomum e de grande interesse, pois nela a alma de Ani acompanha a sombra dele.

Capítulo XCIII: "O capítulo para impedir que um homem viaje para o leste em Khert-Neter." Ver Prancha XVII. A disposição da vinheta deste capítulo é exclusiva do Papiro de Ani.

Capítulo XCIII(a): "Outro capítulo." Ver Prancha XVII.

Capítulo CX: "Aqui começam os capítulos do Sekhet-Hetepet, e os capítulos para sair à luz do dia, e para entrar em Khert-Neter e de lá sair, e para chegar no Sekhet-Aaru, e para estar em paz na grande cidade onde há brisas frescas." Ver Prancha XXXIV. Muitos dos detalhes da vinheta são exclusivos do Papiro de Ani, e o texto do capítulo apresentado só contém algumas de suas linhas de abertura.

Capítulo CXXIV: "O capítulo para entrar e ficar na presença dos Chefes Tchatchau de Osíris." Ver Prancha XXIV. Falta um dos deuses na vinheta.

Capítulo CXXV, Parte I: "O capítulo para entrar no Salão de Maati; um Hino a Osíris." Ver Prancha XXX. O texto desta parte, como consta no Papiro de Ani, é diferente de qualquer outro.

Capítulo CXXV, Parte II: A "Confissão Negativa" [sem título]. Essa vinheta tem quatro subvinhetas, exclusivas do Papiro de Ani. Ver Prancha XXXI.

Capítulo CXXV: [Omitido no Papiro de Ani.]

Capítulo CXXXII: "O capítulo para fazer um homem voltar a ver de novo na Terra." Ver Prancha XVIII.

Capítulo CXXXIII: ["Um capítulo] para ser recitado no [primeiro] dia da Lua." Ver Prancha XXI.

Capítulo CXXXIII: Rubrica. Ver Prancha XXII.

Capítulo CXXXIV: "Um Hino de louvor a Rá no [primeiro] dia da Lua quando ele parte em sua barca." Ver Prancha XXII.

Capítulo CXLVI: "O capítulo dos pilonos na casa de Osíris que está no Sekhet-Aaru." Ver Pranchas XI e XII.

Capítulo CXLVII: ["Um capítulo que deve ser recitado quando Ani chega às Arits."] Ver Pranchas XI e XII.

Capítulo CXLVIII: ["O capítulo para prover alimento a Ani." Sem título no Papiro de Ani.]

Capítulo CLI: Uma série de textos que contêm as falas dos deuses, das deusas e dos espíritos-amuletos que protegem a múmia de Ani em seu catafalco e na câmara da múmia. Ver Pranchas XXXIII e XXXIV. Alguns desses textos estão tão corrompidos que certas partes são ininteligíveis. Muitos dos detalhes das vinhetas estão incorretos, e o artista parece não ter entendido o plano geral da vinheta que copiou.

Capítulo CLV: "O capítulo de um Tet de ouro." Ver Prancha XXXIII.

Capítulo CLVI: "O capítulo de um *tet* de cornalina." Ver Prancha XXXIII.

Capítulo CLXVI: "O capítulo do apoio de cabeça que deve ser colocado sob a cabeça de Ani." Ver Prancha XXXIII.

Capítulo CLXXV: "O capítulo para não morrer uma segunda vez." Ver Prancha XXIX. Este capítulo está incompleto e termina no meio de uma sentença. No entanto, é muito valioso, pois só se conhece mais uma cópia dele. A segunda cópia está em um papiro em Leiden, mas, como faltam o início e o fim de um grande número de linhas, é impossível fazer uma tradução consistente dele.

Capítulo CLXXXV: "Um Hino de Louvor a Osíris Khenti Amenti Un-Nefer, que mora em Abtu." Ver Prancha XXXVI.

Capítulo CLXXXVI: [Um Hino de Louvor a Hathor, em seu caráter de deusa do Belo Amenti]. Ver Prancha XXXVII.

UM HINO AO DEUS SOL RÁ

[CAPÍTULO XV]

PRANCHA I

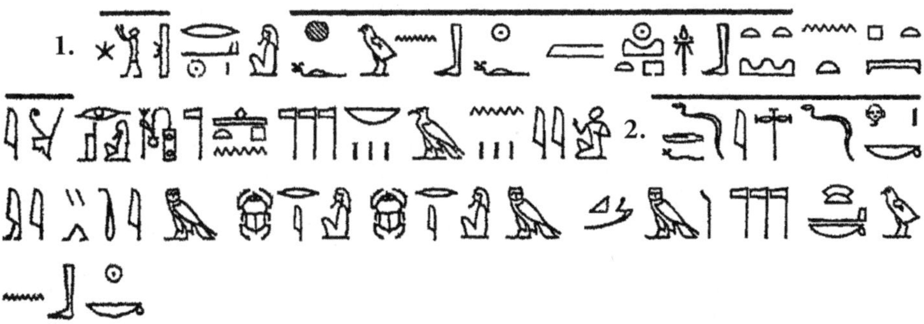

1. UM HINO DE LOUVOR A RÁ QUANDO ELE SE ERGUE NA PORÇÃO ORIENTAL DOS CÉUS: Eis que Osíris[100] Ani, o escriba das oferendas sagradas de todos os deuses, **2.** diz: Glória a ti, ó tu que vieste como Khepera,[101]

100. Em textos funerários, o nome do falecido é normalmente precedido pelo nome de Osíris, e em todos os textos de todos os períodos, o falecido é sempre identificado com Osíris. Dado que as fórmulas recitadas junto ao corpo morto de Osíris e as cerimônias junto a ele celebradas fizeram com que Osíris revivesse e retornasse dos mortos, os egípcios acreditavam que a repetição, tanto das fórmulas como das cerimônias, resultaria, sem dúvida, na ressurreição de qualquer pessoa em cujo nome fossem recitadas as poderosas palavras e executadas as cerimônias. Ao chamar o falecido de "Osíris", o sacerdote concedia ao corpo morto alguns dos poderes do deus Osíris, garantindo, assim, sua ressurreição.

101. Khepera foi autogerado, e foi o criador do mundo e de tudo o que nele está contido. Foi o pai dos deuses, e homens e mulheres surgiram das lágrimas vertidas por seus olhos sobre seus membros, tornando-se, assim, fonte de vida. Seu nome na forma mais simples parece significar "aquele que existe", "aquele que é", mas em épocas posteriores o verbo derivado dele significa "evoluir", "se desenvolver". O símbolo mais antigo de Khepera é o escaravelho, e a concepção mais antiga de Khepera é que existia na forma de um escaravelho gigante, que rolava o disco do Sol através do céu. A esfera do Sol era considerada a fonte de toda a vida, sendo comparada à bola de excremento que o escaravelho *Scarabaeus sacer* coleta e rola até onde sua larva se encontra, para que esta se alimente do material fecal. Ver Lanazone,

Khepera, o criador dos deuses. Estás sentado em teu trono (ou foste coroado), tu te ergues no céu,

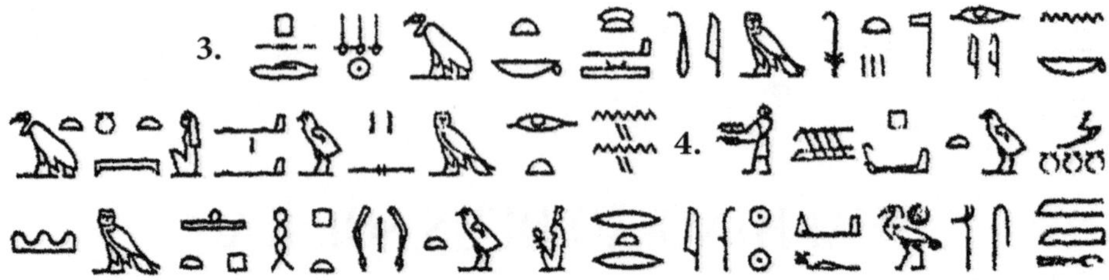

3. iluminando tua mãe [Nut], estás sentado em teu trono como o rei dos deuses. [Tua] mãe Nut[102] estende as mãos e executa um ato de homenagem a ti. **4.** O domínio de Manu[103] te recebe com satisfação. A deusa Maat[104] te abraça nas duas estações do dia (isto é, de manhã e à tarde). Que Rá possa dar glória e poder, e uma fala verdadeira,[105]

Disionario, p. 927 ss., Brugsch, *Religion*, p. 245; Budge, *Gods of the Egyptians*, v. I, p. 308-321; e Budge, *Archaeologia*, v. LII, p. 541 ss. O culto do deus escaravelho foi introduzido no Egito a partir do Sudão e, depois que a adoração ao Sol se espalhou pelo norte do Egito e os sacerdotes de Rá, o deus Sol, ganharam poder, Khepera passou a constituir uma fase do deus Sol, declarando-se que ele era "Khepera pela manhã, Rá ao meio-dia e Temu à noite." Mais tarde ele foi identificado com o deus Hórus.

102. Nut era a forma feminina de Nu, o deus da massa de água que acreditava-se ter existido em tempos primevos, e ela representava o céu, ou melhor, as águas que estavam no firmamento. Ela era a mãe de Rá, o deus Sol, em um aspecto, e sua filha em outro. Ela aparece na forma de uma mulher que carrega sobre a cabeça um vaso, seu símbolo como útero-mãe que gerou todas as coisas. A teologia de Heliópolis fez com que ela fosse a filha de Shu e Tefnut, esposa de Keb e mãe de Osíris, Ísis, Set, Néftis e Hórus, ou Anúbis, os quais deu à luz.

103. Manu é um nome para o Oeste, e para toda a região onde o Sol se põe, assim como Bakha é um nome para o Leste, e toda a região onde o Sol nasce. O Monte de Manu era o distrito montanhoso de Tebas Ocidental, onde está situado um grande número de tumbas escavadas nas rochas.

104. Maat é a personificação da virtude, da verdade e da justiça, e representava um exemplo de regularidade e ordem absoluta, e de retidão moral. Ela era filha de Rá, o deus Sol, e a equivalente feminina de Thoth, a quem ajudou na execução do trabalho de criação que havia sido concebido na mente de Khepera. De um ponto de vista moral, sua principal atribuição era ajudar no julgamento das almas dos mortos, e em muitos papiros ela é vista conduzindo o falecido ao Salão de Julgamento. Ela aparece na forma de mulher, e seu símbolo é a pena de avestruz, que ela usa sobre a cabeça. Seus atributos eram compartilhados com várias deusas, e especialmente com Ísis e Néftis, que são chamadas de as "duas deusas Maati", isto é, as duas deusas da Verdade.

105. As palavras *maa kheru* têm sido objeto de muitas discussões por egiptologistas, por exemplo, Naville, *Litanie du Soleil*, p. 74, e Devéria, em *Recueil de Travaux*, t. 1, p. 10 ss. Elas significam literalmente "verdadeiro na fala" e não têm absolutamente nada a ver com os significados "triunfante", "justificado", "abençoado" etc., que têm sido associados a elas. Isso é mais evidente quando levamos em consideração qual era o intuito do Julgamento. Acreditava-se que o falecido seria, como Osíris, objeto de uma série de acusações infames feitas por Set, que procuraria, dessa forma, obter a danação das almas. Em resposta, o morto fazia uma série de 42 declarações, uma para cada um dos Quarenta e Dois Assessores, no Salão de Julgamento, nas quais jurava não ter cometido determinados

5. e a aparição como uma alma viva,[106] para que possa contemplar Heru--khuti,[107] ao Ka[108] do Osíris escriba Ani, que fala a verdade diante de Osíris, **6.** e que diz: Salve, ó todos vós, deuses da Casa da Alma,[109] que pesam o Céu e a Terra em uma balança, e que dão alimento celestial[110] [aos mortos]. Salve, Tatun,[111] [que és] Uno,[112]

---

pecados. A Companhia dos Deuses e Thoth, advogado do falecido, então, julgavam tais declarações para descobrir se o falecido falara a verdade ou não. Quando decidiam que o falecido *havia* falado a verdade, Thoth o declarava "verdadeiro na fala", isto é, inocente das ofensas a ele imputadas por Set.

106. O oposto da alma morta, ou danada, que era condenada a permanecer para sempre na Terra dos Mortos.

107. Isto é, "Hórus dos dois horizontes", o Harmakhis dos gregos. As palavras "dois horizontes" referem-se a Bakhet e Manu, pontos extremos oriental e ocidental do trajeto do sol, e as regiões onde este nascia e se punha. Como deus do meio-dia, ele é chamado "Ra Heru-khuti", e como deus do Sol poente, "Temu Heru-khuti". A Esfinge de Gizé foi dedicada a ele como o deus do Sol nascente, ou seja, esta era a tradição corrente quanto àquele monumento durante a XVIII Dinastia, e talvez muito antes.

108. O Ka era uma individualidade abstrata ou algo espiritual, que ganhava existência ao dar origem ao corpo ao qual pertencia. Era totalmente independente e distinto do corpo físico, mas tinha neste sua morada, e supunha-se que dirigia as ações dele, guiava-o e velava por ele, habitando-o até que ele morresse. Em suma, era o "duplo" do corpo. Era representado pelo símbolo ⊔, isto é, dois braços humanos estendidos em ângulo reto com o peito, como se estivessem prontos para abraçar alguém. O Ka não morria com o corpo, mas é um tanto incerto se seria considerado imortal. O corpo era colocado em uma tumba, e o Ka podia visitá-lo à vontade, mas era costume fornecer ao Ka uma estátua na qual ele pudesse residir o tempo todo. O Ka subsistia com as oferendas que eram feitas aos mortos e, na ausência delas, saía de sua estátua e vagava pelo deserto, alimentando-se de restos que encontrasse. Não sendo capaz de encontrar qualquer tipo de alimento, morria de fome. O verdadeiro significado para o símbolo do "duplo", ⊔, foi descoberto por Nestor L'Hôte, e, muitos anos depois, foi redescoberto por Maspero (ver *Étude sur quelques peintures*, p. 191 ss.), por Birch, *Mémoire sur une patère Égyptienne*, Paris, 1858, e por Renouf (ver *Trans. Soc. Bibl. Arch.*, VI, p. 494 ss.).

109. Nome provavelmente de um dos santuários de Osíris, situado em Heliópolis, Busíris ou Mendes. A palavra *Ba*, aqui traduzida como "alma", também significa "carneiro", uma das formas por meio das quais Osíris reencarnava.

110. *Tchefau* é o nome do alimento do qual os deuses viviam, e pode ser comparado à ambrosia e ao néctar consumido pelos deuses do Olimpo.

111. Ou Taten, Tathenen ou Tenen. Era um deus da Terra muito antigo, e os sacerdotes de Heliópolis o identificavam com Keb, um deus da Terra posterior, marido de Nut, a deusa do Céu. Tatun era associado a Ptah na criação de deuses e homens, e é tido como o criador do Sol e da Lua.

112. Isto é, ele tinha a qualidade de unicidade em comum com Temu, do qual ele era uma forma importante.

7. criador dos mortais [e] das Companhias dos Deuses do Sul e do Norte, do Oeste e do Leste, dedicai vós louvor a Rá,[113] o senhor do Céu, **8.** o REI,[114] Vida, Força e Saúde [estejam com ele], o criador dos deuses. Agradecei a ele em sua forma benigna, que está entronizada na Barca Atett;[115] **9.** seres celestiais louvam-te, seres terrestres louvam-te.[116] Thoth[117] e a deusa

---

113. Por volta do período da IV Dinastia, Rá tornou-se o deus mais importante do Egito, e o rei do Egito era oficialmente descrito em todos os documentos como sendo seu filho.

114. *Ati*, uma das palavras egípcias muito antigas para "rei"; seu significado exato é desconhecido. Como Rá no passado reinara sobre o Egito sob forma humana, as palavras "vida, força e saúde estejam com ele" são aqui acrescentadas.

115. A barca na qual ele começava sua jornada através do céu pela manhã; a forma antiga da palavra é "Mantchet".

116. Isto é, os deuses e seus seguidores que viviam no Céu e sobre a Terra.

117. Ele foi autogerado e autoexistente, constituindo a personificação da mente, da sabedoria e do conhecimento do grande deus que criou o Universo. Era também o coração de Rá. Era o verbo, que, ao ser pronunciado, resultou na criação do mundo; inventou as letras, a escrita, a aritmética, a astronomia e todas as artes e ciências. Era o "Senhor da Lei", o "criador da Lei" e o "pai da Lei". Atuou como advogado de Osíris quando este deus foi julgado, a pedido de Set (o Demônio), pelos deuses no Tribunal Divino, em Heliópolis, e provou a veracidade de Osíris, demonstrando que era inocente das acusações feitas por Set e garantindo-lhe a absolvição. Ele presidia a pesagem dos corações dos mortos diante de Osíris e compôs as fórmulas que permitiam às almas achar seu caminho por meio da Terra dos Mortos em paz e segurança. Quando Hórus e Set tiveram um combate mortal pelo poder, Thoth surgiu e atuou como árbitro, e estabeleceu as condições sob as quais ambos os deuses consentiram em viver em paz para sempre. Como matemático, Thoth computava o tempo e as estações, e estabeleceu leis para os corpos celestes, produzindo, assim, o ordenamento e o bem-estar do mundo que sua palavra havia feito ganhar existência. De acordo com uma antiga lenda, Set atacou o olho do Sol, ferindo-o gravemente; deparando-se com a Lua Nova nos céus, certa noite em que vagueava pelo firmamento, ele a engoliu. Thoth atacou Set e cortou um de seus membros; ele curou o olho do Sol, restaurando sua luz ao mundo, e a seguir fez com que Set vomitasse a Lua Crescente, que de imediato Thoth devolveu ao céu noturno. Thoth

Maat traçam para ti teu curso, dia após dia e todos os dias. Tua inimiga, a Serpente,[118] foi entregue

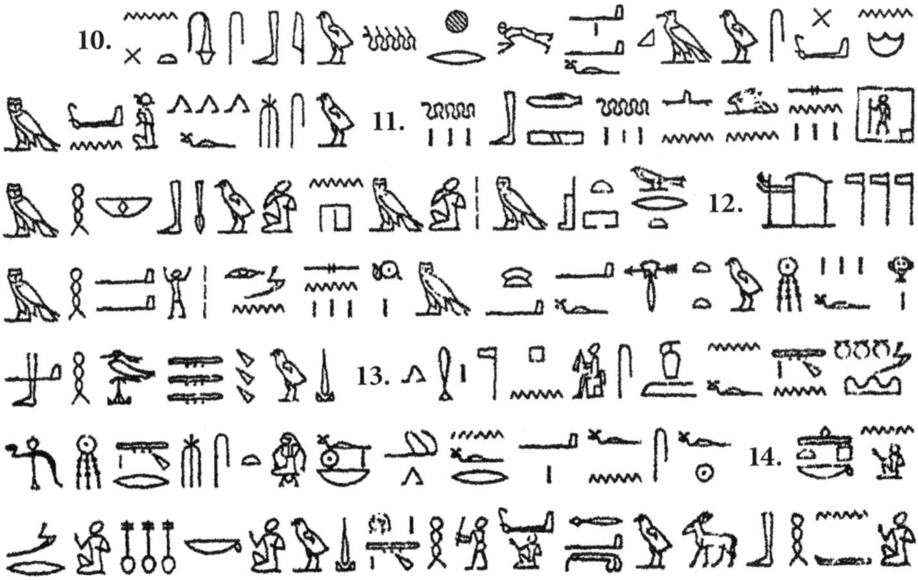

10. ao fogo. O Demônio-Serpente Sebau[119] caiu prostrado, seus membros dianteiros estão presos com correntes, e os membros traseiros foram-lhe arrebatados por Rá. Os Filhos da **11.** Revolta[120] não mais se erguerão. A Casa do Deus Antigo[121] realiza seu festival, e as vozes dos que se divertem são ouvidas no Grande Lugar.[122] **12.** Os deuses alegram-se quando veem Rá coroado em seu trono e quando seus raios inundam o mundo de luz. A majestade **13.** deste deus sagrado (ou augusto) parte em sua jornada, e ele segue adiante até chegar à terra de Manu; a Terra ilumina-se com seu nascimento a cada dia; ele prossegue até chegar ao ponto onde estava ontem. **14.** Ó, estejas em paz

também atuava como secretário de Osíris e mantinha em seu reino os registros nos quais os atos humanos eram anotados.

118. O inimigo de Rá era uma enorme serpente que, a cada alvorecer, assumia seu lugar na porção mais escura do céu, e lá aguardava para engolir o Sol quando este surgisse na aurora. Rá lançava um encantamento sobre a serpente, tornando-a impotente, e o seu calor queimava-lhe o corpo, destruindo-a.

119. Um inimigo de Rá que, com frequência, assumia a forma de um crocodilo.

120. Os *mesu betshet*, ou "filhos da rebelião", ou "filhos da revolta impotente", eram os demônios inferiores que executavam os comandos de Set, de Seba e dos outros demônios maiores, cuja principal ocupação consistia em tentarem destruir o deus Sol. Mais tarde, tornaram-se forças do mal de um ponto de vista moral.

121. Um nome do templo de Rá em Heliópolis, onde o deus era venerado sob a forma de Temu.

122. Um nome do principal santuário de Rá em muitas cidades, como, por exemplo, Tebas e Heliópolis.

comigo. Que eu possa contemplar tuas belezas. Que eu possa viajar acima da Terra. Que eu possa golpear o Asno.[123] Que eu possa retalhar o

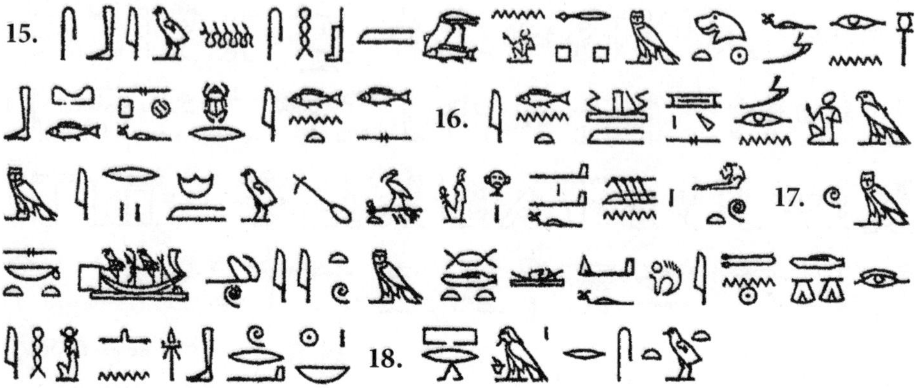

15. Demônio-Serpente Sebau. Que eu possa destruir Aapep[124] no momento em que estiver em seu máximo poder. Que eu possa contemplar o Peixe Abtu em sua estação, e o Peixe Ant,[125] **16.** com a Barca Ant, enquanto ele a conduz em seu lago. Que eu possa contemplar Hórus[126] ao leme [da Barca de Rá], com Thoth e a deusa Maat ladeando-o. Que eu possa estar no controle da corda que puxa a **17.** Barca Sektet[127] e da corda da popa da Barca Mattet. Que Rá me conceda uma visão do Disco (isto é, o Sol) e uma visão de Ah (isto é, a Lua) todos os dias, sem exceção.[128] **18.** Que minha Alma Ba[129] possa sair e perambular de um lado a outro

123. Talvez o texto devesse ser corrigido para "Que eu golpeie o Devorador do Asno", uma alusão à serpente monstruosa que é vista mordendo o pescoço de um asno na vinheta do Capítulo XL. O asno é um símbolo bem conhecido do deus Sol, por seus poderes generativos, e "Asno" é um dos nomes do deus Sol. Parece bem improvável que o asno seja um associado de Set; portanto, uma correção do texto é necessária.

124. Aapep é a serpente monstruosa de inúmeras dobras e características muito malignas que todos os dias atacava o Deus Sol, e uma de suas moradas mais comuns eram as nuvens escuras de tempestades. Seu grande aliado era o monstro Shesshes 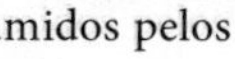, que tinha o corpo de um crocodilo e uma cauda que terminava em uma serpente. A cada manhã, Rá lançava um encantamento sobre Aapep, que era aprisionado pelos deuses, os quais atavam uma longa corrente a sua cabeça; nesse estado, era cortada em pedaços, que eram consumidos pelos fogos de Rá. Tais cenas estão representadas em meu *Book of Gates*, p. 241, 268 ss.

125. Abtu e Ant eram dois peixes mitológicos que nadavam logo à frente da Barca de Rá para alertar o deus, como sentinelas, sempre que qualquer demônio aquático se aproximasse para fazer mal à barca ou ao próprio deus.

126. Hórus dirigia o rumo da barca sob a orientação de Thoth e Maat, que "estabelecem o curso" do deus a cada dia.

127. A Barca Sektet era a barca na qual Rá fazia sua jornada durante a parte final do dia. O falecido desejava ter controle sobre a corda que conectava as duas barcas, com Matett na frente e Sektet atrás.

128. O falecido desejava estar em uma região onde a Lua fosse visível todos os dias.

129. A Alma Ba habitava o Ka, ou Duplo.

19. e ir aonde desejar. **20.** Que meu nome seja chamado, **21.** que seja achado inscrito na tabuleta[130] **22.** que registra os nomes daqueles que vão receber oferendas. **23.** Que as refeições constituídas pelas oferendas sepulcrais sejam dadas a mim na presença [de Osíris], bem como àqueles que integram o séquito de **24.** Hórus.[131] Que seja preparado para mim **25.** um lugar na Barca Solar no dia em que o **26.** Deus parte.[132] Que eu seja recebido **27.** na presença de Osíris na Terra (ou Ilha) **28.** da Fala Verdadeira[133] — o Ka de Osíris Ani.

Apêndice ao Capítulo XV

HINO AO DEUS SOL RÁ

[Do Papiro de Nekht (Museu Britânico n. 10.471, Folha 21)]

130. Isso supõe a existência, no Céu, de uma lista que contém os nomes daqueles que formavam o séquito de Osíris, e que todos os dias eram alimentados pelo deus.

131. Os "Seguidores de Hórus" são provavelmente os seres, ou "ferreiros", que em tempos pré-dinásticos eram os companheiros do rei-deus Hórus, que então reinava na Terra. Posteriormente, passaram a ser representados pelos Quatro Filhos de Hórus, Mesta (ou Kesta), Hap, Tuamutef e Qebhsenuf.

132. Isto é, o falecido roga para ter um lugar reservado na Barca de Rá no dia de sua partida deste mundo, de modo que sua alma possa embarcar e partir de Tebas sob a proteção do deus, chegando no devido momento a Abidos, próximo de onde situava-se o Reino de Osíris e as Ilhas dos Abençoados.

133. O significado provável é "ilha". Seria a ilha na qual, de acordo com o Capítulo CLXXV, Osíris morava. O deus que conduzia a barca para tal ilha não transportava ninguém que não falasse a verdade, e a própria ilha repelia qualquer pessoa mentirosa que conseguisse aproximar-se de lá.

NEKHT, O CAPITÃO DOS SOLDADOS, O ESCRIBA REAL, ENTOA UM HINO DE LOUVOR A RÁ e diz: "Glória a ti, ó glorioso ser, tu que estás revestido [de toda a soberania]. Ó Tem-Heru-Khuti (Tem-Harmakhis), quando te elevas no horizonte do céu, gritos de júbilo emanam de todas as pessoas. Ó formoso ser, tu te renovas em tua estação na forma do Disco, no interior de tua mãe Hathor. Portanto, por toda parte, os corações enchem-se de alegria com tua elevação para sempre. As regiões do Sul e do Norte vêm homenagear-te, e emitem aclamações quando te ergues no horizonte do Céu, e tu iluminas as Duas Terras (isto é, Alto e Baixo Egito) com raios de luz [da cor da] turquesa. Ó Rá, que é Heru-Khuti, o divino homem-criança, o herdeiro da eternidade, autoconcebido e autonascido, rei da Terra, príncipe do Tuat (isto é, o Outro Mundo), governante de Aukert,[134] tu vieste do Deus da Água, tu emergiste de Nu, o Deus do Céu, que te estima e comanda teus membros. Ó tu, deus da vida, senhor do amor, todos os homens vivem quando brilhas; tu és coroado rei dos deuses. A deusa Nut te abraça, e a deusa Mut envolve-te em todas as estações. Aqueles que formam teu séquito cantam a ti com alegria e curvam-se com a fronte tocando a terra quando se encontram contigo, o senhor do Céu, o senhor da Terra, o rei da Verdade, o senhor da Eternidade, o príncipe da Perpetuidade, tu que és soberano de todos os deuses, deus da Vida, criador da Eternidade, criador do Céu, onde estás firmemente estabelecido.

A Companhia dos Deuses rejubila-se quando tu te elevas, a Terra se alegra ao contemplar teus raios; as pessoas há muito mortas saem à luz com gritos de alegria para contemplar tuas belezas a cada dia. Tu avanças todos os dias através do Céu e da Terra, e és fortalecido a cada dia por tua mãe Nut. Tu percorres as alturas do Céu, teu coração enche-se de júbilo; e o Lago de Testes (?) (isto é, o Grande Oásis) fica feliz com isso. O Demônio-Serpente caiu, seus braços foram decepados, a faca cortou suas articulações. Rá vive de acordo com Maat (isto é, Lei), a bela! A Barca Sektet avança e chega ao porto. O Sul e

134. Um nome do Outro Mundo de Heliópolis.

o Norte, e o Oeste e o Leste, voltam-se para louvar-te. Ó Primeiro, Grande Deus (PAUTA), que passaste a existir por tua própria vontade, Ísis e Néftis te saúdam, entoam a ti cânticos de júbilo quando te elevas na barca, estendem as mãos a ti. As Almas do Leste te seguem, e as Almas do Oeste louvam-te. Tu és o Governante de todos os deuses. Em teu templo tens alegria, pois o Demônio-Serpente Nak foi julgado pelo fogo, e teu coração se rejubilará para sempre. Tua mãe Nut é estimada por Nu, teu pai.

HINO A OSÍRIS UN-NEFER

PRANCHA II

1. Um hino em louvor a Osíris Un-Nefer,[135] o grande deus que reside em Abtu,[136] o rei da eternidade, o senhor da perpetuidade, que atravessa milhões de anos em sua existência. Tu[137] és o filho mais velho do **2.** útero de Nut.[138]

---

135. Um título dado a Osíris que significa "Existência Benigna". Originalmente, é provável que Un-Nefer fosse um deus independente, cujos atributos especiais, quaisquer que fossem, foram transferidos pelos sacerdotes de Osíris para este. Uma figura muito curiosa de Un-Nefer está esculpida em um relevo em Abidos (ver *Abydos*, ed. Mariette, I, 40). Em um pedestal elevado, em forma de pilono, há uma forma humana ajoelhada, sobre o pescoço da qual há um 𓊽 e um ☥, que formam a cabeça da figura.

136. Abidos, no Alto Egito, a principal sede do culto a Osíris no Sul. Em Netat, perto de Abidos, Osíris foi morto por Set, e seu corpo foi levado para Abidos, onde foi embalsamado e revivido por Ísis, Thoth, Hórus e seus Quatro Filhos. A tumba de Osíris situava-se em Abidos, assim como o famoso poço, a escadaria e o arvoredo, e acreditava-se que uma entrada para o Outro Mundo estava situada perto do templo. As oferendas levadas para baixo, para o corredor Uart subterrâneo, supostamente seriam transmitidas diretamente para os beatificados que viviam no reino de Osíris.

137. Uma mudança da terceira para a segunda pessoa, tão característica de poemas orientais em geral e dos salmos hebreus.

138. A deusa-mãe que deu à luz Osíris, Ísis, Set, Néftis e Hórus (ou Anúbis).

Foste gerado por Keb,[139] o Erpat.[140] Tu és o senhor da Coroa Urrt.[141] Tu és aquele cuja Coroa Branca[142] é grandiosa. Tu és o REI (*Ati*) de deuses [e] homens.

3. Tu ganhaste a posse do cetro do governo, , e o açoite, , e a posição e a dignidade de teus divinos pais. Teu coração expande-se de alegria, ó tu que estás no reino dos mortos.[143] Teu filho Hórus está instalado com firmeza em teu trono. **4.** Tu subiste ao trono como o Senhor de Tetu,[144] e como o Heq[145] que reside em Abidos. Tu fazes as Duas Terras[146] prosperarem por meio da **5.** veracidade, na presença daquele que é o Senhor do

139. Keb era o deus da Terra e marido de Nut, a deusa do Céu: em tempos primevos, essas divindades estavam unidas em um abraço perpétuo, mas, por ordem de Thoth, que expressou o pensamento do Criador, Shu separou-os e ergueu Nut, afastando-a do corpo de Keb. Luz e ar foram então feitos, para existirem no espaço entre ambos, e esse evento foi o primeiro ato da Criação. Todas as noites, quando o Sol se punha e a luz abandonava a Terra, Nut descia e voltava a reunir-se com Keb, seu marido, até a manhã seguinte; quando o Sol se erguia, ela retomava sua posição acima da Terra. Por meio dos abraços noturnos as gerações de seres vivos na Terra mantiveram continuidade.

140. Um título muito antigo, que parece significar algo como "chefe hereditário da tribo"; foi o grande ancestral do ciclo de deuses de Osíris.

141. A Coroa Urrt era um símbolo muito antigo de soberania, e a palavra provavelmente pertence ao período pré-dinástico.

142. A Coroa Branca assemelha-se às coroas usadas por chefes de algumas das tribos da África Central nos dias de hoje.

143. Originalmente, este reino compreendia Abidos, mas depois seus limites foram ampliados até incluírem toda a margem ocidental egípcia do Nilo, onde, em geral, eram enterrados os mortos; em geral, era chamado "Amentet", que significa tanto "o oeste" quanto a "Terra Oculta".

144. Isto é, a famosa cidade de Busíris, no Delta, que em dado momento parece ter incluído Mendes. Busíris era o centro do culto a Osíris no Norte, e estava para o Delta assim como Abidos estava para o Alto Egito. Abidos manteve sua importância por ser onde estava enterrada a cabeça de Osíris, e recebia mortos de todas as partes do Egito para que pudessem ser enterrados perto dela.

145. Um termo muito antigo para "governador" ou "governante".

146. Isto é, Alto e Baixo Egito, o Sul e o Norte.

Limite Extremo.[147] Tu te nutres daquilo que ainda não passou a existir, sob teu nome de

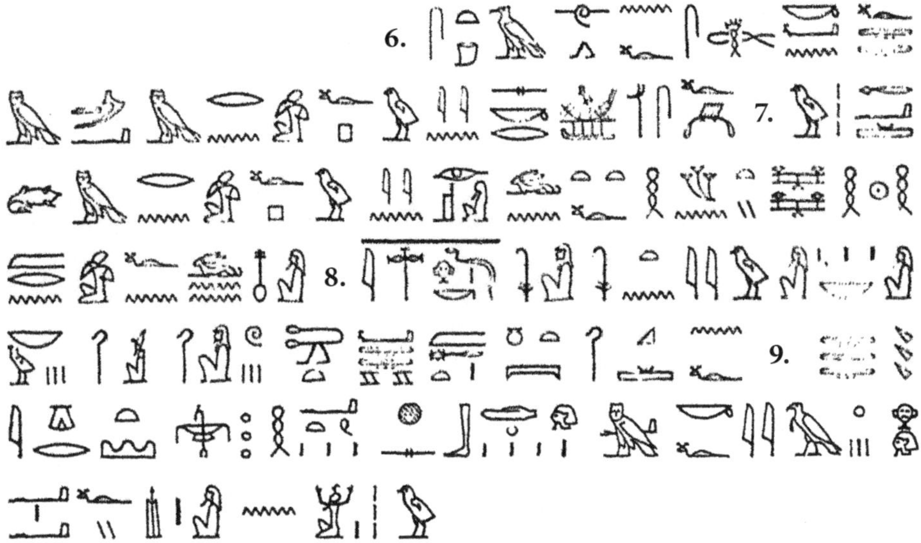

6. "Ta-her-sta-nef".[148] Tu governas as Duas Terras por Maat com o nome de "Seker".[149] Teu poder é vasto, 7. és aquele que é muito temido com o nome de "Usar"[150] (ou "Asar"). Tua existência perdura por um número infinito de períodos *henti* duplos[151] com teu nome de "Un-Nefer".[152] **8.** Glória a ti, Rei dos Reis, e Senhor dos Senhores, e Príncipe dos Príncipes. Tu reinaste nas Duas Terras a partir do útero da deusa Nut.[153] Tu governaste as **9.** Terras de

147. Neb-er-tcher, ou o Senhor do Universo. A este nome também foi atribuído o significado de "Senhor da Inteireza"; também seria um título de Osíris quando seus membros que haviam sido espalhados foram recolhidos e reunidos por Thoth, Hórus, Ísis e os demais deuses que realizaram sua ressurreição.

148. Nome que significa algo como "ele lidera a Terra"; há aqui um trocadilho com a palavra *sta*.

149. Há aqui um trocadilho entre as palavras *sek* e *Seker*, um deus muito antigo, o senhor do Outro Mundo de Mênfis. Seker parece ter sido uma personificação da morte, e posteriormente muitos de seus atributos foram absorvidos por Osíris.

150. Há aqui um trocadilho entre as palavras *user*, "poder", e *Asar*, "Osíris". Isso parece indicar que, em Tebas, durante a XVIII Dinastia, o nome desse deus era pronunciado "Usar", e não "Asar" ou "Sar".

151. O período HEN equivale a 60 anos, e o período duplo, 120 anos. Os homens medem sua existência em anos, mas cada ano-existência de Osíris equivale a 120 anos.

152. Há aqui um trocadilho entre as palavras *unt*, "existência", e a primeira parte do nome do deus "Un-Nefer". Un-Nefer frequentemente é escrito dentro de um cartucho, assim: 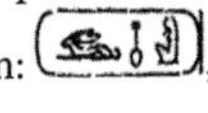, 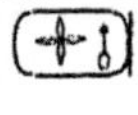 e .

153. Isto é, ele estava predestinado a governar o Egito antes de nascer.

Akert.[154] Teus membros são feitos de ouro e prata,[155] tua cabeça, de lápis-lazúli, e o alto de tua cabeça é de turquesa. Tu é An,[156] de milhões de anos.

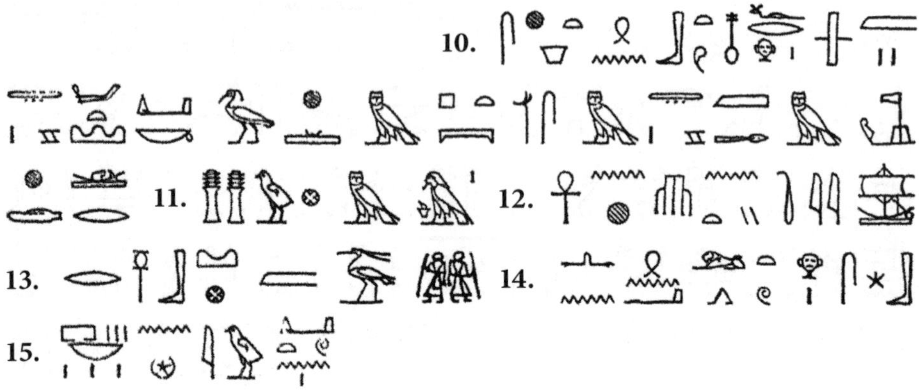

10. Teu corpo a tudo permeia,[157] ó Bela Face em Ta-tchesert.[158] Concede-me a glória no Céu e poder na face da Terra, e a veracidade no Submundo Divino, e [o poder de] navegar rio abaixo[159] **11.** até Tetu[160] na forma de uma Alma Ba viva, **12.** e [o poder de] navegar rio acima **13.** até Abidos na forma de uma ave Benu,[161] e [o poder de] cruzar para dentro e para fora, **14.** sem obstruções, as **15.** portas[162] dos senhores do Tuat. Que me sejam dados

154. Estritamente falando, Akert é o nome da região para onde os mortos de Heliópolis e Kher-aha partiam, mas depois passou a indicar o Outro Mundo de forma geral. Essa região estava situada entre as modernas Matariyah e Fustat.

155. Isto é, o ouro no qual é misturada uma grande quantidade de prata. Não devemos imaginar Osíris como um ser com corpo de ouro e prata, face de lápis-lazúli e crânio de turquesa, mas como um ser cujo corpo tem a cor do ouro-prata, cuja face tem a cor do lápis-lazúli e cujo crânio tinha a cor verde. O elemento natural aqui referido como o símbolo de Osíris era a Lua.

156. An, ou Ani, era uma forma antiga do deus do Sol e deus da Lua, o qual seria o presidente da Companhia dos Deuses 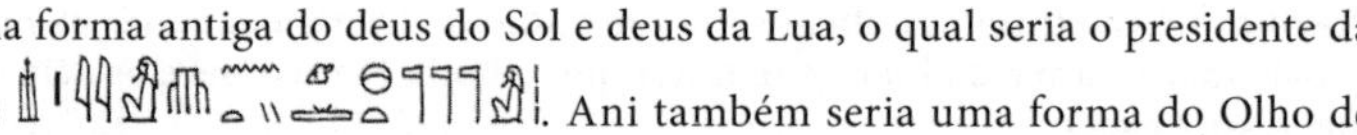. Ani também seria uma forma do Olho de Hórus, e, como tal, tinha um lugar na Barca Matet do Sol Nascente.

157. Isto é, o corpo de Osíris é o mundo.

158. A terra da santidade, a terra sagrada, um nome do Outro Mundo, ou o reino de Osíris.

159. Os egípcios pensavam que as almas dos abençoados passavam boa parte de seu tempo visitando os templos de Osíris e de todos os grandes deuses. Assim, os vivos conviviam com muitos deles em todos os grandes templos durante a celebração de cada grande festival.

160. Busíris e Abidos eram templos famosos onde os peregrinos congregavam-se, vindos de todos os cantos do Egito, da mesma forma como os muçulmanos se congregam em Meca, os xiitas, em Karbala, e os cristãos, em Jerusalém.

161. Ave que, costumava-se pensar, era escolhida como local de morada por uma alma beatificada. Foi provavelmente a versão original da fênix dos gregos, que associavam essa ave aos conceitos de vida renovada e ressurreição.

162. Os senhores do Tuat, ou do Outro Mundo, estavam reunidos naquela região em seções denominadas "Arits", que eram sete. A porta, o portão ou a entrada de cada uma eram guardados por

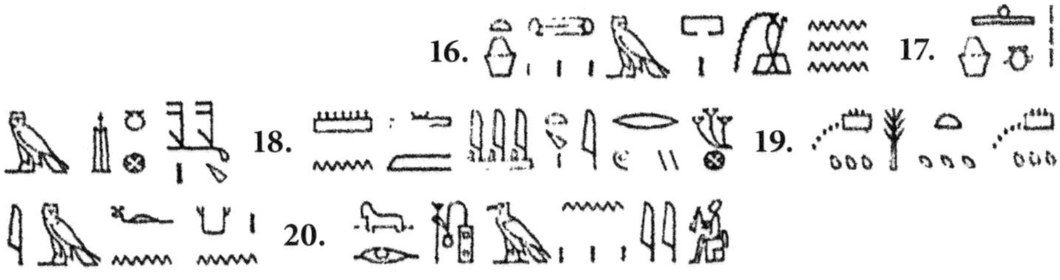

16. pães doces na Casa do Repouso,[163] **17.** e oferendas sepulcrais de pães e cerveja e oferendas propiciatórias em Anu,[164] e uma **18.** morada permanente[165] em Sekhet-Aaru,[166] **19.** com trigo e cevada — para o Duplo do **20.** Osíris escriba Ani.

---

um sentinela, um arauto e um porteiro. O primeiro destes informava a chegada de uma alma; o segundo repetia o nome dela a Osíris; e o terceiro permitia-lhe a entrada, caso recebesse essa ordem. De acordo com outra interpretação, as divisões do Tuat eram dez, e em cada extremidade da série havia um vestíbulo. À porta ou no portão de cada uma havia um sentinela e um porteiro. Durante a XVIII Dinastia, acreditava-se que havia vinte e uma portas para o Outro Mundo. Ao chegar à porta ou ao portão de cada divisão, a alma que desejava ser admitida era obrigada a fornecer as senhas necessárias, que eram os nomes dos encarregados do portão e o nome do próprio portão. Se esquecesse algum nome, sua entrada era recusada, e ela era obrigada a permanecer onde estava, em uma espécie de limbo. Os nomes das Arits e dos Sebkhuts, ou Pilonos, e de seus encarregados, são dados nos Capítulos CXLIV-CXLVII do *Livro dos Mortos.*

163. Ou Casa do Frescor, nome de uma câmara na tumba, e uma parte do Outro Mundo.

164. Isso mostra que Ani, embora morasse em Tebas, desejava visitar Heliópolis depois da morte e compartilhar o alimento espiritual dos deuses e das almas beatificadas que lá moravam.

165. O tamanho dessa propriedade, ou morada, variava de acordo com o mérito do falecido, e a posição dela dependia da aprovação de Osíris. Cada propriedade era cuidadosamente medida pelos agrimensores celestiais, e Osíris tomava precauções para evitar erros nas medições. Osíris inclusive "assentava" seus criados em seu reino e fornecia-lhes um suprimento de sementes de cereais para que começassem a trabalhar.

166. Nome que significa algo como "Campo de Juncos". Essa região constituía o local de moradia dos beatificados, que passavam a vida ali cultivando a planta maat, que era seu alimento e que constituía o corpo de Osíris. A terra era muito fértil e era cortada por inúmeros canais. Uma porção dela continha o "local de nascimento dos deuses", e outra seção era chamada de "Sekhet-hetept", ou o "Campo das Oferendas". Uma ilustração dessa região constitui a vinheta do Capítulo CX do *Livro dos Mortos*, e suas várias divisões (Aats) são descritas no Capítulo CXLIX.

OS CAPÍTULOS PARA SAIR À LUZ DO DIA

[CAPÍTULO I]

PRANCHAS V e VI

1. TÊM INÍCIO AQUI OS CAPÍTULOS PARA SAIR[167] À LUZ DO DIA, E OS CÂNTICOS DE LOUVOR[168] E GLORIFICAÇÃO QUE DEVEM SER RECITADOS **2.** PARA "SAIR" E PARA ENTRAR EM KHERT-NETER,[169] E OS ENCANTAMENTOS QUE DEVEM SER RECITADOS NO BELO AMENTET.[170] ELES DEVEM SER RECITADOS NO **3.** DIA DO FUNERAL, ENTRANDO DEPOIS DE SAIR.

---

167. Isto é, os capítulos que levam a alma de um homem a deixar seu corpo e fazer sua aparição de dia, ou no dia; são conhecidos popularmente como o "Livro dos Mortos". O título "Pert-em-hru" tem sido traduzido e explicado de várias formas, por exemplo, "Saindo do [ou como] o Dia" (Birch), "Partindo do dia" (Birch), "Sortir du jour" (Naville, Devéria), "Sortie de la journée" (Pierret), "Ausgang bei Tage" (Brugsch) etc.

168. O título deste capítulo menciona três tipos de composições, 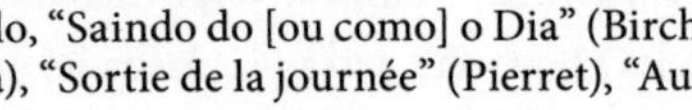 que indicam os louvores comemorativos, as fórmulas que eram recitadas durante a realização de cerimônias e os encantamentos ou as palavras de poder, respectivamente. O intuito de tudo isso era garantir a vida e a segurança da alma falecida, permitir que se deslocasse de um lado a outro livremente e torná-la capaz de retornar à Terra quando quisesse.

169. Porção do Outro Mundo (literalmente Submundo) que era regida por Osíris, o deus dos mortos.

170. A "bela terra oculta"; era má sorte aplicar ao reino dos mortos qualquer título que não fosse honorífico.

O Osíris Ani, o Osíris **4.** escriba Ani, diz: "Glória a ti, ó Touro de Amentet,[171] Thoth, o **5.** rei da eternidade está comigo. Sou o Grande Deus que acompanha a barca divina, **6.** eu lutei por ti, sou um dos deuses, dos Chefes Divinos, que provaram a veracidade **7.** de Osíris diante de seus inimigos no dia da pesagem de suas palavras. **8.** Eu sou teu familiar Osíris. Sou [um] dos deuses que eram **9.** os filhos da deusa Nut, que destroçaram os inimigos de Osíris, **10.** e que em teu nome agrilhoaram a legião de demônios Sebau. Eu sou teu familiar Hórus,[172] **11.** eu lutei em teu nome, eu vim a ti por teu nome. Eu sou Thoth,[173] que provou a verdade das palavras de

171. O Touro é Osíris, que era Senhor do Campo de Juncos, assim como o touro na Terra é o senhor de sua manada, ou, como diziam os egípcios, "senhor de seu campo".

172. A identificação de Ani com o deus Osíris é presumida de forma tão completa que Hórus está disposto a considerá-lo como seu pai, e a fazer por ele tudo que fez por Osíris.

173. Thoth, o advogado de Osíris, que o defendeu das acusações de Set, e provou que ele falava a verdade e que Set mentia.

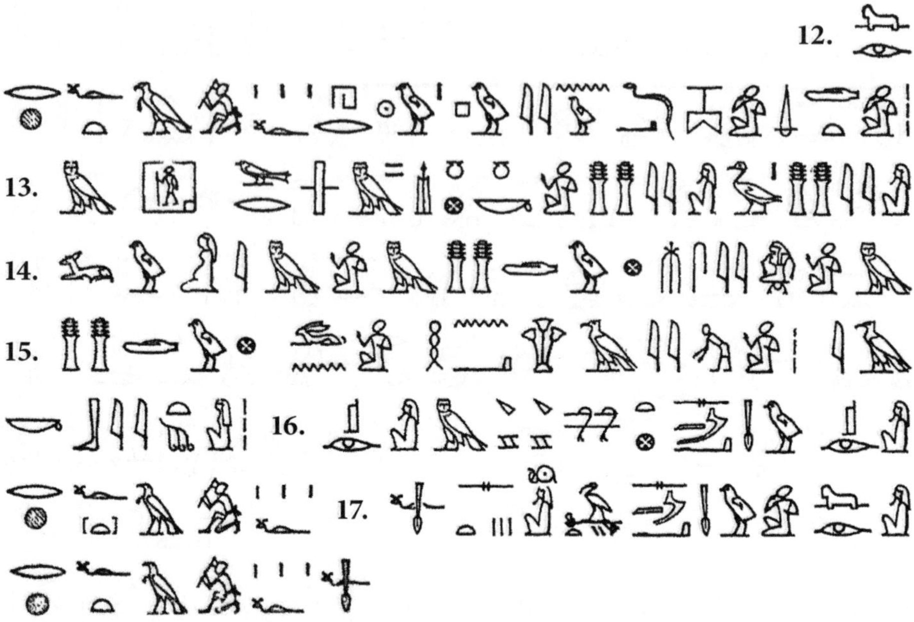

12. Osíris diante de seus inimigos (*ou* inimigo) no dia da pesagem das palavras[174] **13.** na grande Casa do Príncipe,[175] que mora em Anu. Eu sou Teti,[176] o filho de Teti. **14.** Minha mãe me concebeu em Tetu, e me deu à luz em **15.** Tetu.[177] Estarei com os que pranteiam [e com] as mulheres que arrancam os cabelos e lamentam-se por **16.** Osíris em Taui-Rekhti,[178] provando serem verdadeiras as palavras de Osíris diante de seus inimigos. **17.** Rá ordenou a Thoth que provasse serem verdadeiras as palavras de Osíris diante de seus inimigos; o que foi ordenado

174. Isto é, o famoso julgamento de Osíris diante de todos os deuses em Heliópolis. Os deuses desejavam tornar Osíris "Senhor do Céu", e Set, para impedir isso, fez uma série de acusações terríveis contra ele. Provou-se que Osíris era inocente, e Thoth, por ordem dos deuses, fez com que Set fosse agrilhoado e arrastado para o salão de julgamento, e fez Osíris subir sobre as costas dele, como uma marca de seu triunfo.

175. Ou "Casa d'Aquele que é Muito Antigo", isto é, Rá, o Deus Sol. O templo a que é feita referência deve ter existido em tempos pré-dinásticos.

176. Nome de um deus muito antigo cujo culto foi fundido ao culto de Osíris. O símbolo do deus era o osso sacro , que era colocado em um pedestal, e assim assumia a forma 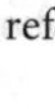, que foi, durante todo o Período Dinástico do Egito, considerada como a espinha dorsal de Osíris. A "elevação" deste Tet constituía uma das cenas principais da encenação dos Milagres de Osíris. O culto ao Tet originou-se no Sudão.

177. A cidade de Busíris, no Delta, em tempos muito antigos, foi um centro do culto do .

178. O local exato desta cidade é desconhecido.

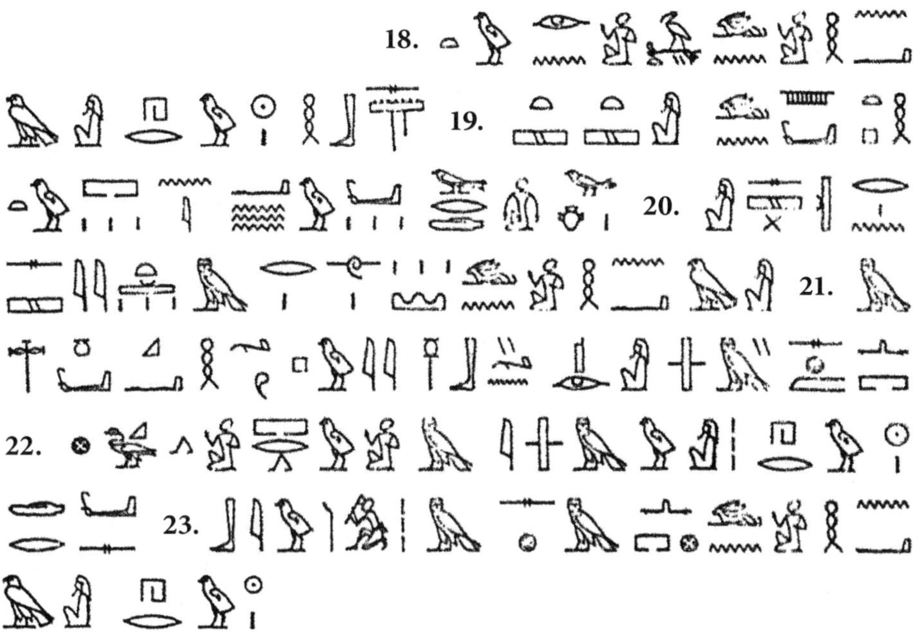

18. [para Osíris], que seja feito para mim por Thoth. Estou ao lado de Hórus no dia em que são vestidas as roupas em **19.** Teshtesh.[179] Eu faço brotar os mananciais ocultos para que seja purificado o Urt-ab.[180] **20.** Eu descerro a porta do Templo Shetait[181] em Ra-stau.[182] Eu estou ao lado de Hórus **21.** como o protetor (ou defensor) do ombro esquerdo de Osíris, o habitante de Sekhem.[183] **22.** Eu entro, juntando-me aos Deuses de Fogo, e saio dentre eles, no dia da destruição dos **23.** demônios Sebau em Sekhem.[184] Estou ao lado de Hórus no[s] dia[s] dos

179. Teshtesh é o nome da estátua que representava Osíris durante os grandes festivais anuais desse deus. "Vestir" essa estátua representa a realização de uma cerimônia em que o deus é vestido com seu traje sagrado, com a colocação de uma coroa em sua cabeça e cetros em suas mãos.

180. O "deus cujo coração está em repouso", um nome eufemístico para o corpo morto de Osíris.

181. Nome do mais sagrado templo de Seker, o deus da Morte.

182. Ra-stau é o nome dado à entrada dos corredores que desciam até o Reino de Seker, na moderna região de Sakkarah ou muito próximo a ela.

183. A cidade de Letópolis, no Delta. Nesta cidade estava preservado, como uma relíquia muito sagrada, o ombro esquerdo de Osíris. A "elevação do ombro" de Osíris era a cerimônia mais importante das muitas realizadas em Sekhem durante os Mistérios encenados em conexão com os grandes festivais de Osíris. Os deuses que presidiam as "oferendas noturnas" em Sekhem eram Thoth e Heru-khenti-an-ariti (?). Sekhem situa-se cerca de quarenta quilômetros a norte de Mênfis.

184. Essa é uma alusão à grande luta que ocorreu em Sekhem entre os seguidores de Osíris ou de Hórus e os seguidores de Set; estes foram vencidos, muitos deles foram mortos, e os

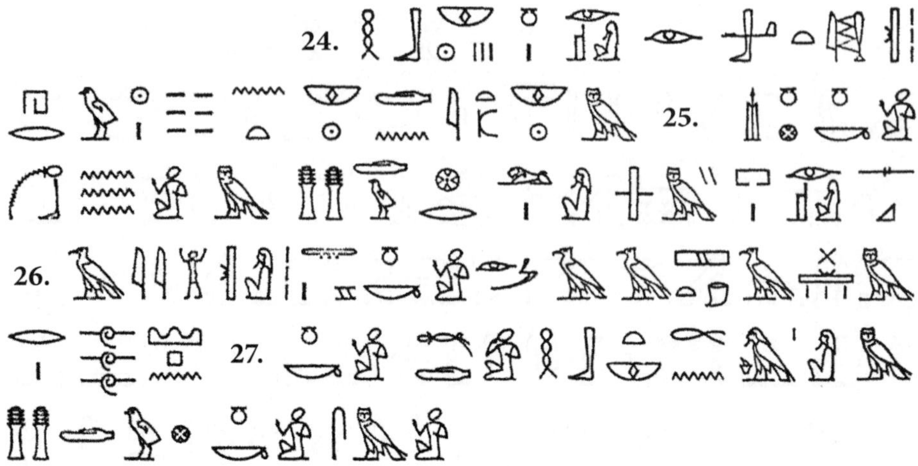

24. festivais de Osíris, ao serem feitas oferendas e oblações, a saber, no festival que é celebrado no sexto dia do mês, e no dia do festival Tenat[185] em **25.** Anu. Eu sou o sacerdote UAB (isto é, o que faz as libações) em Tetu, Rera (?),[186] habitante de Per-Asar.[187] **26.** Eu exalto aquele que está no lugar mais elevado do país.[188] Eu contemplo as coisas ocultas (isto é, os mistérios) em Ra-stau.[189] **27.** Eu recito as palavras da liturgia no festival do deus Alma[190] em Tetu. Eu sou o sacerdote SEM,[191]

---

que foram capturados vivos foram assassinados, e seu sangue foi derramado diante do deus dos vencedores.

185. Este festival era celebrado no sétimo dia do mês, e a cesta, ou tigela Tena, contendo alguns objetos especiais, era apresentada ao deus com grande cerimônia e reverência.

186. Não sou capaz de explicar essa versão.

187. "A Casa de Osíris" por excelência, ou Busíris, no Delta.

188. O texto provavelmente está corrompido aqui. Há alusão ao deus que se encontra sentado no alto dos degraus, ou de uma escadaria, *qait* 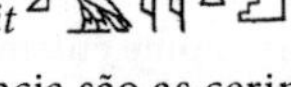 em Abidos, isto é, Osíris.

189. Os mistérios a que é feita referência são as cerimônias que eram realizadas no santuário de Seker, o deus da Morte, em Sakkarah. Estes eram encenados entre a meia-noite e o amanhecer, e acreditava-se que faziam com que o deus Sol da noite, ou o Sol diurno morto, renascesse e se erguesse sobre o mundo. Com ele voltavam à vida as almas dos mortos que haviam sido servos leais do deus na Terra. Essas cerimônias estão ilustradas e descritas no livro *Am Tuat*.

190. Uma das formas de Osíris de Tetu era um carneiro 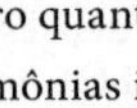; como a palavra para "alma" e "carneiro" é *ba*, podemos traduzir tanto como deus Carneiro quanto como deus Alma.

191. O sacerdote SEM ou SETEM realizava várias cerimônias importantes no ritual relacionado à "Abertura de Boca" do falecido, isto é, ao ser efetuada sua ressurreição. Ele era o mais importante assistente do KHER-HEB, o sacerdote oficiante principal, e supostamente teria poderes sobrenaturais. Ele lia a liturgia e, de forma geral, dirigia a realização das cerimônias.

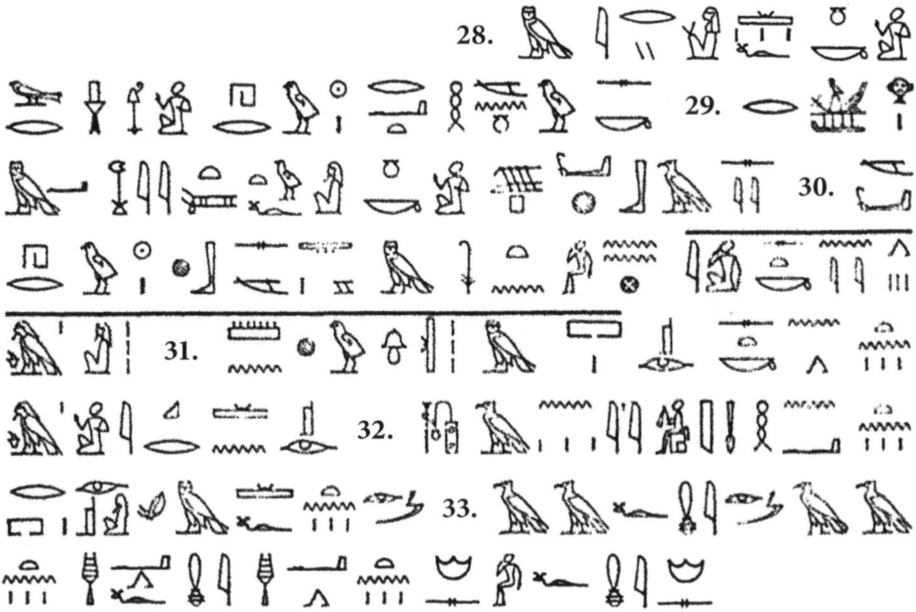

28. e [realizo] suas tarefas. Eu sou o sacerdote UR-KHERP-HEM[192] no dia em que a Barca Henu[193] de Seker é colocada **29.** sobre seu trenó divino.[194] Eu tomei em minha mão a ferramenta de cavar **30.** no dia da escavação da terra[195] em Hensu.[196]

Salve, ó vós que fazeis as almas perfeitas **31.** entrarem na Casa de Osíris, fazei a bem instruída alma de Osíris, **32.** o escriba Ani, cuja palavra é verdade, entrar e permanecer entre vós na Casa de Osíris. Que ele possa ouvir assim como vós ouvis; que a visão dele **33.** seja igual à vossa visão; que ele fique em pé assim como vós ficais; que ele ocupe seu assento

192. Isto é, o "grande mestre do martelo", ou o "o ferreiro chefe". Era este o título do alto sacerdote de Ptah, o deus-homem de Mênfis, que na Terra trabalhara com metais.

193. Henu era o nome de uma das barcas de Seker, que continha um templo do deus. Durante a noite, ela ficava em um local definido do santuário, mas, ao alvorecer, era colocada com grande cerimônia sobre um trenó, que então era puxado ao redor do santuário; o percurso do trenó representava o suposto percurso do Sol ao redor da Terra. Uma ilustração da Barca Henu constitui a vinheta do Capítulo LXXIV.

194. *M'khait* era uma palavra comum para "escalas", "balanças".

195. Em tempos muito remotos, sacrifícios humanos e outros tipos de sacrifício eram oferecidos ao grande deus, e o sangue deles era derramado no chão aos pés da estátua do deus, sendo misturado à terra com algum tipo de ferramenta. O equivalente moderno dessa cerimônia é a "rega" anual (com sangue) dos túmulos dos reis do Daomé.

196. Cidade no Alto Egito chamada de Heracleópolis Magna pelos gregos, Khanes pelos hebreus, Ȣпнс pelos coptas e Ahnas pelos árabes.

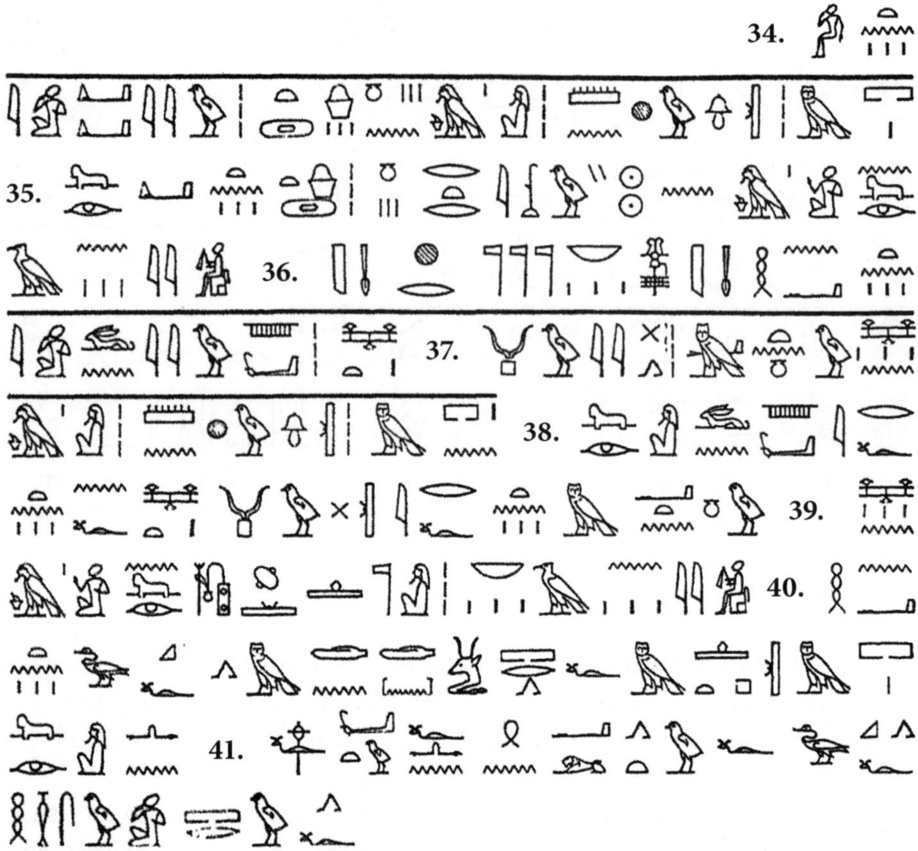

34. assim como vós ocupais os vossos.

Salve, ó vós que levais pães e cerveja para as almas perfeitas na Casa de **35.** Osíris, levai vós pães e cerveja duas vezes por dia (isto é, de manhã e à tarde) para a alma de Osíris Ani, **36.** cuja palavra é verdade diante dos deuses, os Senhores de Abidos, e cuja palavra é verdadeira convosco.

Salve, ó vós que abris o caminho, **37.** que agis como guias nas estradas [do Outro Mundo] para as almas perfeitas na Casa **38.** de Osíris, abri o caminho para ele, e agi como guias nas estradas **39.** para a alma de Osíris, o escriba, o registrador de todas as oferendas feitas aos deuses, Ani, **40.** [cuja palavra é verdade] convosco. Que ele possa entrar na Casa de Osíris sem temor e sair de lá em paz (isto é, satisfeito). Que não haja **41.** oposição a ele, e que ele não seja mandado de volta [de lá]. Que ele possa entrar sob os favores[197] [de Osíris], e que ele possa sair

197. Talvez, "que ele possa entrar com a aprovação de seu coração".

42. satisfeito [com a aceitação de] suas palavras verdadeiras.[198] Que suas ordens sejam executadas na Casa de Osíris, que suas palavras **43.** viajem convosco,[199] que ele possa ser glorioso como vós sois. Que ele não se demonstre leve na Balança, **44.** que a Balança possa dispor do caso dele.[200]

No Papiro de Turim (ed. Lepsius), este capítulo termina com o seguinte:

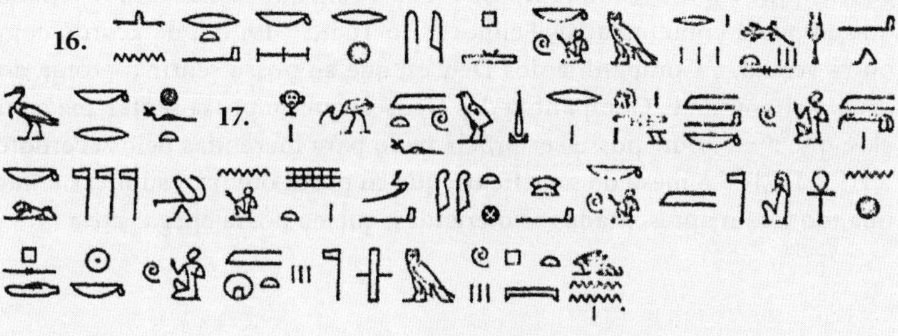

16. Não permita que eu seja julgado pelo que diz a multidão. Que minha alma possa elevar-se e ficar diante de **17.** [Osíris], tendo-se constatado ter sido pura enquanto esteve na Terra. Que eu possa apresentar-me ante tua presença, ó Senhor dos deuses; que eu possa chegar ao Nomo de Maati (Verdade); que eu possa elevar-me em meu assento como um deus dotado de vida; que eu possa emanar luz, como a Companhia de Deuses que habita o Céu; que eu possa tornar-me

198. Ou "feliz por sua absolvição", ou "satisfeito por ter sido capaz de provar sua inocência".

199. Isto é, que suas ordens possam correr, ou ser aceitas, com os vossos.

200. Isto é, permitir que o fato de sua alma pesar mais do que a pluma da Verdade prove sua inocência. É possível traduzir assim: "Constatou-se que ele não se elevou, a Balança está livre de seu caso".

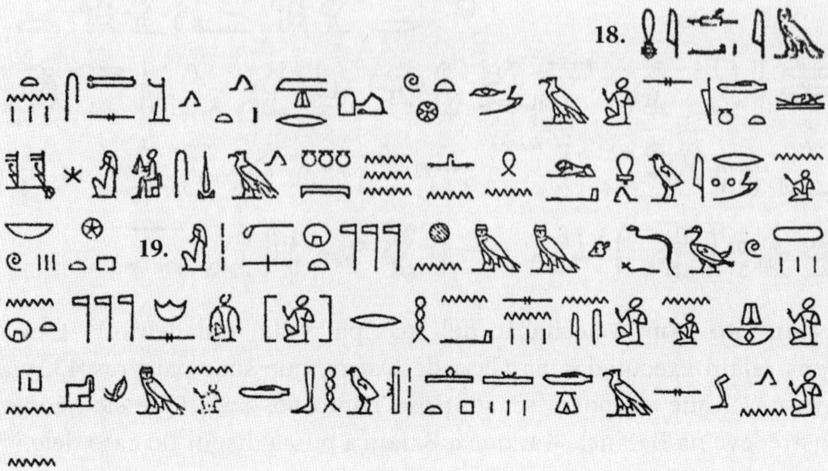

18. como um de vocês; que eu possa erguer meus passos na cidade de Kher-Aha;[201] que eu possa contemplar a Barca Sektet[202] do deus Saah,[203] aquele que é sagrado, enquanto ela cruza o céu; que eu não seja rejeitado; que eu possa contemplar os Senhores do Tuat,[204] **19.** ou, de acordo com outra versão, a Companhia dos Deuses; que eu possa sentir o aroma do divino alimento da Companhia dos Deuses; que eu possa sentar-me com eles; que meu nome possa ser proclamado para oferendas pelo sacerdote KHER-HEB[205] à mesa de sacrifícios; que eu possa ouvir as súplicas feitas quando forem apresentadas as oferendas; que eu possa chegar até a

---

201. Cidade na margem direita ou oriental do Nilo, situada entre Heliópolis e o rio. Todos os restos dela que afloravam à superfície desapareceram, e sua localização exata é desconhecida; parece, porém, ter ocupado a área onde hoje está Fustat, ou Cairo Antigo. Kher-aha era uma cidade muito velha já em tempos antigos, e parece ter decaído à medida que a grande cidade vizinha de Heliópolis crescia em importância.

202. A Barca do Sol Poente. A forma antiga do nome é Semkett.

203. Presumivelmente aqui o deus Órion.

204. Tuat é um nome muito antigo para o Outro Mundo, e seu significado é desconhecido. No início, era o nome da região governada por Osíris, mas posteriormente o nome foi aplicado a todos os reinos dos mortos na margem ocidental do Nilo e, mais tarde, à Terra dos Mortos em geral.

205. Literalmente, "aquele que tem o livro". Este agente funerário era o maior de todos os sacerdotes, pois era o guardião dos rolos que continham as fórmulas mágicas, e podia não apenas oficiar os cultos, mas também proferir as sentenças de modo a produzir o efeito desejado pelo falecido e por seus amigos. Seu equivalente moderno entre as tribos sudanesas é o "curandeiro", ou "médico-feiticeiro", ou "fazedor de chuva".

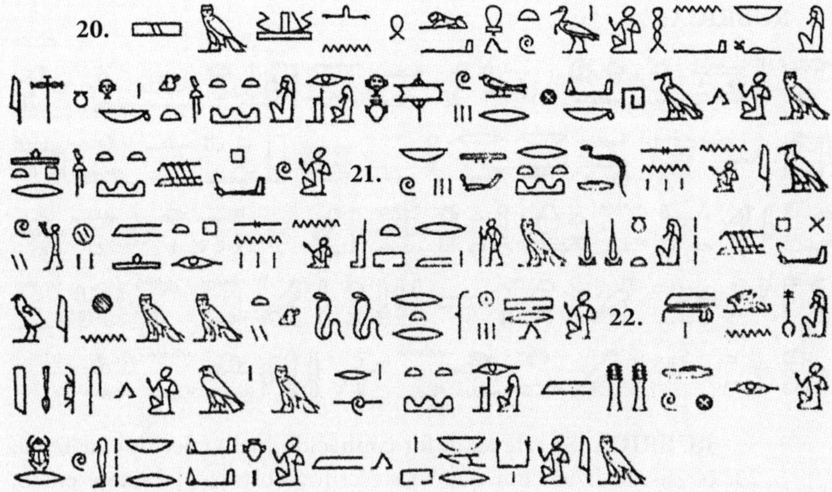

20. Barca Neshem;[206] e que nem minha Alma-Coração nem o senhor dela sejam rejeitados.

Glória a ti, ó Chefe de Amentet, ó deus Osíris, que moras na cidade de Nifu-ur.[207] Faz com que eu possa chegar a Amentet em paz. Que **21.** os Senhores de Ta-Tchesert[208] possam receber-me e possam dizer-me "Salve, salve; bem-vindo, bem-vindo!". Possam eles ter pronto para mim um lugar ao lado do presidente[209] dos Chefes; que as deusas nutrizes[210] possam receber-me em todas as estações, e que eu possa estar na **22.** presença de Un-Nefer, cuja palavra é verdade. Que eu possa ser um Seguidor de Hórus em Ra-stau[211] e de Osíris em Tetu;[212] e que eu possa realizar todas as transformações que meu coração desejar, para ir a todos os lugares aonde meu Duplo (Ka) desejar ir.

---

206. Muitos deuses foram associados a uma Barca Neshem, mas a barca à qual é feita referência aqui era especialmente sagrada para Osíris. Sobre ela ocorriam alguns eventos importantes relacionados à ressurreição de Osíris, e o falecido rogava para ser aceito a bordo, para que sua própria ressurreição fosse assegurada.

207. A capital do Nomo de Abtu, ou Abidos, no Alto Egito. Esta cidade era o centro do culto de Osíris no Sul, sendo associada pela tradição com os ventos que auxiliavam a ressurreição de Osíris.

208. Isto é, a Terra Santa, um nome do Outro Mundo em geral, e do reino de Osíris em particular.

209. O presidente é, claro, Osíris, e os Chefes são os Tchatchau, ou os conselheiros principais do reino dele, que regulavam as condições sob as quais os súditos de Osíris viviam, e supervisionavam a execução das ordens do deus.

210. Isto é, Ísis e Néftis.

211. Parte do Outro Mundo de Mênfis.

212. Busíris.

RUBRICA:

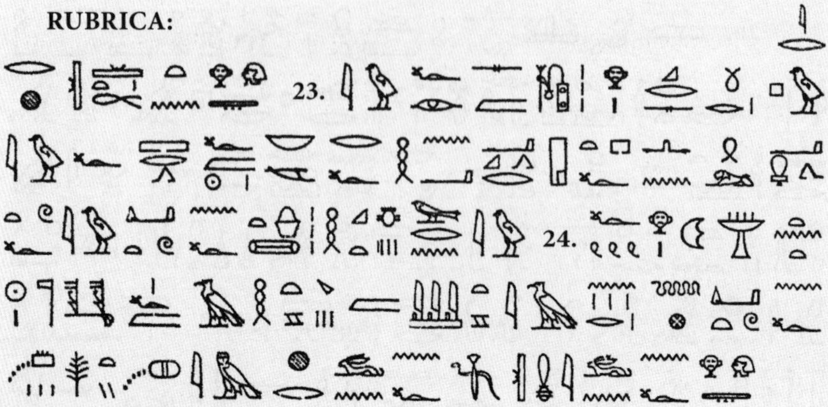

RUBRICA: Se este texto for conhecido [pelo falecido] na Terra, **23.** ou se ele fizer com que seja escrito sobre [seu] caixão, então, ele será capaz de sair qualquer dia que desejar e entrar em sua morada sem ser rechaçado. Pães e cervejas e peças de **24.** carne dentre as oferendas que estiverem sobre o altar de Rá lhe serão oferecidos, e sua morada será entre os prados do Campo de Juncos (Sekhet-Aaru), e trigo e cevada lhe serão dados, e ele prosperará, assim como prosperou na Terra.

Apêndice ao Capítulo I

CAPÍTULO I(b)*

[Do Papiro de Nekhtu-Amen, ed. Naville, I, 5]

1. O CAPÍTULO PARA FAZER O SAHU ENTRAR NO TUAT NO DIA DO FUNERAL, **2.** QUANDO AS SEGUINTES PALAVRAS DEVEM SER DITAS: Glória a ti, ó tu que moras na Colina Sagrada (Set-Tchesert) de Amentet! **3.** O Osíris, o escriba real, Nekhtu-Amen, cuja palavra é verdade, conhece-te, **4.** ele sabe teu nome. Livra-o dos vermes **5.** que existem em Ra-stau, os quais alimentam-se dos corpos de homens e mulheres, e também **6.** alimentam-se do sangue deles, pois Osíris, o servo agraciado do deus de sua cidade, **7.** o escriba real Nekhtu-Amen, conhece-vos, e sabe vossos nomes. Que a ordem para a proteção dele seja o primeiro comando de Osíris, o Senhor

*. A publicação original não apresenta os hieróglifos correspondentes a este capítulo. (N.E.)

do Limite Extremo, **8.** que mantém seu corpo oculto. Que ele possa livrá-lo do Ser Terrível que mora na Curva do Rio de Amentet, e que ele possa ordenar os atos que **9.** o farão erguer-se. Que ele passe e chegue àquele cujo trono está situado em meio à escuridão, que emana luz em Ra-stau. **10.** Ó tu, Senhor da Luz, vem e engole os vermes que existem em Amentet. Que o Grande Deus que mora em Tetu (Busíris), **11.** e que não pode ser visto, ouça as preces dele, e permita que aqueles que lhe causam aflição lhe guardem temor quando ele sai, **12.** com a condenação deles ao Divino Bloco de sacrifícios. Eu, Osíris, o escriba real, Nekhtu-Amen, venho, trazendo a ordem **13.** de Neb-er-tcher, e eu sou o Hórus que toma posse de seu trono para ele. Seu pai, o senhor de todos aqueles que estão na **14.** Barca de seu Pai Hórus, dedicou louvores a ele. Ele vem trazendo notícias [...] que ele veja **15.** a cidade de Anu (Heliópolis). O chefe deles irá postar-se na terra diante dele, os escribas irão engrandecê-lo às portas de suas congregações, **16.** e eles o enfaixarão com bandagens em Anu. Ele aprisionou o Céu e agarrou a Terra em suas mãos. Nem os Céus nem a Terra **17.** podem ser-lhe arrebatados, pois eis que ele é Rá, o primogênito dos deuses. A mãe dele vai nutri-lo e lhe ofertará seu seio **18.** no horizonte.

RUBRICA: As palavras deste capítulo deverão ser ditas depois que [o falecido] for colocado para descansar em Amentet; por meio delas, a região Tenn-t ficará satisfeita com seu senhor. E o Osíris, o escriba real, Nekhtu-Amen, cuja palavra é verdade, sairá, **19.** e irá para bordo da Barca de Rá, e [seu] corpo no ataúde será contado, e ele se estabelecerá no Tuat.

CAPÍTULO XXII

O capítulo para dar uma boca ao escriba Ani em Khert-Neter

PRANCHA VI

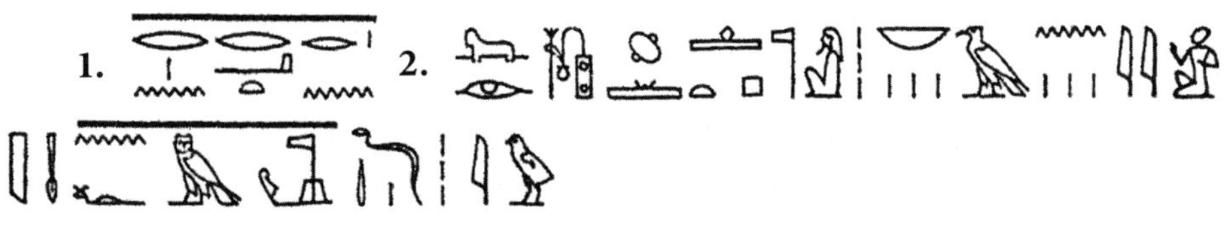

1. CAPÍTULO XXII. O CAPÍTULO PARA DAR UMA BOCA A **2.** OSÍRIS ANI, O ESCRIBA E CONTADOR DAS OFERENDAS QUE SÃO FEITAS A TODOS OS DEUSES, CUJA PALAVRA É VERDADE, QUE DIZ:

3. "Eu me ergo do Ovo na Terra Oculta. Que minha boca possa ser dada **4.** a mim para que eu possa falar na presença do Grande Deus, o Senhor do **5.** Tuat. Que minha mão e meu braço não sejam rechaçados na presença dos Chefes (Tchatchau) de qualquer deus. Eu sou Osíris, o Senhor de Ra-stau. **6.** Que eu, o Osíris escriba Ani, cuja palavra é verdade, possa ter o que me cabe junto àquele que está **7.** no alto da Escadaria (isto é, Osíris). Seguindo o desejo de meu coração, eu vim da Ilha de Nesersert e **8.** extingui o fogo".[213]

CAPÍTULO XXI
O capítulo para dar uma boca a Ani
PRANCHA VI

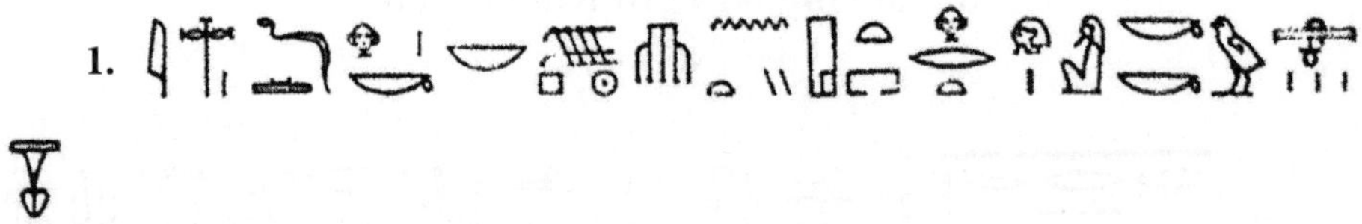

[O CAPÍTULO PARA DAR UMA BOCA AO OSÍRIS ESCRIBA ANI, QUE DIZ]: **1.** "Glória a ti, ó senhor da luz, governador do Templo, príncipe da noite e da escuridão profunda!

213. O Capítulo XXII geralmente termina aqui. Na Recensão Saíta, os Capítulos XXI e XXII são bem distintos, e cada um tem o próprio título, embora haja uma única vinheta acima dos dois.

2. Eu vim a ti. Eu brilho (ou eu sou glorioso), eu sou puro. Minhas mãos estendem-se em direção a ti; **3.** tu tens aquilo que cabe de teus ancestrais. Dá-me, tu, minha boca para que eu possa falar **4.** por intermédio dela. Eu guio meu coração neste tempo de chamas e de trevas.

Rubrica do Capítulo LXXII

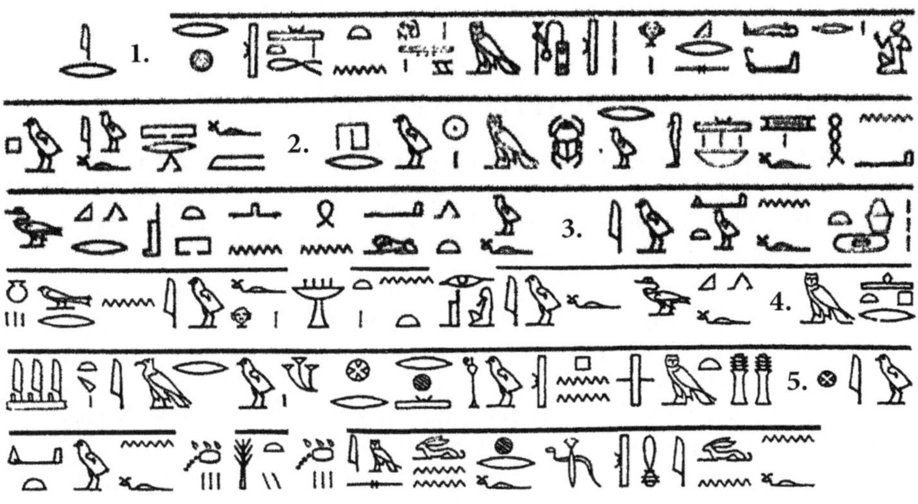

RUBRICA [CAPÍTULO LXXII]: **1.** Se este capítulo for do conhecimento de Osíris escriba Ani na face da Terra, [ou se for feito] como escrita sobre [seu] caixão, ele poderá sair à luz do dia **2.** sob qualquer forma que desejar, e entrará em [sua] morada, e não será rejeitado. **3.** E pães e cerveja e peças de carne, [dentre as oferendas que estiverem sobre] o altar de Osíris, lhe serão dadas; e ele entrará **4.** em paz em Sekhet-Aaru, em conformidade com o que foi determinado por aquele que mora em Busíris. **5.** Trigo e cevada (*dhura*) lá lhe serão ofertados, e ele prosperará assim como o fez

6.

7.

6. na Terra; e poderá fazer tudo aquilo que desejar, assim como faz a Companhia dos Deuses que estão no **7.** Tuat, com regularidade e continuidade, milhões de vezes.

Apêndice

O texto do Capítulo LXXII não consta do Papiro de Ani. A seguinte versão vem do Papiro de Nebseni (Folha 3), que traz como vinheta a figura de um homem segurando um símbolo de autoridade na mão direita e um cajado na esquerda. O texto egípcio é apresentado em meu *Chapters of Coming Forth by Day*, Volume II.

CAPÍTULO LXXII

1. O CAPÍTULO PARA SAIR À LUZ DO DIA E PARA ABRIR UM CAMINHO ATRAVÉS DO AMEHET: . Eis que o escriba Nebseni, cuja palavra é verdade, diz: "Glória a vós, Senhores de Kau, vós que não tendes **2.** pecado, e que viveis pelos períodos intermináveis e infinitos de tempo que constituem a eternidade. Eu abri um caminho para mim até vocês. Eu me tornei um espírito **3.** em minhas formas e conquistei o controle sobre minhas palavras de poder mágico, e fui declarado um espírito; **4.** portanto, livrai-me do Crocodilo [que vive] nesta Terra da Verdade (ou da Lei). Concedei-me minha boca para que eu possa falar, **5.** e fazei com que as oferendas sepulcrais me sejam feitas em vossa presença, pois eu vos conheço, e sei vossos **6.** nomes, e sei o nome do deus poderoso diante de cuja face colocais vosso alimento celestial. O nome dele é "Tekem" 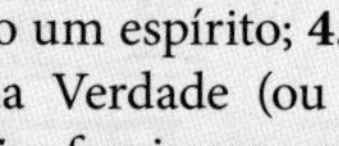. **7.** [Quando] ele abre caminho no horizonte oriental do Céu, [quando] pousa sobre o horizonte ocidental do Céu, **8.** que possa levar-me consigo, e que eu possa estar são e salvo Que Mesqet[214] não dê cabo de mim, que o Demônio (Sebau 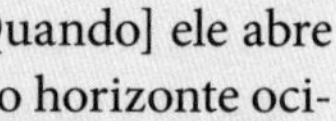)

214. Ou uma câmara pela qual o falecido deveria passar por intermédio da pele de um touro, ou a própria pele do touro.

não me controle, que eu não seja expulso das portas do Outro Mundo, **9.** que vossas **10.** portas não sejam fechadas à minha frente, pois meus pães estão na cidade de Pe e minha cerveja está na **11.** cidade de Tep. E lá, nas mansões celestiais do Céu que meu pai divino Tem estabeleceu, que minhas mãos peguem **12.** o trigo e a cevada, que me serão ofertados em grande abundância, e que o filho de meu próprio corpo deixe lá o alimento pronto para mim. E concedei-me vós, quando eu lá estiver, refeições sepulcrais, e incenso, e unguentos, e todas as puras e **13.** belas coisas das quais os deuses vivem, com toda a certeza para sempre, em todas as **14.** transformações que forem de meu agrado [realizar], e concedei-me o poder de navegar correnteza abaixo e acima no Campo de Juncos (Sekhet-Aaru), [e que eu possa chegar a Sekhet-Hetepet (ou o Campo das Oferendas)]. Eu sou os Deuses-Leões Gêmeos (isto é, Shu e Tefnut).

TEXTOS RELATIVOS À PESAGEM DO CORAÇÃO DE ANI

PRANCHAS III e IV

I. OS NOMES DOS DEUSES DA GRANDE COMPANHIA

I. OS NOMES DOS DEUSES DA GRANDE COMPANHIA: **1.** Rá Harmakhis, o Grande Deus em sua barca. **2.** Temu. **3.** Shu. **4.** Tefnut. **5.** Keb. **6.** Nut, a Senhora do Céu. **7.** Ísis. **8.** Néftis. **9.** Hórus, o Grande Deus. **10.** Hathor, Senhora de Amentet. **11.** Hu. **12.** Sa.

II. A PRECE DE ANI. [CAPÍTULO XXX(b)]

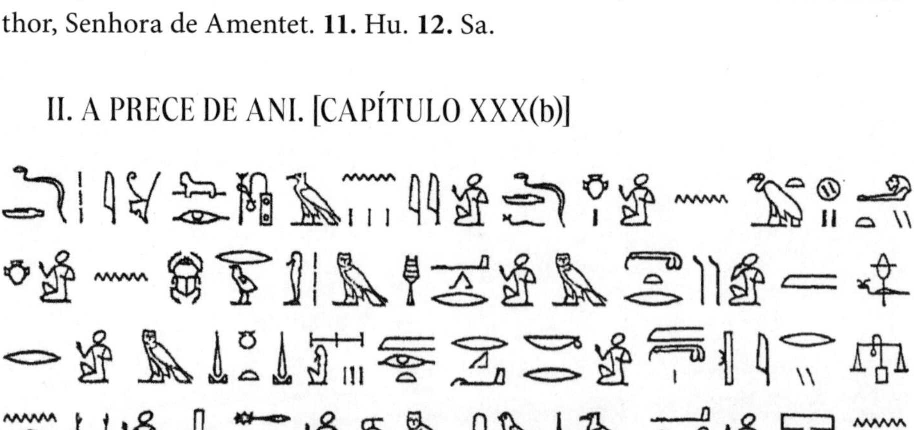

 [215]

II. A PRECE DE ANI. [CAPÍTULO XXX(b)]: "Meu coração, minha mãe; meu coração, minha mãe! Meu coração, por meio do qual ganhei existência! Que nada se erga para opor-se a mim no [meu] julgamento, que não haja oposição a mim na presença dos Chefes (Tchatchau); que tu não te separes de mim na presença daquele que guarda a Balança! Tu és meu Ka, habitante de meu corpo; o deus Khnemu costurou meus membros e os fortaleceu. Que tu possas sair para aquele local de felicidade para onde nós vamos. Que os funcionários Sheniu, que criam as condições da vida dos homens, não façam meu nome cheirar mal, e que mentira alguma seja proferida contra mim na presença do deus. [Que seja satisfatório para nós, e que o deus Ouvinte nos seja favorável, e que haja alegria no coração (para nós) na pesagem das palavras. Que aquilo que é falso não seja proferido contra mim diante do Grande Deus, o Senhor de Amentet. Em verdade, o quão grande tu serás quanto te elevares triunfante.]"[216]

III. A FALA DE THOTH

III. A FALA DE THOTH: Thoth, o juiz do correto e da verdade da Grande Companhia dos Deuses que estão em presença de Osíris, diz: "Ouvi vós este

215. Em outros papiros, este capítulo termina de modo diferente: 
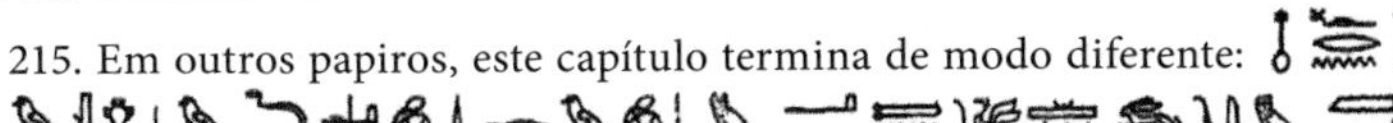.

216. As palavras entre colchetes foram acrescentadas a partir do Papiro de Nebseni (Folha 4).

julgamento. O coração de Osíris foi em verdade pesado, e sua Alma-Coração prestou testemunho em seu nome; constatou-se que seu coração era correto por intermédio do julgamento com a Balança. Não foi encontrada qualquer maldade nele; ele não desperdiçou (ou roubou) as oferendas feitas nos templos; ele não cometeu qualquer ato perverso; e não colocou sua boca em ação com palavras malignas enquanto estava na Terra.

IV. LEGENDA SOBRE ANÚBIS 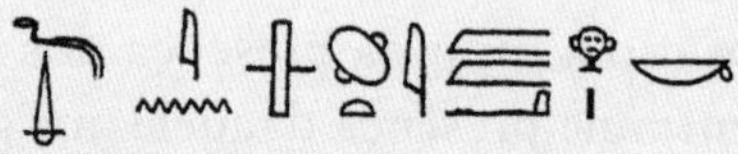

 [VARIANTE DO PAPIRO DE ANHAI (MUSEU BRITÂNICO n. 10.472) 

]

IV. A FALA DAQUELE QUE MORA NA CÂMARA DE EMBALSAMAMENTO (isto é, ANÚBIS): Preste muita atenção, ó justo juiz, à Balança para confirmar [o testemunho] dado.

Variante: Preste muita atenção à (ou volta teu rosto para a) pesagem na Balança do coração de Osíris, cantora de Amen, Anhai, cuja palavra é verdade, e coloca o coração dela no assento da verdade, na presença do Grande Deus.

V. A FALA DOS DEUSES 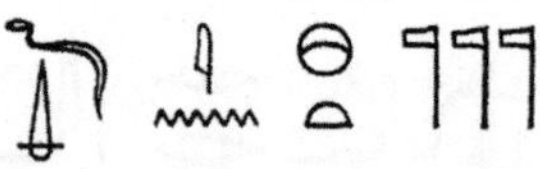

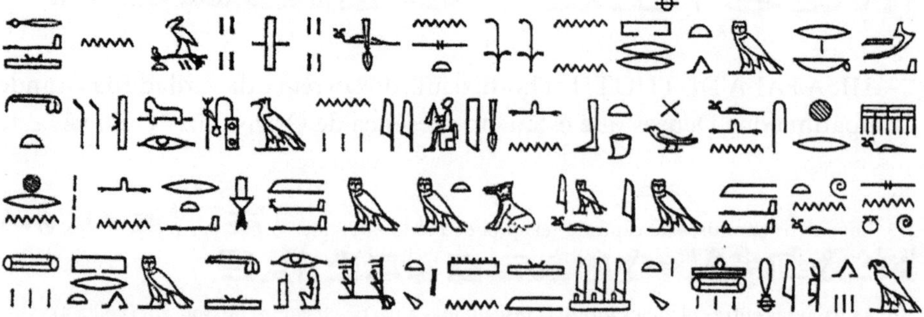

V. A FALA DOS DEUSES: a Grande Companhia dos Deuses diz a Thoth, que mora em Khemenu (Hermópolis): "Aquilo que sai de tua boca será declarado verdadeiro. O Osíris escriba Ani, cuja palavra é verdade, é santo e justo. Ele não cometeu pecado algum, e não fez mal algum contra nós. À devoradora Am-mit não será permitido que prevaleça sobre ele. Oferendas de carne e admissão à presença ante o deus Osíris sejam concedidas a ele, bem como uma morada no Campo das Oferendas (Sekhet-Hetepet),[217] assim como acontece com os Seguidores de Hórus.[218]

VI. A FALA DE HÓRUS, FILHO DE ÍSIS

*

VI. A FALA DE HÓRUS PARA OSÍRIS AO APRESENTAR-LHE ANI: **1.** Hórus, o filho de Ísis, diz: eu vim a ti, ó Un-Nefer, e trouxe a ti o Osíris Ani. O coração dele é justo, **2.** e ele passou pela Balança; ele não pecou contra qualquer deus ou qualquer deusa. Thoth pesou-o em conformidade com a ordem que lhe foi dada **3.** pela Companhia dos Deuses, e ele é verdadeiro e justo. Concede, tu, que pães e cerveja lhe sejam dados, e que ele apareça na presença do deus Osíris, **4.** e permita que ele seja igual aos seguidores de Hórus para todo o sempre.

217. Uma ilustração desta região é encontrada na Prancha XXXII, e há uma descrição no Capítulo CX.

218. Estes compreendem inúmeros seres que formavam a guarda de Hórus, o Velho. O nome "Shemsu Heru" também foi dado ao grande rei Hórus, que conquistou o Egito, e, mais tarde, ainda, à guarda de Hórus, o filho de Ísis, que venceu Set, o assassino de Osíris.

*. A publicação original não realiza a divisão dos hieróglifos por números. (N.E.)

VII. A FALA DE ANI

VII. A FALA DE ANI: **1.** E o Osíris Ani **2.** diz: "Eis que estou em tua presença, ó Senhor de **3.** Amentet. Não há pecado em meu **4.** corpo. Eu não falei nada que não fosse verdade **5.** deliberadamente nem fiz coisa alguma com falsidade no coração. Concede-me ser como aqueles privilegiados que fazem parte de teu séquito, **6.** e que eu possa ser um Osíris muito agraciado pelo formoso deus, e amado pelo Senhor das Duas Terras (isto é, o rei do Egito), eu, que sou um escriba real que te ama, Ani, cuja palavra é verdade diante do deus Osíris.

VIII. DESCRIÇÃO DA FERA

VIII. DESCRIÇÃO DA FERA AM-MIT: sua porção dianteira é como a de um crocodilo; o meio de seu corpo é como o de um leão; seus quartos traseiros, como os de um hipopótamo.

*. A publicação original não realiza a divisão dos hieróglifos por números. (N.E.)

CAPÍTULO DE LOUVORES E GLORIFICAÇÕES, E PARA SAIR À LUZ DO DIA

[CAPÍTULO XVII]

PRANCHAS VII-X

1. TÊM INÍCIO AQUI OS LOUVORES E AS GLORIFICAÇÕES PARA SAIR E PARA ENTRAR NO GLORIOSO KHERT-NETER, QUE É O BELO AMENTET, PARA SAIR **2.** À LUZ DO DIA EM TODAS AS FORMAS DE EXISTÊNCIA QUE O FALECIDO POSSA QUERER ASSUMIR, JOGAR DAMAS, SENTAR-SE NA CÂMARA SEH, E APARECER **3.** COMO UMA ALMA VIVA:

O Osíris escriba Ani disse, **4.** depois de ter chegado a seu porto de descanso — agora, é bom para [um homem] recitar [este trabalho enquanto estiver] na Terra, pois então todas as palavras de

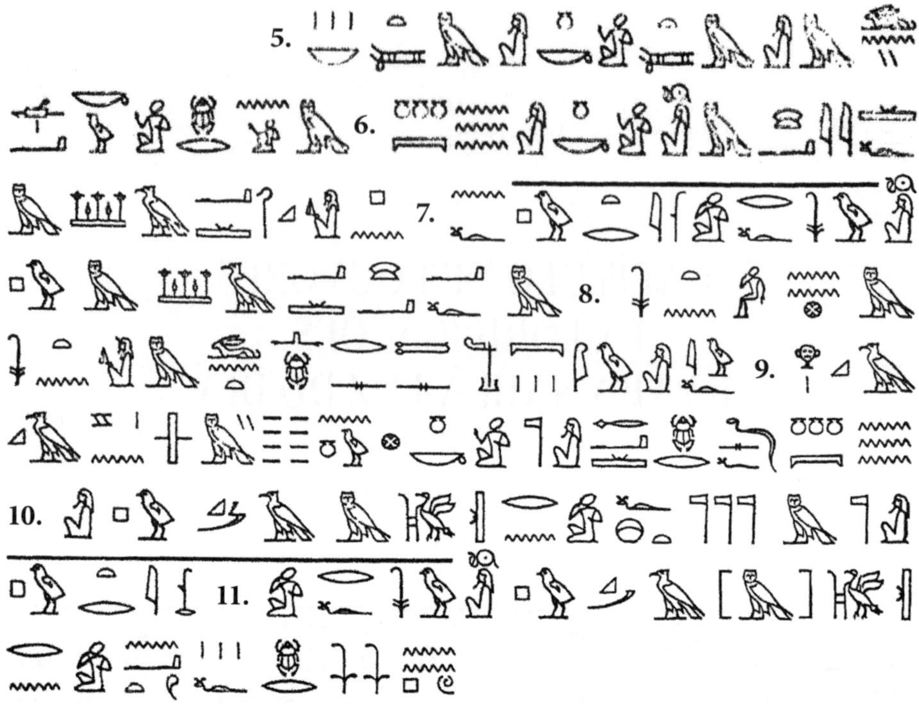

5. Tem irão se concretizar —

"Eu sou o deus Tem em elevação. Eu sou o Único. Eu ganhei existência em **6.** Nu. Eu sou Rá, que surgiu no princípio, aquele que rege esta [criação]."

7. Quem é esse?[219]

"É Rá, quando no princípio ele se elevou na **8.** cidade de Hensu (Heracleópolis), coroado como um rei em sua consagração. Os Pilares[220] do deus Shu[221] ainda não haviam sido criados, e ele já estava **9.** sobre os degraus daquele que mora em Khemenu."

"Eu sou o Grande Deus que criou a si mesmo, o próprio Nu, **10.** que fez seus nomes tornarem-se a Companhia dos Deuses como deuses."

Quem é **11.** esse?

"É Rá, o criador dos nomes de seus membros, os quais ganharam existência

219. Literalmente, "explique".

220. Os quatro pilares que sustentam o céu; os locais onde foram erguidos marcavam os quatro pontos cardinais.

221. O filho primogênito de Rá com a deusa Hathor; ele tipificava a luz e a atmosfera e sustentava o céu [Nut] durante o dia, sendo quem erguia a deusa na escadaria  localizada em Khemenu (Hermópolis), no Alto Egito.

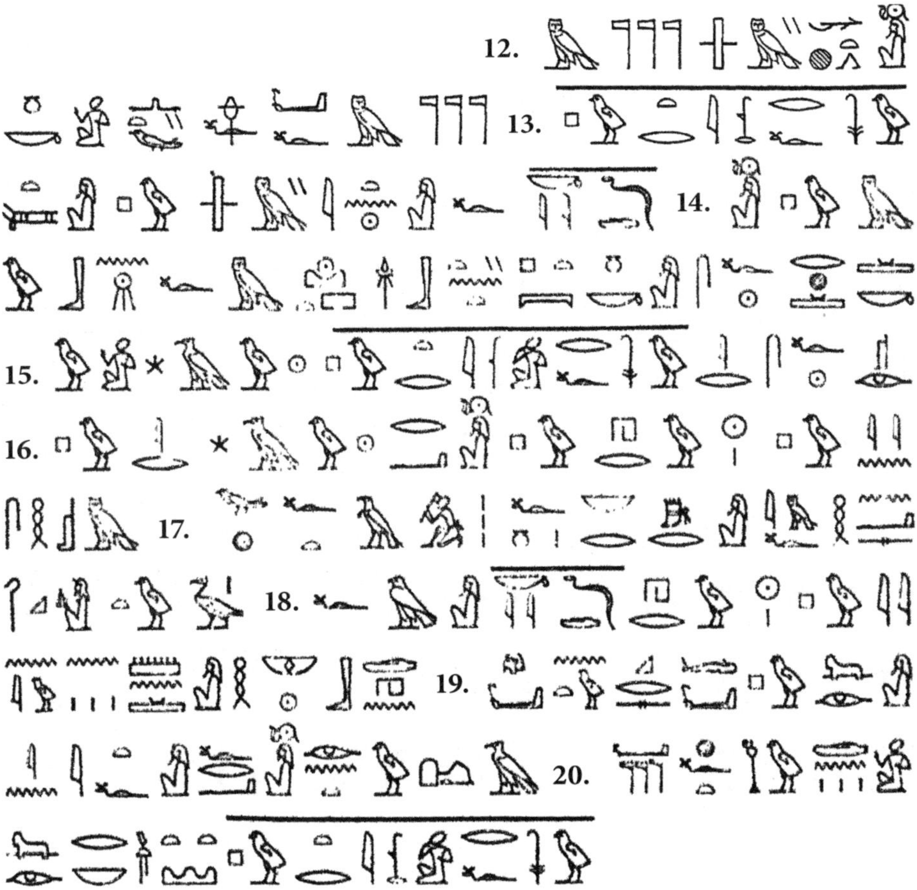

12. na forma dos deuses que compõem o séquito de Rá."

"Eu sou aquele que não pode ser rechaçado entre os deuses."

13. Quem é esse?

"É Temu, aquele que mora em seu disco, mas outros dizem que **14.** é Rá quando ele se ergue no horizonte oriental do céu."

"Eu sou o Ontem, eu sei. **15.** Hoje."

Quem é esse?

"O Ontem é Osíris, **16.** e Hoje é Rá, quando ele destruir os inimigos de Neb-er-tcher (isto é, o Senhor do Limite Extremo), **17.** e quando estabelecer como príncipe e governante seu filho **18.** Hórus."

"Outros, contudo, dizem que Hoje é Rá, no dia em que comemora o festival do **19.** encontro do Osíris morto com seu pai Rá, e quando a batalha dos **20.** deuses foi travada, na qual Osíris, Senhor de Amentet, foi o líder."

O que é isso?

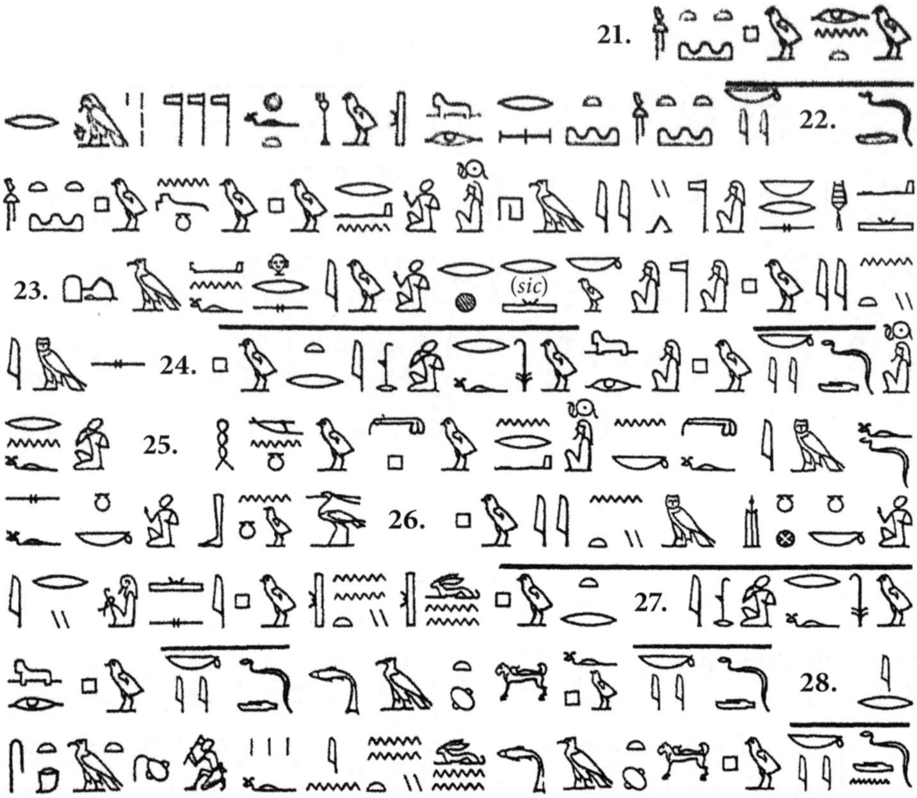

21. "É Amentet, [ou seja] a criação das almas dos deuses quando Osíris era o líder em Set-Amentet.

22. "Outros, contudo, dizem que é o Amentet que me foi dado por Rá; quando qualquer deus surge, ele deve elevar-se e **23.** lutar pelo Amentet."

"Eu conheço o deus que mora lá."

24. Quem é esse?

"É Osíris. Outros, entretanto, dizem que o nome dele é Rá, e que o deus que mora em Amentet é o **25.** falo de Rá, com o qual ele uniu-se a si mesmo."

"Eu sou a ave Benu **26.** que está em Anu (Heliópolis). Sou o guardião do livro (isto é, o Registro, ou a Tabuleta do Destino) das coisas que foram feitas e das coisas que serão feitas."

Quem é esse?

27. "É Osíris."

"Outros, contudo, dizem que é o corpo morto de Osíris, e outros ainda dizem que **28.** é o excremento de Osíris. As coisas que foram feitas, e as coisas que serão feitas [no que diz respeito ao] corpo morto de Osíris. Outros, ainda, dizem que

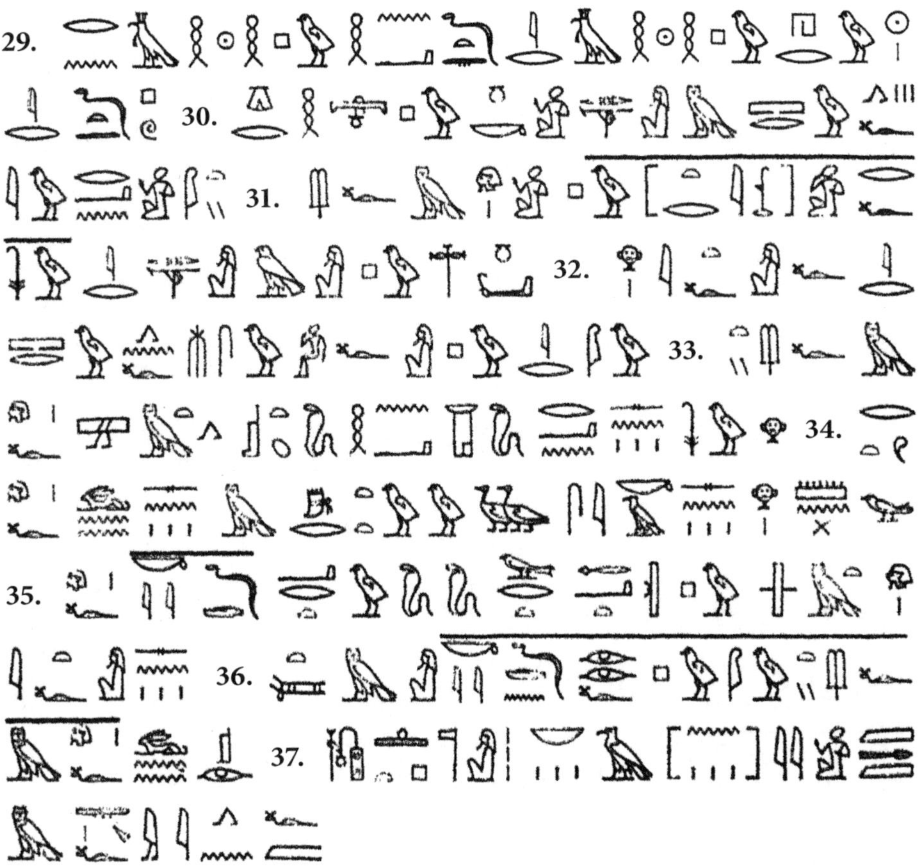

29. as coisas que foram feitas são a Eternidade, e que as coisas que serão feitas são Perpetuidade, e que a Eternidade é o Dia e a Perpetuidade é a **30.** Noite."

"Eu sou o deus Menu quando ele surge; que suas duas plumas **31.** sejam colocadas sobre minha cabeça para mim."

Quem é esse?

"Menu é Hórus, o Advogado (ou Vingador) **32.** de seu pai [Osíris], e seu surgimento significa seu nascimento. As duas plumas **33.** sobre sua cabeça são Ísis e Néftis, quando tais deusas vão e instalam-se lá, **34.** e quando elas atuam como protetoras dele, e quando fornecem aquilo de que a cabeça dele **35.** carece."

"Outros, contudo, dizem que as duas plumas são os dois ureus extremamente grandes que estão sobre a cabeça do pai delas, **36.** Tem, e há ainda quem diga que as duas plumas do alto da cabeça de Menu são seus olhos."

"O Osíris **37.** escriba Ani, cuja palavra é verdade, aquele que registra todas as oferendas que são feitas aos deuses, ergue-se e vem para

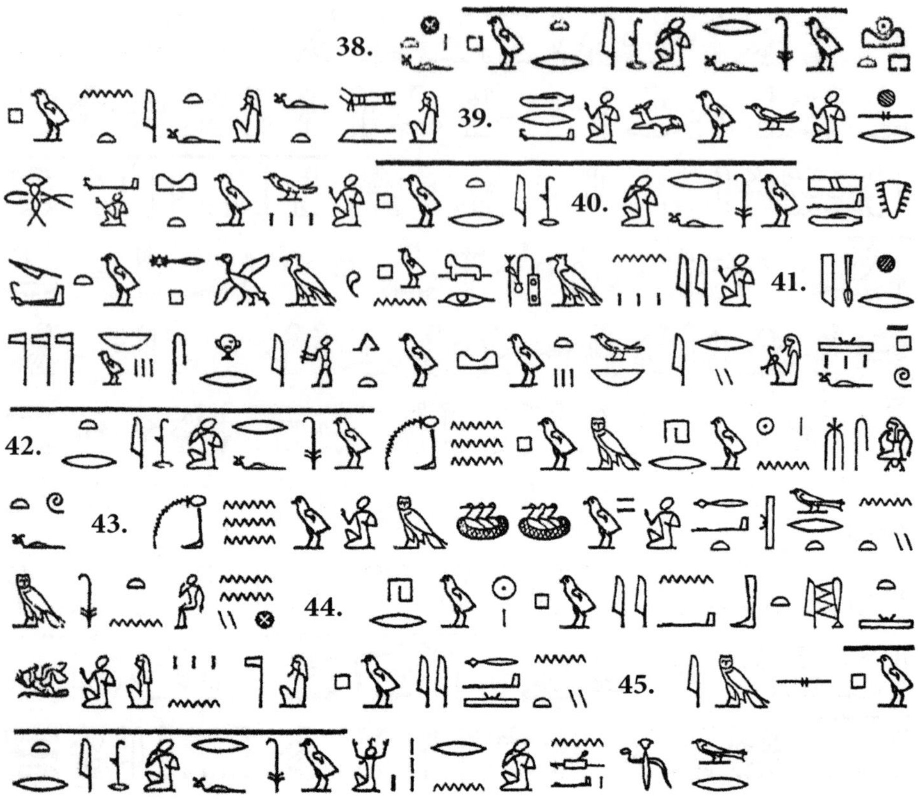

38. a cidade dele."

O que é (ou onde fica) esta [cidade]?

"É o horizonte do pai dele, Tem."

39. "Eu dei fim a minhas falhas, e eu eliminei meus erros."

O que é **40.** isso?

"É o corte do fio do umbigo[222] do corpo do Osíris escriba Ani, **41.** cuja palavra é verdade diante de todos os deuses, e todos os erros dele são repelidos."

O que é isso?

42. "É a purificação [de Osíris] no dia de seu nascimento."

43. "Eu sou purificado em meu grande ninho duplo que está em Hensu (Heracleópolis) **44.** no dia das oferendas dos seguidores do Grande Deus que habita **45.** ali."

O que é o "grande ninho duplo"?

"O nome de um ninho é 'Milhões de anos', e 'Grande [Mar] Verde'

222. Isto é, o cordão umbilical.

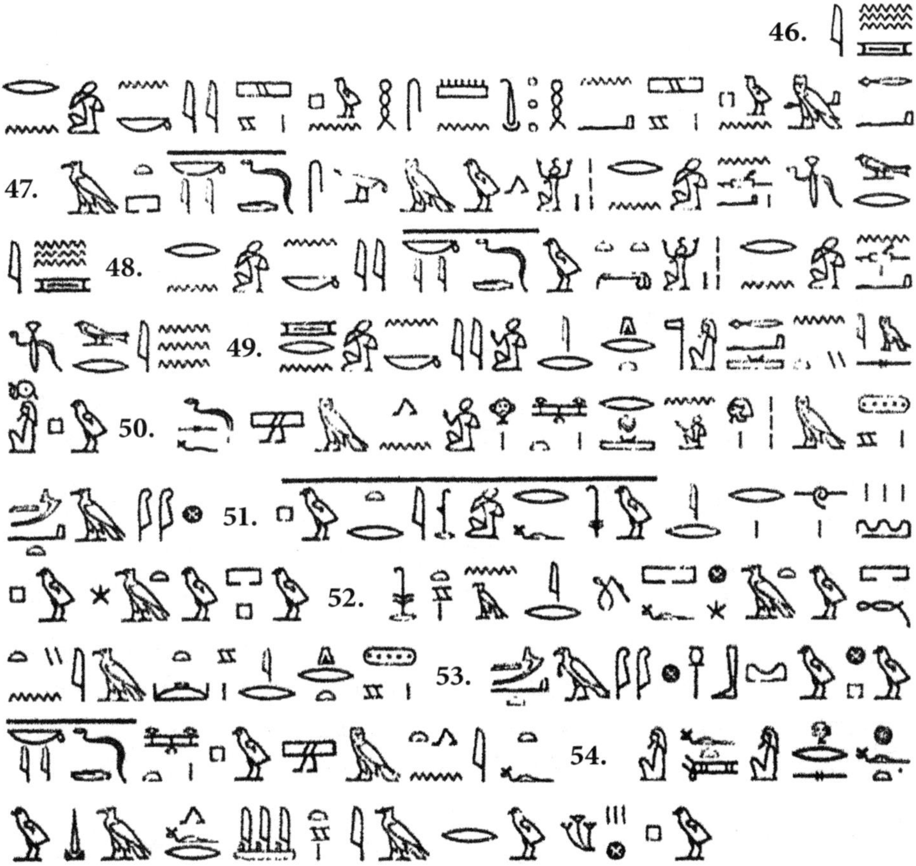

46. é o nome do outro, ou seja, 'Lago de Natrão' e 'Lago de Sal'."

"**47.** Outros, contudo, dizem que o nome de um é 'Guia de Milhões de Anos', e que 'Grande Lago Verde' **48.** é o nome do outro. Ainda, outros dizem que 'Criador de Milhões de Anos' é o nome de um, e 'Grande Lago Verde' **49.** é o nome do outro. Agora, no que se refere ao Grande Deus que mora lá, é Rá **50.** em pessoa."

"Eu percorro o caminho, eu conheço a Ilha de Maati."[223]

51. O que é isso?

"É Ra-stau, ou seja, é o portão para o **52.** Sul de Nerutef, e é o Portão Norte do Domínio (ou Tumba do deus)."

"Agora, no que se refere à **53.** Ilha de Maati, é Abtu (Abidos)."

"Outros, contudo, dizem que é o caminho pelo qual o Pai Tem **54.** viaja quando vai para Sekhet-Aaru,

223. Ou, talvez, o Lago de Maati.

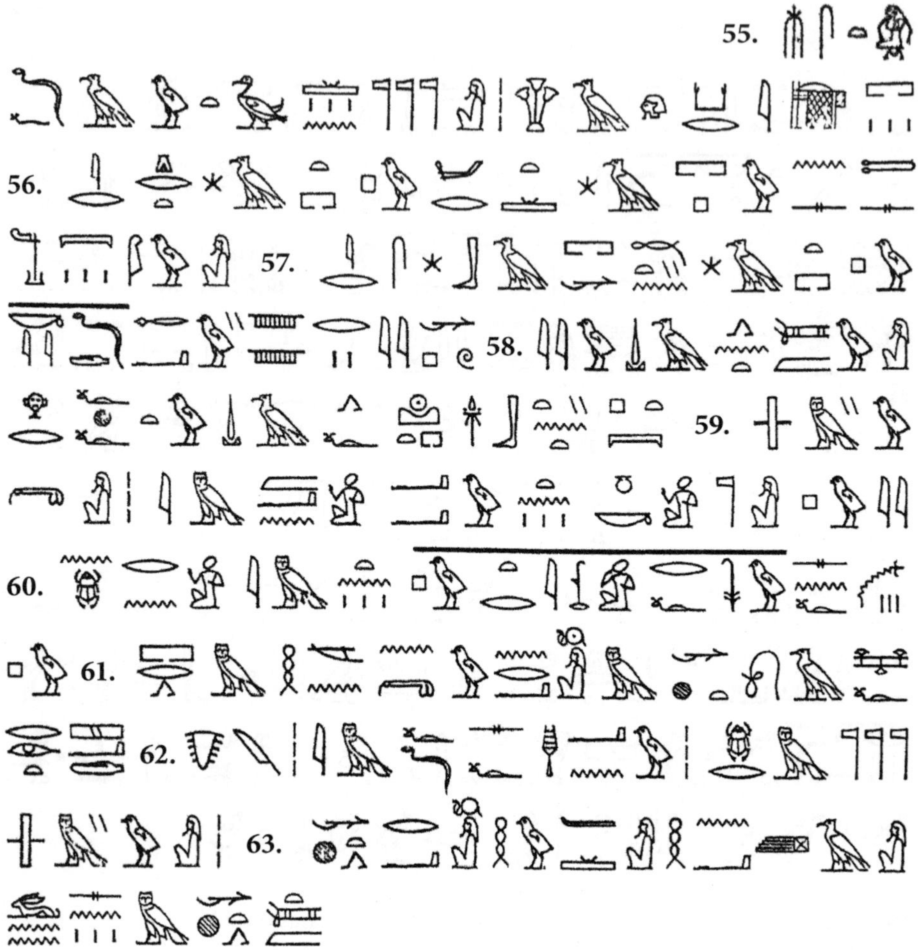

55. [o lugar] que produz o alimento e o sustento dos deuses que estão [em] seus templos."

56. "Agora, o Portão Tchesert é o Portão dos Pilares de Shu, **57.** ou seja, o Portão Norte do Tuat."

"Outros, porém, dizem que o Portão de Tchesert é as duas folhas da porta **58.** pela qual o deus Tem passa quando segue em direção ao horizonte oriental do céu.

59. "Ó vós deuses que estão na presença [de Osíris], concedei-me vossos braços, pois eu sou o deus que **60.** passará à existência entre vós."

Quem são esses deuses?

"Eles são as gotas de sangue **61.** que saíram do falo de Rá quando este executou a própria **62.** mutilação. Tais gotas de sangue ganharam existência na forma dos deuses Hu e Sa, que fazem parte do **63.** corpo da guarda de Rá, e que acompanham

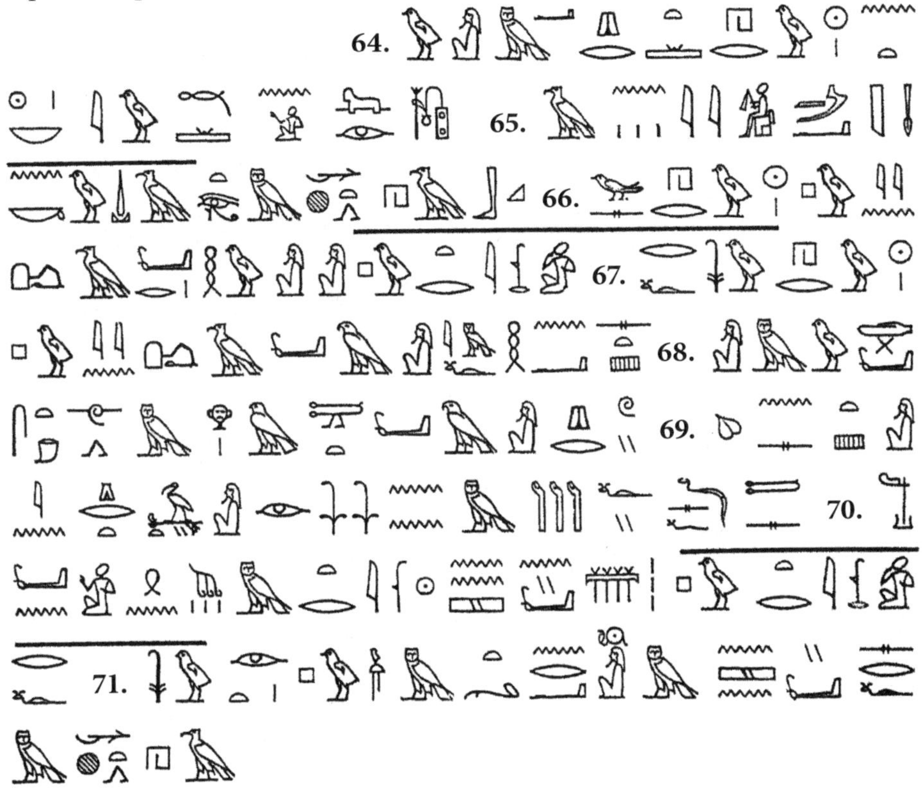

64. o deus Tem todos os dias.

"Eu, Osíris, o escriba Ani, cuja palavra é verdade, **65.** preenchi para ti o *utchat* (isto é, o Olho de Rá, ou de Hórus) quando ele sofreu a extinção **66.** no dia da batalha dos Dois Combatentes (isto é, Hórus e Set)."

O que foi esse combate?

67. "Foi o combate que ocorreu no dia em que Hórus lutou com Set, **68.** durante o qual Set lançou imundícies na face de Hórus, e Hórus esmagou os genitais **69.** de Set. O preenchimento do *utchat*[224] Thoth executou com 'seus próprios dedos'."

"Eu removo a **70.** nuvem de tempestade do céu quando nele há uma tormenta com trovões e relâmpagos."

224. Isto é, a restauração da luz ao Olho de Hórus e a reconstrução do Olho depois que este foi destruído ou engolido por Set. Thoth forçou Set a regurgitá-lo, levando-o de volta para recolocá-lo na face de Rá, ou Hórus, isto é, no céu.

O que é isso?

"Essa tormenta foi a fúria de Rá ante a nuvem de tempestade que [Set] enviou*

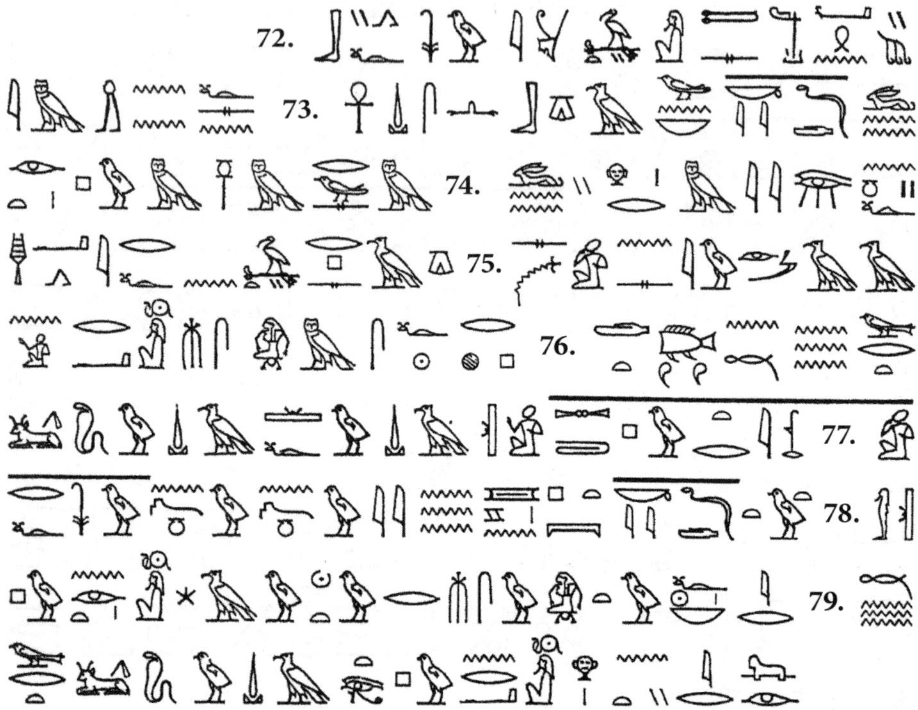

72. contra o Olho Direito de Rá (isto é, o Sol). Thoth removeu a nuvem de tempestade do Olho de Rá e trouxe de volta o Olho, **73.** vivo, saudável, firme e sem qualquer defeito, para seu dono."

"Outros, contudo, dizem que as nuvens de tempestade são causadas por enfermidades no Olho de Rá, que **74.** chora por seu Olho companheiro (isto é, a Lua); nessa hora, Thoth limpa o Olho Direito de Rá."

75. "Eu contemplo Rá, que nasceu ontem a partir das coxas da **76.** deusa Mehurt; a força dele é minha força, e minha força é a força dele."

Quem é essa?

77. "Mehurt é a grande Água Celestial, mas outros dizem que Mehurt é a imagem (ou semelhança) **78.** do Olho de Rá, no nascimento diário dele ao alvorecer."

"[Outros, contudo, dizem que] **79.** Mehurt é o *utchat* de Rá."

"Agora, Osíris,

---

*. A publicação original não indica onde se inicia a tradução dos hieróglifos correspondentes ao número 71. (N.E.)

80. o escriba Ani, cuja palavra é verdade, é muito poderoso entre os deuses que integram o séquito de **81.** Hórus; dizem que ele é o príncipe que ama seu senhor."

Quem são os **82.** deuses que integram o séquito de Hórus?

"[Eles são] Kesta, Hapi, Tuamutef e Qebhsenuf."

"**83.** Glória a vós, senhores do correto e da verdade, príncipes soberanos (Tchatcha) que [estão] ao redor de Osíris, que eliminais por completo **84.** os pecados e ofensas, e que integrais o séquito da deusa Hetepsekhus, **85.** concedei que eu possa ir até vós. Destruí vós todas as falhas que **86.** existem dentro de mim, assim como fizestes para os Sete Espíritos **87.** que estão entre os seguidores de seu senhor Sepa.[225] Anpu (Anúbis) indicou a eles **88.** seus lugares no dia [em que disse a eles]: 'Vinde para cá'."

Quem

225. Um nome de Osíris.

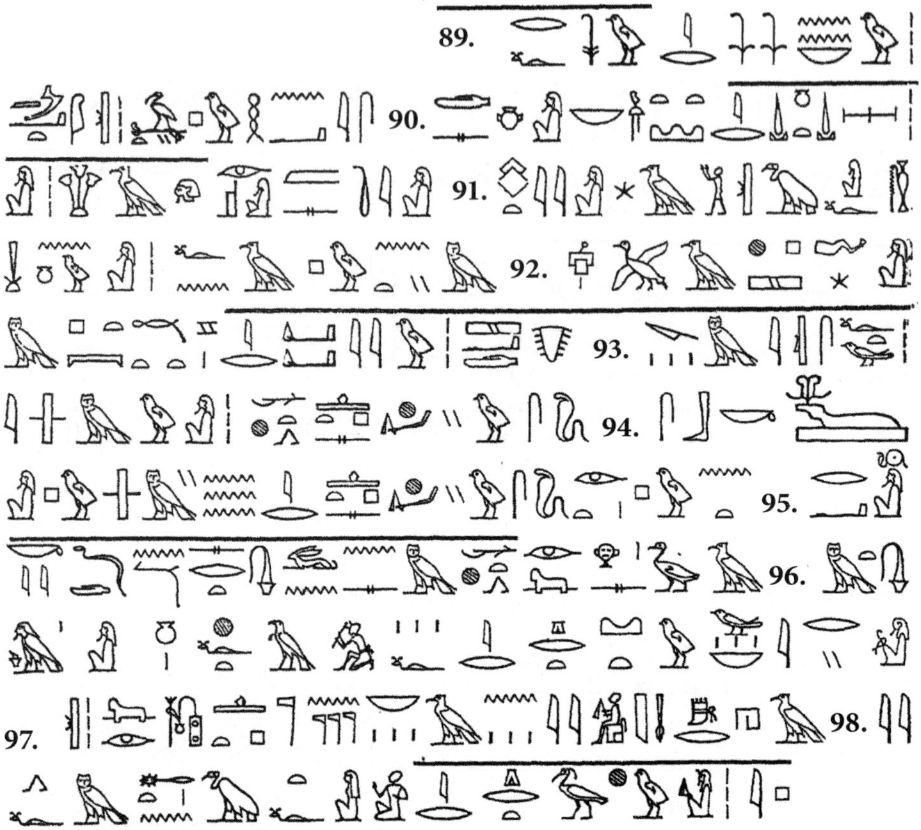

89. são os "senhores do correto e da verdade"?

"Os senhores do correto e da verdade são Thoth e **90.** Astes, o Senhor de Amentet."

"Os Tchatcha que rodeiam Osíris são Kesta, **91.** Hapi, Tuamutef e Qebhsenuf, e eles também estão **92.** ao redor da Constelação da Coxa (isto é, a Ursa Maior), no céu setentrional."

"Aqueles que eliminam completamente **93.** pecados e ofensas, e que fazem parte do séquito da deusa Hetepsekhus, **94.** são o deus Sebek e seus associados que habitam a água."

"A deusa Hetepsekhus é o Olho de **95.** Rá."

"Outros, entretanto, dizem que é a chama que acompanha Osíris para fazer arder as **96.** almas de seus inimigos."

"No que se refere a todos os defeitos que há em **97.** Osíris, o escrivão das oferendas que são feitas a todos os deuses, Ani, cuja palavra é verdade [essas são todas as ofensas que ele cometeu contra os Deuses da Eternidade] desde que ele saiu do **98.** útero de sua mãe."

"No que se refere aos Sete Espíritos,

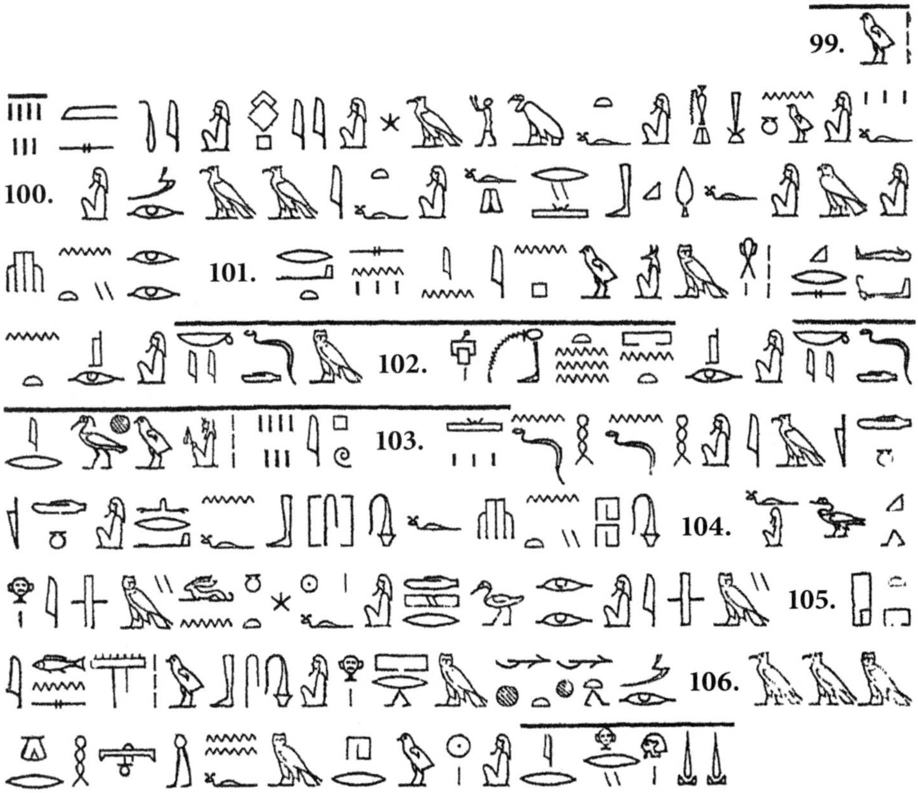

99. que são Kesta, Hapi, Tuamutef, Qebhsenuf, **100.** Maa-atef, Kheribeqef, e Heru-khenti-en-ariti (?), **101.** os quais Anúbis indicou para serem protetores do corpo morto de Osíris."

"Outros, contudo, dizem que ele os colocou **102.** em volta do lugar sagrado (ou o santuário) de Osíris.

"Outros dizem que os Sete Espíritos [que foram indicados por Anúbis] eram **103.** Netcheh-netcheh, Aatqetqet, Nertanef-besef-khenti-hehf, **104.** Aq-her-ami-unnut-f, Tesher-ariti-ami- **105.** Het-anes, Ubes-her-per-em-khetkhet e **106.** Maaem-kerh-annef-em-hru."

"O Chefe dos Tchatcha (ou príncipes soberanos) **107.** que está em Naarutef é Hórus, o Advogado (ou Vingador) de seu pai."

"No que se refere ao

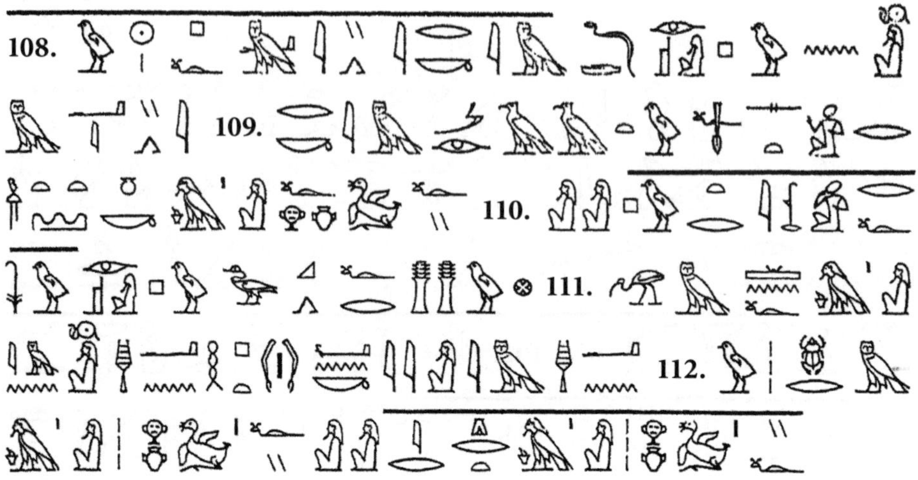

108. dia em que [Anúbis disse aos Sete Espíritos] 'Vinde para cá', [a alusão aqui] é às palavras 'Vinde para **109.** cá', que Rá disse para Osíris."

Em verdade, estas mesmas palavras podem ser ditas a mim em Amentet.[226]

"Eu sou a Alma Divina que habita nos Deuses Gêmeos Divinos."

110. Quem é essa Alma Divina?

"É Osíris. [Quando] ele vai para Tetu (Busíris), **111.** e encontra lá a Alma de Rá, um deus abraça o **112.** outro, e duas Almas Divinas ganham existência dentro dos Deuses Gêmeos Divinos."

[A seguinte passagem é do Papiro de Nebseni (Museu Britânico n. 9.900), Folha 14, II, p. 16 ss.]

16. "No que se refere aos divinos deuses Gêmeos, eles são Heru-netch--her-tefef **17.** e Heru-khent-en-Ariti (isto é, Hórus, o Advogado [ou Vingador] de seu pai [Osíris], e Hórus, o Cego).

226. Claramente, a expressão de um desejo pio que Ani introduz no catecismo egípcio.

"Outros dizem que a dupla Alma Divina que mora nos deuses Gêmeos Divinos é a Alma de Rá e a Alma de Osíris, e outros ainda dizem que ela é a

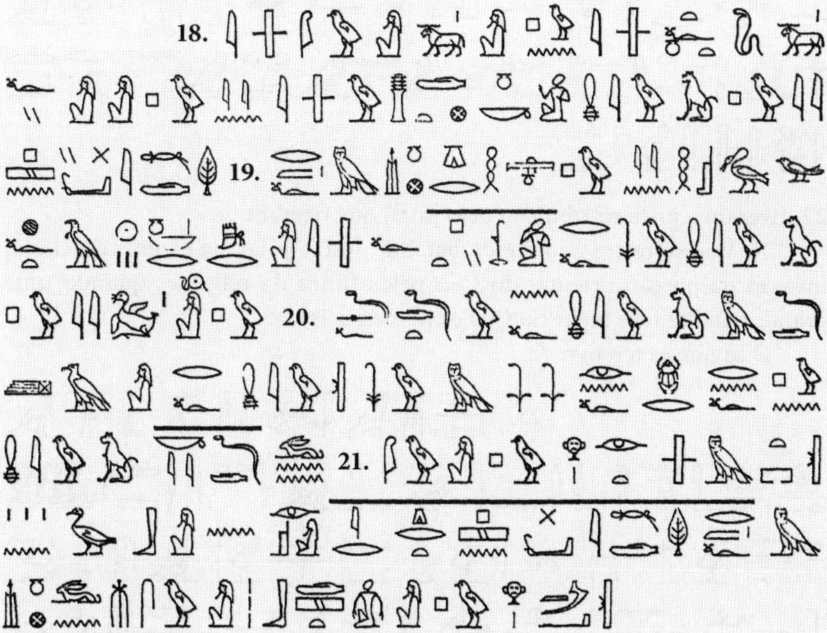

18. Alma que mora em Shu, [e] a Alma que mora em Tefnut, e que essas duas Almas formam a dupla Alma Divina que mora em Tetu (Busíris)."

"Eu sou o Gato que lutou perto da árvore Persea **19.** em Anu (Heliópolis) na noite em que os inimigos de Neb-er-tcher foram destruídos."

Quem é esse Gato?

"Este Gato macho é Rá **20.** em pessoa, e ele era chamado 'Mau' em virtude da fala do deus Sa, que disse com referência a ele: 'Ele é igual (*mau*) àquilo que ele fez'; portanto, o nome de Rá tornou-se 'Mau'."[227]

"Outros, contudo, dizem que o Gato é o deus

21. Shu, que entregou as propriedades de Keb[228] para Osíris."

"No que se refere à batalha que ocorreu perto da árvore Persea em Anu, [tais palavras fazem referência ao massacre] dos filhos da rebelião, quando

227. Aqui temos um trocadilho muito antigo com as palavras "*mau*" , que pode significar "gato" ou "igual".

228. O deus da Terra, cujo trono foi herdado por Osíris, por Hórus, filho de Osíris, e depois pelo primeiro rei terreno do Egito.

22.

22. tiveram a justa retribuição pelo [mal] que fizeram.

"No que se refere à 'noite da batalha', [estas palavras dizem respeito à] invasão da porção oriental do Céu pelos filhos da rebelião, quando uma grande batalha teve lugar no Céu e em toda a Terra.

"Ó tu que és teu ovo

23.

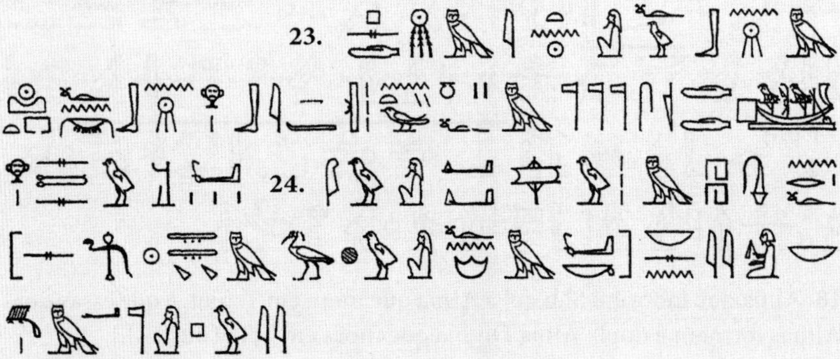

23. (isto é, Rá), que brilhas em teu Disco, que te ergues sobre teu horizonte, e brilhas com raios dourados no mais alto do Céu, sem nenhum igual entre os deuses, que navegas acima dos Pilares **24.** de Shu, que emites jatos de fogo de tua boca, [que iluminas as Duas Terras (isto é, Alto e Baixo Egito) com teu esplendor, livra] tu Nebseni, o senhor da fidelidade [a Osíris], daquele deus

25.

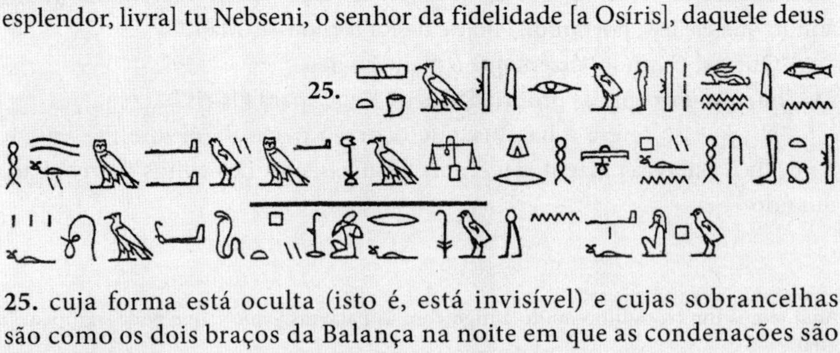

25. cuja forma está oculta (isto é, está invisível) e cujas sobrancelhas são como os dois braços da Balança na noite em que as condenações são proferidas."

Quem é esse deus invisível?

"É An-a-f (isto é, aquele que traz seu braço)."

26. "No que se refere à 'noite em que as condenações são proferidas', é a noite em que os condenados são queimados, e na qual os perversos são derrotados no Bloco de sacrifícios, **27.** e se dá o sacrifício das almas."

Quem é esse [que sacrifica as almas]?

"É Shesmu, o carrasco de Osíris."

"[No que se refere ao deus invisível] há quem diga que ele é Aapep, no momento em que se ergue com uma cabeça, tendo no alto dela [a pluma de] Maat (isto é, Verdade). **28.** Mas outros dizem que ele é Hórus, quando ele se ergue com duas cabeças, tendo sobre uma delas [a pluma de] Maat e, sobre a outra, [o símbolo da] perversidade. Ele conferiu perversidade àquele que age com perversidade, e justiça e verdade àquele que segue a justiça e a verdade."

29. "Outros dizem que ele é Heru-ur (isto é, o Velho Hórus), que mora em Sekhem (Letópolis); outros dizem que ele é Thoth; outros dizem que ele é Nefer-Tem; e outros dizem que ele é Sept, que anula os atos dos

30. inimigos de Neb-er-tcher."

"Livra tu o escriba Nebseni, cuja palavra é verdade, **31.** dos Sentinelas, que portam facas assassinas, que possuem dedos cruéis e que matariam aqueles que integram o séquito de **32.** Osíris."

"Que esses Sentinelas não possam jamais ganhar o domínio sobre mim, e que eu jamais possa cair sob suas facas!"

Quem são esses Sentinelas?

"Eles são Anúbis e Hórus, [estando este último] na forma de Hórus, o Cego. **33.** Outros, contudo, dizem que eles são os Tchatcha (ou príncipes soberanos de Osíris), que anulam as ações de suas facas; e outros dizem que eles são os chefes da câmara dos Sheniu."[229]

"Que **34.** suas facas nunca ganhem domínio sobre mim. Que eu nunca me encontre sob as facas com as quais infligem cruéis torturas. Pois

229. Primeiro, a câmara de conselho na qual os funcionários Sheniu deliberavam; segundo, o salão onde as punições eram infligidas.

35. eu sei os nomes deles, e eu conheço o ser, Matchet, que está entre eles na Casa de Osíris. Ele lança raios de luz de seu olho, sendo ele próprio invisível, e **36.** transita através do Céu envolto nas chamas que saem de sua boca, comandando Hapi, mas permanecendo ele próprio invisível. Que ele possa ser forte na Terra diante de Rá. Que eu possa chegar a salvo **37.** na presença de Osíris. Ó vós que presidis sobre vossos altares, que vossas oferendas a mim não faltem, pois sou um daqueles que seguem Neb-er-tcher, em conformidade com as escrituras **38.** de Khepera. Que eu voe como um falcão, que eu grasne como um ganso, que eu mate sempre como a deusa serpente Neheb-ka."

Quem são aqueles que presidem sobre os altares deles?

39. "Aqueles que presidem sobre os altares deles são a semelhança do Olho de Rá e a semelhança do Olho de Hórus."

"Ó Rá-Tem, **40.** Senhor da Grande Casa [em Anu], Soberano (vida, força, saúde [sejam para ti]) de todos os deuses, livra o escriba Nebseni, cuja palavra é verdade, do deus cuja face

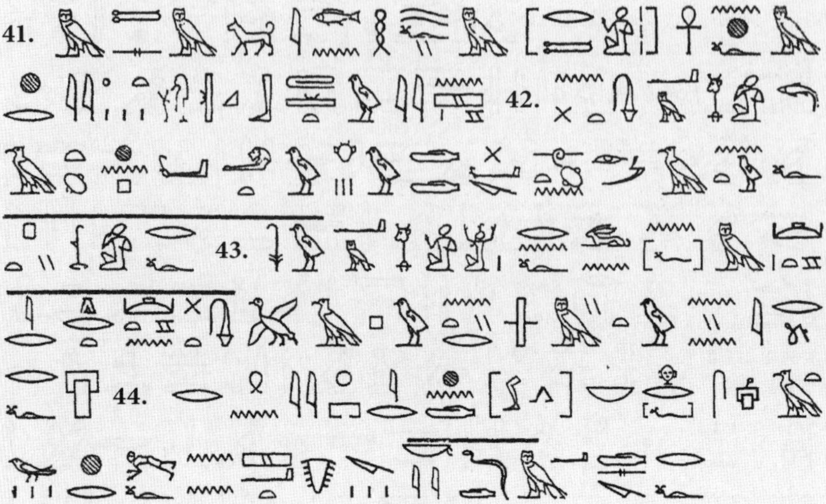

41. é como a de um cão de caça, cujas sobrancelhas são iguais às de um homem, que se alimenta dos mortos, que monta guarda na Curva do Lago **42.** de Fogo, que devora os corpos dos mortos, e engole corações, e que evacua imundícies, mas que permanece ele próprio invisível."

Quem é esse deus com face de cão de caça?

43. "Seu nome é 'Devorador Perpétuo', e ele vive no Domínio [do Fogo] (ou no Lago de Unt)."

"No que se refere ao Domínio do Fogo, é aquele chamado Aat, que fica em Naarutef e situa-se próximo **44.** à câmara dos Sheniu. O pecador que entra nesse lugar cai entre as facas [dos Sentinelas]."

"Outros, contudo, dizem que o nome desse deus é 'Mates',

45. e que ele monta guarda à porta de Amentet; outros dizem que o nome dele é 'Beba', e que ele monta guarda à Curva [do rio] de Amentet, e outros ainda dizem que o nome dele é 'Herisepef'."

"Salve, Senhor do Terror, Chefe das Terras do Sul e do Norte, Senhor do Deserto

46. que mantém preparado o bloco de sacrifício, e que se alimenta das entranhas [dos homens]!"

Quem é esse Senhor do Terror?

"É o Guardião da Curva [do rio] de Amentet."

47. Quem é esse Guardião?

"É o Coração de Osíris, que é o devorador de todas as coisas que foram sacrificadas."

"A Coroa Urrt foi entregue a ele, com alegria no coração, como o Senhor de Hensu (Heracleópolis)."

Quem é

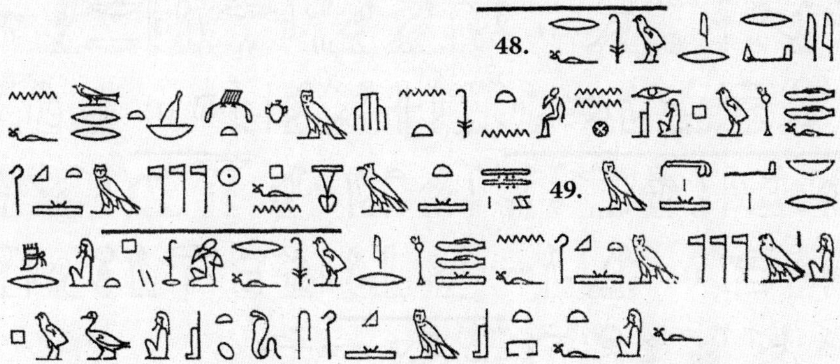

48. esse?

"Aquele a quem a Coroa Urrt foi entregue, com alegria no coração, como Senhor de Hensu, é Osíris. A ele foi ordenado que reinasse sobre os deuses no dia da união da terra [com a terra] **49.** na presença de Neb-er-tcher."

Quem é esse?

"Aquele a quem foi ordenado que reinasse sobre os deuses é o filho de Ísis (isto é, Hórus), que foi indicado para reinar no salão de seu pai

50. Osíris."

"No que se refere [às palavras] 'dia da união da terra com a terra', elas dizem respeito à união da terra com a terra no caixão de Osíris, a Alma que vive em Hensu, aquele que dá carne e bebida, o destruidor do que é errado e o guia para os caminhos perpétuos."

Quem é esse?

"É o próprio Rá."

[A conclusão deste capítulo pode ser encontrada no Papiro de Ani (Prancha X).]

"[Livra o Osíris escriba Ani, cuja palavra é verdade,] **113.** do Grande Deus que leva as almas, que devora corações, que se alimenta de **114.** restos, que monta guarda na escuridão, que mora na Barca de Seker; aqueles que vivem em pecado **115.** temem-no."

Quem é esse?

"É Suti, mas outros dizem que é Smamur, **116.** a alma de Keb."

"Salve, Khepera em tua barca, as duas Companhias de Deuses estão em teu corpo. Livra o Osíris,

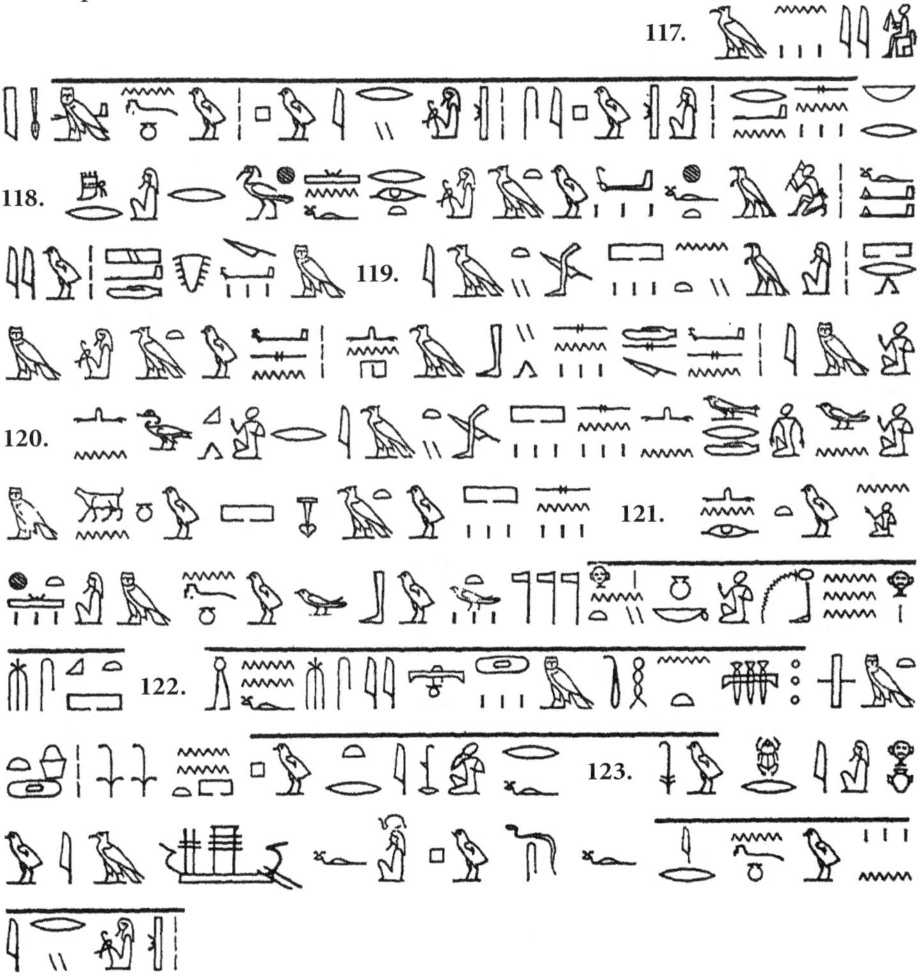

117. o escriba Ani, cuja palavra é verdade, dos Sentinelas que proferem as condenações, que foi indicado pelo deus Neb-er-tcher **118.** para protegê-lo e para prender com grilhões os inimigos dele, e que faz os sacrifícios nas **119.** câmaras de tortura; não há como escapar a seus dedos. Que eles nunca me golpeiem com suas facas, **120.** que eu nunca caia indefeso nas câmaras de tortura deles. **121.** Eu nunca fiz as coisas que os deuses detestam. Sou aquele que é purificado na câmara Mesqet. **122.** E bolos de açafrão foram trazidos a ele em Tannt."

Quem é esse?

123. "É Khepera em sua barca; é o próprio Rá."

"No que se refere aos sentinelas que proferem

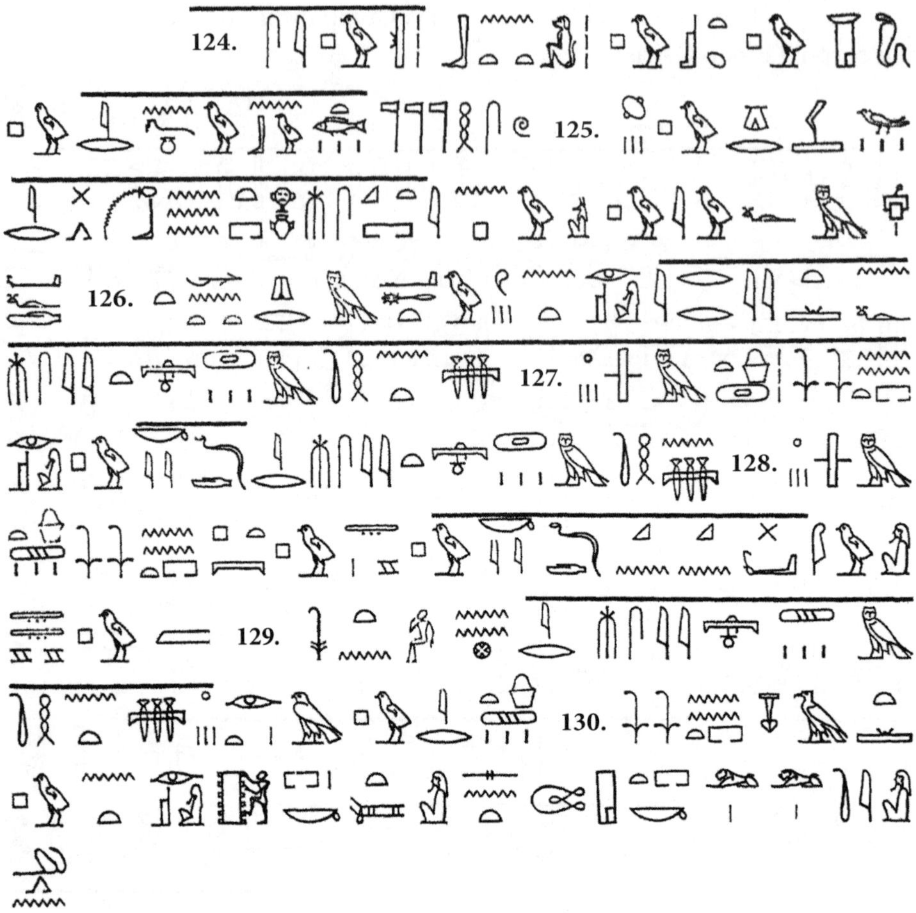

124. as condenações, eles são os Macacos Ísis e Néftis."

"No que se refere às coisas que os deuses detestam, elas são os atos desonestos (ou fraudes) **125.** e a mentira. Aquele que passa através do local de purificação dentro da câmara Mesqet é Anpu (Anúbis), que está junto ao ataúde (ou caixão) **126.** que contém as partes internas de Osíris. Aquele a quem foram trazidos bolos de açafrão **127.** em Tannt é Osíris."

"Outros, contudo, dizem que os bolos de açafrão **128.** em Tannt representam o Céu e a Terra, e outros dizem que eles representam Shu, aquele que fortalece as Duas Terras (isto é, Alto e Baixo Egito) **129.** em Hensu; e outros dizem que ele representa o Olho de Hórus, e que Tannt **130.** é o local onde Osíris está enterrado."

"Tem construiu tua casa, e o duplo Deus Leão lançou as fundações de tua morada.

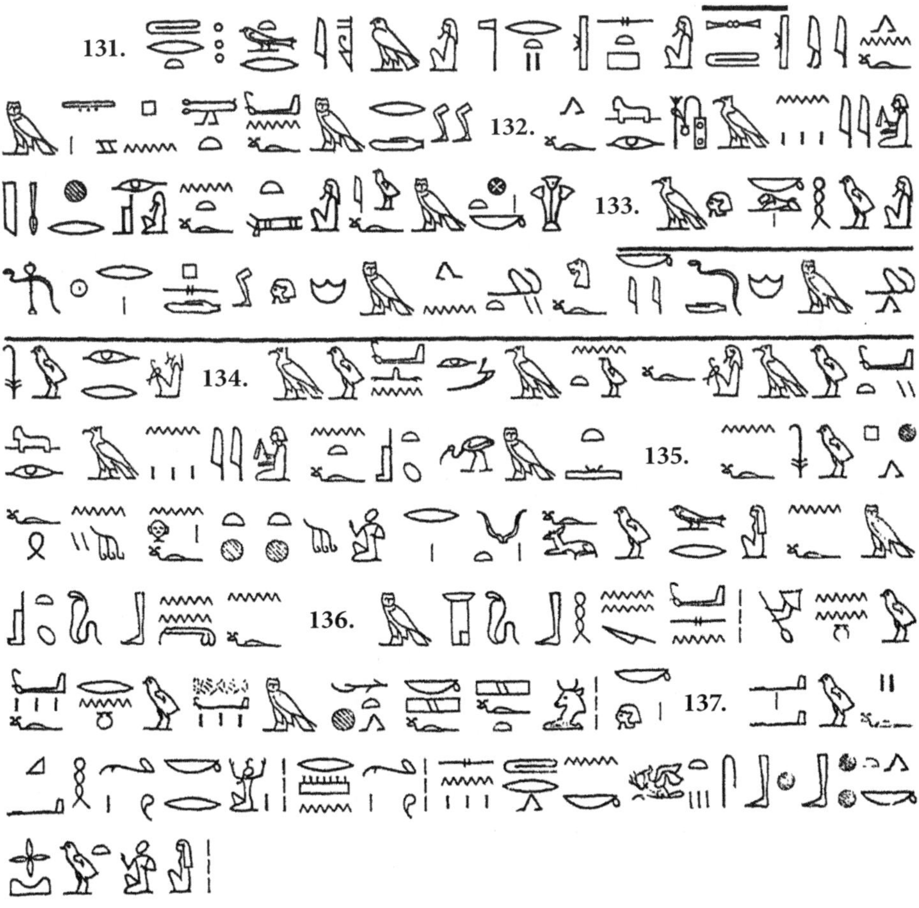

131. Eis que medicamentos foram trazidos. Hórus purificou Set e Set fortaleceu-se, e Set purificou Hórus, que se fortaleceu."

132. "O Osíris escriba Ani, cuja palavra é verdade diante de Osíris, veio para esta terra e tomou posse, assim, de seus pés. Ele é Tem, e ele está na cidade."

133. "Retrocede, ó Rehu, cuja boca brilha, cuja cabeça se move, retrocede ante a força dele." Outra leitura é "Afasta-te daquele que monta **134.** guarda, e que ele próprio não é visto. Que o Osíris Ani esteja protegido e em segurança. Ele é Ísis, e ele é encontrado **135.** com o cabelo dela espalhado sobre si; ele está espalhado sobre a fronte dele. Ele foi concebido por Ísis e gerado **136.** por Néftis, e elas cortaram dele as coisas que deveriam ser cortadas".

"O medo persegue-te, o terror ronda **137.** teus braços. Tu foste abraçado durante milhões de anos por braços; os mortais rodeiam-te. Tu derrubas com teus golpes os mediadores

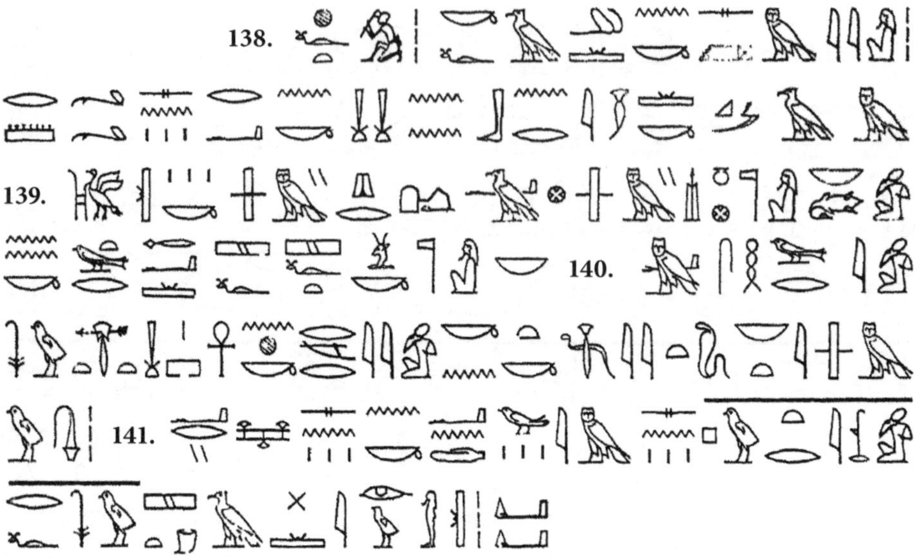

138. de teus inimigos, e tu agarras os braços das forças da escuridão. Tuas duas irmãs (isto é, Ísis e Néftis) são entregues a ti para teu deleite. **139.** Tu criaste aquele que está em Kher-aha e aquele que está em Anu (Heliópolis). Todos os deuses temem a ti, pois tu és imenso e terrível; tu [vingas] cada **140.** deus do homem que o amaldiçoou, e tu lanças flechas contra ele. Tu vives de acordo com tua vontade. Tu és Uatchet, a Senhora da Chama, que o mal recaia **141.** sobre aqueles que se erguem contra ti."

O que é isso?

"'Oculto em forma, concedido por

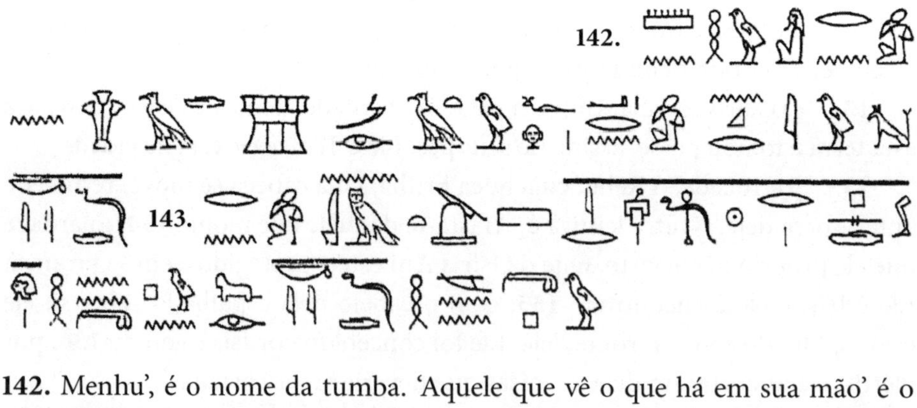

142. Menhu', é o nome da tumba. 'Aquele que vê o que há em sua mão' é o nome de Qerau, ou, como outros dizem, é **143.** o nome do Bloco de Sacrifícios."

"Agora, aquele cuja boca brilha e cuja cabeça se move é o falo de Osíris, mas outros dizem que é [o falo] de

144. Rá. 'Tu espalhas teu cabelo' e 'e eu o esparramo sobre a fronte dele' é dito no que se refere a Ísis, que se esconde em seu próprio cabelo **145.** e envolve-se com ele."

"Uatchet, a Senhora das Chamas, é o Olho de Rá."

CAPÍTULO CXLVII
As sete Arits

PRANCHAS XI e XII

A Primeira Arit

I. 1. O nome do Porteiro é Sekhet-her-ashtaru. O nome do **2.** Sentinela é Smetti. O nome do Arauto é Hakheru.

O Osíris Ani, **3.** cuja palavra é verdade, deverá dizer, quando chegar à Primeira Arit: "Eu sou aquele que é poderoso e cria a própria luz. **4.** Eu vim a ti, ó Osíris, e, purificado daquilo que te macula, adoro-te. Conduz. **5.** Não menciones a mim o nome de Ra-stau. Glória a ti, ó Osíris, em teu poder e tua força **6.** em Ra-stau. Ergue-te e conquista, ó Osíris, em Abtu (Abidos). Tu viajas através do Céu, tu navegas na presença de Rá, **7.** tu que observas todos os seres que têm conhecimento. Salve, Rá, tu que viajas através dos céus, eu digo, ó Osíris em verdade, que eu sou o Sahu (isto é, o Corpo Espiritual) **8.** do deus, e eu te imploro **9.** que não seja rechaçado, **10.** e nem que seja lançado **11.** à muralha **12.** de fogo ardente. **13.** Que o caminho seja aberto em **14.** Ra-stau, **15.** que a dor **16.** do Osíris seja aliviada, **17.** acolhe aquele que a Balança pesou, que um caminho seja feito para o Osíris no Grande Vale, e que o Osíris tenha luz para guiá-lo em seu caminho".

A Segunda Arit

II. 1. O nome do **2.** Porteiro é Unhat. **3.** O nome do Sentinela é Seqt-her. **4.** O nome do Arauto é **5.** Ust.

6. O Osíris Ani, cuja palavra é verdade, deverá dizer [quando chegar a esta Arit]: "Ele senta-se para realizar o desejo de seu coração, e ele pesa **7.** palavras (isto é, ele atua como juiz) como o Segundo (isto é, representante) de Thoth. A força que protege Thoth torna humildes os deuses Maati ocultos, **8.** que se alimentam de Maat[230] durante toda a sua vida. Eu faço minhas oferendas **9.** [a ele] no momento em que ele percorre seu caminho (isto é, viaja). Eu avanço e tomo o caminho. Oh, concede que eu possa seguir avançando, e que eu possa chegar ante o olhar de Rá, e daqueles que fazem [suas] oferendas".

A Terceira Arit

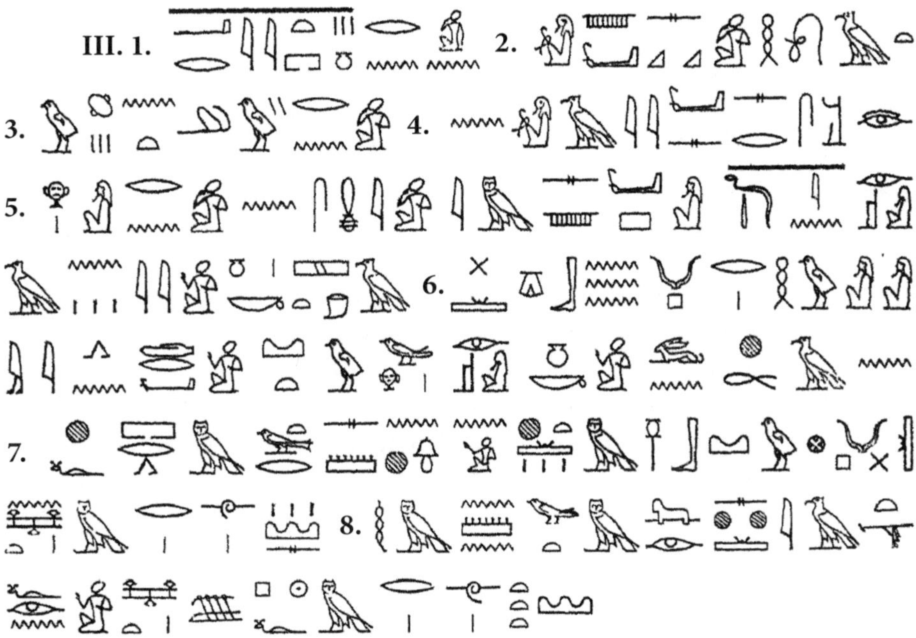

230. A planta maat, isto é, o trigo.

III. 1. O nome do **2.** Porteiro é Unemhauatu- **3.** ent-pehui. O nome **4.** do Sentinela é Seres- **5.** her. O nome do Arauto é Aa.

O Osíris escriba Ani, cuja palavra é verdade, deverá dizer [quando chegar a esta Arit]: "Eu sou aquele que está oculto **6.** nas grandes profundezas.[231] Eu sou o Juiz dos Rehui,[232] eu vim e eu eliminei a coisa ofensiva que estava sobre Osíris. Eu ato com firmeza o local sobre o qual ele se posta, **7.** vindo de Urt.[233] Eu depositei coisas (isto é, oferendas) em Abtu (Abidos), eu abri um caminho através de Ra-stau, e eu atenuei **8.** a dor que havia em Osíris. Eu equilibrei o local onde ele estava postado, e abri um caminho para ele; ele brilha reluzente em Ra-stau".

A Quarta Arit

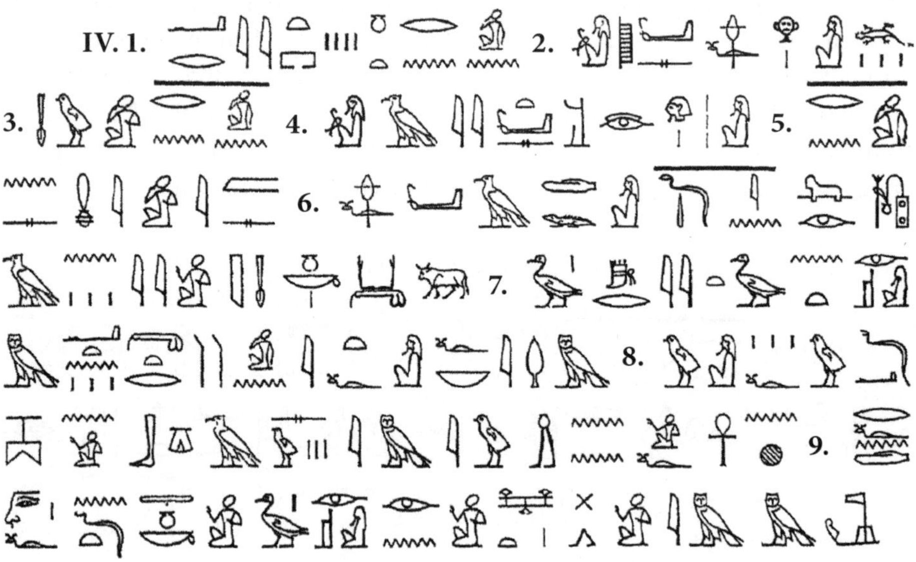

IV. 1. O nome do **2.** Porteiro é Khesef-her-asht- **3.** kheru. O nome do **4.** Sentinela é Seres-tepu. **5.** O nome do Arauto é **6.** Khesef-at.

O Osíris escriba Ani, cuja palavra é verdade, deverá dizer [quando chegar a esta Arit]: "Eu sou o Touro, **7.** o filho da antepassada de Osíris. Ó, concedei vós que seu pai, o Senhor de seus **8.** companheiros semelhantes a deuses, possa prestar testemunho em nome dele. Eu pesei a culpa em julgamento. Eu trouxe às **9.** narinas dele a vida que dura para todo o sempre. Eu sou o filho de Osíris, eu realizei a viagem, eu avancei em Khert-Neter".

231. Isto é, Temu, ou Khepera, que em tempos primevos vivia sozinho nas Águas Celestiais.

232. Estes eram Hórus e Set, e seu juiz foi Thoth.

233. Uma coroa ou uma deusa.

A Quinta Arit

V. 1. O nome **2.** do Porteiro é Ankhf-em-fent. **3.** O nome do Sentinela é **4.** Shabu. O nome **5.** do Arauto é Teb-her-k **6.** ha-kheft.

O Osíris escriba Ani, cuja palavra é verdade, deverá dizer [quando chegar a esta Arit]: "Levei-te a **7.** mandíbula em Ra-stau. Levei-te tua espinha dorsal em Anu (Heliópolis). Eu juntei múltiplos membros **8.** dele dessa forma. Fiz retroceder Aapep para ti. Cuspi nas feridas [no corpo dele]. Abri para mim um caminho entre vós. Eu sou **9.** o Deus Antigo entre os deuses. Fiz oferendas a Osíris. Eu o defendi com a palavra da verdade. Juntei seus ossos e recolhi todos os seus membros".

A Sexta Arit

VI. 1. O nome **2.** do Porteiro é Atek-taukehaq- **3.** kheru. O nome do **4.** Sentinela é An-her. **5.** O nome do Arauto é **6.** Ates-her-[ari]-she.

O Osíris escriba Ani, cuja palavra é verdade, deverá dizer [quando chegar a esta Arit]: "Eu tenho vindo **7.** diariamente, eu tenho vindo diariamente. Abri para mim um caminho. Avancei por cima do que foi criado por Anpu (Anúbis). Sou o senhor da Coroa Urrt. **8.** Sou o detentor [do conhecimento das] palavras de poder mágico, sou o Vingador conforme a lei, eu vinguei [o ferimento no] Olho dele. Eu defendi **9.** Osíris. Realizei minha viagem. O Osíris Ani avança convosco com a palavra que é verdade".

A Sétima Arit

VII. 1.

VII. 1. O nome **2.** do Porteiro é Sekhmetem-tesu-sen. **3.** O nome do **4.** Sentinela é Aa-maakheru. **5.** O nome do Arauto é Khesef-khemi.

O Osíris escriba Ani, cuja palavra é verdade, **6.** deverá dizer [quando chegar a esta Arit]: "Eu vim a ti, ó Osíris, tendo sido purificado de emissões (ou emanações) pestilentas. Tu percorres o Céu, tu vês Rá, vês os seres que têm conhecimento. **7.** [Salve], ó UNO! Eis que tu estás na Barca Sektet que cruza os Céus. Expresso meu desejo para o Sahu (Corpo Espiritual) dele. **8.** Ele é forte e ganha existência à medida [que] fala. Tu te encontras com ele face a face. Prepara para mim todos os caminhos que são bons [e que levam] a ti".

RUBRICA:

[234]

RUBRICA: Se [estas] palavras forem recitadas pelo espírito (isto é, o falecido) quando ele chegar às Sete Arits, e enquanto adentra pelas portas, ele não será barrado nem repudiado diante de Osíris, e a ele será concedido estar entre os espíritos abençoados, e ter domínio entre os seguidores ancestrais de Osíris. Se tais coisas forem feitas para qualquer espírito, ele terá sua existência naquele lugar como um senhor da eternidade em um só corpo com Osíris, e em nenhum lugar ser algum irá se opor (ou resistir) a ele.

CAPÍTULO CXLVI
Os Pilonos da Casa de Osíris*

PRANCHA XI

I. 1.

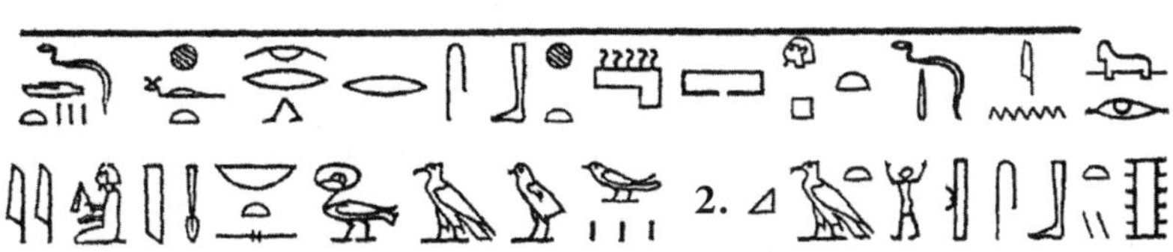

234. Ver Naville, *Todtenbuch*, II, p. 376.

*. A publicação original não fornece indicação numérica na tradução dos hieróglifos. (N.E.)

I. O seguinte deve ser dito por quem chega ao PRIMEIRO PILONO. O Osíris escriba Ani, cuja palavra é verdade, diz: "Senhora dos Tremores (ou terror), das grandes muralhas, a Senhora Soberana, a Senhora da Destruição, que profere as palavras que rechaçam os destruidores, que livra da destruição aquele que vem". O nome de seu Porteiro é NERUIT.

II. O seguinte deve ser dito por quem chega ao SEGUNDO PILONO. O Osíris escriba Ani, cuja palavra é verdade, diz: "Senhora do Céu, Soberana das Duas Terras (isto é, do Egito), a que devora por meio do fogo, Senhora dos Mortais, que é infinitamente maior do que qualquer ser humano". O nome de seu Porteiro é MES-PTAH.

III. O seguinte deve ser dito por quem chega ao TERCEIRO PILONO. O Osíris escriba Ani, cuja palavra é verdade, diz: "Senhora do Altar, a poderosa dama à qual são feitas oferendas, muito amada por todos os deuses que navegam rio acima até Abidos". O nome de seu Porteiro é SEBQA.

IV. O seguinte deve ser dito por quem chega ao QUARTO PILONO. O Osíris escriba Ani, cuja palavra é verdade, diz: "Suprema com as facas, Senhora das duas Terras (isto é, o Egito), destruidora dos inimigos do Coração Sereno (isto é, Osíris), que decreta a libertação daqueles que padecem sob atos cruéis". O nome de seu Porteiro é NEKAU.

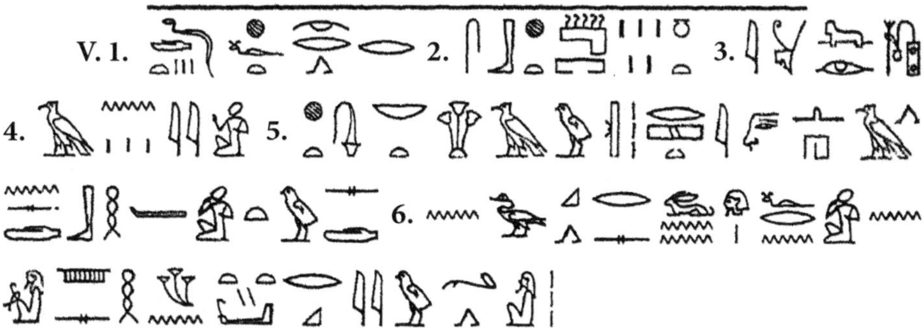

V. O seguinte deve ser dito por quem chega ao QUINTO PILONO. O Osíris escriba Ani, cuja palavra é verdade, diz: "Ó Chama, Senhora do Fogo (?), que absorve (ou inala) as súplicas que lhe são feitas, que não permite que se aproxime dela o rebelde (?)". O nome de seu Porteiro é HENTI-REQIU.

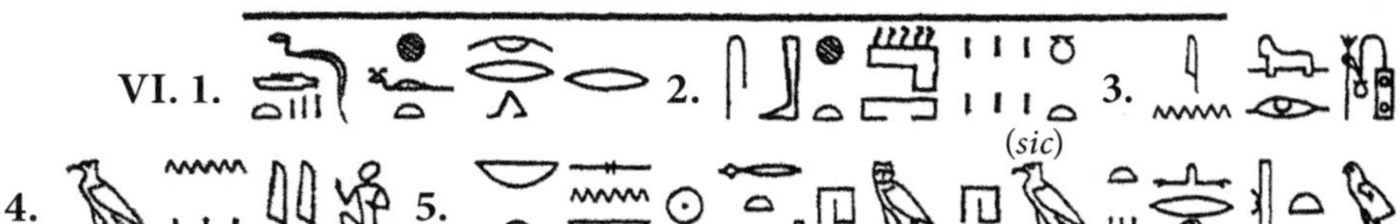

VI. O seguinte deve ser dito por quem chega ao SEXTO PILONO. O Osíris escriba Ani, cuja palavra é verdade, diz: "Senhora da Luz, cujo rugido é poderoso, cuja amplitude não pode ser compreendida. Nada que se compare a ela existiu desde o princípio. Há serpentes sobre ela que são desconhecidas. Elas ganharam existência antes do Coração Sereno". O nome de seu Porteiro é SEMATI.

VII. O seguinte deve ser dito por quem chega ao SÉTIMO PILONO. O Osíris escriba Ani, cuja palavra é verdade, diz: "Vestimenta que agasalha os indefesos, que chora por ti e ama aquele que cobre". O nome de seu Porteiro é SAKTIF.

VIII. O seguinte deve ser dito por quem chega ao OITAVO PILONO. O Osíris escriba Ani, cuja palavra é verdade, diz: "Fogo Ardente, inextinguível, com labaredas de longo alcance, matador inexorável, que não é atravessado por medo a seu ataque mortal". O nome de seu Porteiro é KHUTCHETEF.

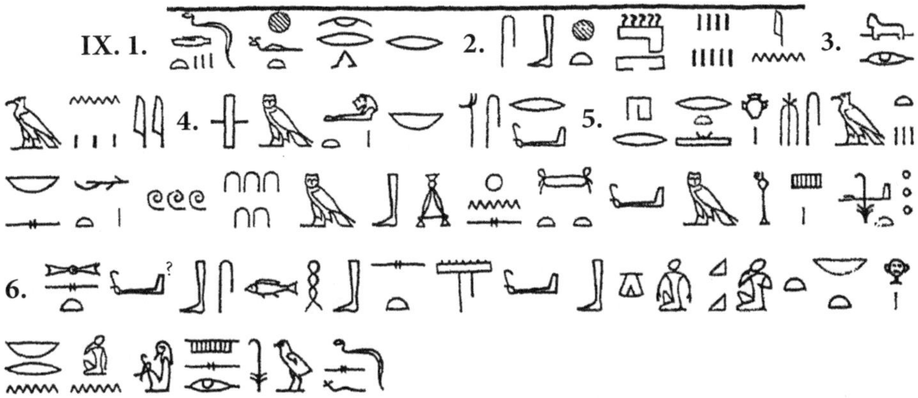

IX. O seguinte deve ser dito por quem chega ao NONO PILONO. O Osíris escriba Ani, cuja palavra é verdade, diz: "Soberana, senhora de muita força, que confere paz ao coração da prole de seu senhor. Sua cintura (?) tem trezentos e cinquenta *khet*,* e ela está vestida com feldspato verde do Sul. Ela ata a forma divina e veste o indefeso. Devoradora, senhor de todos os homens (?). O nome de seu Porteiro é ARISUTCHESEF.

X. O seguinte deve ser dito por quem chega ao DÉCIMO PILONO. O Osíris escriba Ani, cuja palavra é verdade, diz: "Deusa da voz potente, que faz lamentarem-se aqueles que suplicam a ela, aquela que é horrenda e aterrori-

*. *Khet* é uma unidade de medida equivalente a 100 cúbitos; 1 cúbito é equivalente a 52,4 centímetros. Portanto, 350 *khet* equivale a 18,34 quilômetros. (N.E.)

zante, enquanto ela própria não guarda temor algum dentro de si". O nome de seu Porteiro é SEKHENUR.

Os textos referentes aos Pilonos XI-XIV foram tirados do Papiro de Nu, Folha 25.

XI. Nu, o administrador do guardião do selo, diz, quando chega ao DÉCIMO PRIMEIRO PILONO de Osíris: "Percorri meu caminho, eu vos conheço e sei teu nome, e sei o nome daquela que está dentro de ti: aquela que sempre mata, que consome os demônios por meio do fogo, senhora de cada pilono, a senhora que é aclamada no dia da escuridão" é teu nome. Ela supervisiona o enfaixamento daquele que está indefeso.

XII. O Osíris Nu, o administrador do guardião do selo, diz, quando chega ao DÉCIMO SEGUNDO PILONO de Osíris: "Percorri meu caminho, eu vos conheço e sei teu nome, e sei o nome daquela que está dentro de ti: Invocadora de tuas Duas Terras, destruidora por meio do fogo daqueles que vêm a ti, senhora dos espíritos, cumpridora da palavra de teu Senhor" é teu nome. Ela supervisiona o enfaixamento daquele que está indefeso.

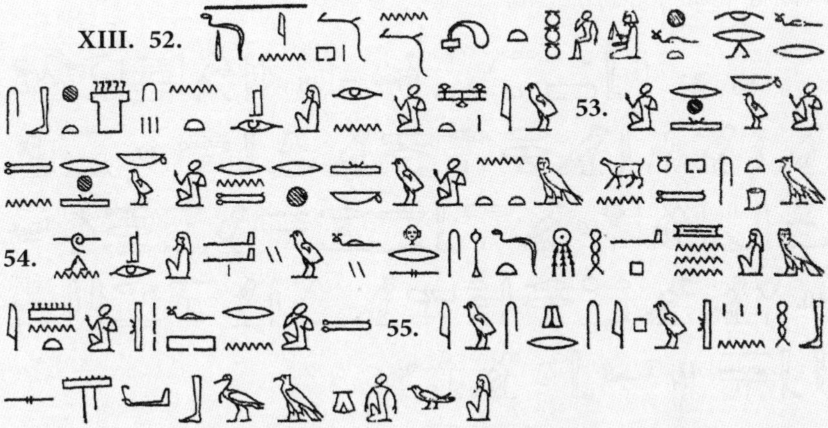

XIII. O Osíris Nu, o administrador do guardião do selo, diz, quando chega ao DÉCIMO TERCEIRO PILONO de Osíris: "Percorri meu caminho, eu o conheço e sei seu nome, e sei o nome daquela que está dentro de ti: 'Osíris a envolve com os braços, e faz Hapi (o deus Nilo) emitir esplendor de seus lugares ocultos" é teu nome. Ela supervisiona o enfaixamento daquele que está indefeso.

XIV. O Osíris Nu, o administrador do guardião do selo, diz, quando chega ao DÉCIMO QUARTO PILONO de Osíris: "Percorri meu caminho, eu vos conheço e sei teu nome, e sei o nome daquela que está dentro de ti. Senhora de grande poder, que pisoteia os Demônios Vermelhos, que realiza o festival de Haaker no dia da audiência dos erros" é teu nome. Ela supervisiona o enfaixamento daquele que está indefeso.

Os textos relativos aos Pilonos XV-XXI são do Papiro de Heru-em-khebit (Naville, *Todtenbuch*, I, Bl. 161 f.).

XV. O DÉCIMO QUINTO PILONO. O Osíris Heru-em-khebit, cuja palavra é verdade, deverá dizer, quando chegar a este pilono: "Demônio, de cabelos e olhos vermelhos, que aparece de noite, e agrilhoa o demônio em seu antro. Que as mãos dela sejam dadas ao Coração Sereno na hora dele, que ela avance e siga em frente" é teu nome. Ela supervisiona o enfaixamento daquele que está indefeso.

XVI. O DÉCIMO SEXTO PILONO. O Osíris Heru-em-khebit, cuja palavra é verdade, deverá dizer, quando chegar a este pilono: "Aquela que é terrível, Senhora da Tempestade, destruidora das almas dos homens, devoradora dos corpos dos homens, aquela que ordena, produz e realiza o sacrifício" é teu nome. Ela supervisiona o enfaixamento daquele que está indefeso.

XVII.

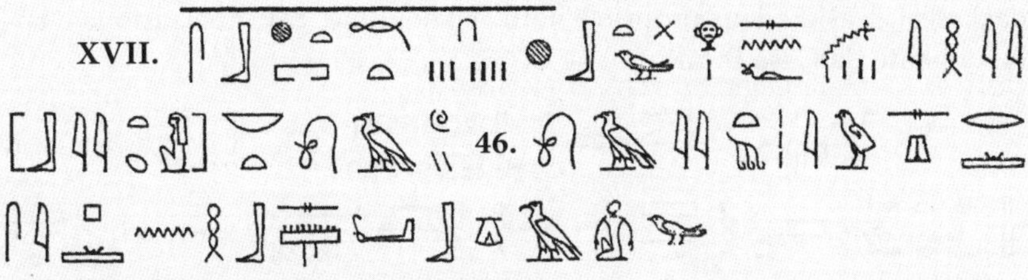

XVII. O DÉCIMO SÉTIMO PILONO. O Osíris Heru-em-khebit, cuja palavra é verdade, deverá dizer, quando chegar a este pilono: "Aquela que esquarteja em sangue, Ahibit, Senhora do Cabelo" é teu nome. Ela supervisiona o enfaixamento daquele que está indefeso.

XVIII.

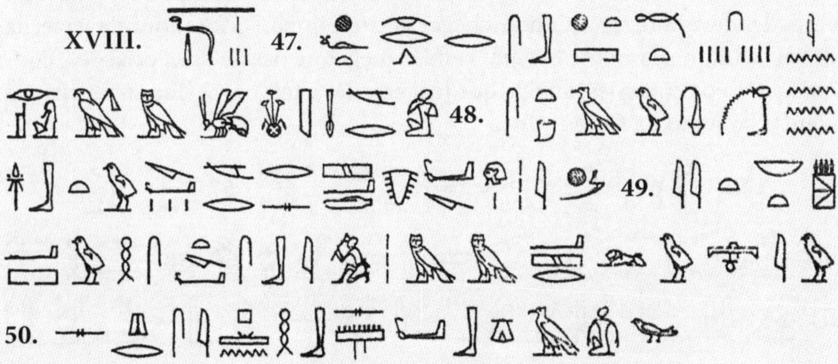

XVIII. O DÉCIMO OITAVO PILONO. O Osíris Heru-em-khebit, cuja palavra é verdade, deverá dizer, quando chegar a este pilono: "Aquela que ama o fogo, que é pura, que ama os sacrifícios, decapitadora, devotada, Senhora da Grande Casa, matadora de demônios ao escurecer" é teu nome. Ela supervisiona o enfaixamento daquele que está indefeso.

XIX.

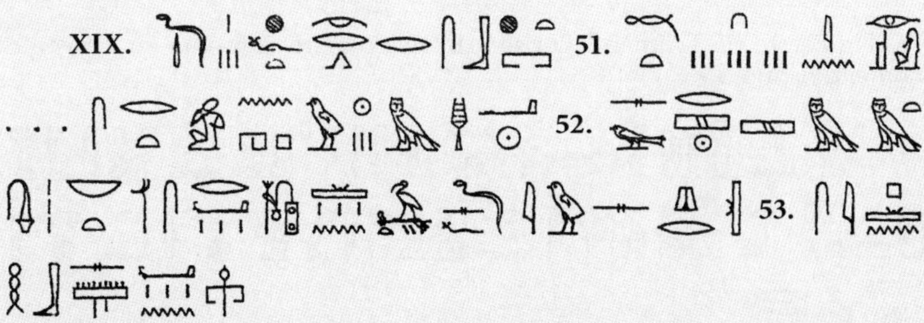

XIX. O DÉCIMO NONO PILONO. O Osíris Heru-em-khebit, cuja palavra é verdade, deverá dizer, quando chegar a este pilono: "Aquela que gera luz para a vida, iluminando o dia inteiro, senhora de muita força [e das] escrituras do deus próprio Thoth" é teu nome. Ela supervisiona o enfaixamento da Casa Branca.

XX. O VIGÉSIMO PILONO. O Osíris Heru-em-khebit, cuja palavra é verdade, deverá dizer, quando chegar a este pilono: "Moradora da caverna de seu senhor, seu nome é *a que veste*, aquela que oculta suas criações, conquistadora de corações, aquela que [os] engole" é teu nome. Ela supervisiona o enfaixamento da Casa Branca.

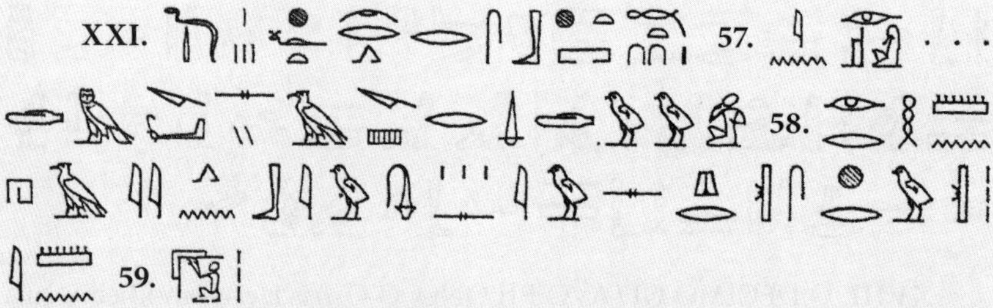

XXI. O VIGÉSIMO PRIMEIRO PILONO. O Osíris Heru-em-khebit, cuja palavra é verdade, deverá dizer, quando chegar a este pilono: "Faca que corta quando [seu nome] é pronunciado, matadora daqueles que se aproximam de tua chama" é teu nome. Ela tem planos ocultos.

No Papiro de Turim (ed. Lepsius, Bl. 64), o texto referente ao Vigésimo Primeiro Pilono diz:

71. O OSÍRIS AUFANKH, CUJA PALAVRA É VERDADE, DIZ: Salve, diz Hórus, ó Vigésimo Primeiro Pilono do Coração Sereno! Eu percorri o caminho. Eu te conheço. Sei teu nome.

72. Sei o nome da deusa que monta guarda a ti. "Espada que golpeia quando seu próprio nome é pronunciado, face fétida, destruidora daquele que se aproxima da Chama dela" é teu nome. Tu proteges as coisas ocultas do vingador do deus, tu montas guarda a elas. AMAM **73.** é o nome dele. Ele faz com que as árvores *ash* (cedros) não cresçam, e que as árvores *shenu* (acácias) não floresçam, e impede que o cobre seja encontrado na montanha. Os Tchatcha (isto é, Chefes) deste Pilono são Sete Deuses. Tchen, ou Anthch (At), é o nome

74. daquele que está à porta. Hetepmes é o nome de outro que lá está. Messep é o nome de outro que lá está. Utchara é o nome de outro. Upuatu é o nome de outro. Beq é o nome de outro. Anp (Anúbis) é o nome de outro. **75.** Eu percorri o caminho. Sou Menu-Heru, o vingador de seu pai, o herdeiro de seu pai Un-Nefer. Eu vim. Apresentei (oferendas) a meu pai, Osíris. Eu der rotei todos os inimigos dele. Vim diariamente com a palavra da verdade, o senhor da fidelidade,

76. à casa de meu pai Tem, o Senhor de Anu, eu, o Osíris Auf-ankh, cuja palavra é verdade no Céu meridional. Eu fiz o que é certo para aquele que faz o certo, eu celebrei o festival Haker para o senhor dele. Eu agi como o líder dos festivais. Eu ofereci pães aos Senhores do Altar. **77.** Eu fui o líder das oferendas propiciatórias — pães, cerveja, bois e gansos — a meu pai Osíris Un-Nefer. Eu sou o protetor da Alma Ba, eu fiz a ave *Benu* aparecer [com minhas] palavras. Eu vim diariamente à casa do deus para fazer oferendas de incenso. **78.** Eu vim com a túnica *shenti*. Eu coloquei a Barca Neshem na água. Eu fiz com que a palavra de Osíris Khenti Amenti fosse verdade diante de seus inimigos. Eu levei em uma barca todos os inimigos dele para o matadouro do Leste, e eles jamais escaparão da custódia do deus Keb **79.** que mora lá. Eu fiz os deuses Kefaiu de Rá ficarem em pé, eu fiz com que as palavras dele fossem verdade. Eu vim como um escriba. Eu expliquei [as escrituras]. Eu fiz o deus ter controle sobre suas pernas. Eu vim à casa daquele que está no alto de sua montanha (isto é, Anúbis). Eu vi o chefe do salão Seh.

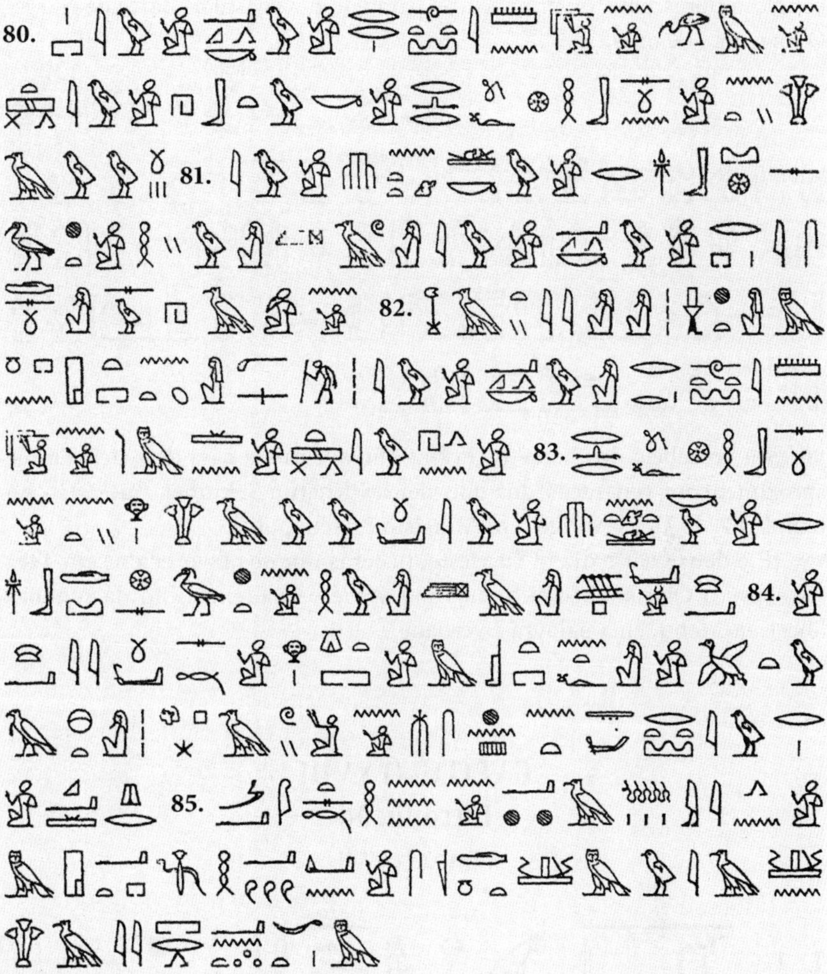

80. Eu entrei em Ra-stau. Eu me fiz invisível. Eu encontrei o limite para mim. Eu me aproximei de Nerutef. Eu vesti quem estava nu. **81.** Eu naveguei rio acima até Abidos. Eu realizei as cerimônias de Hu e Sa. Eu adentrei na casa de Astes. Eu fiz súplicas aos **82.** deuses Khati e a Sekhmet no templo de Net (Neith), ou os Deuses Antigos. Eu entrei em Ra-stau. Eu me fiz invisível. Eu encontrei o limite. Eu me aproximei de **83.** Nerutef. Eu vesti quem estava nu. Eu naveguei rio acima até Abidos. Eu realizei as cerimônias de Hu e Sa. Eu recebi. Eu me elevei como **84.** um rei coroado. Eu ocupei meu assento no trono no lugar de meu pai, o Deus Que Era no princípio. Eu louvei o Meskhen de Ta-tchesert. Minha boca está cheia de (?) **85.** Maat (Verdade). Eu subjuguei as serpentes Akhekhau. Eu adentrei a Grande Casa com [meu] corpo em uma condição florescente. Eu providenciei para que eu viajasse na Barca de Hai (?). O unguento de mirra de [...]

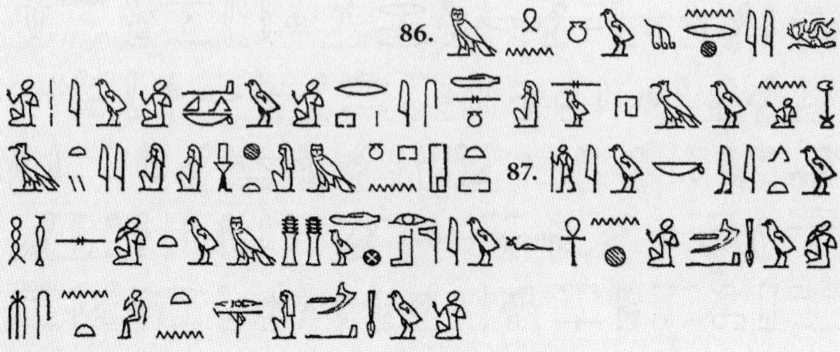

86. está no cabelo dos homens (*Rekhit*). Eu adentrei a casa de Astes. Eu me aproximei com veneração dos dois deuses Khati e Sekhmet, que estão no templo **87.** do Deus Antigo [em Anu, isto é, Heliópolis].

[E o deus Osíris diz:] "Tu vieste, tu serás um dos favorecidos em Tetu (Busíris), ó Osíris Auf-ankh, cuja palavra é verdade, o filho da senhora Shert-en-Menu, cuja palavra é verdade".

CAPÍTULO XVIII
Introdução
PRANCHA XII

I. A FALA DO SACERDOTE ANMUTEF. **1.** Eu vim a vós, ó grandes Chefes Tchatcha que vivem no Céu, e sobre a Terra, **2.** e em Khert-Neter, e eu vos trouxe o Osíris Ani. Ele não cometeu ato algum que seja uma abominação ante todos os deuses. Concedei que ele possa viver convosco todos os dias.

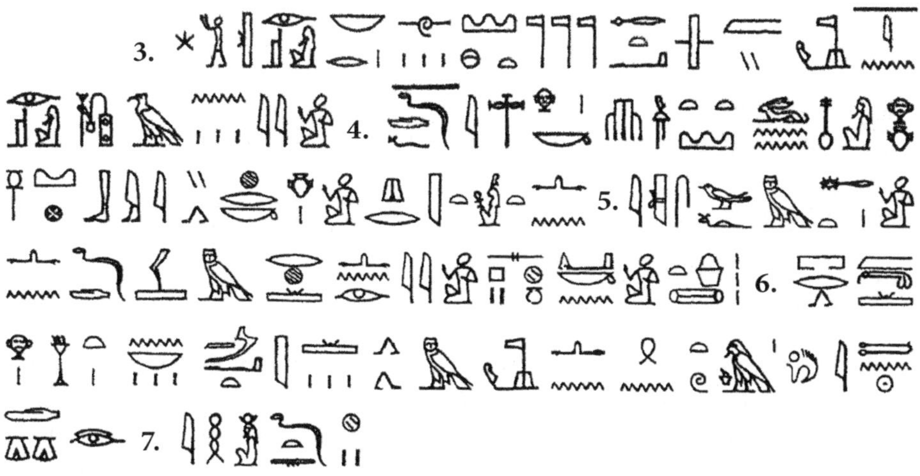

3. O Osíris escriba Ani adora Osíris, Senhor de Rasta, e a Grande Companhia dos Deuses que vive em Khert-Neter. **4.** Ele diz: "Glória a ti, Khenti Amenti, Un-Nefer, que moras em Abtu (Abidos). Eu venho a ti. Meu coração guarda a Verdade. Não há **5.** pecado em meu corpo. Eu não disse mentiras deliberadamente, não agi de maneira dupla. Concedei-me pães, **6.** que eu apareça na presença (isto é, tua presença), no altar dos Senhores da Verdade, que eu entre e saia de Khert-Neter [à vontade], que minha Alma-coração não seja afastada [de mim]; e concede-me uma visão do Disco (isto é, o Sol) e a contemplação da **7.** Lua para todo o sempre".

II. A FALA DO SACERDOTE SAMEREF. **1.** Eu vim a vós, ó Chefes Tchatcha que vivem em Rasta, e trouxe-vos o Osíris **2.** Ani, concedei a ele pães, e água, e ar, e uma morada em Sekhet-hetep, assim como acontece com os seguidores de Hórus.

3. O Osíris escriba Ani, cuja palavra é verdade, adora Osíris, o Senhor da perpetuidade, e os Chefes Tchatcha, os Senhores de Rasta.

4. Ele diz: "Glória a ti, ó Rei de Khert-Neter, tu Governador de Akert! Eu vim a ti. Eu conheço teus planos (?). **5.** Eu estou provido das formas que tu assumes no Tuat. Concede-me tu um lugar em Khert-Neter, perto dos Senhores da Verdade. **6.** Que minha morada em Sekhet-hetep possa ser eterna, e que eu possa receber pães em tua presença".

CAPÍTULO XVIII

PRANCHAS XIII e XIV

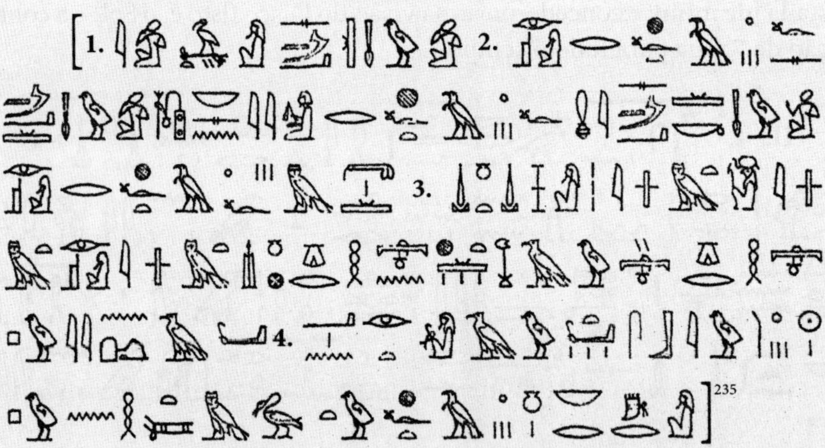

1. Salve, Thoth, que tornou verdadeira a palavra de **2.** Osíris contra seus inimigos, faz com que a palavra do escriba Nebseni seja verdadeira contra seus inimigos, assim como fizeste a palavra de Osíris ser verdadeira

235. Esta batalha se deu entre Osíris e Set e ocorreu ao amanhecer, na margem direita do Nilo, próximo a Heliópolis.

contra seus inimigos, na presença dos **3.** Chefes Tchatcha que estão com Rá e Osíris em Anu (Heliópolis), na noite das "coisas da noite",[236] e a noite da batalha,[237] **4.** e do agrilhoamento dos demônios Sebau,[238] e o dia da destruição dos inimigos[239] de Neb-er-tcher.[240]

A. 1. Agora os grandes Chefes Tchatcha em Anu são Tem, Shu, Tefnut, [Osíris e Thoth]. **2.** Agora, o "agrilhoamento dos demônios Sebau" significa a destruição dos demônios Smaiu de Set, quando **3.** ele praticou iniquidades pela segunda vez.

Salve, Thoth, que fez com que a palavra de Osíris fosse verdade ante os inimigos dele, faz com que a palavra do Osíris Ani seja verdadeira **4.** contra

236. A expressão "coisas da noite" significa a rebelião ou o ataque feito pelos habitantes insatisfeitos dos Céus ou pelos homens na Terra. Esta rebelião ocorreu nas últimas horas da noite, antes do alvorecer.

237. Esta batalha se deu entre Osíris e Set e ocorreu ao amanhecer, na margem direita do Nilo, próximo a Heliópolis.

238. Os Sebau eram as forças dos rebeldes, que foram mortos em grande número, mas claramente muitos deles foram feitos prisioneiros, sendo levados acorrentados para o templo em Heliópolis.

239. O "dia da destruição" significa o dia do massacre dos cativos, que foram oferecidos como sacrifícios a Neb-er-tcher, isto é, o "deus do limite mais extremo". Eles foram mortos ante o símbolo do deus no grande pátio, e seu sangue foi derramado na base dele.

240. A batalha original referida neste parágrafo certamente parece ter ocorrido entre os seguidores humanos de Osíris e de Set, mas os textos religiosos contêm alusões a uma batalha entre os deuses que deve ter ocorrido no Céu. A causa disso foi a revolta de Set contra a autoridade de Hórus, o Velho, ou de seu antecessor.

os inimigos dele, com os grandes Chefes Tchatcha que estão em Tetu, na noite da elevação do Tet em Tetu (Busíris).[241]

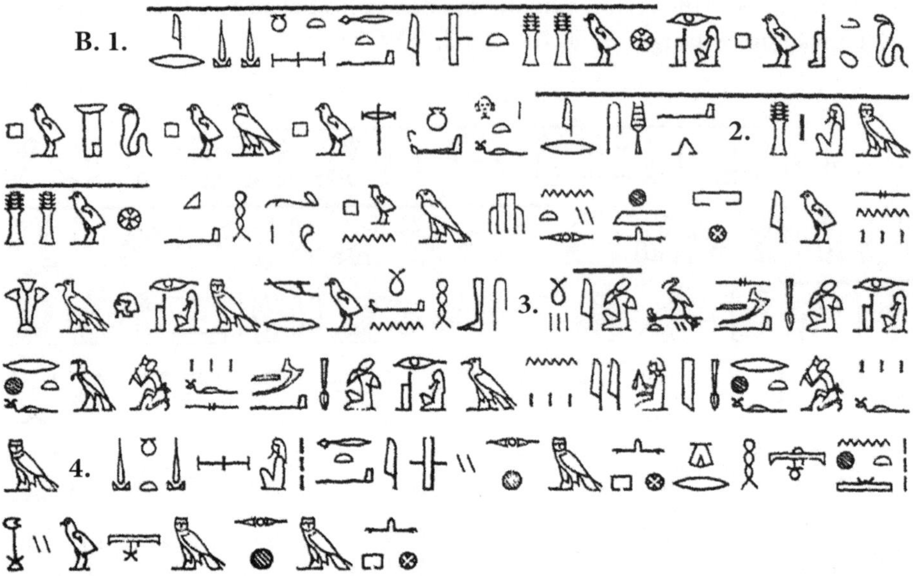

B. 1. Agora os grandes Chefes Tchatcha que estão em Tetu são Osíris, Ísis, Néftis e Hórus, o vingador de seu pai. Agora, a "elevação do **2.** do Tet em Tetu" significa [a elevação do] ombro de Hórus, o Governador de Sekhem (Letópolis). Eles (isto é, estes deuses) estão ao redor de Osíris em seu grupo [e] as bandagens (?).

3. Salve, Thoth, que fez a palavra de Osíris ser verdadeira contra os inimigos dele, faz com que a palavra do Osíris Ani seja verdadeira contra os inimigos dele, com **4.** os grandes Chefes Tchatcha que estão em Sekhem, na noite das "coisas da noite" em Sekhem.[242]

C. 1. Agora os grandes Chefes Tchatcha que estão em Sekhem são Heru-khenti-en-ariti (?) e Thoth, que está com os Chefes Tchatcha de Nerutef.

---

241. A elevação do Tet era uma das cerimônias mais importantes do Festival Anual de Osíris, que acontecia em todos os grandes templos do deus. Ela simbolizava o ato final da reconstrução de Osíris e sua ressurreição.

242. Assim, parece que uma luta entre Osíris e Set ocorreu em Letópolis.

2. Agora, a noite do "festival das coisas da noite" significa o alvorecer sobre o sarcófago de Osíris.

Salve, Thoth, que fez com que a palavra de Osíris fosse verdadeira **3.** contra seus inimigos, faz com que a palavra do Osíris escriba Ani seja verdadeira contra seus inimigos, com os grandes Chefes Tchatcha que estão na cidade dupla de Pe-Tep

4. no dia da elevação do "Senti"[243] de Hórus e de conferir-lhe a herança das posses de seu pai, Osíris.

D. 1. Agora, os grandes Chefes Tchatcha que estão em Pe-Tep[244] são Hórus, Ísis, Kesta (Mesta) e Hapi. Agora, a "elevação do 'Senti' de **2.** Hórus" tem

243. Um tipo de dossel com dois pilares onde a coroação do rei era realizada.

244. Pe-Tep era como se denominavam as duas metades da cidade de Per-Uatchet, a metrópole do XIX Nomo do Baixo Egito.

relação com as palavras dirigidas por Set a seus seguidores dizendo "Ergam o Senti!".[245]

Salve, Thoth, que fizeste a palavra de Osíris ser verdadeira contra seus

3. inimigos, faz a palavra do Osíris escriba Ani ser verdade, em paz, contra seus inimigos, com os grandes Chefes Tchatcha que estão nas Terras do Rekhti (Taiu-Rekhti), **4.** na noite em que Ísis deitou-se, e velou para prantear seu irmão Osíris.

E. 1. Agora os grandes Chefes Tchatcha que estão em Taiu-Rekhti são Ísis, Hórus, Kesta (Mesta) [Anpu e Thoth].

Salve, Thoth, que fizeste a palavra de Osíris verdadeira **2.** contra seus inimigos, faz a palavra do Osíris escriba Ani, cuja palavra é verdade, em paz, ser

245. Assim, fica claro que Set reivindicou a coroa do Egito e ordenou que um dossel ou uma tenda cerimonial fosse preparado para sua coroação. Set foi derrotado, e o texto mostra que foi Hórus quem se coroou rei de todo o Egito.

verdadeira contra seus inimigos, com os grandes **3.** Chefes Tchatcha que estão em Abtu, na noite do deus Haker, quando os mortos são separados e os **4.** espíritos são julgados, e quando a procissão tem lugar em Teni.[246]

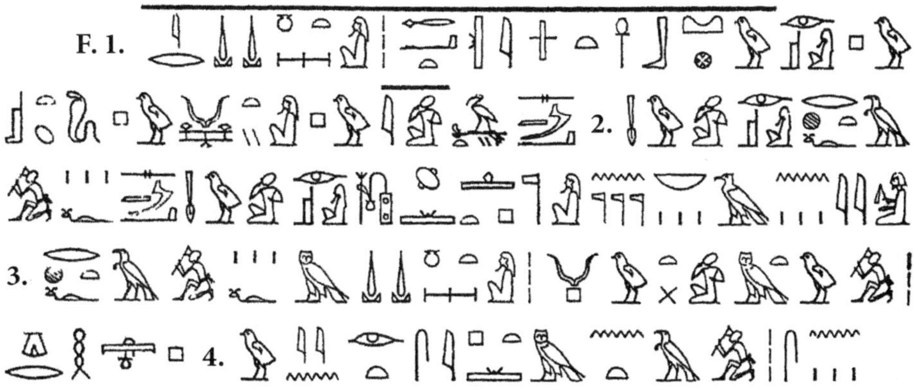

F. 1. Agora os grandes Chefes Tchatcha que estão em Abtu (Abidos) são Osíris, Ísis e Up-uat.

Salve, Thoth, que fizeste a palavra de Osíris ser verdadeira **2.** contra seus inimigos, faz a palavra do Osíris escriba e contador das oferendas sagradas que são feitas a todos os deuses, Ani, ser verdadeira **3.** contra seus inimigos, com os Chefes Tchatcha que examinam os mortos na noite **4.** em que se faz a inspeção (ou contagem) daqueles que serão aniquilados.

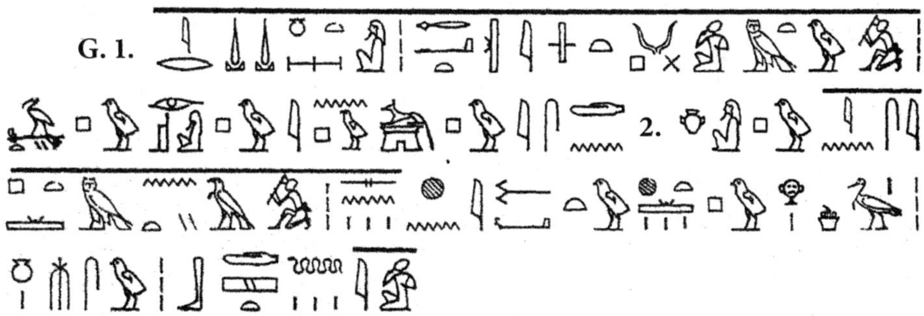

G. 1. Agora os grandes Chefes Tchatcha que estão presentes no exame dos mortos são Thoth, Osíris, Anpu e Asten (leia-se Astes). **2.** Agora, a inspeção

246. A capital do VIII Nomo do Alto Egito. Situava-se perto de Abidos, e o local onde estava situada provavelmente foi marcado por Kom as-Sultin.

(ou contagem) daqueles que serão aniquilados significa privar das coisas as almas dos filhos da revolta.

3.

3. Salve, Thoth, que fizeste a palavra de Osíris ser verdadeira contra seus inimigos, faz a palavra do Osíris escriba Ani ser verdadeira contra seus inimigos, com os **4.** grandes Chefes Tchatcha que estão presentes na escavação da terra [que é misturada] ao sangue deles[247] (isto é, o sangue dos inimigos de Osíris), fazendo a palavra de Osíris ser verdadeira contra seus inimigos.

H. 1.

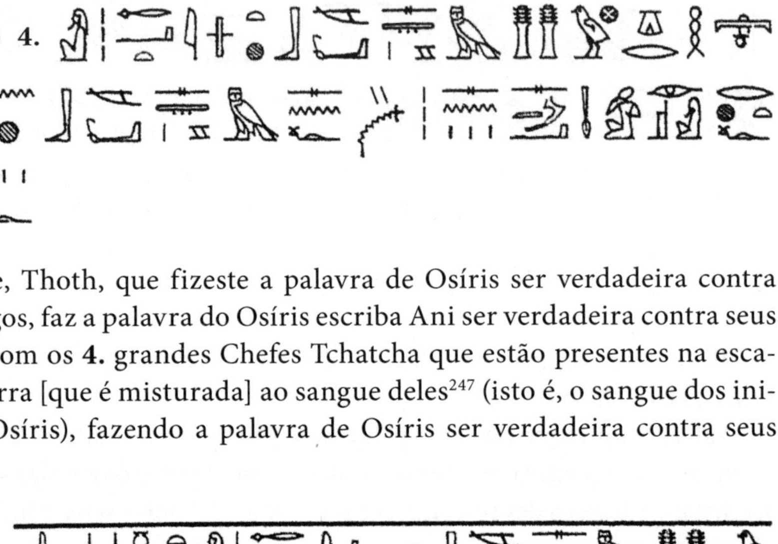

H. 1. No que se refere aos Chefes Tchatcha que estão presentes na escavação da terra em Tetu: quando os demônios Smaiu de Set foram [lá], tendo se transformado em **2.** animais, tais Chefes Tchatcha mataram-nos na

247. As vítimas foram mortas diante do Tet, o símbolo de Osíris, e o sangue delas foi misturado à terra e enterrado, da mesma forma como, nos dias de hoje, em Daomé e em outras partes da África,o sangue das vítimas é enterrado imediatamente diante das figuras dos deuses que devem ter sua ira aplacada. Tais "cerimônias de aragem" da terra são descritas por Burton, Skertchley e outros.

presença dos deuses e tiraram o sangue deles e os levaram aos ditos deuses. Essas coisas

3. eram permitidas durante o exame [dos perversos] por aqueles [deuses] que vivem em Tetu.

Salve, Thoth, que fizeste a palavra de Osíris ser verdadeira contra seus inimigos, faz a palavra do Osíris **4.** [escriba] Ani ser verdadeira contra seus inimigos, com os grandes Chefes Tchatcha que estão em Nerutef,[248] na noite da "Ocultação das Formas".[249]

I. 1. Agora os grandes Chefes Tchatcha que estão em Nerutef são Rá, Osíris, Shu e Bebi.

Agora, a noite da "Ocultação **2.** das Formas" refere-se à colocação, no sarcófago [de Osíris], do braço, do calcanhar (?) e da coxa de Osíris Un-Nefer.

Salve, Thoth, que fizeste a palavra de

248. Uma parte do templo de Osíris em Heracleópolis.

249. Um nome de Osíris.

3. Osíris ser verdadeira contra seus inimigos, faz a palavra do Osíris, cuja palavra é verdade, ser verdadeira contra seus inimigos, com os grandes Chefes Tchatcha que estão em **4.** Rasta, na noite em que Anpu põe seus braços sobre as coisas que estão junto a Osíris, e quando a palavra de Hórus foi feita verdadeira contra seus inimigos.

J. 1. Os grandes Chefes Tchatcha que estão em Rasta são Hórus, Osíris e Ísis. O coração de Osíris se alegra, o coração de Hórus **2.** está feliz, e as duas metades do Egito (Aterti) estão satisfeitas com isso.

Salve, Thoth, que fizeste a palavra de Osíris verdadeira contra seus inimigos, faz as palavras do Osíris

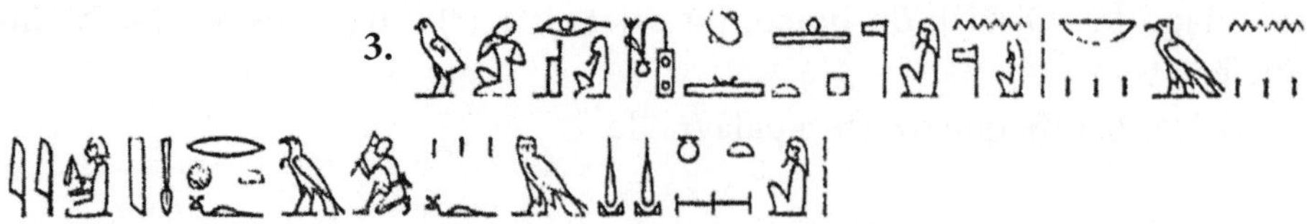

3. escriba Ani, contador das oferendas sagradas feitas a todos os deuses, ser verdadeira contra seus inimigos, com os Dez Grandes

4. Chefes Tchatcha que estão com Rá, e com Osíris, e com cada deus e cada deusa, na presença do deus Neb-er-tcher. Ele destruiu seus inimigos e **5.** destruiu todas as coisas malignas que existiam nele.

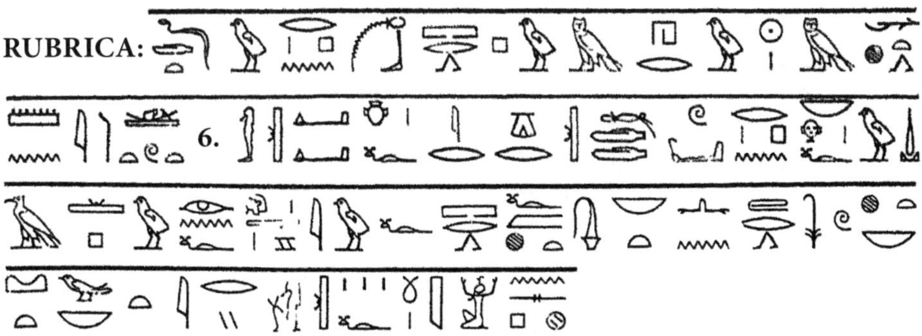

RUBRICA: Se este capítulo for recitado para o falecido, ou sobre ele, ele sairá à luz do dia, purificado depois da morte, **6.** da forma como seu coração desejar. Agora, se este capítulo for recitado sobre ele, ele percorrerá a Terra e escapará de quaisquer chamas, e nenhuma das coisas malignas que existiam nele nunca estarão com ele; nunca, em um milhão de vezes, isso ocorrerá.

Os Capítulos XIX e XX são substancialmente repetições do Capítulo XVIII, mas cada um tem uma rubrica interessante. Tais rubricas são as seguintes:

CAPÍTULO XIX. Este capítulo será recitado sobre a guirlanda divina que é colocada sobre a face do falecido, e tu lançarás incenso ao fogo em nome do morto. Assim tu farás com que ele triunfe sobre os inimigos, mortos ou vivos, e faça parte do corpo da guarda de Osíris, e mãos estendidas lhe entregarão carne e bebida na presença do Grande Deus. Este capítulo será recitado por ti duas vezes ao alvorecer — é um talismã infalível — de modo regular e contínuo.

CAPÍTULO XX. Se este capítulo for recitado de modo regular e contínuo por um homem que se purificou por meio de água à qual foi misturado natrão, ele sairá à luz do dia depois de ter chegado ao porto (isto é, se estiver morto) e realizará todas as transformações que seu coração mandar, e escapará do fogo.

CAPÍTULO XXIII
O capítulo da abertura da boca

PRANCHA XV

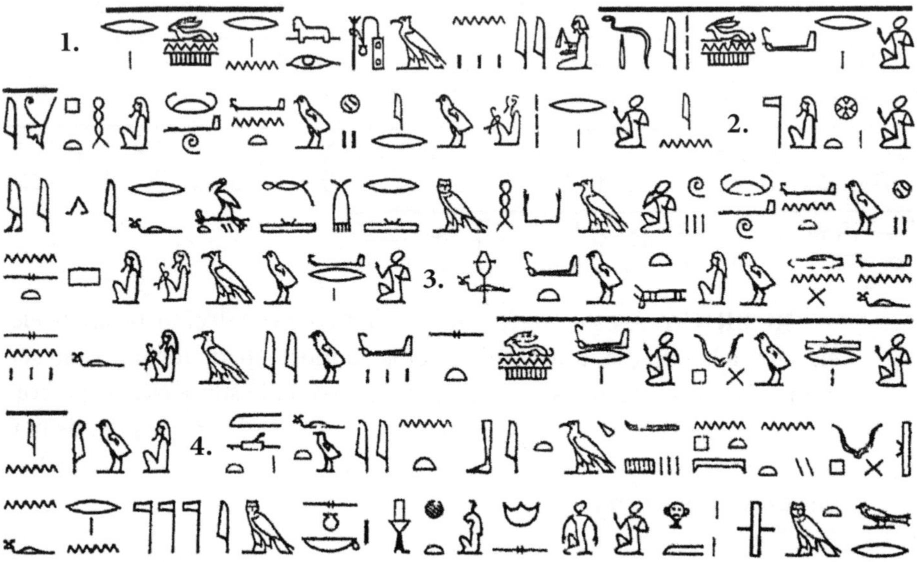

1. O CAPÍTULO DA ABERTURA DA BOCA DO OSÍRIS ANI. Para ser recitado: O deus Ptah abrirá minha boca, e o deus de minha cidade desatará as bandagens, as bandagens que estão sobre minha boca. **2.** Então virá Thoth, que está armado com palavras de poder em grande abundância, e soltará os grilhões, os próprios grilhões do deus Set que estão sobre minha boca. **3.** E o deus Tem irá lançá-los contra aqueles que me prenderiam com tais grilhões, e que os lançariam contra ele. Que então o deus Shu abra minha boca, e que faça uma abertura em minha boca **4.** com o mesmo instrumento de ferro que usou para abrir a boca dos deuses. Eu sou a deusa Sekhmet, e tomo assento ao lado de Amt-ur (?),

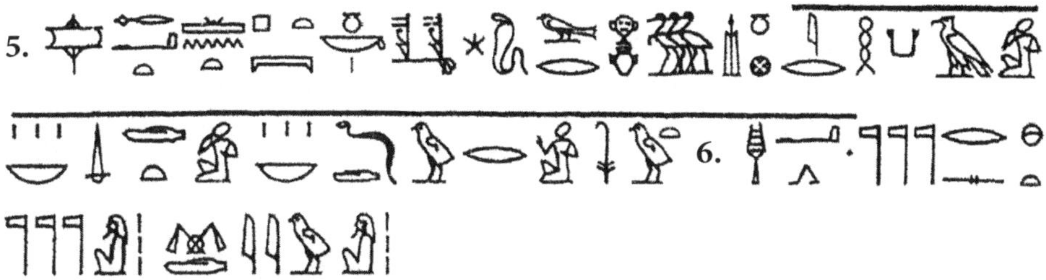

5. o grande vento celeste. Eu sou a grande deusa-estrela Saah,[250] que mora entre as almas de Anu (Heliópolis). Agora, no que se refere a qualquer feitiço (ou encantamento mágico), e a qualquer palavra que possa ser dita contra mim, **6.** cada deus que integra a Divina Companhia deverá opor-se a eles.

CAPÍTULO XXIV
O capítulo para conceder encantamentos ao escriba Ani

PRANCHA XV

1. O CAPÍTULO PARA CONCEDER PALAVRAS DE PODER (ou feitiços ou encantamentos) AO OSÍRIS ANI, que diz: **2.** Eu sou Tem-Khepera, que gerou a si mesmo sobre as coxas de sua mãe divina. Aqueles que moram em Nu[251] foram transformados em lobos, e aqueles que estão entre os Chefes

250. Isto é, a deusa de Órion.

251. Isto é, o deus do Céu.

Tchatcha **3.** tornaram-se hienas. Eis que tomarei para mim este talismã, tirando-o da pessoa com quem está [e do lugar] onde se encontra, [e ele virá até mim] mais rápido que um cão de caça, e mais veloz que a luz.

4. Salve, tu que trazes a Barca de Rá,[252] tu manténs teu curso firme e rumando direto no vento norte enquanto velejas rio acima, rumo à Ilha de Fogo que está situada em Khert-Neter. Eis que deverás tomar para ti

5. este talismã, onde quer que ele esteja, e com quem quer que esteja [e ele virá até mim] mais rápido que um cão de caça, e mais veloz que a luz. Ele (isto é, o talismã) fez as transformações **6.** de Mut (?); ele moldou os deuses [ou] manteve-os em silêncio; com ele Mut (?) concedeu o calor [da vida] aos deuses. Eis que tais palavras de poder são minhas, e elas virão a mim de onde quer que possam estar, ou com quem quer que possam estar,

252. O ser a quem é feita referência aqui é "Her-f-ha-f" 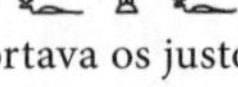, isto é, "o deus com a face voltada para trás". Ele tinha uma barca mágica e transportava os justos da Terra dos Mortos para a Ilha da Verdade.

7. mais rápidas que os cães de caça e mais velozes que a luz — ou, de acordo com outra versão, "mais velozes que as sombras".

Apêndice

O capítulo a seguir está intimamente relacionado aos dois capítulos anteriores:

CAPÍTULO XXV*

O CAPÍTULO PARA FAZER UM HOMEM LEMBRAR-SE DE SEU NOME EM KHERT-NETER. [O falecido] diz: Que meu nome me seja dado na Grande Casa (Per-ur), e que eu dele me recorde na Casa de Fogo (Per Neser) na noite em que os anos são contados e o número de meses é computado.

*. A publicação original não especifica de qual papiro o Capítulo XXV foi retirado e não fornece indicação numérica na tradução dos hieróglifos. (N.E.)

Eu estou morando (?) com Aquele que é Divino, tomo meu assento no lado oriental do céu. Se algum deus vier atrás de mim, serei capaz de declarar seu nome de imediato.[253]

CAPÍTULO XXVI
O capítulo para dar um coração
PRANCHA XV

1. O CAPÍTULO PARA DAR UM CORAÇÃO AO OSÍRIS ANI **2.** EM KHERT-NETER. Ele diz: Que meu coração esteja comigo na Casa dos Corações. Que meu coração físico[254] esteja comigo na Casa dos corações físicos. Que meu coração esteja comigo, e que ele descanse em [mim ou] eu não comerei os pães de Osíris no lado oriental do Lago das Flores, **3.** nem terei uma barca para descer o rio, nem um barco para subir o rio até onde tu estás, nem serei capaz de embarcar em qualquer barca contigo. Que minha boca seja minha, **4.** para que eu possa com ela falar. Que minhas pernas sejam minhas, para que com

253. Ou, talvez, "Eu serei capaz de declarar meu nome a ele de imediato".

254. O pericárdio (?).

elas eu possa caminhar. Que meus braços sejam meus, para que com eles eu possa derrotar o inimigo. Que as duas portas do céu me sejam abertas.

5. Que Keb,[255] o Erpat[256] dos deuses, possa abrir para mim suas mandíbulas. Que ele possa abrir meus olhos, que estão vendados pelas bandagens. Que ele faça com que eu erga minhas **6.** pernas na caminhada, elas que estão atadas. Que Anpu possa tornar vigorosas minhas coxas. Que

7. a deusa Sekhmet possa elevar-me e me erga. Que eu ascenda ao Céu, que aquilo que eu ordene seja executado em Het-ka-Ptah.[257] Eu sei como usar meu coração. Sou o senhor de meu coração. **8.** Sou o senhor de minhas mãos e de meus braços. Sou o senhor de minhas pernas. Tenho o poder de fazer o que meu Ka (isto é, Duplo) desejar fazer.

255. O deus da Terra.

256. O chefe hereditário dos deuses.

257. A "Casa do Ka de Ptah", isto é, Mênfis.

9. Minha Alma-Coração não será mantida prisioneira em meu corpo diante dos portões de Amentet quando eu entrar em paz e sair em paz.

Diversas passagens deste capítulo têm versão diferente no Papiro de Nebseni. Por exemplo: "Que eu possa comer. Que eu possa ter minha boca para falar, minhas pernas para caminhar. Que eu possa ter meus braços para derrotar meus inimigos. Que minha boca e meu braços sejam abertos na Terra. Que o Erpat Keb possa abrir minha mandíbula para mim. Que eu possa me erguer. Que a deusa Sekhmet abra para mim. Que seja feito o que eu ordenar em Het-ka-Ptah. Eu sou o senhor de meu coração. Eu sou o senhor de meu coração (ou peito). Eu sou o senhor de meus braços. Eu sou o senhor de minhas pernas".

CAPÍTULO XXX(b)

O capítulo para não permitir que o coração de Ani lhe seja arrebatado

PRANCHA XV

1. O CAPÍTULO PARA NÃO **2.** PERMITIR QUE O CORAÇÃO DO OSÍRIS CONTADOR DAS OFERENDAS SAGRADAS DE TODOS OS DEU-

SES, ANI, CUJA PALAVRA É VERDADE DIANTE DE OSÍRIS, SEJA LEVADO DELE EM KHERT-NETER. Ele diz: Meu coração de minha mãe. Meu coração de minha mãe.

3.

3. Meu coração de minha transformação. Que ninguém se erga para prestar testemunho contra mim. Que ninguém me afaste dos (ou entre os) Chefes Tchatcha. Que ninguém te faça separar-te de mim na presença do Guardião da Balança. Tu és meu Ka, que habita

4.

4. meu corpo, o deus Khnemu que torna vigorosos os meus membros. Que tu possas surgir no lugar de felicidade para onde vamos. Que meu nome não seja fétido perante os Chefes Shenit, que tornam os homens estáveis (?). [Que nos seja satisfatório, e que a audiência (?) nos seja satisfatória, e que haja alegria no coração para nós durante a pesagem das palavras. Que não sejam ditas mentiras contra mim diante do Grande Deus, o Senhor de Amentet. Em verdade, como serás grande quando te ergueres triunfante!]

Apêndice do Capítulo XXX(b)

[Naville, *Todtenbuch*, II, 99.]

RUBRICA I: 1.

RUBRICA I: 1. Estas palavras devem ser ditas sobre um escaravelho de pedra verde, circundado por um engaste de cobre refinado, e [tendo] um anel (ou uma borda) de prata, **2.** que deve ser colocado no pescoço do Khu (isto é, o falecido) etc.*

RUBRICA II [Do Papiro de Nu, Folha 21]:

RUBRICA II: 1. Se este capítulo for conhecido [pelo falecido], ele será declarado ser alguém que fala a verdade tanto na face da Terra quando em Khert-Neter, e será capaz de realizar todos os atos que um ser humano vivo pode realizar. **2.** Agora, é uma poderosa proteção que foi dada pelo deus. Este capítulo foi achado na cidade de Khemenu

*. A publicação original não fornece a tradução dos hieróglifos a partir do número 3. (N.E.)

(Hermópolis) sobre uma laje de *ba* (ferro? alabastro?), que estava incrustada com [letras de]

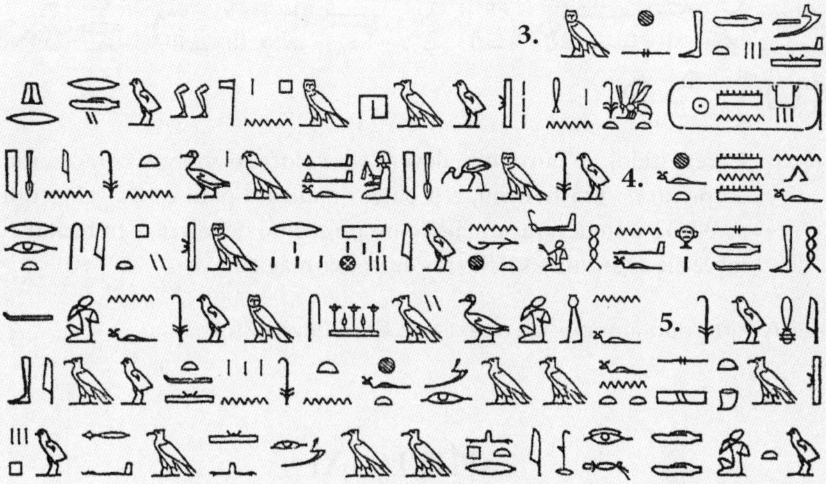

3. genuíno lápis-lazúli e que estava sob os pés [da estátua] do deus, durante o reinado de Sua Majestade, o Rei do Sul e do Norte, Menkaura (Miquerinos),[258] de fala verdadeira, pelo Príncipe Herutataf,[259] que o encontrou **4.** durante uma viagem que fez para inspecionar os templos. Um certo Nekht (?) estava com ele e conseguiu fazê-lo entender o capítulo (?), e ele o levou **5.** para o rei, como um objeto fora do comum, quando percebeu que era algo de grande mistério, [como] nunca [antes] havia sido visto ou contemplado. Este capítulo

6.

6. deve ser recitado por um homem que esteja ritualmente limpo e puro, que não tenho comido carne de animais, ou pescado, e que não tenha mantido relações carnais com mulheres. E eis que tu deverás fazer um escaravelho de pedra verde, com um engaste

258. O construtor da Terceira Pirâmide de Gizé.

259. Ele foi o filho de Khufu, o construtor da Primeira Pirâmide de Gizé.

7. 

7. [revestido] de ouro, que deverá ser colocado sobre o coração (ou no peito) de um homem, e o objeto realizará para este a "abertura da boca". E tu deverás untá-lo com unguento de mirra, e tu recitarás sobre ele as seguintes palavras de poder mágico.

A partir daqui, segue-se o texto do Capítulo XXX(b).

CAPÍTULO LXI

O capítulo para não permitir que a Alma-Coração seja levada embora

PRANCHA XV

1. 

1. O CAPÍTULO PARA NÃO PERMITIR QUE A ALMA-CORAÇÃO DE UM HOMEM LHE SEJA ARREBATADA EM KHERT-NETER. O Osíris escriba Ani diz: Eu, eu mesmo, sou ele

2. 

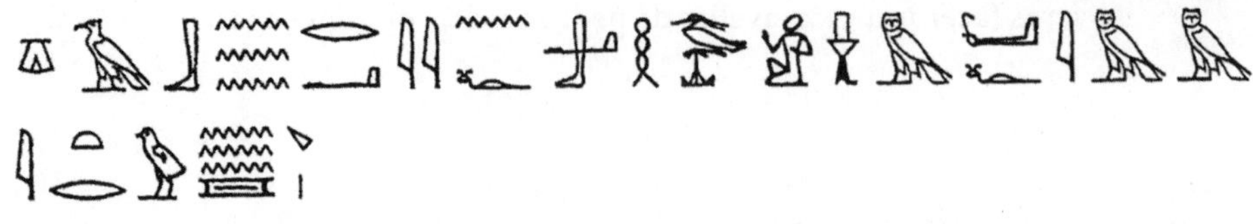

2. que emerge da Água Celestial (Akeb). Ele (isto é, Akeb) produziu abundância para mim, e tem o domínio lá (isto é, no céu?) na forma do Rio.

O texto anterior é uma porção de um capítulo mais longo, encontrado em sua forma mais completa no Papiro de Nefer-uben-f (Naville, *op. cit.*, I, Bl. 72). O texto diz:

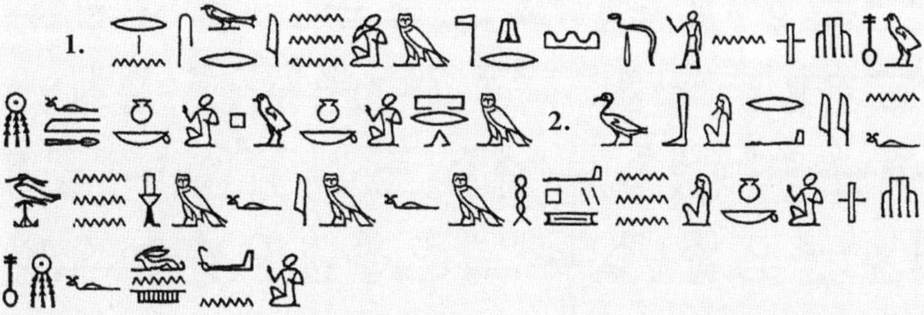

O CAPÍTULO PARA BEBER ÁGUA EM KHERT-NETER. O sacerdote *am khent*, Nefer-uben-f, cuja palavra é verdade, diz: **1.** Eu, eu mesmo, sou aquele que vem do **2.** deus Keb. A cheia das águas é concedida a ele, ele se tornou o senhor das águas na forma de Hapi. Eu, o *am khent* Nefer-uben-f, abro

3. as portas do Céu. Thoth abriu para mim as portas de Qebh (isto é, as Águas Celestiais). Ó, Hepi Hepi, os dois filhos (?) dos Céus, **4.** poderosos em esplendor, concedei vós que eu possa ter controle sobre a água, da mesma forma que Set tinha controle sobre seu poder maligno (?)

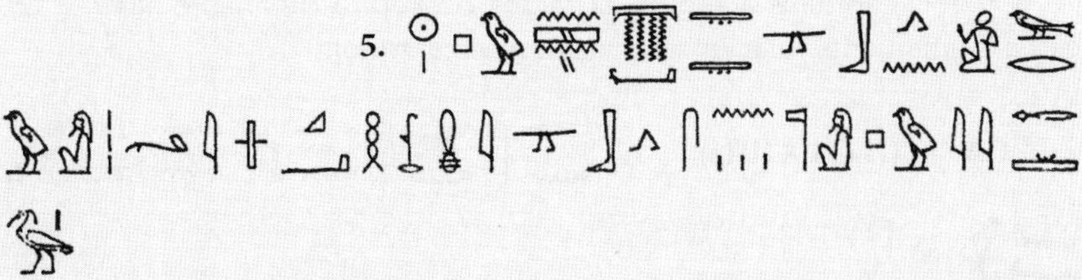

5. no dia do ataque às Duas Terras (isto é, o Egito). Eu passo por aqueles que são Grandiosos, do braço ao ombro (?), da mesma forma como eles passam por aquele Grande Deus, o Espírito

6. que está provido, cujo nome é desconhecido. Eu passei pelo Deus Antigo (ou o Grandioso) do ombro (?). Eu sou Nefer-uben-f, cuja palavra é verdade, Hath abriu para mim a Água Celestial **7.** Osíris. Hath abriu para mim a Água Celestial Thoth-Hapi, o Senhor do Horizonte, em seu nome de "Thoth, cutelo da Terra". **8.** Eu sou o senhor da água, assim como Set é o senhor de sua arma. Eu navego pelo céu, eu sou Rá, eu sou Ru. Eu sou Sma. Eu comi **9.** a Coxa, eu me apoderei de osso e carne. Eu circundo o lago de Sekhet-Ar. Foi-me conferida a eternidade ilimitada. Eis que sou **10.** o herdeiro da eternidade, a quem foi concedida a perpetuidade.

Os dois capítulos a seguir, extraídos do Papiro de Nu (Folhas 7 e 12), estão intimamente relacionados ao capítulo anterior.

CAPÍTULO LXIII(a). 1.

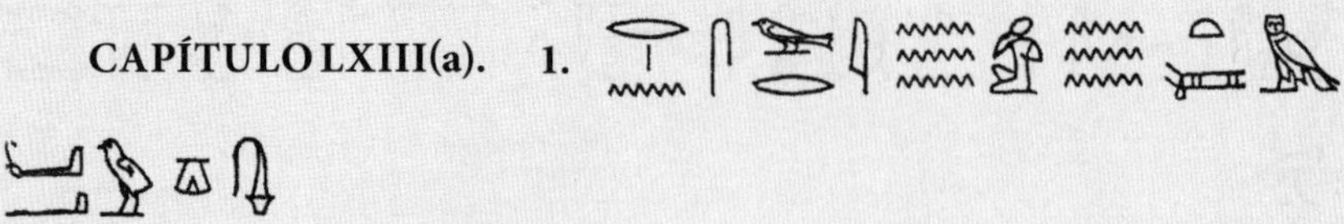

CAPÍTULO LXIII(a). 1. O CAPÍTULO PARA BEBER ÁGUA E PARA NÃO SER CONSUMIDO

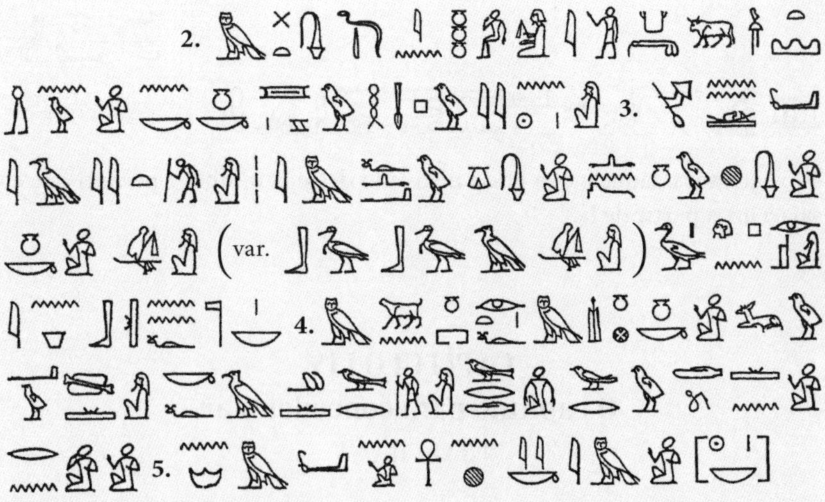

2. PELO FOGO [EM KHERT-NETER]. Nu diz: Salve, Touro de Amentet! Eu sou trazido a ti. Eu sou o remo de Rá **3.** com o qual ele transportou os deuses antigos. Que eu não seja queimado nem destruído pelo fogo. Eu sou Beb, o filho primogênito de Osíris, a quem todos os deuses fazem **4.** oferendas no templo de seu Olho em Anu. Eu sou o Herdeiro Divino, o Poderoso, o Grande, Aquele que Repousa. Eu fiz com que meu nome prosperasse. **5.** Salvador, tu vives em mim [todos os dias].

CAPÍTULO LXIII(b). **1.** 

CAPÍTULO LXIII(b). 1. O CAPÍTULO PARA NÃO SER FERVIDO NO FOGO. Nu diz: Eu sou o remo que está provido, **2.** com o qual Rá transportou os deuses antigos, que eleva as emissões de Osíris a partir do Lago de Fogo ardente, **3.** e ele não foi queimado. Eu me sento como o deus da Luz, e como Khnemu, o governador dos leões (?). Vem, rompe

4. os grilhões daquele que passa pelo lado deste caminho, e permiti que eu saia à luz a partir de lá.

CAPÍTULO LIV
O capítulo para conceder o ar

PRANCHA XV

1. O CAPÍTULO PARA CONCEDER O AR EM KHERT-NETER. O Osíris Ani diz: Eu sou o Ovo que mora no Grande Grasnador. Eu monto guarda àquele grande **2.** lugar que Keb proclamou na face da Terra. Eu vivo; ele vive. Eu cresço, eu vivo, eu inspiro o ar. Eu sou **3.** Utcha-aab. Eu circundo seu ovo [para protegê-lo]. Eu frustrei o momento de Set. **4.** Salve, ó Doce Ser das Duas Terras! Salve, tu que habitas o alimento *tchefa*! Salve, tu que habitas o lápis-lazúli (isto é, no céu azul?)! Velai por aquele que está em seu berço (literalmente, ninho), o bebê, quando ele vier a vós.

Uma versão mais antiga deste capítulo pode ser encontrada no Papiro de Nu (Folha 12), cujo texto diz:

CAPÍTULO LIV. 1. O CAPÍTULO PARA CONCEDER O AR **2.** A NU EM KHERT-NETER. Ele diz: Salve, tu Deus Temu, concede-me o doce alento que mora em tuas narinas! Eu sou o Ovo **3.** que está em Kenken-ur (isto é, o Grande Grasnador), eu velo e guardo aquela coisa poderosa que ganhou existência, com a qual o deus Keb abriu a terra. Eu vivo; ela vive;

4. eu cresço, eu vivo, eu inspiro o ar. Eu sou o deus Utcha-aabet, e circundo seu ovo. Eu brilho no momento daquele que é

5. poderoso e forte, Suti. Salve, tu que tornas doce o tempo (?) das Duas Terras! Salve, vós que habitais entre o alimento celestial. Salve, vós que habitais entre os seres do azul (ou lápis-lazúli), velai para proteger aquele que está em **6.** seu ninho (isto é, berço), a Criança que vem a vós.

Os Capítulos LV e LVI do Papiro de Nu (Folha 12) foram escritos com o mesmo objetivo do anterior. Eles dizem o seguinte:

CAPÍTULO LV.

CAPÍTULO LV. 1. O CAPÍTULO PARA CONCEDER O AR EM KHERT-NETER. Nu diz: **2.** Sou o chacal dos chacais. Eu sou Shu. Eu obtenho ar a partir da presença do deus da Luz, dos limites extremos do Céu, dos limites extremos da **3.** Terra, dos limites extremos da pluma da ave Nebeh (avestruz?). Que o ar possa ser dado a este jovem bebê divino. [Minha boca está aberta, eu vejo com meus olhos.]

CAPÍTULO LVI.

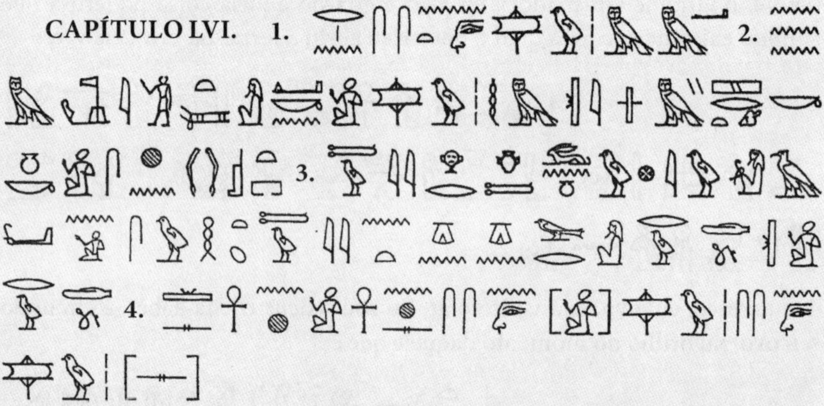

CAPÍTULO LVI. 1. O CAPÍTULO PARA INSPIRAR O AR **2.** COM ÁGUA EM KHERT-NETER. Salve, Tem. Concede-me tu o doce alento que mora em tuas narinas. Eu sou aquele que abraça o grande trono **3.** que está na cidade de Unu (isto é, Hermópolis). Eu monto guarda ao Ovo de Kenken-ur (isto é, o Grande Grasnador). Eu cresço e floresço [assim como] ele cresce e floresce. **4.** Eu vivo [assim como] ele vive. Eu inspiro o ar [assim como] ele inspira o ar (ou minha respiração é a respiração dele).

---

260. Acrescentado a partir de um papiro encontrado em Leiden (Naville, *op. cit.*, v. II, p. 125).

CAPÍTULO XXIX(a)
O capítulo para não permitir que o coração seja arrebatado
PRANCHA XV

1. O CAPÍTULO PARA NÃO PERMITIR QUE O CORAÇÃO DE UM HOMEM LHE SEJA ARREBATADO EM KHERT-NETER. O Osíris Ani, cuja palavra é verdade, diz: Retrocede, ó mensageiro de todos os deuses! **2.** Vieste para [arrebatar] meu coração que vive? Meu coração que vive não te será entregue. **3.** [À medida que] avanço, os deuses dão ouvidos a minha propiciação [prece] e prostram-se com a face no chão [enquanto] estão em sua própria terra.

Apêndice

CAPÍTULO XXIX(b). 1.

CAPÍTULO XXIX(b). 1. O CAPÍTULO PARA NÃO PERMITIR QUE O CORAÇÃO (...) SEJA LEVADO EMBORA MORTO EM KHERT--NETER. [Nu, cuja palavra é verdade, diz:] Meu coração está comigo, **2.** e nunca acontecerá de ser levado embora. Eu sou o Senhor dos Corações, o assassino do coração.

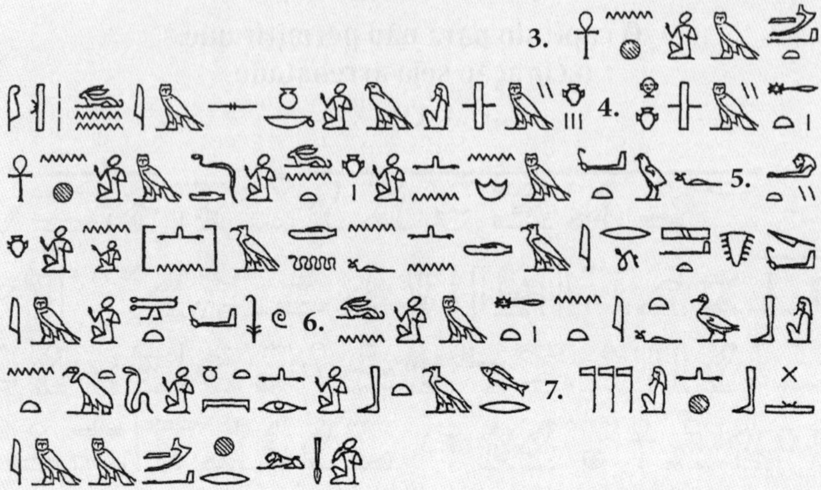

3. Eu vivo amparado na verdade, tenho meu ser lá. Eu sou Hórus, o Habitante dos Corações, **4.** [Eu estou] no Habitante do corpo. Eu tenho vida por intermédio de minha palavra, meu coração tem existência. Meu **5.** coração não me será tirado, ele não será ferido, ele não será aprisionado [caso] eu seja ferido. [Caso] alguém tome posse dele, **6.** terei meu ser no corpo de meu pai Keb e no corpo de minha mãe Nut. Eu não fiz aquilo que é considerado como abominação pelos **7.** deuses. Não serei derrotado, [pois] minha palavra é verdade.

Existe outra versão deste capítulo, conhecida como Capítulo XXIX(c), que foi originalmente gravada em um coração feito de cornalina. Este coração de cornalina tornou-se um amuleto de grande poder, mas não parece ter tido uso muito amplo. O tema do capítulo difere bastante dos Capítulos XXIX(a) e XXIX(b), pois ele trata diretamente com a alma de Rá e seu Ka, ou Duplo. A pedra *sehert*, traduzida como "cornalina", era considerada semelhante à substância da qual o disco de Rá era feito — e supostamente teria as mesmas qualidades, as quais seriam absorvidas pelo corpo de quem usasse o amuleto-coração. Uma cópia do Capítulo XXIX(c) pode ser encontrada no Papiro de Ani, Prancha XXXIII, onde este amuleto equipara-se com o amuleto do travesseiro, o amuleto do *Tet* e o amuleto do *tet*.* Como todos esses são muito antigos, podemos supor que o coração de cornalina foi

*. O autor utiliza grafias semelhantes para amuletos distintos. Tet (grafado ao longo do texto sempre com letra maiúscula), corresponte ao Died 𓊽, que representa a espinha dorsal de Osíris. Por outro lado, *tet* (que aparecerá em letras minúsculas e em itálico ao longo desta tradução) equivale ao Tjet (ou Tyet) 𓎬, também conhecido como "nó de Ísis". (N.E.)

usado como amuleto desde tempos muito antigos. O texto e a tradução deste capítulo serão apresentados com o conteúdo da Prancha XXXIII.

CAPÍTULO XXVII
O capítulo para não permitir que o coração seja arrebatado a um homem

PRANCHAS XV E XVI

CAPÍTULO XXVII. 1. O CAPÍTULO PARA NÃO PERMITIR QUE O CORAÇÃO DE UM HOMEM LHE SEJA ARREBATADO EM KHERT-NETER. O Osíris Ani diz: Salve, vós que roubais e destruís os corações físicos [e que fazeis o coração de um homem passar por suas transformações de acordo com seus atos; que aquilo que ele fez não o prejudique diante de vós].[261] **2.** Glória a vós, ó Senhores da Eternidade, mestres da perpetuidade, não tireis este coração de Osíris Ani **3.** com vossos dedos, e este coração, e não façais com que coisas malignas ergam-se contra ele, porque este coração pertence ao **4.** Osíris Ani, e este coração pertence àquele que tem grandes nomes (isto é,

261. 
. Acrescentado a partir do texto de Naville.

Thoth), que é poderoso, cujas palavras são seus membros. Ele envia seu coração para governar

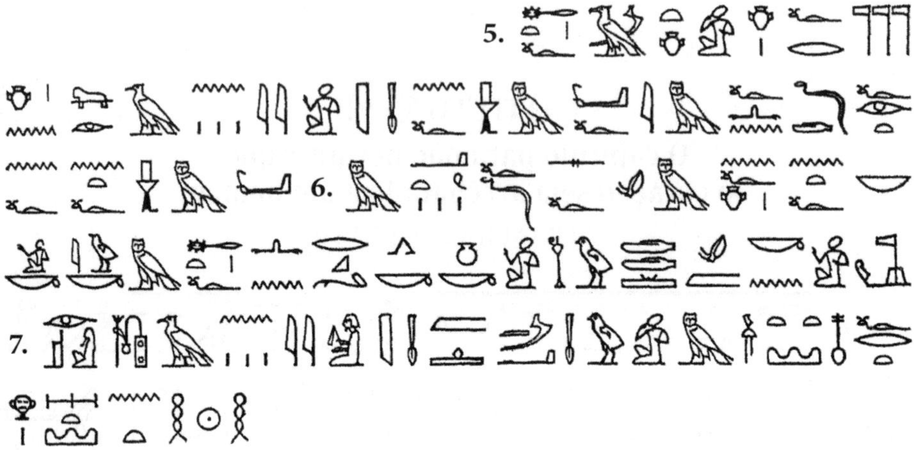

5. seu corpo, e seu coração é renovado diante dos deuses. O coração do Osíris Ani, cuja palavra é verdade, é dele; ele ganhou controle sobre o coração. Ele não disse o que fez (?). Ele obteve poder **6.** sobre seus próprios membros. Seu coração obedece-lhe, ele é o senhor de seu coração, este está em seu corpo, e jamais sairá dele. Ordeno-te que prestes obediência a mim em Khert-Neter. **7.** Eu, o Osíris Ani, cuja palavra é verdade, em paz; cuja palavra é verdade no Belo Amentet, pelo Domínio da Eternidade.

Os dois capítulos seguintes, que podem ser encontrados no Papiro de Nu (Folha 5), são importantes para que as crenças dos egípcios no que diz respeito ao coração sejam devidamente compreendidas:

CAPÍTULO XXVIII. **1.** 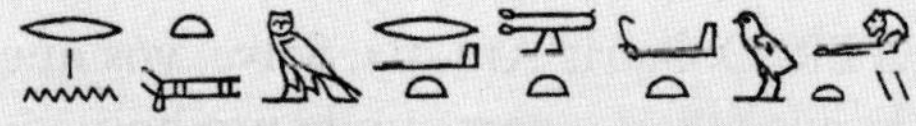

CAPÍTULO XXVIII. 1. O CAPÍTULO PARA NÃO PERMITIR QUE O CORAÇÃO DE NU, CUJA PALAVRA É VERDADE, SEJA TOMADO **2.** DELE EM KHERT-NETER. Ele diz: Salve, tu deus Leão! Eu sou Unb (isto

é, a Flor). Aquilo que para mim é uma abominação é o bloco de sacrifícios do deus. Que meu coração não me seja arrebatado pelos

3. Deuses Combatentes em Anu (Heliópolis). Salve, tu que envolves as bandagens ao redor de Osíris, e que viste Set. Salve, tu que retornas depois de golpeá-lo e destruí-lo diante dos poderosos! **4.** Meu coração (*ab*) chora por si mesmo diante de Osíris; ele fez súplicas por mim. Eu entreguei ao deus e dediquei a ele os pensamentos **5.** do coração na Casa do deus (Usekh-her),[262] trouxe a ele areia[263] na entrada para Khemenu.[264] Que meu coração não me seja arrebatado.

6. Eu vos faço subir ao trono dele, para agrilhoar (isto é, atar uns aos outros) corações para ele em Sekhet-hetep, [para viver] anos de poder, longe de todo tipo de coisa que para ele são abominações, **7.** para levar alimentos dentre as coisas que são tuas, e que estão em teu poder graças a tua força. E este meu coração é devotado às ordens do deus Tem, que me guia através das

262. Isto é, o deus com a face ampla, um nome de Rá.

263. Assim, mas leia-se "bolos".

264. A Cidade dos Oito Deuses, isto é, Hermópolis Magna.

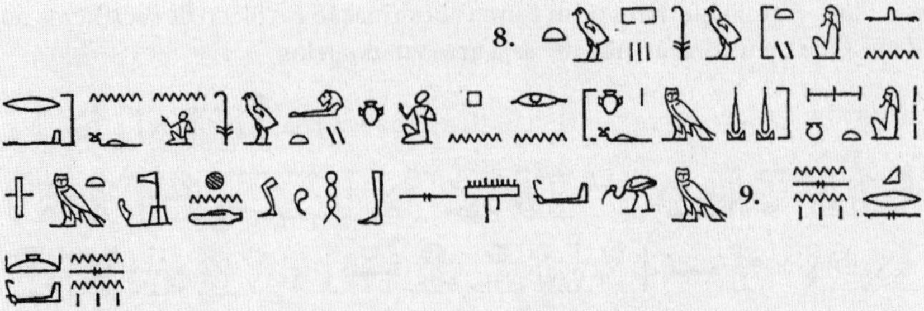

8. cavernas de Suti, mas que este meu coração, que apresentou seu desejo diante dos Chefes Tchatcha que estão em Khert-Neter, não seja dado a ele. Quando eles encontram a perna e as bandagens, **9.** eles as enterram.

CAPÍTULO XXX(a). 1. 

CAPÍTULO XXX(a). 1. O CAPÍTULO PARA NÃO PERMITIR QUE O CORAÇÃO DE NU, CUJA PALAVRA É VERDADE, SEJA LEVADO DELE EM KHERT-NETER. Ele diz:

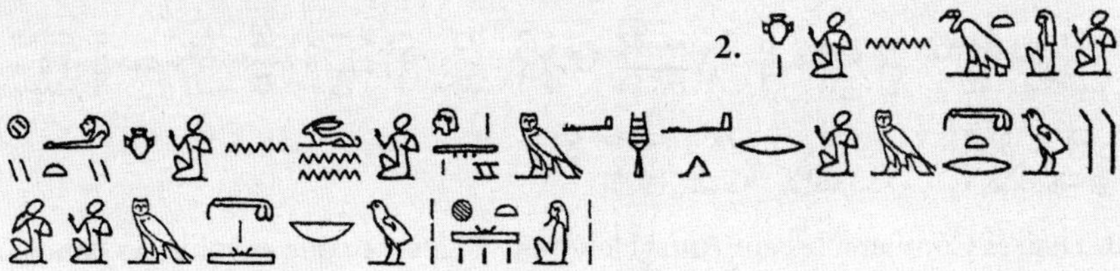

2. Meu coração de minha mãe. Meu coração de minha mãe. Meu coração de minha existência sobre a Terra. Que ninguém se erga contra mim quando eu prestar testemunho na presença dos Senhores das Coisas.

3. Que não seja dito contra mim e contra aquilo que fiz "Ele cometeu atos que são opostos ao que é correto e verdadeiro", e que não sejam levantadas acusações contra mim na presença do Grande Deus, o Senhor de Amentet. Glória a ti, ó meu coração (*ab*). Glória

4. a ti, ó meu coração. Glória a vós, ó meus rins. Glória a vós, ó deuses, que sois mestres de [vossas] barbas, e que são sagrados

5. em razão de vossos cetros. Dizei em meu nome palavras muito favoráveis a Rá,[265] e fazei-me ser favorecido aos olhos de Nehebkau.[266] E eis que, mesmo que ele **6.** (isto é, o coração) esteja unido à Terra, em seu âmago mais profundo, que eu prospere (ou permaneça) na face da Terra, e que eu não morra em Amentet, mas que me torne um espírito lá.

265. É esta a versão de muitos papiros antigos, incluindo o Papiro de Nebseni. Deveríamos esperar encontrar aqui o nome de Osíris no lugar do nome de Rá, e isso de fato ocorre no Papiro de Turim (ed. Lepsius).

266. Nehebkau é o Quadragésimo Assessor, que ficava no Salão de Osíris e auxiliava-o no julgamento dos mortos. A passagem no Capítulo CXXV em que ele é mencionado diz: "Salve, Nehebkau, que vens de [tua cidade], eu não me fiz a usar palavras violentas (ou "arrogantes"), . A palavra *sethen* deve ter apresentado alguma dificuldade para os escribas, pois encontramos as seguintes variantes (Naville, *op. cit.*, II, 308): "Eu não cometi atos fraudulentos" . "Não cometi fraudes no assento da lei (isto é, no tribunal)" 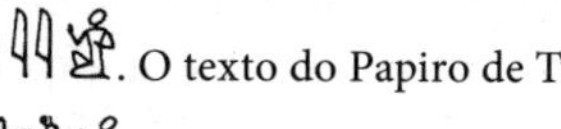. "Eu não cometi *seten* a outrem" 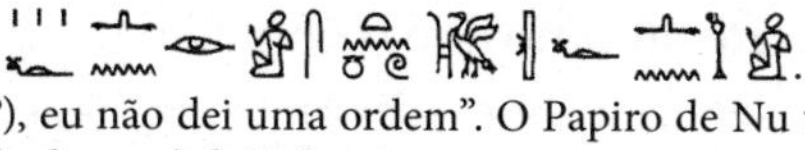. O texto do Papiro de Turim traz: 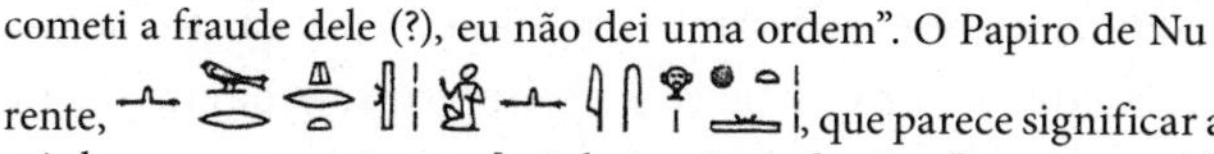. "Eu não fiz os planos dele, eu não cometi a fraude dele (?), eu não dei uma ordem". O Papiro de Nu traz um texto inteiramente diferente, 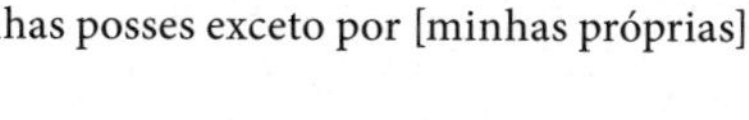, que parece significar algo como: "Eu não tornei grandes minhas posses exceto por [minhas próprias] coisas", mas o sentido exato das palavras não é claro.

CAPÍTULO LVIII
O capítulo para respirar o ar

PRANCHA XVI

CAPÍTULO LVIII. 1. O CAPÍTULO PARA RESPIRAR O AR E PARA TER PODER SOBRE A ÁGUA EM KHERT-NETER. O Osíris Ani diz: Abre para mim! Quem és tu? Aonde vais? **2.** Qual é teu nome? Eu sou um de vós. Quem são estas que te acompanham? As duas deusas Merti (isto é, Ísis e Néftis). Tu separaste cabeça de cabeça quando [ele] **3.** entrou na divina Câmara Mesqen. Ele fez com que eu partisse para o templo dos deuses Kem-heru. "Arrebanhador de Almas" **4.** é o nome de minha barca. "Aqueles que fazem meu cabelo eriçar-se" é o nome dos remos. "Sert" (isto é, "Aguilhão") é o nome do porão (?). **5.** "Rumando direto ao centro" é o nome do leme; da mesma forma, [a barca] é como meu ser sendo levado adiante **6.** no lago. Que lá me sejam oferecidos jarros de leite, e bolos, e pães, e jarros de bebidas, e carne, **7.** no Templo de Anpu.

RUBRICA: 

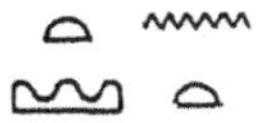 (sic)

RUBRICA: Se o falecido conhecer este capítulo, ele poderá entrar, depois de sair de Khert-Neter [do Belo Amentet].

CAPÍTULO LIX
O capítulo para inspirar o ar em Khert-Neter

PRANCHA XVI

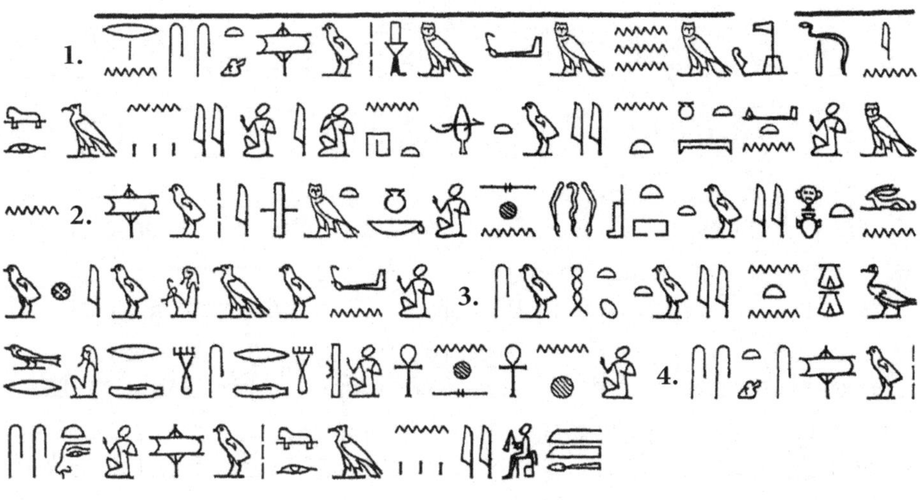

1. O CAPÍTULO PARA INSPIRAR O AR, E PARA TER PODER SOBRE A ÁGUA EM KHERT-NETER. O Osíris Ani diz: Salve, sicômoro* da deusa Nut! Dá-me [água e] ar **2.** que está em ti. Eu acolho aquele trono que está em Unu,[267] e monto guarda ao **3.** Ovo de Nekek-ur.[268] Ele prospera, e eu prospero;[269] ele vive, e eu vivo; **4.** ele inspira o ar, e eu inspiro o ar, eu, o Osíris Ani, cuja palavra é verdade, em [paz].

*. Uma árvore, *Ficus sycomorus*, também conhecida como figueira-do-faraó. (N.T.)

267. A cidade de Hermópolis, cujo deus principal era, como o nome dela significa, Thoth.

268. Outras formas do nome são  e . Este deus é Keb, o deus da Terra. O Ovo é o Sol.

269. O significado é "se o Ovo prospera, então prosperarei; se ele vive, viverei; se ele inspira o ar, inspirarei; se ele não prospera, vive, inspira o ar, então não farei nenhuma dessas coisas, e morrerei".

CAPÍTULO XLIV

O capítulo para não morrer uma segunda vez

PRANCHA XVI

CAPÍTULO XLIV. 1. O CAPÍTULO PARA NÃO MORRER UMA SEGUNDA VEZ EM KHERT-NETER. O Osíris Ani diz: Meu esconderijo está aberto, meu esconderijo está aberto. Os Espíritos precipitaram-se **2.** na escuridão, mas o Olho de Hórus me fez santo, e Upuati nutriu-me. Eu me ocultarei **3.** entre vós, ó estrelas que são imperecíveis. Minha fronte (?) é como a fronte (?) de Rá. Minha face está aberta. **4.** Meu coração está em seu trono, eu sei como proferir as palavras. Em verdade sou o próprio Rá. Não sou um homem sem valor (ou ignorante). **5.** Não sou um homem contra o qual pode ser cometida violência. Teu pai vive por ti, ó filho de Nut. Eu sou teu filho, ó Grandioso, eu contemplei **6.** as coisas ocultas que te pertencem. Sou coroado em meu trono como o rei dos deuses. Não morrerei pela segunda vez em Khert-Neter.

CAPÍTULO XLV
O capítulo para não apodrecer em Khert-Neter
PRANCHA XVI

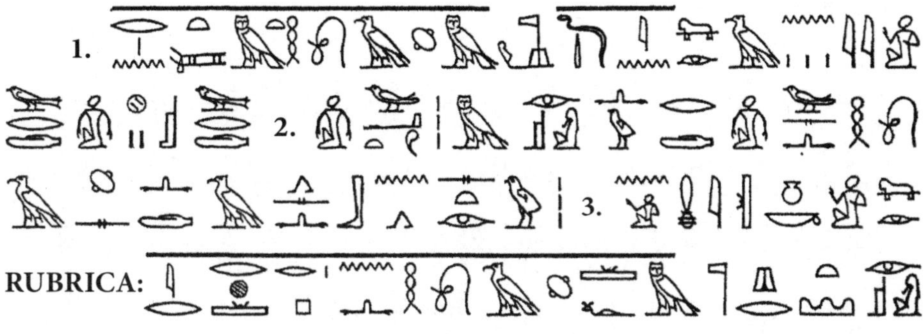

CAPÍTULO XLV. 1. O CAPÍTULO PARA NÃO APODRECER EM KHERT-NETER. O Osíris Ani diz: Ó tu que estás imóvel, ó tu que estás imóvel. Ó tu cujos **2.** membros estão imóveis, como os de Osíris. Teus membros não ficarão imóveis, eles não vão apodrecer (ou feder), eles não vão se desfazer, eles não vão entrar em decomposição. **3.** Meus membros serão tornados [permanentes] para mim, como se eu fosse Osíris.

RUBRICA: Se este capítulo for conhecido pelo falecido, ele nunca sofrerá decomposição em Khert-Neter.

Este capítulo é uma exposição bem sucinta da crença de que é possível evitar a decomposição do corpo, a qual é tratada com mais detalhes no Capítulo CLIV, e é reproduzida aqui a partir do Papiro de Nu (Folha 18).

CAPÍTULO CLIV.

CAPÍTULO CLIV. 1. O CAPÍTULO PARA NÃO PERMITIR QUE O CORPO PEREÇA. O Osíris Nu diz: **2.** Glória a ti, ó meu divino pai Osíris!

Eu venho para embalsamar-te. Que tu embalsames estes meus membros, pois assim eu não pereceria e chegaria ao fim,

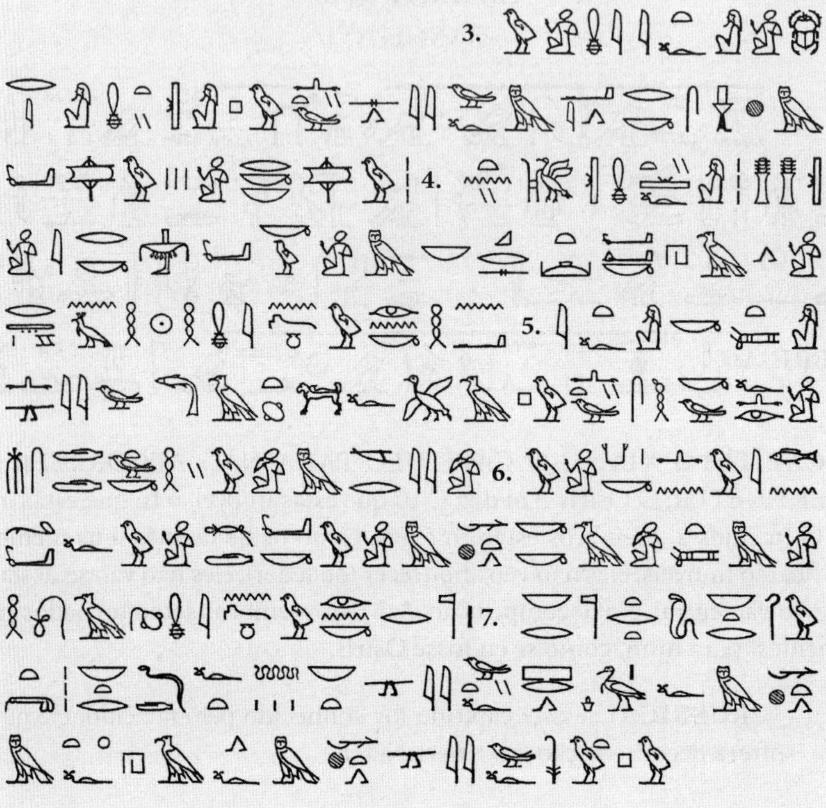

3. [mas seria], assim como meu pai divino Khepera, o protótipo divino daquele que nunca sofre decomposição. Vem, pois, fortalece minha respiração, ó Senhor dos ventos, **4.** que engrandece esses seres divinos que são semelhantes a ti. Torna-me estável, torna-me estável, e faz-me forte, ó Senhor do ataúde. Concede tu que eu possa adentrar na terra da perpetuidade, em conformidade com aquilo que foi feito contigo, **5.** junto a teu pai Tem, cujo corpo nunca sofreu decomposição, e que ele próprio nunca sofreu decomposição. Eu nunca fiz aquilo que tu detestas, não, eu te aclamei entre aqueles que amam teu **6.** Ka (isto é, Duplo). Que meu corpo não se converta em vermes, mas livra-me assim como livraste a ti mesmo. Rogo-te, não me deixes cair em putrefação, como tu deixaste **7.** cada deus, e cada deusa, e cada animal, e cada réptil, sofrer decomposição, quando a alma se foi deles, após a morte.

E, quando a alma se vai, o homem vê a deterioração, e os ossos

8. de seu corpo se desfazem e tornam-se coisas fétidas, e os membros apodrecem um após o outro, os ossos se desfazem em uma massa inerte, e a carne se transforma em um líquido fétido. **9.** Assim o homem torna-se um irmão na podridão que lhe sobrevém, e ele se converte em uma miríade de vermes, e ele se torna nada além de vermes, e chega ao fim, e perece à vista do deus do dia (isto é, Shu), assim como se dá com cada deus, e cada deusa, **10.** e cada ave, e cada peixe, e cada verme rastejante, e cada réptil, e cada fera, e o que quer que seja. Que [todos os Espíritos caiam] sobre **11.** seus ventres [quando] me reconhecerem, e eis que o medo de mim irá aterrorizá-los; e assim também seja com cada ser que morreu, seja ele animal, **12.** ave, peixe, verme ou réptil. Que a vida [surja da] morte. Não permitas que a deterioração causada por qualquer réptil leve a [meu] fim, e não permitas [que inimigos] venham

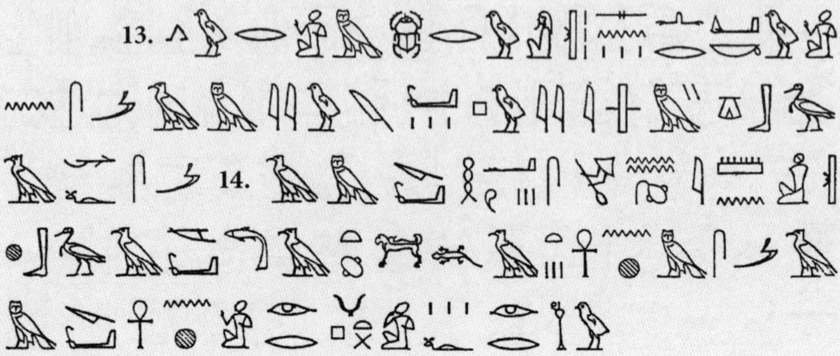

13. contra mim em suas diversas formas. Que tu não me entregues ao Carrasco em sua câmara de execução, que mata **14.** os membros, e faz com que apodreçam, sendo [ele próprio] invisível, e que destrói os corpos dos mortos, e vive à custa de carnificina. Que eu viva e possa executar suas ordens: farei o que

15. for ordenado por ele. Não me entregues aos dedos dele, que ele não me domine, pois eu obedeço a teu comando, ó Senhor dos deuses.

Glória a ti, ó meu divino pai Osíris, tu vives com teus membros.

16. Tu não deterioraste, não te converteste em vermes, não feneceste, não apodreceste, não te putrefizeste, não te transformaste em vermes. Eu sou o deus Khepera, e meus membros terão existência perene.

17. Não vou me decompor, não apodrecerei, não vou me putrefazer, não me converterei em vermes, e não verei deterioração ante o olho do deus Shu. Eu terei meu ser, eu terei meu ser.

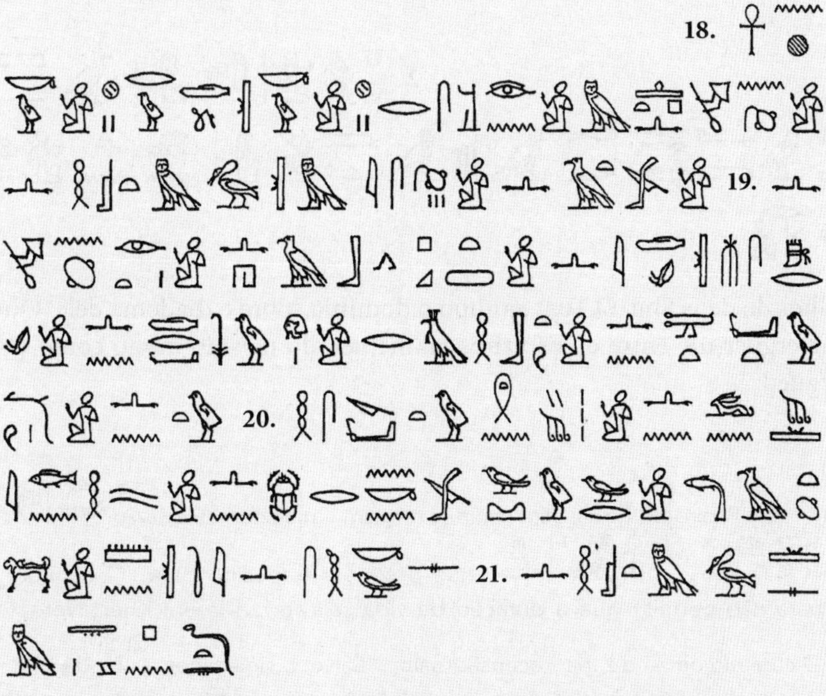

18. Eu viverei, eu viverei; eu florescerei, eu florescerei, eu florescerei, eu despertarei em paz, eu não apodrecerei, minhas entranhas não perecerão, não sofrerei danos. **19.** Meu olho não irá se decompor. As formas de minha face não vão desaparecer. Meu ouvido não ficará surdo. Minha cabeça não vai se separar do pescoço. Minha língua não será removida. Meu cabelo não **20.** será cortado. Minhas sobrancelhas não serão raspadas, e nenhum mal me assaltará. Meu corpo será estabilizado. Ele não vai se tornar uma ruína, **21.** nem será destruído nesta Terra.

CAPÍTULO XLVI
O capítulo para não perecer
PRANCHA XVI

1. 

CAPÍTULO XLVI. 1. O CAPÍTULO PARA NÃO PERECER E PARA PERMANECER VIVO EM KHERT-NETER. O Osíris Ani diz: Salve,

2. 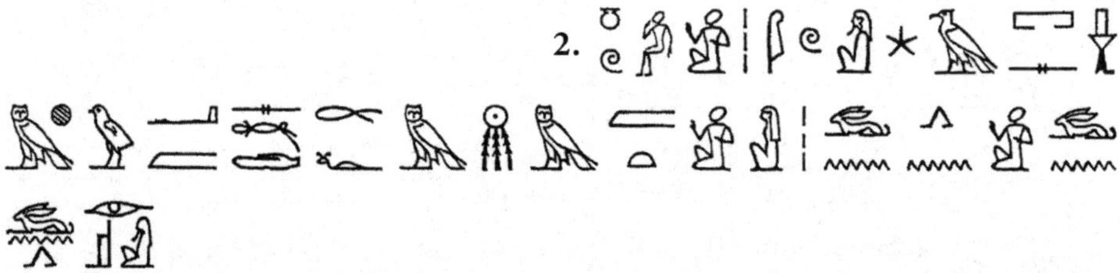

2. filhos do deus Shu. O Tuat ganhou o domínio sobre o diadema dele. Que eu possa erguer-me entre os Espíritos Hamemet, do mesmo modo como Osíris se ergueu.

No Papiro de Turim, este capítulo tem um título alternativo:  , que pode ser traduzido para "O capítulo para não permitir que a duração da vida seja reduzida em Khert-Neter."

O capítulo em si diz, na Recensão Saíta: "Salve, ó dois filhos  de Shu, salve, ó dois filhos de Shu, [que vieram] de seu corpo. O Tuat ganhou domínio sobre o diadema dele. Fazei com que eu erga a mão entre os Espíritos Hamemet, elevando-me", 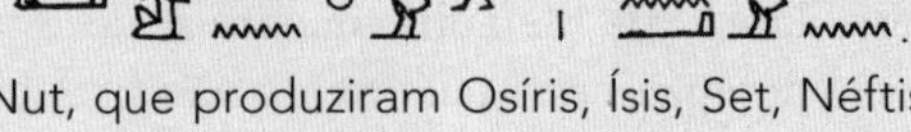. Os dois filhos de Shu são Keb e Nut, que produziram Osíris, Ísis, Set, Néftis, Hórus e Anúbis. Outra versão deste capítulo, além da que foi publicada por Naville, é encontrada no Papiro de Nu (Folha 16). O capítulo é antigo, provavelmente originário do Sul, e as variantes demonstram que o texto apresentava dificuldades para os escribas tebanos. Não há cópia dele no Papiro Greenfield.

CAPÍTULO L

O capítulo para não ir para o bloco de sacrifício do deus

PRANCHA XVI

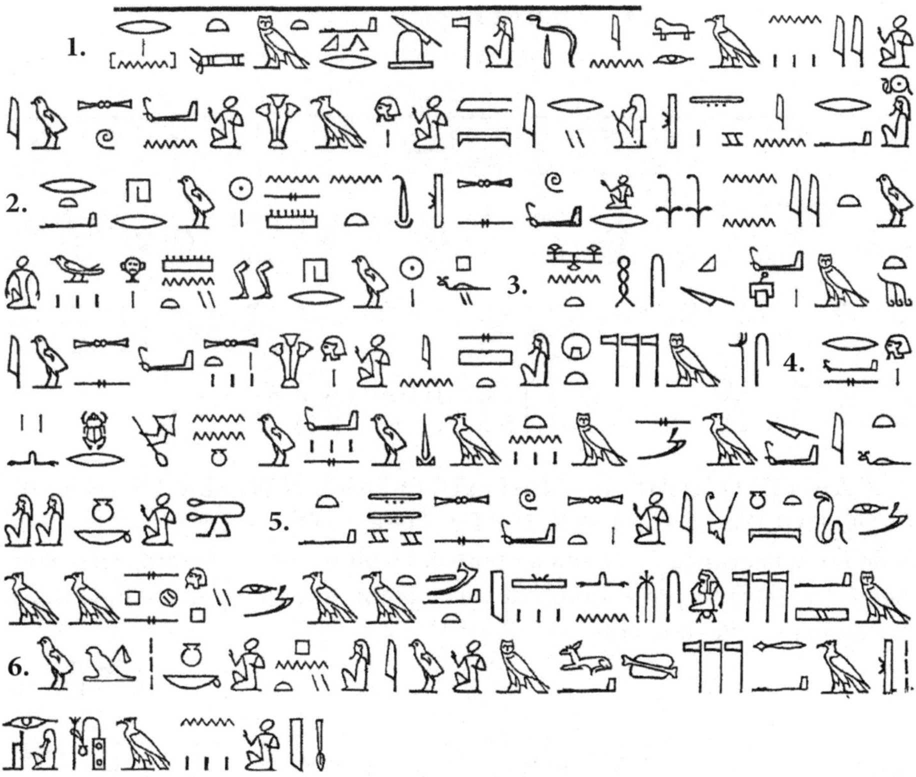

CAPÍTULO L. 1. O CAPÍTULO PARA NÃO IR PARA O BLOCO DE SACRIFÍCIO DO DEUS. O Osíris Ani diz: Minha cabeça foi presa a meu corpo no Céu, ó Guardião da Terra, por Rá. **2.** [Isto] foi concedido [a mim] no dia em que fui estabilizado, quando eu me ergui do estado de fraqueza sobre [meus] pés. No dia **3.** de cortar o cabelo, Set e a Companhia dos Deuses prenderam minha cabeça em meu pescoço, e ela ficou tão firme quanto estava **4.** originalmente. Que nada possa ocorrer para abalá-la novamente! Fazei-me estar a salvo do assassino de meu pai. Eu reuni **5.** as Duas Terras. Nut prendeu umas às outras as vértebras de meu pescoço, e [eu] as contemplo como estavam originalmente, e elas são vistas na ordem em que estavam quando Maat ainda não era vista, e quando os deuses não haviam nascido em formas visíveis. **6.** Eu sou Penti. Eu sou o herdeiro dos grandes deuses, eu, Osíris escriba Ani, cuja palavra é verdade.[270]

CAPÍTULO XCIII
O capítulo para não ser transportado para o Leste

PRANCHA XVII

CAPÍTULO XCIII. 1. O CAPÍTULO PARA NÃO SER TRANSPORTADO PARA O LESTE EM KHERT-NETER. O Osíris Ani diz: Salve, Falo **2.** de Rá, que avança e derrota a oposição. Coisas que estiveram sem movimento (ou inertes) por milhões de anos ganharam vida por meio de Baba. Eu sou mais forte, portanto,

3. do que os fortes, e eu tenho mais poder, portanto, do que os poderosos. Agora, que eu não seja levado embora em um barco, ou seja aprisionado de forma violenta e levado para o Leste, para que os Demônios Sebau realizem comigo seus festivais. Que

270. Outras antigas cópias deste capítulo são encontradas no Papiro de Nebseni (Folha 12) e no Papiro de Nu (Folha 19).

4. ferimentos mortais não me sejam infligidos, e que eu não seja corneado (ou marrado) por chifres. Tu não cairás [nem] comerás **5.** o peixe feito por Tebun (?).[271]

Outro capítulo*

Agora, nenhum tipo de coisa maligna será feito a mim pelos Demônios Sebau. [Eu não serei marrado por] **6.** chifres. Portanto, o Falo de Rá, [que é] a cabeça de Osíris, não será engolido. Eis que **7.** retornarei a meus campos e colherei os grãos. Os deuses me proverão com alimento. Tu não serás então corneado,

271. O texto está corrompido a partir daqui.

*. O Papiro de Ani contém, aparentemente, duas versões deste capítulo. (N.E.)

8. Rá-Khepera. Não haverá pus no Olho de Tem, e ele não **9.** será destruído. Não será cometida qualquer violência contra mim, e não serei levado embora em [minha] barca para o Leste, para que os Demônios Sebau realizem comigo seus festivais **10.** de forma perversa. Cortes cruéis não me serão infligidos com facas, e não serei levado embora em [minha] barca para o Leste. **11.** Eu, o Osíris, o contador das oferendas sagradas de todos os deuses, Ani, cuja palavra é verdade, cuja palavra é verdade, abençoadamente, o senhor da fidelidade [a Osíris].

A partir do texto impresso anteriormente, fica claro que este capítulo estava repleto de dificuldades, e que os antigos escribas não entendiam várias partes dele. É evidente, ainda, que duas versões circulavam durante a XVIII Dinastia. A seguinte versão, de Naville (*op. cit.*, I, Bl. 105), ajuda a esclarecer alguns dos equívocos que os escribas cometeram ao copiar o capítulo:

CAPÍTULO XLIII
O capítulo para não permitir que a cabeça seja cortada

PRANCHA XVII

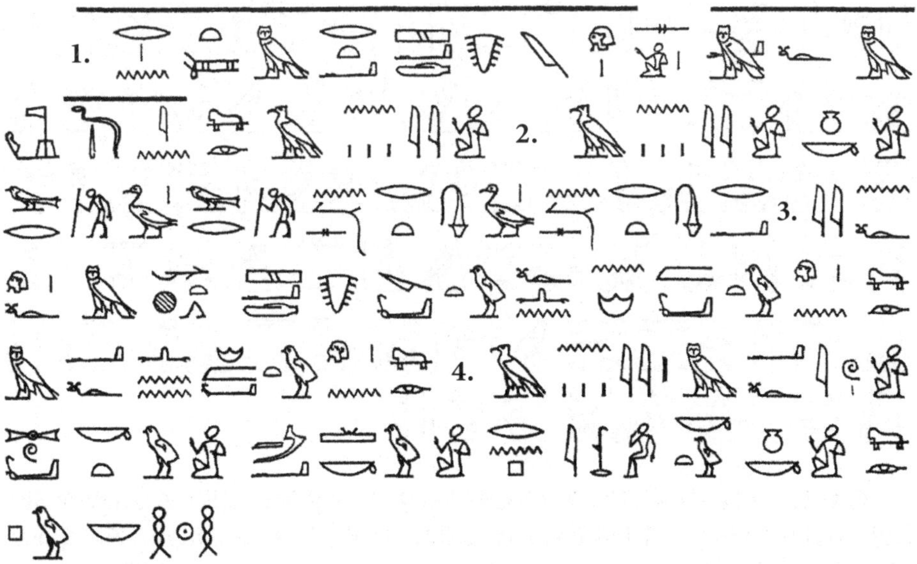

CAPÍTULO XLIII. 1. O CAPÍTULO PARA NÃO PERMITIR QUE A CABEÇA DE UM HOMEM SEJA SEPARADA DE SEU CORPO EM KHERT-NETER. O Osíris Ani diz: **2.** Eu sou um dos Grandiosos, filho de um Grandioso. [Eu sou] Fogo, o filho do Fogo, a quem foi **3.** devolvida a cabeça depois que ela foi cortada. A cabeça de Osíris não foi removida de seu corpo, e a cabeça do Osíris **4.** Ani não será removida de seu corpo.[272] Eu mesmo

*. A publicação original não apresenta a tradução destes hieróglifos. (N.E.)

272. O Papiro de Turim acrescenta aqui 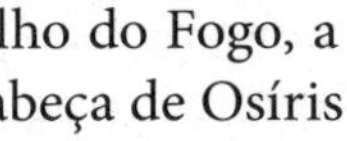.

costurei minhas partes, eu me fiz inteiro e completo.[273] Eu renovarei minha juventude. Eu sou o próprio Osíris, o Senhor da Eternidade.

CAPÍTULO LXXXIX
O capítulo para unir a alma a seu corpo
PRANCHA XVII

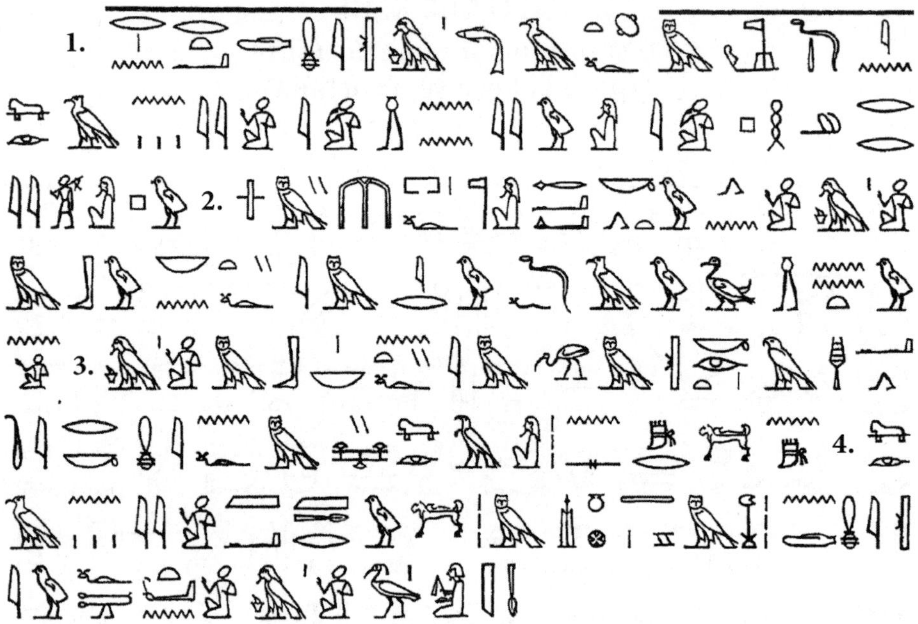

CAPÍTULO LXXXIX. 1. O CAPÍTULO PARA FAZER A ALMA SER REUNIDA A SEU CORPO EM KHERT-NETER. O Osíris Ani diz: Salve, deus Aniu! Salve, deus Pehreri, **2.** que habitas teu salão, o Grande Deus. Concede que minha alma possa vir a mim de qualquer lugar onde possa estar. Ainda que minha alma tarde, que seja trazida **3.** a mim de qualquer lugar onde possa estar. Tu encontraste o Olho de Hórus postado junto a ti como junto àqueles seres que se assemelham a Osíris, que nunca morrem. Não permita que **4.** o Osíris Ani, cuja palavra é verdade, permaneça morto entre aqueles que jazem em Anu, a terra onde [as almas] são reunidas a seus corpos aos milhares. Que eu possa apossar-me de minha Alma Ba e de minha Alma Espiritual, e que minha palavra seja verdade

273. O Papiro de Turim acrescenta , "eu serei renovado".

5. com ela (isto é, a Alma Ba) em qualquer lugar onde esteja. Observai, pois, ó guardiões do Céu, minha alma [onde quer que esteja]. Ainda que ela **6.** tarde, faz tu com que minha Alma Ba veja meu corpo. Tu encontrarás o Olho de Hórus postado a teu lado **7.** como [os Sentinelas].

Salve, deuses que puxais a barca do Senhor de Milhões de Anos, que a conduzis através do **8.** céu do Tuat, que a fazeis viajar por Nent (Nut?), que fazeis com que as Almas Ba entrem em seus Corpos Espirituais, **9.** cujas mãos seguram as varas de direção e fazem a barca seguir reto, que empunhais vossos remos com firmeza, destruí vós o **10.** inimigo; assim, que a Barca se rejubilará, e o Grande Deus percorrerá em paz seu caminho. Além disso, fazei com que a Alma Ba do Osíris Ani, **11.** cuja palavra é verdade diante dos deuses, possa emergir com vossos cordões umbilicais na parte oriental do céu, e que ela possa seguir Rá até o local onde ele esteve ontem, e que possa pôr-se em paz, em paz em Amentet.

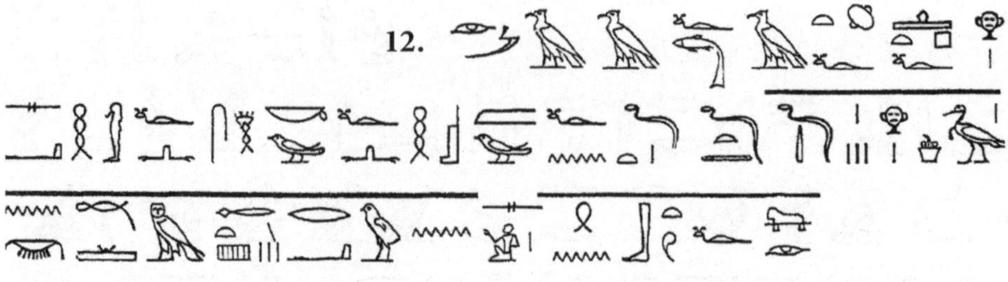

12. Que ela possa contemplar seu corpo terreno, que possa fazer sua morada em seu Corpo Espiritual, que este nunca pereça nem seja destruído para todo o sempre.

RUBRICA:* Estas palavras devem ser recitadas sobre um modelo da Alma Ba feito de ouro e incrustado com pedras preciosas, o qual será colocado sobre o peito do Osíris.

CAPÍTULO XCI
O capítulo para não permitir que a alma de um homem seja mantida cativa em Khert-Neter

PRANCHA XVII

CAPÍTULO XCI. 1. O CAPÍTULO PARA NÃO PERMITIR QUE A ALMA DE UM HOMEM SEJA MANTIDA CATIVA EM KHERT-NETER. O Osíris Ani diz: Salve, tu que és exaltado! Salve, tu que és adorado! Salve, ó Poderoso **2.** das Almas, ó Alma divina que inspiras grande pavor, que levas o medo aos deuses que estão entronizados em teu grandioso assento. Que tu abras um caminho para a Alma Espiritual

*. A publicação original não indica o local onde a rubrica começa na sequência de hieróglifos. (N.E.)

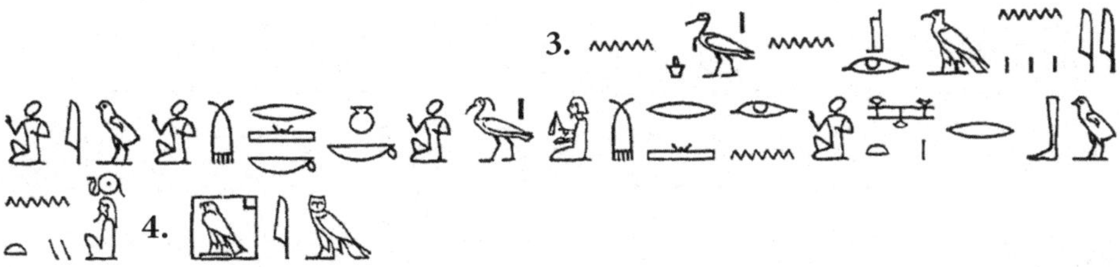

3. e a Alma Ba do Osíris Ani. Eu estou provido de [palavras de poder]. Eu sou uma Alma Espiritual provida de [palavras de poder]. Eu percorri meu caminho até o local onde estão Rá e **4.** Hathor.

RUBRICA:

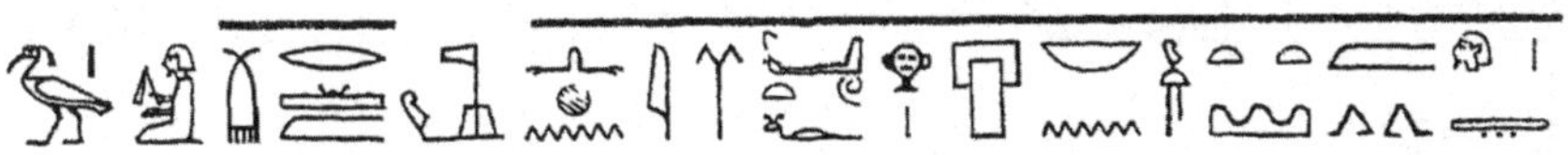

RUBRICA: Se este capítulo for conhecido pelo falecido, ele será capaz de transformar-se em uma Alma Espiritual que estará provida de [sua alma e sua sombra] em Khert-Neter, e ele não ficará preso por trás de porta alguma em Amentet, quando estiver saindo para a Terra ou quando estiver retornando para [Khert-Neter].[274]

CAPÍTULO XCII
O capítulo para abrir a tumba para a Alma Ba e para a sombra

PRANCHA XVII

1.

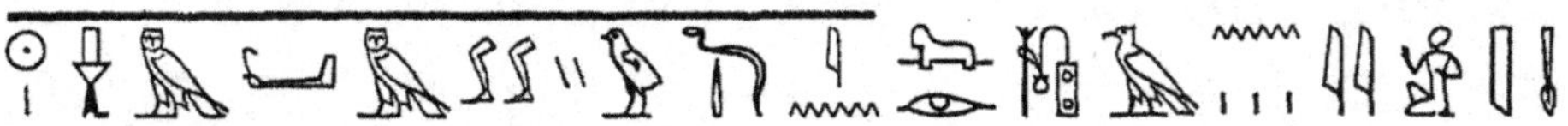

CAPÍTULO XCII. 1. O CAPÍTULO PARA ABRIR A TUMBA PARA A ALMA BA E PARA A SOMBRA, E PARA SAIR À LUZ DO DIA, E PARA TER O CONTROLE DAS PERNAS. O Osíris escriba Ani, cuja palavra é verdade, diz:

274. No Papiro de Nu, esta rubrica está ausente.

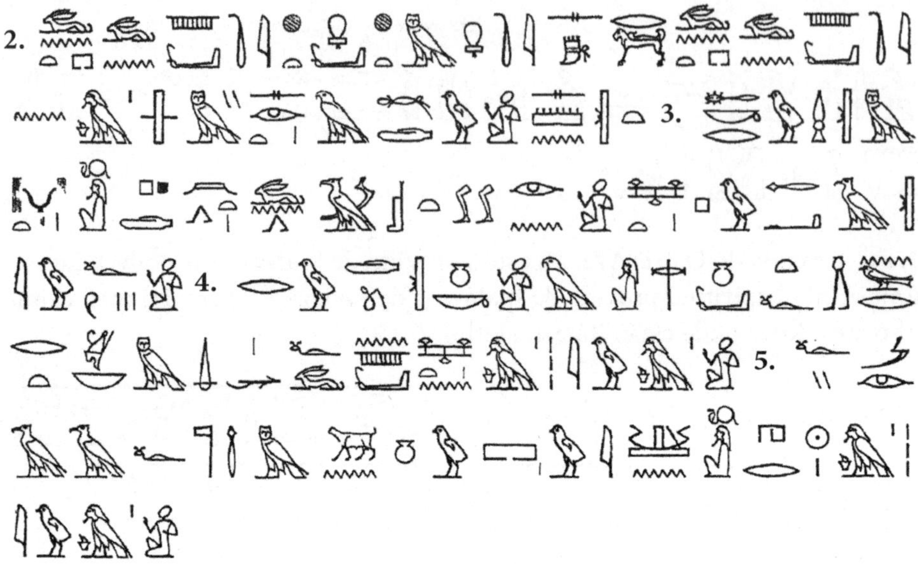

2. O local que está fechado é aberto, o local que está cerrado (ou selado) está fechado. Aquilo que jaz no local fechado é aberto pela (ou para) a Alma Ba que está nele. Pelo Olho de Hórus eu sou libertado (?). Ornamentos são **3.** colocados na fronte de Rá. Minhas passadas se tornam longas. Eu ergo minhas coxas [ao caminhar]. Percorri uma longa estrada. Meus membros estão **4.** em uma condição florescente. Eu sou Hórus, o Vingador de seu Pai, e trago a Coroa Urrt [e a coloco sobre] seu pedestal. A estrada das almas está aberta. Minha alma gêmea **5.** vê o Grande Deus na Barca de Rá, no dia das almas. Minha alma está

6. na frente da barca, com aquele que conta os anos. Vem, o Olho de Hórus libertou para mim minha alma, meus ornamentos estão **7.** colocados sobre a fronte de Rá. A luz brilha sobre as faces daqueles que estão nos membros de Osíris. **8.** Vós

não mantereis cativa minha alma. Não mantereis confinada minha sombra. O caminho está aberto para minha alma

9. e para minha sombra. Ela vê o Grande Deus no templo no dia da contagem de almas. Ela repete as palavras de **10.** Osíris. Aqueles cujos assentos são invisíveis, que agrilhoam os membros de Osíris, que agrilhoam as Almas-Coração e as Almas Espirituais, que põem um selo

11. sobre os mortos, e que fariam o mal contra mim, não o farão. Apresse-se em seu caminho até mim (?). Teu coração

12. está contigo. Minha Alma-Coração e minha Alma Espiritual estão providas; elas te guiam. Eu me sento à cabeceira daqueles que são importantes e **13.** que são chefes de suas moradas. Os guardiões dos membros de Osíris não

te manterão cativo, embora eles mantenham prisioneiras as almas e coloquem um selo sobre

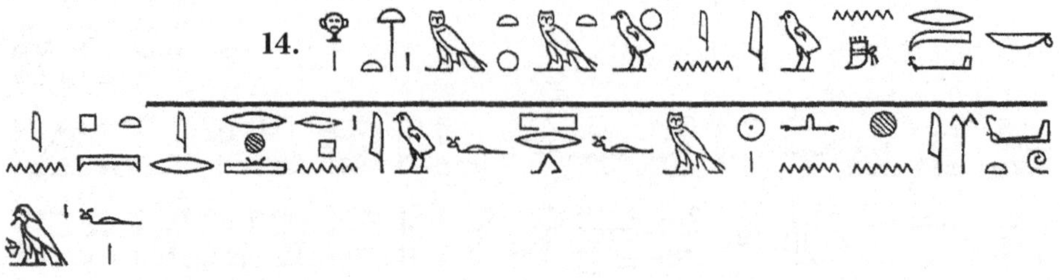

14. a sombra que está morta. O Céu não te manterá encerrado.

RUBRICA:* Se este capítulo for conhecido pelo falecido, ele sairá à luz do dia e sua alma não será mantida cativa.

O texto deste capítulo está corrompido em muitos lugares, e seu significado geral só pode ser compreendido com a leitura de alguma das cópias mais antigas do texto. No Papiro de Nebseni (Folha 6), o capítulo pode ser traduzido nos seguintes termos:

Aquilo que estava fechado foi aberto, [isto é] o morto. Aquilo que estava firmemente fechado foi aberto por ordem do Olho de Hórus, **3.** que me libertou. Colocadas estão as belezas na fronte de Rá. Minhas passadas são longas. Minhas pernas são erguidas. Eu realizei a jornada, meus membros são poderosos e **4.** são robustos. Eu sou Hórus, o Vingador de seu Pai. Eu sou aquele que traz consigo seu pai, e sua mãe, por meio de seu cajado. O caminho será aberto àquele que tem **5.** controle sobre seus pés, e ele verá o Grande Deus na Barca de Rá, quando as almas são contadas na proa, e **6.** quando os anos também são contados. Concedei que o Olho de Hórus, que faz com que os adornos esplendorosos estejam firmes na **7.** fronte de Rá, possa livrar minha alma para mim e que a escuridão cubra vossas faces, ó vós que aprisionaríeis Osíris. Ó, não mantenhais cativa minha alma. Ó, não mantenhais sob custódia **8.** minha sombra, mas permiti que um caminho seja aberto para minha alma e para minha sombra, e permiti que elas vejam o Grande Deus no templo **9.** no dia da contagem das almas, e que possam conversar com Osíris, cujas moradas estão ocultas, e com aqueles que protegem os membros de Osíris, e que **10.** mantêm sob custódia as Almas Espirituais, e que mantêm cativas as sombras dos mortos, e que fariam **11.** malefícios contra mim, para que [não] o façam. Haverá

*. A publicação original não indica o local onde a rubrica começa na sequência de hieróglifos. (N.E.)

um caminho para teu Ka (isto é, Duplo) contigo, e tua alma será preparada por aqueles que mantêm sob custódia os membros de Osíris, e que mantêm cativas **12.** as sombras dos mortos. O Céu não te manterá preso, a Terra não te manterá cativo. Tu não viverás com os seres que matam, **13.** mas tu serás o senhor de tuas pernas, e tu avançarás de imediato até teu corpo na Terra, [e até] aqueles que pertencem ao templo de Osíris e protegem seus membros.

CAPÍTULO LXXIV
O capítulo para erguer os pés e para surgir na Terra

PRANCHA XVIII

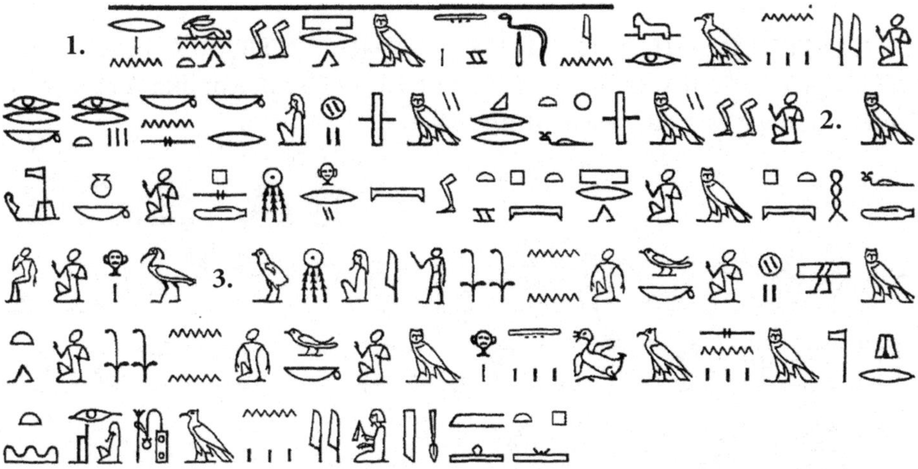

CAPÍTULO LXXIV. 1. O CAPÍTULO PARA ERGUER OS PÉS E PARA SAIR PARA A TERRA. O Osíris Ani diz: Realiza teu trabalho, ó Seker,[275] realiza teu trabalho, ó Seker, ó tu que moras em teu círculo,[276] e que moras em meus pés **2.** em Khert-Neter. Eu sou aquele que lança luz sobre a Coxa do Céu. Eu saio para o Céu. Eu me sento junto ao deus da Luz (Khu). **3.** Ó, estou im-

275. Ou Sekri, isto é, aquele que está encerrado, morto, em seu caixão ou templo. Seker, um deus muito antigo, era a morte personificada, e seu reino estava situado abaixo, ou além, da porção da margem esquerda do Nilo que fica um pouco a sul de Mênfis. O nome deste deus da Morte provavelmente está preservado no topônimo moderno Sakkarah. Os atributos de Seker foram conferidos a Osíris, que em muitos aspectos era o equivalente do deus mais antigo.

276. O Tuat egípcio estava dividido em diversos "círculos", que eram habitados por diferentes graus de Espíritos.

potente. Ó, estou impotente. Eu gostaria de caminhar. Estou impotente. Estou impotente nos territórios daqueles que saqueiam em Khert-Neter, eu, o Osíris Ani, cuja palavra é verdade, em paz.

CAPÍTULO VIII
O capítulo para percorrer Amentet durante o dia

PRANCHA XVIII

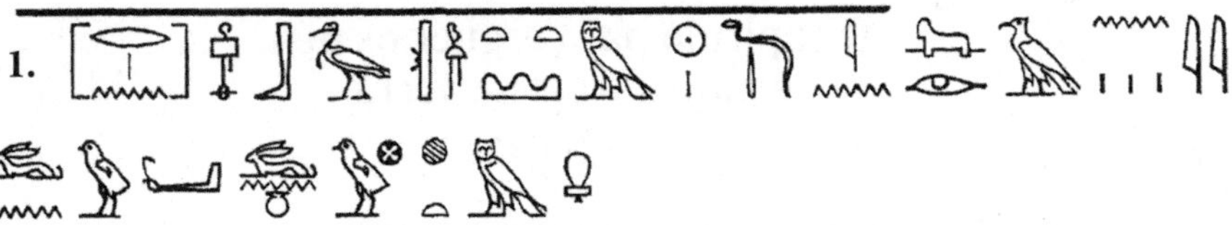

CAPÍTULO VIII. 1. O CAPÍTULO PARA ENTRAR À FORÇA EM AMENTET [E PARA SAIR] À LUZ DO DIA. O Osíris Ani diz: A cidade de Unu (Hermópolis) está aberta. Minha cabeça

2. está selada, Thoth. Perfeito é o Olho de Hórus. Eu libertei o Olho de Hórus, que brilha com esplendor na fronte de Rá, **3.** o Pai dos Deuses, [eu sou] o próprio Osíris, [aquele que mora em] Amentet. Osíris conhece a duração de sua vida, e sabe o quanto viverá; meu ser estará com ele.

4. Eu sou o deus da lua Aah, que mora entre os deuses. E não perecerei. Ergue-te, portanto, ó Hórus, pois tu és um dos deuses.

A seguinte versão (Naville, *op. cit.*, I, Bl. X) deste capítulo explica muitas das dificuldades encontradas no texto do Papiro de Ani:

CAPÍTULOS VIII e IX. 1.

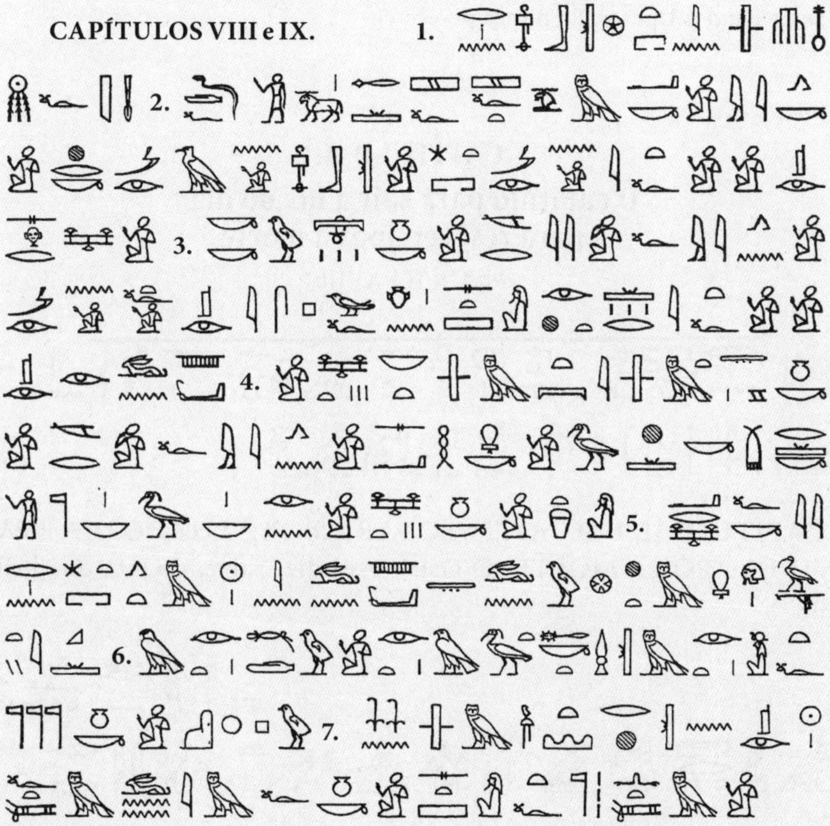

CAPÍTULOS VIII e IX. 1. O CAPÍTULO PARA ENTRAR À FORÇA NO TUAT. O sacerdote Nefer-uben-f de Am Khent, cuja palavra é verdade, **2.** diz: Salve, Alma poderosa e aterrorizante. Eis que eu vim a ti. Eu te contemplo. Eu abri um caminho à força através do Tuat. Eu contemplo meu pai Osíris. Eu afasto **3.** a escuridão. Eu o amo. Eu vim. Eu contemplo meu pai Osíris. Ele contou o coração de Set. [Eu] fiz oferendas para meu pai Osíris. Eu abri **4.** todos os caminhos no Céu e na Terra. Eu o amo. Eu vim. Eu me tornei um Corpo Espiritual e uma Alma Espiritual, que está provida. Salve, todos os deuses e todas as Almas Espirituais, eu percorri os caminhos. Eu sou Thoth **5.** ...

Outro capítulo sobre o Tuat e para sair à luz do dia

Aberta está a Terra de Unu. Fechada está a cabeça de Thoth. Perfeito é **6.** o Olho de Hórus. Eu libertei o Olho de Hórus, aquele que brilha, o ornamento do Olho de Rá, o Pai dos Deuses. Sou o mesmo Osíris que **7.** mora em Amentet. Osíris sabe a duração de sua vida, que chega a um término. Eu sou Set, o Pai dos Deuses. Eu nunca perecerei.

CAPÍTULO II
O capítulo para sair à luz do dia e para reviver após a morte

PRANCHA XVIII

1.

CAPÍTULO II. 1. O CAPÍTULO PARA SAIR À LUZ DO DIA E PARA REVIVER APÓS A MORTE. O Osíris Ani diz: Salve, ó Uno, que brilhas na lua.

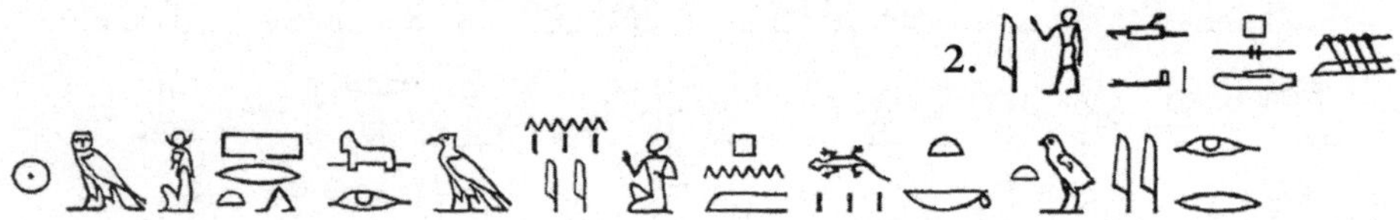

2. Salve, ó Uno, que brilhas na lua. Faz com que este Osíris Ani possa sair entre tuas multidões que estão diante do

3. portão. Que ele esteja junto ao Deus Luz. Que o Tuat seja aberto para ele. Eis que o Osíris **4.** Ani sairá à luz para realizar tudo que desejar na Terra entre aqueles que estão vivos [lá].

No Papiro de Amen-neb, do Museu Britânico (ver Naville, *op. cit.*, I, Bl. 6), este capítulo integra a composição comumente chamada de Capítulo III. O conteúdo desse capítulo, traduzido do Papiro de Nu (Folha 13), é o seguinte:

O texto diz: 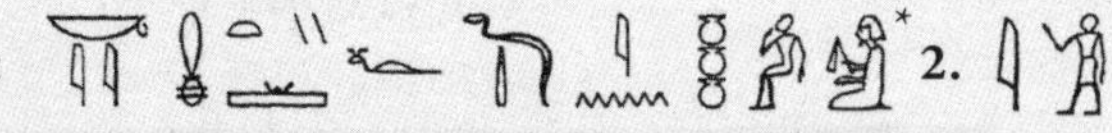

2. Salve, deus Tem, que emerges do Grande Abismo, que brilhas gloriosamente na forma dos Deuses Leão gêmeos,[277] profere com vigor tuas palavras para aqueles que estão em tua presença, **3.** e que o Osíris Nu a eles se junte. Ele executou as ordens que foram dadas aos marinheiros ao final do dia, **4.** e o Osíris Nu, cuja palavra é verdade, reviverá após sua morte, assim como faz Rá todos os dias. Eis que quase certamente Rá nasceu

5. ontem, e o Osíris Nu nasceu ontem. E todos os deuses irão se rejubilar pela vida do Osíris Nu, assim como eles se rejubilam **6.** com a vida de Ptah, quando ele surge vindo da Grande Casa do Deus Antigo, situada em Anu (Heliópolis).

*. A publicação original não apresenta a tradução destes hieróglifos. (N.E.)

277. Isto é, Shu e Tefnut.

CAPÍTULO IX
O capítulo para sair à luz do dia depois de passar pelo Aamhet
PRANCHA XVIII

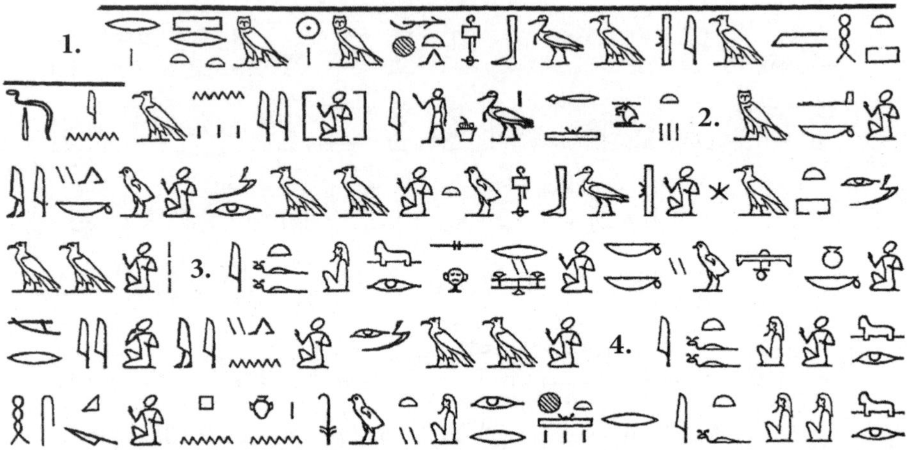

CAPÍTULO IX. 1. O CAPÍTULO PARA SAIR À LUZ DO DIA DEPOIS DE FORÇAR A ENTRADA ATRAVÉS DO AAMHET.[278] O Osíris Ani diz: Salve, Alma poderosa e aterrorizante! **2.** Em verdade, estou aqui. Eu vim. Eu te contemplo. Eu atravessei o Tuat. Eu vi **3.** pai Osíris. Eu dissipei as trevas da noite. Sou amado por ele. Eu vim, eu contemplei **4.** meu pai Osíris. Eu esfaqueei o coração de Suti. Fiz oferendas a meu pai Osíris.

5. Eu abri todos os caminhos no Céu e na Terra. Sou o filho que ama seus pais (*sic*) Osíris. **6.** Eu sou um Corpo Espiritual. Eu sou uma Alma Espiritual. Eu sou provido. Salve, todos os deuses e todas as Almas Espirituais. Eu percorri o caminho [até Osíris]. Eu, o Osíris escriba Ani, cuja palavra é verdade.

278. Uma câmara nos domínios de Seker, o deus da Morte.

CAPÍTULO CXXXII
O capítulo para fazer um homem voltar a ver sua casa na Terra
PRANCHA XVIII

CAPÍTULO CXXXII. 1. O CAPÍTULO PARA FAZER UM HOMEM VOLTAR A VER SUA CASA NA TERRA. O Osíris Ani diz: Eu sou o deus Leão **2.** que sai com longas passadas. Eu lancei flechas e feri minha presa. Eu lancei flechas e feri minha presa. Eu sou o Olho de Hórus, eu atravesso

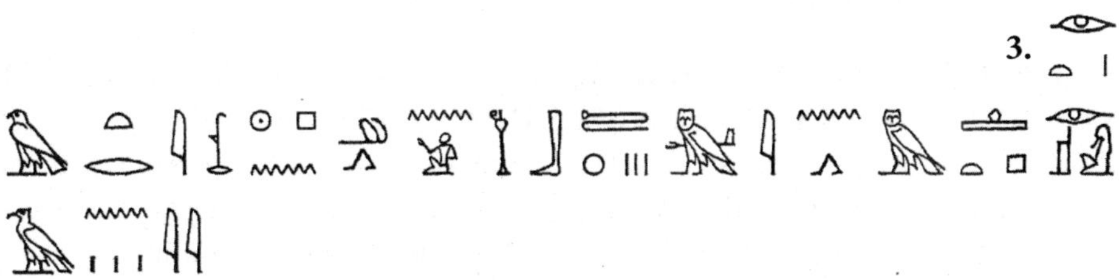

3. o Olho de Hórus nesta estação. Eu cheguei aos domínios. Concede que o Osíris Ani possa vir em paz. [Eu avancei, e eis que não me mostrei leve em peso, e a Balança está livre de meu caso.]

As palavras entre colchetes são traduzidas a partir de um papiro que se encontra em Paris (Naville, *op. cit.*, Bl. 145), e o texto da passagem é o seguinte:  . A Balança a que se faz alusão aqui é a "Grande Balança" do Salão de Osíris, na qual os corações dos falecidos são pesados na presença do deus. Contudo, é difícil ver a conexão entre o objetivo com o qual este capítulo foi escrito e as palavras aqui acrescentadas. No Papiro de Turim, elas estão totalmente ausentes.

CAPÍTULO X ou XLVIII[279]
Outro capítulo para um homem sair à luz do dia e enfrentar seus inimigos em Khert-Neter

PRANCHA XVIII

CAPÍTULO X ou XLVIII. 1. OUTRO CAPÍTULO PARA UM HOMEM SAIR À LUZ DO DIA CONTRA SEUS INIMIGOS EM KHERT-NETER. [O Osíris Ani diz:] Eu dividi os Céus. Eu **2.** fendi o horizonte. Eu percorri a Terra [seguindo] seus passos. Eu derrotei as poderosas Almas Espirituais porque **3.** estou provido de palavras de poder por milhões de anos. Eu me alimento com minha boca. Evacuo com meu corpo. **4.** Eis que sou o deus do Tuat! Que tais coisas me sejam concedidas, o Osíris Ani, em perpetuidade, sem falha ou redução.

No papiro de Nebseni, o texto deste capítulo contém algumas variantes interessantes; ele é o seguinte*:

279. O capítulo aparece duas vezes no Papiro de Turim.

*. A publicação original não apresenta uma tradução para este trecho em hieróglifos. (N.E.)

O Capítulo XI tem título semelhante ao do Capítulo X, mas seu conteúdo é diferente; o Papiro de Turim contém duas cópias dele (Capítulos XI e XLIX). O texto presente do Papiro de Nu (Folha 21) é o seguinte:

CAPÍTULO XI ou XLIX. 1. O CAPÍTULO PARA SAIR E ENFRENTAR OS INIMIGOS EM KHERT-NETER. O Osíris Nu diz: **2.** Salve, Am-a-f (isto é, Aquele que Devora o Próprio Braço), eu percorri (?) a estrada. Eu sou Rá. Eu vim do horizonte para enfrentar meus inimigos. Não permiti que ele escapasse **3.** de mim. Estendi minha mão como aquela do Senhor da Coroa Urrt. Ergui meus pés da mesma forma que as deusas Ureus se ergueram. Não permiti ao inimigo [salvar-se] de mim. **4.** Quanto a meu inimigo, ele me foi dado, e não irá livrar-se de mim. Eu me levanto como Hórus. Eu me sento como Ptah. Sou forte como Thoth. **5.** Sou poderoso como Tem. Eu caminho com minhas pernas. Falo com minha boca. Persigo meu inimigo. Ele me foi dado, e não irá livrar-se de mim.

CAPÍTULO XV
Um hino de louvor [para ser entoado] a Rá quando ele se ergue no horizonte [e] quando se põe na [Terra da] Vida

PRANCHA XIX

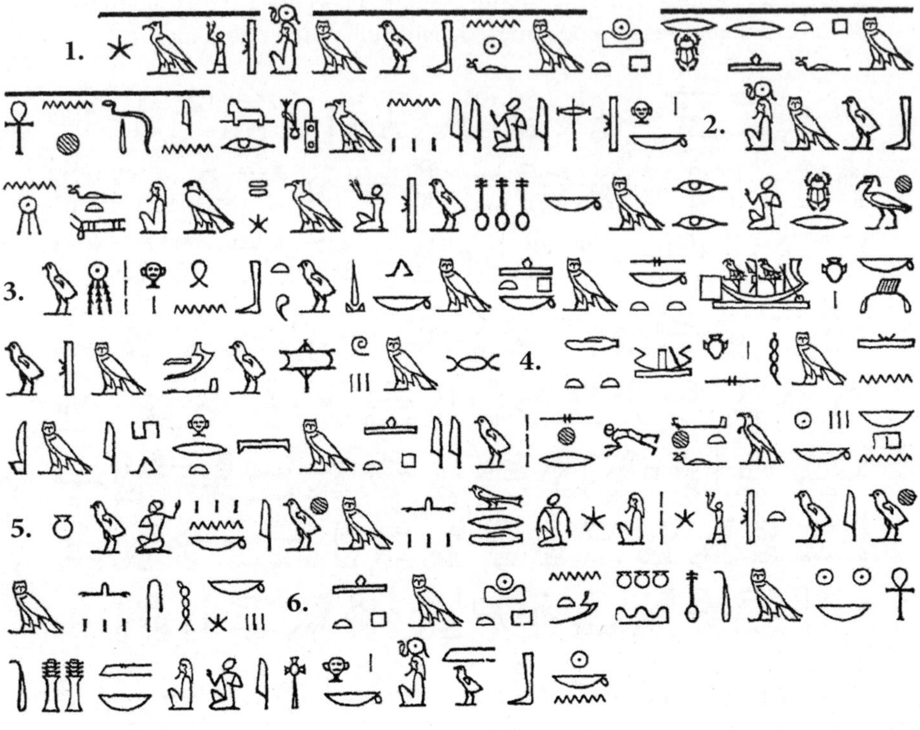

CAPÍTULO XV. 1. UM HINO DE LOUVOR A RÁ QUANDO ELE SE ERGUE NO HORIZONTE E QUANDO SE PÕE NA TERRA DA VIDA. Osíris, o escriba Ani, diz: Glória a ti, **2.** ó Rá, quando te ergues como Tem-Heru-Khuti. Tu deves ser adorado. Tuas belezas estão diante de meus olhos, [teu] **3.** brilho está sobre meu corpo. Segues adiante para teu ocaso na Barca Sektet com ventos [favoráveis], e teu coração se alegra; **4.** o coração da Barca Matet se alegra. Tu percorres os Céus em paz, e todos os teus inimigos são derrotados; as estrelas que jamais repousam **5.** cantam hinos de louvor a ti, e as estrelas que são imperecíveis te glorificam quando **6.** mergulhas no horizonte de Manu, ó tu que és belo de manhã e ao anoitecer, ó senhor, que vives e está estabelecido, ó meu Senhor!

Glória a ti, ó tu que és Rá quando te elevas,

7. e que é Tem quando te pões em beleza. Tu te elevas e brilhas no dorso de tua mãe [Nut], ó tu que é coroado o rei **8.** dos deuses! Nut te recebe e presta homenagem a ti, e Maat, a perpétua e sempre imutável deusa, te abraça no meio do dia e à tarde. Tu percorres os Céus, alegre de coração, e o Lago de Testes[280] **9.** está feliz. O demônio Sebau foi ao chão, suas pernas dianteiras e traseiras foram decepadas, e a faca seccionou as articulações de seu dorso. Rá teve vento favorável, **10.** e a Barca Sektet partiu em sua viagem, e navegou até chegar ao porto. Os deuses do Sul, os deuses do Norte, os deuses do Oeste e os deuses do Leste louvam-te, **11.** ó Divina Substância a partir da qual todas as coisas vivem e ganham existência. Tu proferiste o verbo quando a Terra estava mergulhada em silêncio, ó tu que és Único, que habitavas o Céu antes mesmo que a Terra e as montanhas existissem. **12.** Salve tu

280. A região de oásis no Deserto Ocidental.

Mensageiro, Senhor, o Único, tu, criador das coisas que existem, tu moldaste a língua da Companhia dos Deuses, tu produziste tudo o que sai das águas, tu emerges delas acima da terra submersa do Lago de Hórus.

13. Que eu possa respirar o ar que sai de tuas narinas, e o vento norte que vem de tua mãe Nut. Que tu faças minha Alma Espiritual ser gloriosa, ó Osíris, **14.** faz que minha Alma-Coração seja divina. Tu és venerado quando te pões, ó Senhor dos deuses, és exaltado por teus trabalhos maravilhosos. Ilumina com teus raios de luz o meu corpo dia após dia, **15.** a mim, Osíris, o escriba, o contador das oferendas divinas de todos os deuses, o supervisor do celeiro do Senhor de Abidos, o escriba real que te ama, Ani, cuja palavra é verdade, em paz.

1. Que sejas louvado, ó Osíris, o Senhor da Eternidade, Un-Nefer, Heru-Khuti (Harmakhis), cujas formas são múltiplas, cujos atributos são majestosos [Que sejas louvado], **2.** ó tu que és Ptah-Seker-Tem em Anu (Heliópolis), Senhor do tempo oculto, Criador da Casa do Ka de Ptah (Het-ka-Ptah = Mênfis) e dos deuses [de lá], Guia do Tuat, **3.** que és glorificado quando te pões em Nu (isto é, o Céu). Ísis te abraça em paz e mantém os demônios afastados das entradas

4. de teus caminhos. Tu voltas tua face para Amentet, e fazes a Terra brilhar como se fosse de cobre refinado. Aqueles que se deitaram na morte erguem-se para ver-te, **5.** respiram o ar e olham para tua face quando o disco se eleva no horizonte. O coração deles fica em paz desde que te contemplem, ó tu que és Eternidade e Perpetuidade.

Litania

1. *Saudação.* Glória a vós, ó deuses das Dekans que estais em Anu, e a vós, ó espíritos Hememet que estais em Kher Aha, e a ti, ó Unti,[281] que és o mais glorioso de todos os deuses que estão ocultos em Anu,
Petição. Ó, concede-me um caminho que eu possa percorrer em paz, pois sou justo e verdadeiro; eu não proferi falsidades deliberadamente nem fiz nada com o intuito de enganar.

2. *Saudação.* Glória a ti, ó An[282] que estás em Antes (?), Heru-khuti, que marcha com longas passadas através dos Céus,
Petição. Ó, concede-me um caminho que eu possa percorrer em paz, pois sou justo e verdadeiro; eu não proferi falsidades deliberadamente nem fiz nada com o intuito de enganar.

281. Deus que é representado segurando uma estrela em cada mão e andando diante de uma barca solar.

282. Um deus solar muito antigo, que era venerado em Heliópolis.

3. 

3. ***Saudação.*** Glória a ti, ó Alma Perpétua, Alma que moras em Tetu (Busíris), Un-Nefer, o filho de Nut, que é o Senhor de Akert,
Petição. Ó, concede-me um caminho que eu possa percorrer em paz, pois sou justo e verdadeiro; eu não proferi falsidades deliberadamente nem fiz nada com o intuito de enganar.

4. 

4. ***Saudação.*** Glória a ti, em teu domínio sobre Tetu, sobre cuja fronte a Coroa Urrt está colocada, ó Uno que crias a força para proteger a ti mesmo e que moras em paz,
Petição. Ó, concede-me um caminho que eu possa percorrer em paz, pois sou justo e verdadeiro; eu não proferi falsidades deliberadamente nem fiz nada com o intuito de enganar.

5. 

5. ***Saudação.*** Glória a ti, ó Senhor da Árvore de Acácia, cuja barca Seker está posta sobre seu trenó, que fazes retroceder o Demônio, o Malfeitor, e fazes o Olho de Rá (*utchat*) repousar sobre seu assento,
Petição. Ó, concede-me um caminho que eu possa percorrer em paz, pois sou justo e verdadeiro; eu não proferi falsidades deliberadamente nem fiz nada com o intuito de enganar.

6. 

6. ***Saudação.*** Glória a ti, ó tu que és poderoso em tua hora, grande e poderoso Príncipe que moras em Anrutef, Senhor da Eternidade e Criador da Perpetuidade, Senhor de Hensu (Heracleópolis),

Petição. Ó, concede-me um caminho que eu possa percorrer em paz, pois sou justo e verdadeiro; eu não proferi falsidades deliberadamente nem fiz nada com o intuito de enganar.

7. 

7. *Saudação.* Glória a ti, ó tu que te amparas na Verdade, Senhor de Abtu (Abidos), cujos membros constituem a substância de Ta-tchesert,[283] para quem a fraude e o engodo são abominações,
Petição. Ó, concede-me um caminho que eu possa percorrer em paz, pois sou justo e verdadeiro; eu não proferi falsidades deliberadamente nem fiz nada com o intuito de enganar.

8. 

8. *Saudação.* Glória a ti, ó tu que moras em tua barca, que traz Hapi (o Nilo) para fora da caverna dele, cujo corpo é a luz, e que moras em Nekhen,[284]
Petição. Ó, concede-me um caminho que eu possa percorrer em paz, pois sou justo e verdadeiro; eu não proferi falsidades deliberadamente nem fiz nada com o intuito de enganar.

9. 

283. Isto é, a "Terra Santa".

284. Cidade no Alto Egito que ocupava parte do local onde hoje ergue-se a moderna cidade de Al-Kab. A principal divindade do lugar era a deusa Nekhebet, que era a protetora do Sul por excelência. Seu santuário era um dos mais antigos do Egito. Os gregos chamavam a cidade de Eileithyiaspolis.

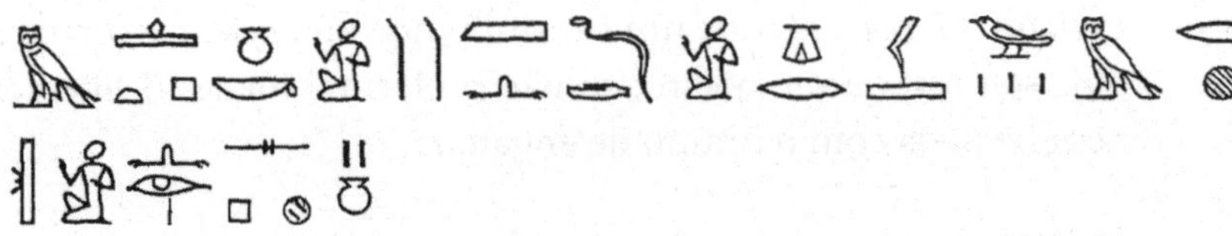

9. *Saudação.* Glória a ti, ó tu Criador dos deuses, Rei do Sul e do Norte, Osíris, cuja palavra é verdade, que governa o mundo por meio de tua graciosa bondade, tu, Senhor do Atebui.[285]

Petição.[286] Ó, concede-me um caminho que eu possa percorrer em paz, pois sou justo e verdadeiro; eu não proferi falsidades deliberadamente, nem fiz nada com o intuito de enganar.

Na Recensão Saíta, a Litania contém *dez* Saudações (ed. Lepsius, Bl. V). Seus temas diferem em vários detalhes importantes da Litania de Ani. As Saudações são as seguintes:

1. 

1. Glória a ti, ó tu que vens como Tem, que ganhou existência para criar a Companhia dos Deuses.

2. 

2. Glória a ti, ó tu que vens como a Alma das Almas, o ser Sagrado em Amentet.

3. 

3. Glória a ti, ó Presidente dos Deuses, que iluminas o Tuat com tuas belezas.

4. 

4. Glória a ti, ó tu que vens como o deus da Luz, que viajas em teu Disco.

285. Um nome dado para as duas séries de áreas de plantio de cereais que se estendem nas margens direita e esquerda do Nilo.

286. Esta petição é escrita uma única vez, mas claramente deveria ser repetida depois de cada uma das nove Saudações. Isso é provado pela Recensão Saíta, onde as palavras "Concede tu a doce brisa do vento norte" etc. estão escritas em dois lugares, para serem proferidas após cada uma das dez Saudações acima delas.

5. 

5. Glória a ti, ó tu, o maior de todos os deuses, que foste coroado Rei no Céu, Governador no Tuat.

6. 

6. Glória a ti, ó tu que percorres um caminho através do Tuat, que lideras o caminho por meio de todas as portas.

7. 

7. Glória a ti, ó tu que estás entre os deuses, que pesas as palavras (isto é, julga ações) em Khert-Neter.

8. 

8. Glória a ti, ó tu que moras em teus lugares secretos, que moldas o Tuat com teu poder (?).

9. 

9. Glória a ti, ó aquele que é grande, aquele que é poderoso, teus inimigos caíram em lugares onde foram derrotados.

10. 

10. Glória a ti, ó tu que esquartejaste os demônios Sebau e aniquilaste Aapep.
Concede tu a doce brisa do vento norte ao Osíris Auf-ankh, cuja palavra é verdade.

CAPÍTULO XV
Hino de louvor a Rá quando ele se ergue no horizonte oriental do Céu e àqueles que compõem seu séquito

PRANCHAS XX e XXI

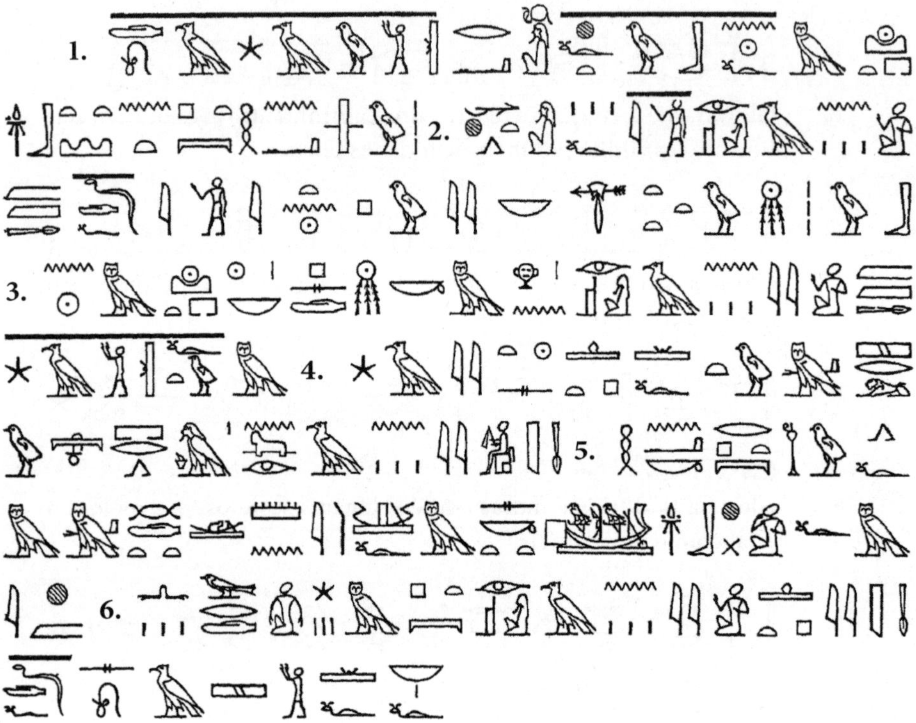

1. UM HINO DE LOUVOR A RÁ QUANDO ELE SE ERGUE NA PARTE ORIENTAL DO CÉU. **2.** Aqueles que integram o séquito dele se rejubilam, e o Osíris escriba Ani, cuja palavra é verdade, diz: Salve Disco, senhor dos raios, **3.** que te elevas no horizonte dia após dia. Ilumina com teus raios de luz a face do Osíris Ani, cuja palavra é verdade, pois ele canta hinos de louvor a ti **4.** no alvorecer, e faz com que te sentes ao escurecer [com palavras de adoração]. Que a alma do Osíris Ani, cuja palavra é verdade, possa seguir **5.** contigo para o Céu! Que ele possa partir contigo na Barca Matet [pela manhã], que possa chegar ao porto na Barca Sektet [no anoitecer] e que possa abrir seu caminho por entre as estrelas **6.** do Céu que nunca descansam.

O Osíris Ani, cuja palavra é verdade, estando em paz [com seu deus], faz a adoração a seu Senhor,

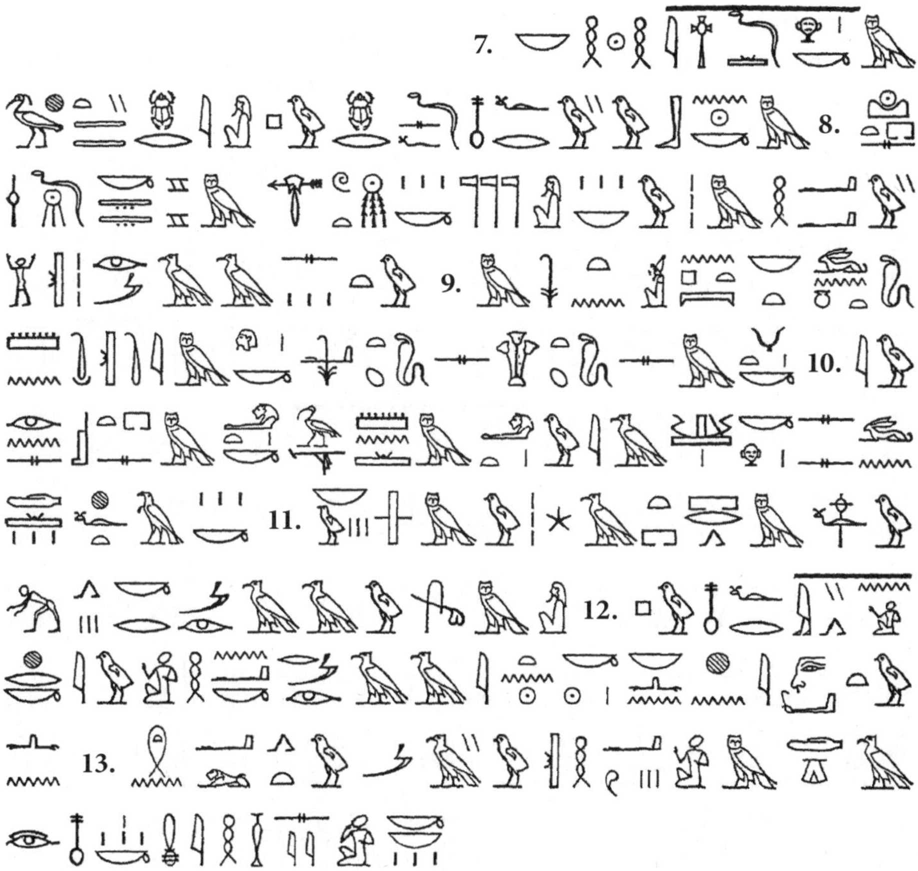

7. o Senhor da Eternidade, e diz: Glória a ti, ó Heru-Khuti, que é o deus Khepera, o autocriado. Quando tu te elevas no **8.** horizonte e lanças teus raios de luz sobre as terras do Sul e do Norte, tu és belo, verdadeiramente belo, e todos os deuses se alegram quando te contemplam, **9.** o rei do Céu. A deusa, a Senhora da Hora,[287] está colocada sobre tua cabeça, seus Ureus do Sul e do Norte estão sobre tua fronte, **10.** e ela toma seu lugar diante de ti. O deus Thoth está posicionado na proa de tua barca para destruir por completo todos os teus inimigos. **11.** Aqueles que moram no Tuat vêm a teu encontro, e eles se prostram em homenagem quando vêm em tua direção para contemplar tua **12.** forma (ou imagem) bela. E eu, Ani, vim ante tua presença, de modo a poder estar contigo e poder contemplar teu Disco todos os dias. Que eu não seja mantido cativo [pela tumba], e que eu não seja **13.** feito retroceder [em meu caminho].

287. Cada hora da noite estava sob a proteção de uma deusa, que era responsável pela segurança da Barca de Rá durante este período; por isso, a deusa era chamada "Senhora da Hora".

Que os membros de meu corpo se renovem quando eu contemplar tuas belezas, assim como ocorre com os membros de todos aqueles que são agraciados por ti,

14. porque eu sou um daqueles que te veneravam na Terra. Que eu possa chegar à Terra da Eternidade, que eu possa entrar na **15.** Terra da Perpetuidade. Isto, ó meu Senhor, eis que vós ordenarás a mim.

EM ADIÇÃO, O OSÍRIS ANI, CUJA PALAVRA É VERDADE, EM PAZ, O QUE FALA A VERDADE, DIZ: **16.** Glória a ti, ó tu que te elevas no horizonte na forma de Rá, que te amparas na Lei [que não pode ser trocada ou alterada]. Tu passas pelo céu, e todas as faces (isto é, toda a humanidade) observam a ti **17.** e a teu curso, pois tu próprio estás oculto aos olhares. Tu te mostras [a eles] no alvorecer e no escurecer, todos os dias. **18.** A Barca Sektet, na qual Tua Majestade mora, parte em viagem com vigor. Teus raios [caem] sobre todas as faces, tua luz, com suas múltiplas cores, é incompreensível [para o homem], e teus **19.** raios brilhantes não podem ser relatados (ou narrados).

As Terras dos Deuses[288] veem-te, elas poderiam escrever [no que se refere a ti]; os Desertos de Punt[289] poderiam computar (ou estimar)

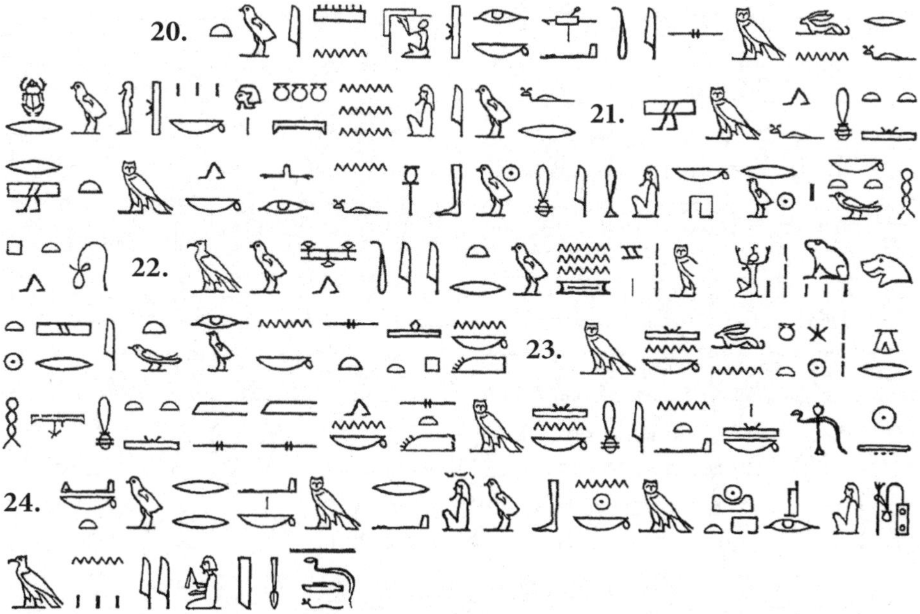

20. a ti. Tua criação está oculta. Ela se dá pela abertura de tua boca. Tua forma (?) é a cabeça de Nu.[290] Possa ele (isto é, Ani) **21.** avançar, assim como tu avanças, sem cessar, assim como tu, Majestade [não deixas de avançar] por um instante sequer. Com passadas largas **22.** tu percorres, em um breve instante, distâncias ilimitadas, que necessitariam de milhões e centenas de milhares de anos [para serem percorridas por um homem; isto] tu fazes e então te deitas para descansar. Tu pões um fim **23.** às horas da noite, quando tu avanças (?) por cima delas. Tu pões um fim a elas por tua própria determinação, e o alvorecer cobre a Terra. **24.** Tu te pões ante tua obra sob a forma de Rá, e tu rolas para cima no horizonte.

288. Isto é, os territórios do Sudão Oriental e da Arábia.

289. O sudeste do Sudão.

290. Esta seção do hino é muito difícil de entender. O autor parece querer dizer que o trabalho de criação do Sol é um mistério, e que é, de fato, incompreensível. A substância do Sol foi, aparentemente, tornada viva por meio da cerimônia da "abertura da boca", que deve ter sido realizada pelo deus que fez o Sol. Como esssa cerimônia, quando realizada sobre um corpo morto, devolvia-o à vida, ao pensamento e ao movimento, assim, quando realizada por Temu ou Thoth, fazia o Sol viver, isto é, emitir luz e calor. As últimas palavras, *kheperu tep Nu*, podem significar "tuas criações estão (ou tuas formas estão) acima de Nu (ou sobre Nu)".

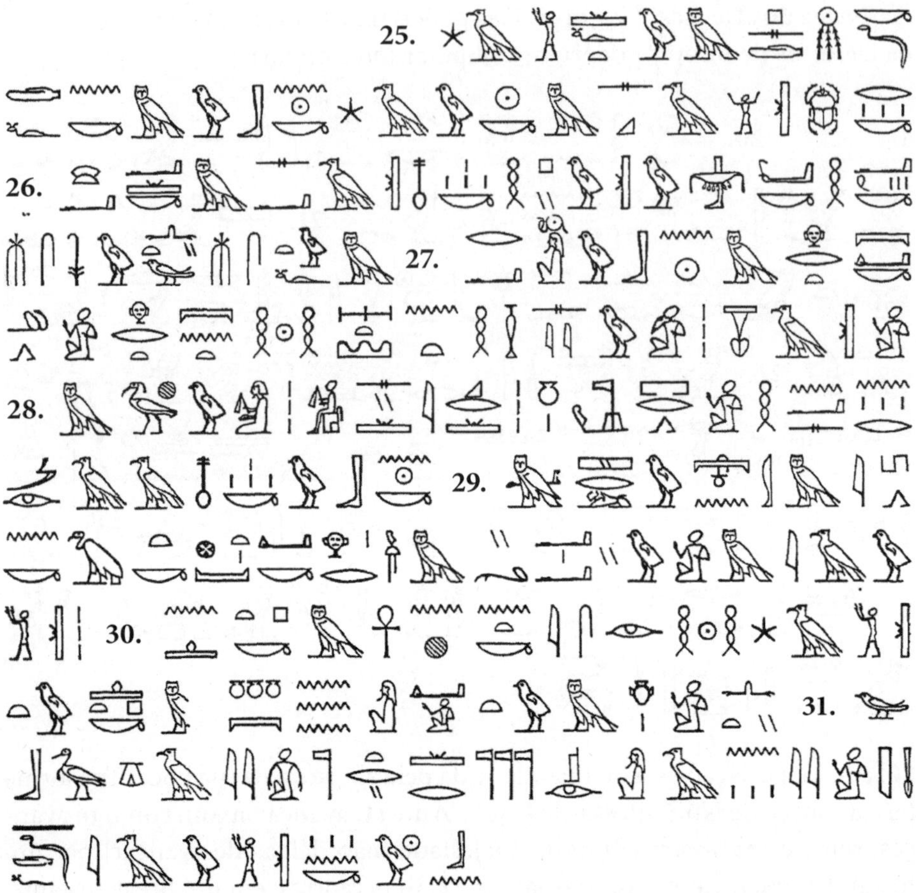

25. (...) Tu emites luz quando tua forma se eleva, **26.** tu ordenas que aumentem teus esplendores (ou belezas). Tu moldas teus membros à medida que avanças, tu os traz à luz, tu que nunca foste trazido à luz, sob a forma **27.** de Rá, que rola nas alturas do Céu. Concede tu que eu possa alcançar o Céu da eternidade e a região onde moram teus favoritos. Que eu possa unir-me com **28.** aquelas santas e perfeitas Almas Espirituais de Khert-Neter. Que eu possa sair com elas para contemplar tuas belezas enquanto rolas seguindo em frente **29.** ao escurecer, enquanto tu viajas para tua mãe Nut (isto é, o céu noturno), e te postas à mão direita (isto é, no oeste). Minhas duas mãos estão erguidas para ti em louvor e gratidão **30.** quando tu te pões em vida (isto é, como um ser vivente, ou na Terra da Vida). Eis que tu és o Criador da Eternidade (ou Criador Eterno), que é adorado quando tu te pões em Nu.[291] Eu te coloquei em meu coração, sem **31.** hesitação, ó tu que és mais divino que os deuses.

291. As Águas Celestiais deificadas.

O Osíris Ani, cuja palavra é verdade, diz: Louvor e gratidão estejam contigo, ó tu que rolas seguindo em frente

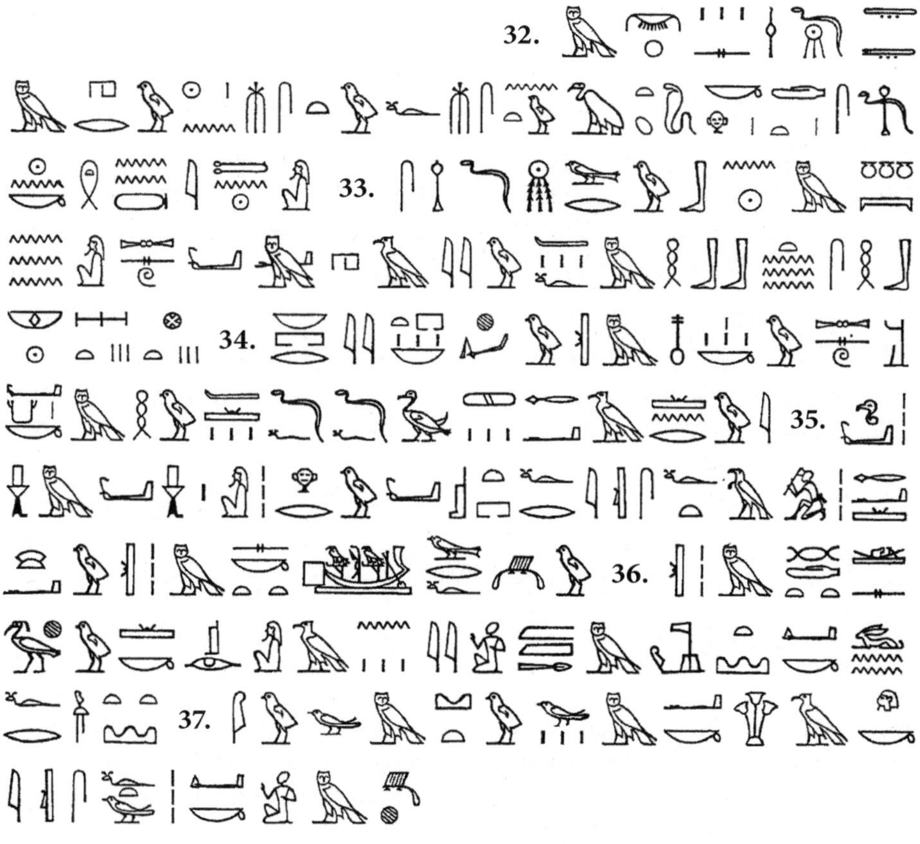

32. como ouro, tu Iluminador das Duas Terras (isto é, Egito) no dia de teu nascimento. Tua mãe te trouxe à luz sobre a mão dela, e tu iluminaste com esplendor o círculo que é percorrido pelo Disco. **33.** Ó Grande Luz que rolas através de Nu, tu ergues (?) gerações de homens a partir das profundezas do manancial de tuas águas, e fazes com que sejam realizados festivais em todos os distritos (ou terras) **34.** e todas as moradas. Tu [os] proteges com tuas belezas. Teu Ka (isto é, Duplo) ergue-se com os alimentos celestiais *hu* e *tchefau*. Ó tu, grande vitorioso, **35.** Poder dos Poderes, que fortaleces teu trono contra os pecadores, cujas elevações em teu trono na Barca Sektet são grandiosas, cuja força está disseminada **36.** na Barca Atett, faz tu o Osíris Ani ser glorioso por virtude de suas palavras, que são verdade, em Khert-Neter. Faz com que ele possa estar em Amentet **37.** livre do mal (ou pecado), e que [as] ofensas [dele] sejam [deixadas] para trás por ti. Concede tu que ele possa [viver lá] como um escravo devotado

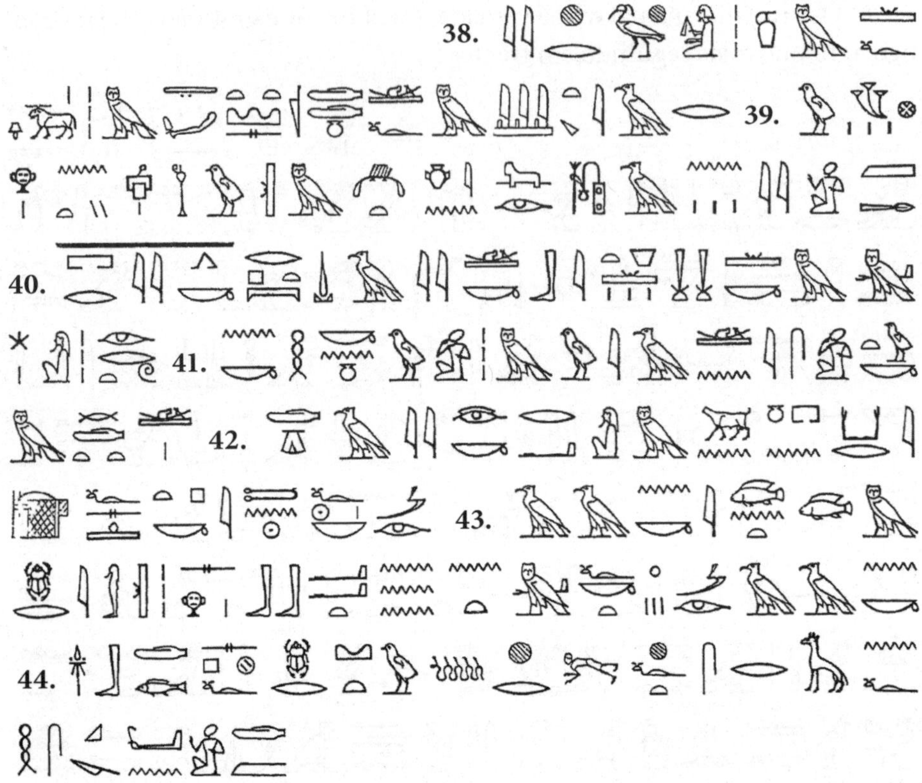

38. das Almas Espirituais. Que ele possa juntar-se às Almas-Coração que vivem em Ta-tchesert (a Terra Santa). Que possa percorrer o Sekhet-Aaru **39.** (isto é, o Campo de Juncos, ou os Campos Elísios)*, em conformidade com [tuas] ordens, com alegria de coração — ele, o Osíris Ani, cuja palavra é verdade.

[E o deus responde]:

40. Tu sairás para o Céu, tu velejarás pelo céu, e terás uma amorosa relação com os Deuses das Estrelas. Louvores serão feitos **41.** a ti na Barca. Teu nome será proclamado na Barca Atett. **42.** Tu contemplarás Rá dentro do templo dele. Tu farás o Disco pôr-se [com preces] todo dia. Tu verás **43.** o Peixe Ant nas transformações que sofre nas profundezas das águas cor de turquesa. Tu verás **44.** o Peixe Abtu em sua hora. Que o Maligno caia quando conceber um plano para destruir-te,

*. Em suas publicações, o autor utiliza o termo Campos Elísios para designar o paraíso dos mortos justos na mitologia egípcia. No entanto, trata-se de uma equivalência interpretativa e não de uma tradução literal. Na antiga religião egípcia, nomes como Sekhet-Aaru (Campo de Juncos) e Sekhet-Hetepet (Campo das Oferendas) são usados para descrever regiões do além-vida onde as almas virtuosas podiam viver em plenitude e tranquilidade. Embora compartilhem semelhanças simbólicas com o conceito grego dos Campos Elísios (o paraíso da mitologia greco-romana), esses termos egípcios pertencem a um sistema cosmológico distinto, com estrutura própria e rituais específicos. (N.E.)

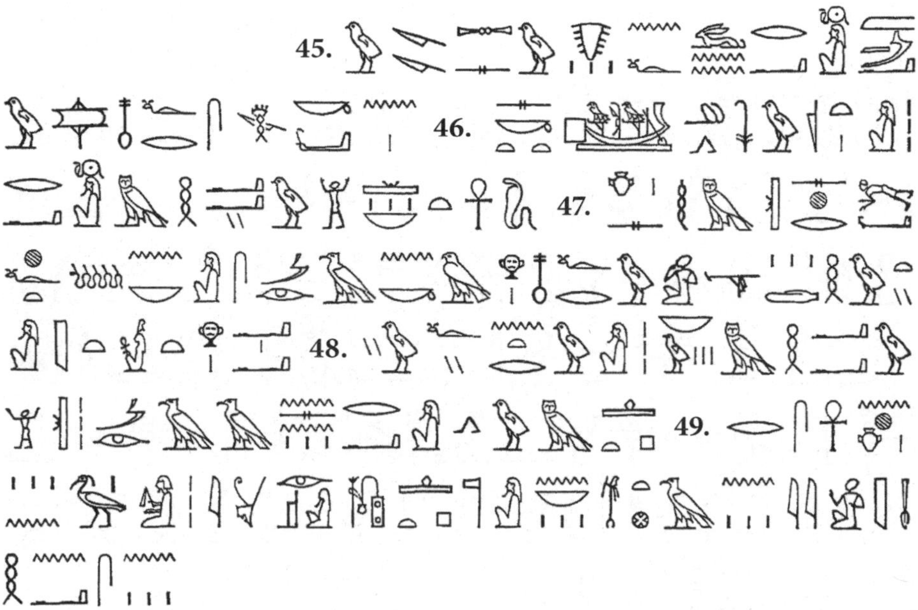

45. e as articulações do pescoço e do dorso dele serão cortadas e separadas. Rá navega com vento favorável, e a Barca Sektet avança **46.** e chega ao porto. Os marinheiros de Rá alegram-se, e o coração da Senhora da Hora está feliz, **47.** pois o inimigo de seu Senhor foi lançado ao chão. Tu contemplarás Hórus ocupando o lugar do piloto na Barca, e Thoth e Maat estarão postados a cada lado dele. **48.** Todos os deuses irão se alegrar quando contemplarem Rá vindo em paz **49.** para fazer os corações das Almas Espirituais viverem, e o Osíris Ani, cuja palavra é verdade, o contador das oferendas sagradas dos Senhores de Tebas, estará com eles!

CAPÍTULO CXXXIII
[O capítulo da lua nova]

PRANCHA XXI

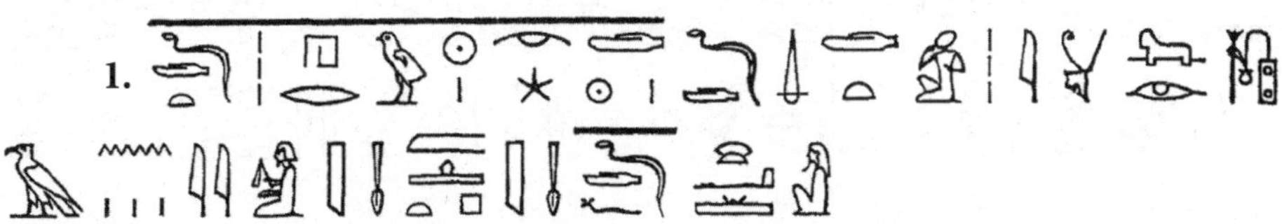

CAPÍTULO CXXXIII. 1. O QUE SE SEGUE DEVE SER RECITADO NO DIA DO MÊS (ISTO É, O DIA DA LUA NOVA). O Osíris escriba Ani, cuja palavra é verdade, em paz, cuja palavra é verdade, diz: Rá eleva seu trono

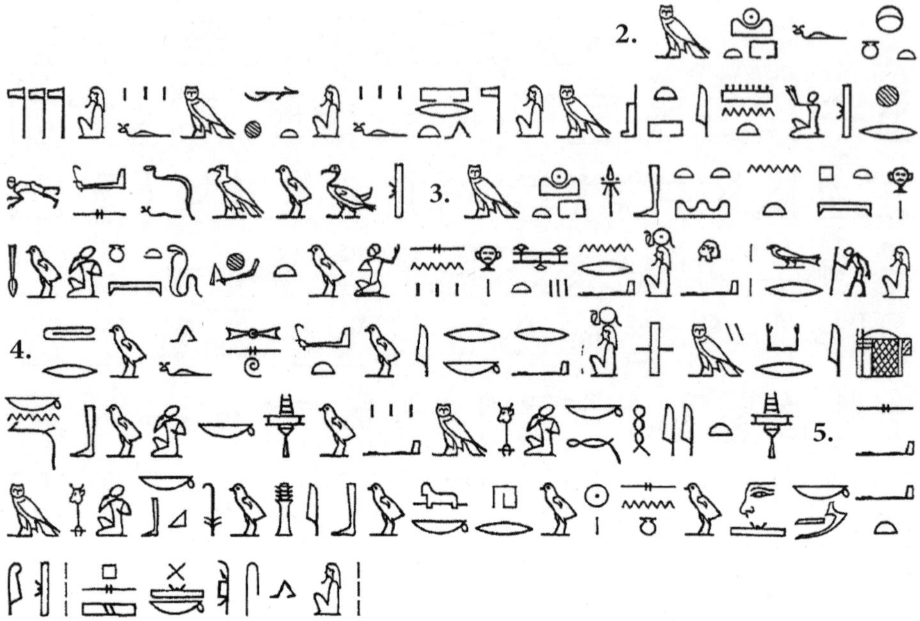

2. em seu horizonte, e a Companhia de seus Deuses segue com ele. O Deus sai de seu lugar oculto, [e] alimento *tchefau* cai (?) **3.** do horizonte oriental do Céu ao comando de Nut. Eles (isto é, os deuses) alegram-se em virtude dos caminhos de Rá, o Grande Ancestral **4.** [enquanto] ele viaja de um ponto a outro. Portanto, és tu exaltado, ó Rá, tu que moras em teu Templo. Tu engoles os ventos, chamas a ti o vento norte, **5.** tu comes a carne (?) de teu assento (?) no dia em que tu respiras a verdade. Tu a divides [entre] os deuses que são [teus] seguidores.

6. [Tua] Barca segue adiante viajando entre os Grandes Deuses a teu comando. Tu contas teus ossos, tu reuniste teus membros, **7.** tu voltaste tua face para o Belo Amentet, e para lá foste, sendo renovado a cada dia. Eis que tu és aquela Imagem de Ouro, tu tens a

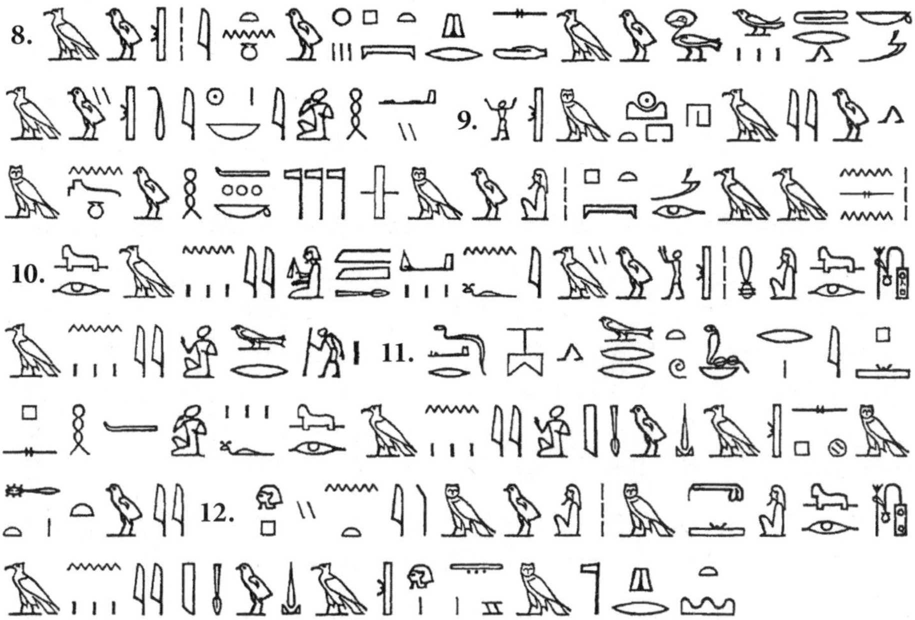

8. junção dos discos do céu, tu tens tremores (ou terrores), tu circulas de um lado a outro, e és renovado a cada dia. Salve! Há júbilo **9.** no horizonte! Os deuses que moram no céu baixam as cordas [de tua Barca] quando veem **10.** o Osíris Ani, cuja palavra é verdade, eles dedicam louvores a ti do mesmo modo que a Rá. O Osíris Ani é um Grande Chefe. **11.** [Ele] procura a Coroa Urrt. As provisões são entregues a ele — o Osíris Ani, cuja palavra é verdade. [Seu] destino é vigoroso por intermédio do corpo exaltado **12.** dos deuses Aamu, que estão na presença de Rá. O Osíris Ani, cuja palavra é verdade, é forte na Terra e em Khert-Neter.

13. Ó Osíris Ani, cuja palavra é verdade, desperta (ou fica de guarda), e sê forte como Rá todos os dias. O Osíris Ani, cuja palavra é verdade, não tardará, **14.** ele não permanecerá imóvel nesta Terra para sempre. Muito bem verá ele com seus olhos, muito bem ouvirá com seus ouvidos, as coisas que são verdadeiras, as coisas que são verdadeiras.

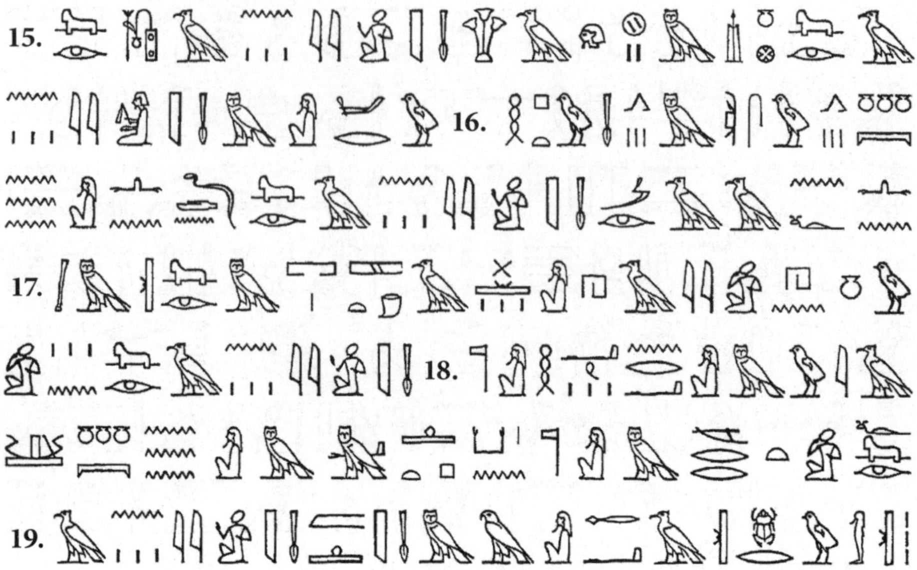

15. O Osíris Ani, cuja palavra é verdade, está em Anu (Heliópolis), o Osíris Ani, cuja palavra é verdade, é como Rá, e é exaltado por **16.** causa de [seus] remos entre os seguidores de Nu. O Osíris Ani, cuja palavra é verdade, não pode dizer o que viu **17.** [ou] narrar [o que ouviu] na Casa do Deus dos Mistérios. Salve! Que haja gritos de aclamação do Osíris Ani, cuja palavra é verdade, **18.** o corpo divino de Rá na Barca de Nu, que traz oferendas propiciatórias para o Ka do deus daquilo que ele ama. O Osíris **19.** Ani, cuja palavra é verdade, em paz, cuja palavra é verdade, é como Hórus, o poderoso senhor das transformações.

RUBRICA:

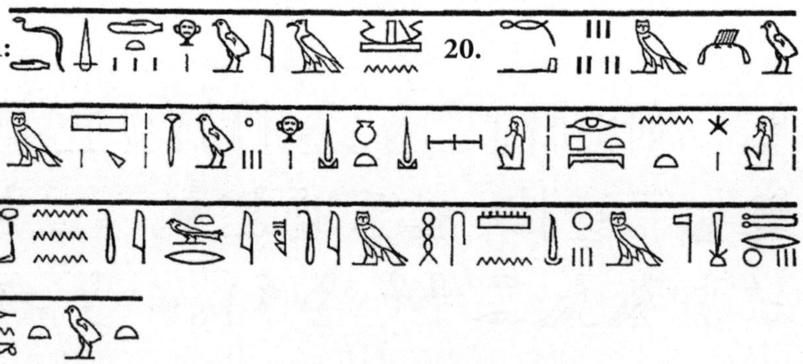

RUBRICA: Este capítulo deve ser recitado sobre uma barca **20.** com sete cúbitos de comprimento, feita de pedra verde (ou louça) dos Tchatchau. Faz um Céu estrelado, **21.** que deves purificar e limpar com natrão e incenso. Pinta então uma figura

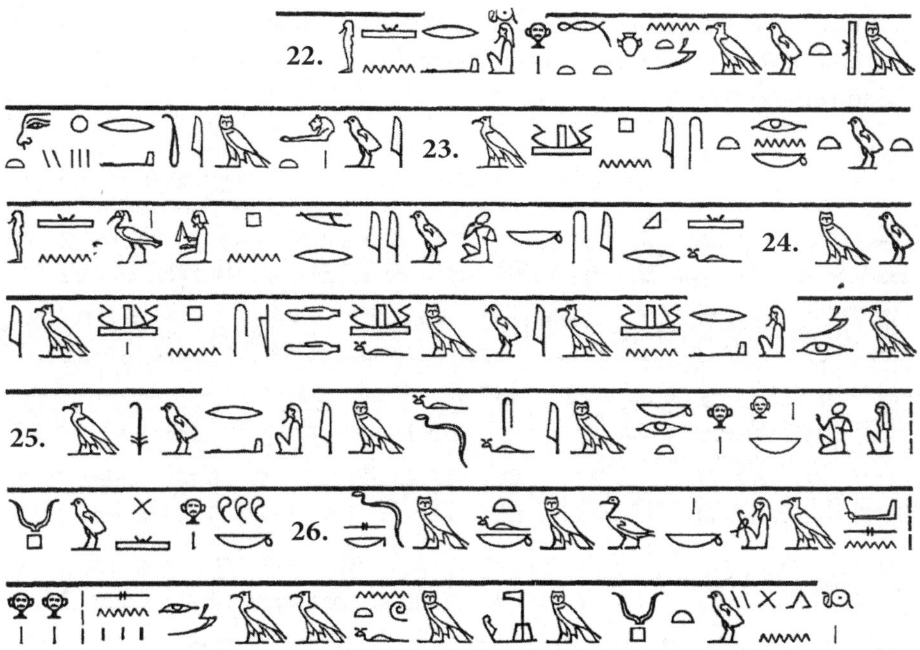

22. de Rá sobre uma tabuleta de pedra nova, e coloca-a na proa da **23.** barca. Faz, então, uma imagem do falecido, a qual tu farás perfeita, [e coloca-a] **24.** na barca. Faz com que viaje na Barca de Rá, e **25.** o próprio Rá velará por ela. Não realizes estas coisas na presença de ninguém senão de ti mesmo, **26.** ou de teu pai ou teu filho. Deixa, então, que eles montem guarda sobre suas faces (isto é, observem atentamente), e eles verão o falecido em Khert-Neter na forma de um mensageiro (ou anjo) de Rá.

CAPÍTULO CXXXIV
Um hino a Rá para o dia da lua nova
PRANCHA XXII

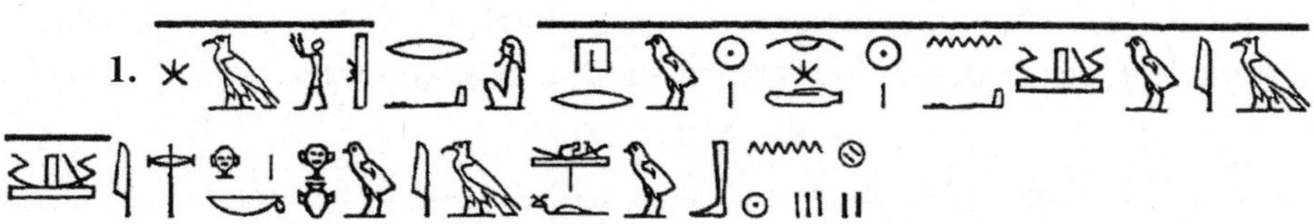

CAPÍTULO CXXXIV. 1. UM HINO A RÁ [QUE DEVE SER ENTOADO] NO DIA DO MÊS (isto é, O DIA DA LUA NOVA) [QUANDO] A

BARCA DE RÁ PARTE. [O Osíris escriba Ani, cuja palavra é verdade, diz: Glória a ti, ó tu que moras em tua Barca. Tu rolas, seguindo em frente, seguindo em frente,

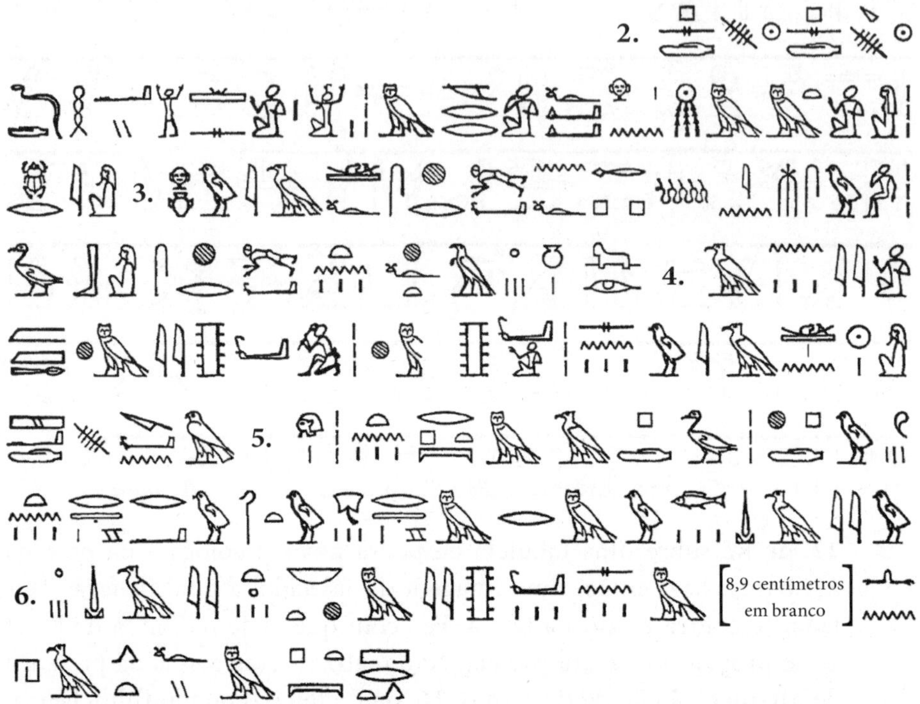

2. tu emites luz, tu emites luz. Tu decretaste júbilo para [todos os] homens por milhões de anos para aqueles que amam a ele. Tu entregas [tua] face para os espíritos Hememet, tu, deus Khepera, **3.** que moras em tua barca. Tu derrotaste o Demônio Aapep. Ó Filhos de Keb, derrotai os inimigos do Osíris **4.** Ani, cuja palavra é verdade, e os demônios da destruição que destruiriam a Barca de Rá. Hórus cortou **5.** vossas cabeças no Céu. Vós que estáveis na forma de gansos, vossos cordões umbilicais (?) estão na Terra. Os animais estão colocados na face da Terra (...) na forma de peixes.[292] Cada demônio macho **6.** e cada demônio fêmea serão destruídos pelo Osíris Ani, cuja palavra é verdade. Quer os demônios desçam do Céu, quer venham

---

292. Esta é uma alusão à grande batalha travada por Hórus em defesa do Deus Sol. Ele perseguiu Set e seus seguidores de um lugar a outro, derrotando-os — muitos, porém, conseguiram escapar. Transformados em aves, animais, répteis e peixes, tentaram destruir Hórus e a barca na qual ele navegava pelos rios e canais do Egito. Hórus, contudo, capturou e matou as aves nas quais os inimigos haviam feito suas moradas, bem como os animais e as criaturas que lhe eram hostis nas águas.

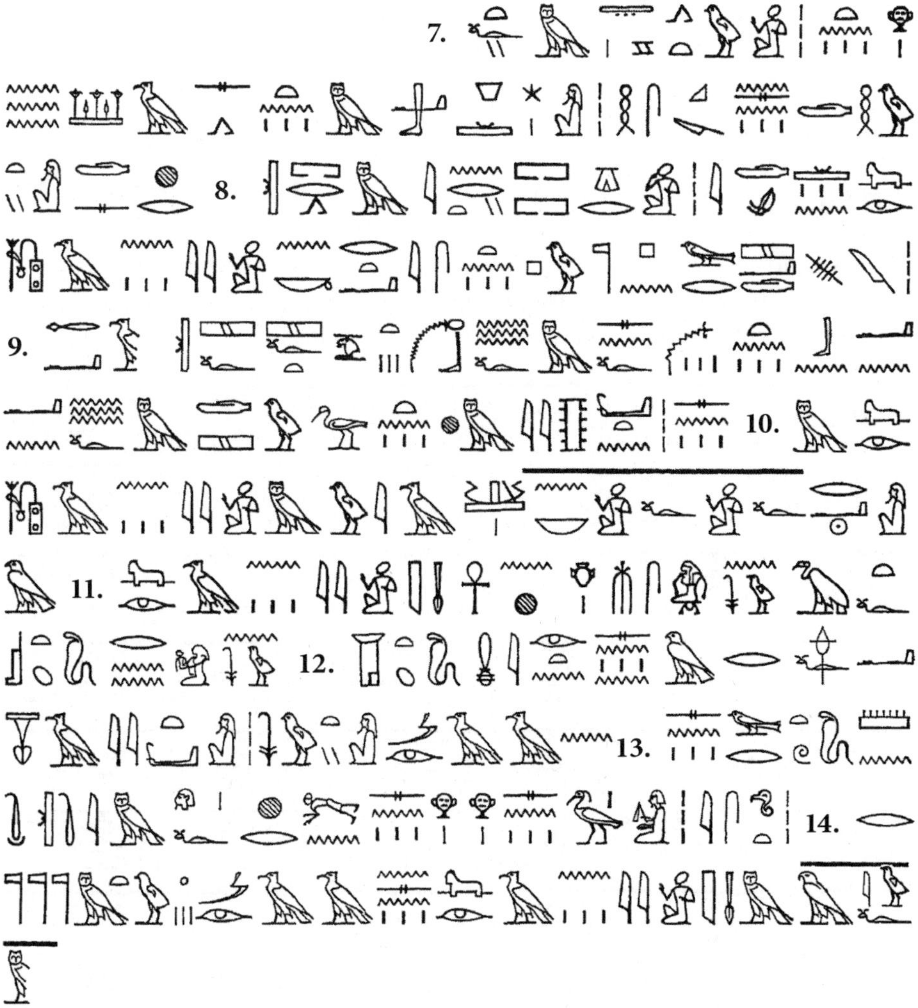

7. da Terra, quer avancem a partir das águas, quer venham do seio dos deuses das Estrelas, Thoth [o filho de Aner], **8.** vindo de Anerti, irá destroçá-los. E o Osíris Ani vai deixá-los em silêncio e calados. E contemplai vós, este deus, poderoso entre os assassinos, **9.** por quem o terror (ou temor) é grande, irá limpar-se lavando-se com vosso sangue, e irá banhar-se em vosso sangue, e vós sereis destruídos **10.** pelo Osíris Ani na Barca de seu Senhor Rá-Hórus. **11.** O coração do Osíris Ani, cuja palavra é verdade, viverá. Sua mãe Ísis deu-o à luz, e Néftis nutriu-o, **12.** assim como Ísis deu à luz Hórus, e Néftis nutriu-o. [Ele] vai rechaçar os demônios Smait de Suti. Eles verão **13.** a Coroa Urrt colocada sobre sua cabeça, e irão prostrar-se [e irão venerá-lo]. Eis que, ó vós Almas Espirituais, e homens, **14.** e deuses, e mortos, quando virdes o Osíris Ani, cuja palavra é verdade, na forma de Hórus, e o

15. favorecido pela Coroa Urrt, caí vós prostrados. A palavra do Osíris Ani é verdade **16.** diante de seus inimigos nos Céus acima e na Terra abaixo, e ante os Chefes Tchatchau **17.** de cada deus e de cada deusa.

RUBRICA:

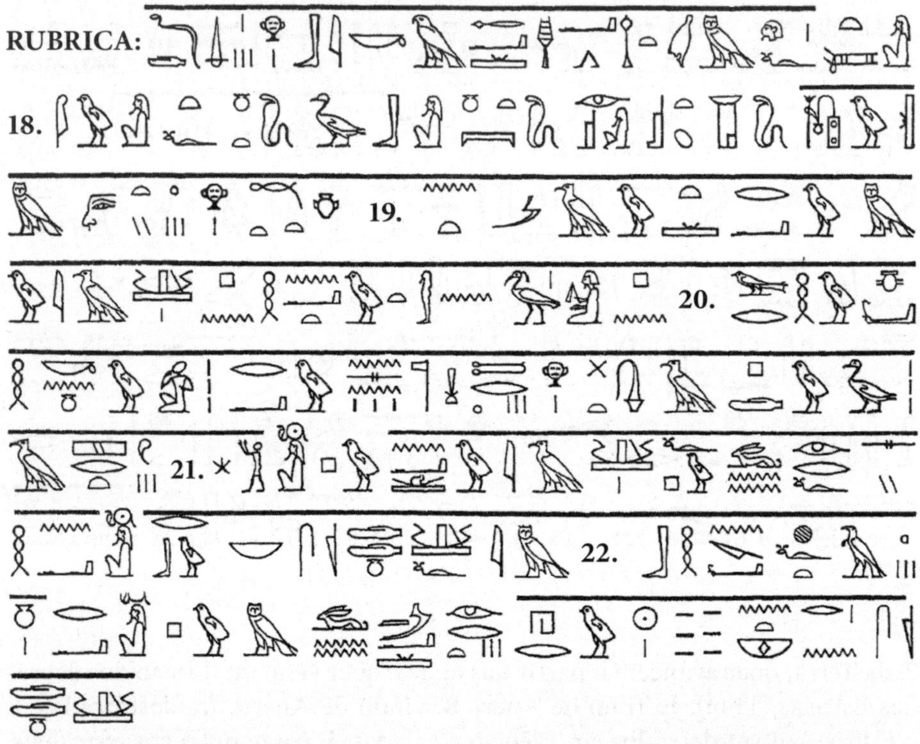

RUBRICA: Este capítulo deve ser recitado sobre um grande falcão ereto, com a Coroa Branca sobre a cabeça [e sobre imagens de] Tem, **18.** Shu, Tefnut, Keb, Nut, Osíris, Ísis [Suti] e Néftis. E elas [as imagens] devem ser pintadas em cores sobre uma **19.** tabuleta nova, que deve ser colocada em um barco, juntamente com uma imagem do falecido. **20.** Unta-os com óleo *heken* e oferece a eles incensos, gansos e peças de carne assada. **21.** Este é um ato de louvor a Rá enquanto ele viaja em sua barca e fará com que um homem possa estar com Rá e viajar com ele para onde quer que ele vá, **22.** e fará com muita certeza com que os inimigos de Rá sejam eliminados. E o capítulo para viajar deve ser recitado no sexto dia do festival.

O Papiro de Turim contém outra composição de caráter um tanto semelhante e uma rubrica interessante no que diz respeito às fórmulas que eram recitadas no dia da Lua Nova; essa composição constitui o Capítulo CXXXV na Recensão Saíta, e é a seguinte:

CAPÍTULO CXXXV. 1.

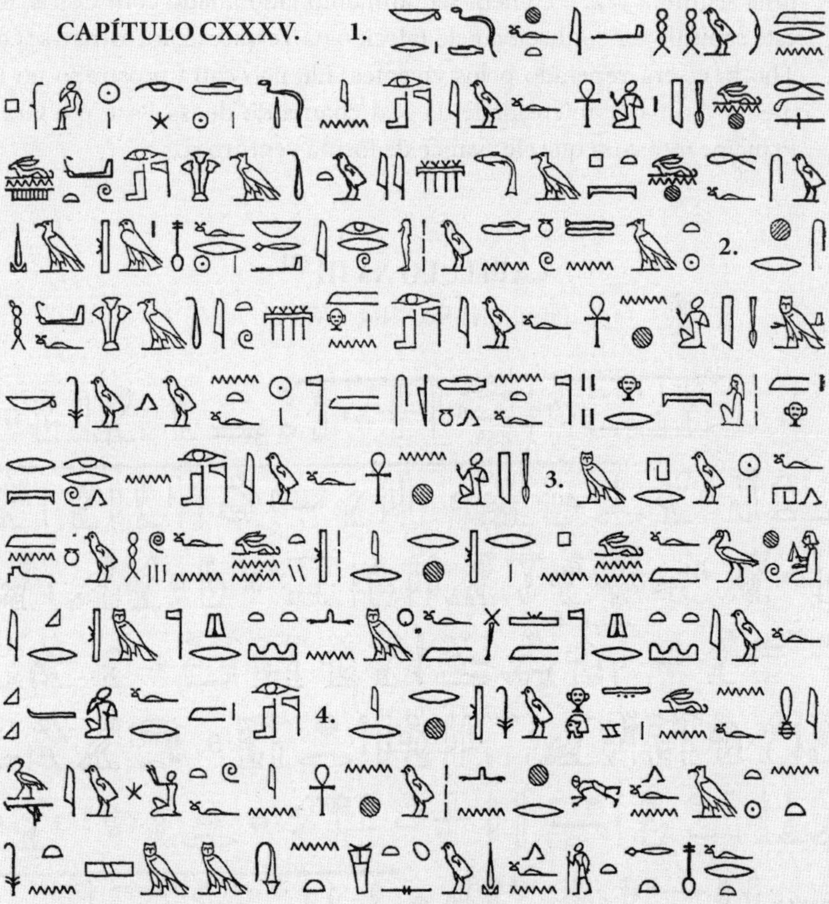

CAPÍTULO CXXXV. OUTRO CAPÍTULO QUE DEVE SER RECITADO QUANDO A LUA RENOVA-SE NO DIA DO MÊS [EM QUE ELA O FAZ]. **1.** Osíris liberta (ou, como dizem outros, abre) as nuvens de tempestade no corpo do Céu, e ele próprio é libertado. Hórus se fortalece afortunadamente a cada dia. Aquele cujas transformações são muitas recebeu as oferendas feitas a ele naquele momento **2.** e pôs fim à tempestade que existe na face do Osíris, Auf-ankh, cuja palavra é verdade. Realmente, ele vem, e ele é o Rá viajante, e ele compõe os quatro deuses celestiais nas alturas dos Céus. O Osíris, Auf--ankh, cuja palavra é verdade, sai à luz **3.** neste dia, e ele sobe a bordo entre o cordame da barca.

RUBRICA:* Se este capítulo for conhecido pelo falecido, este vai se tornar uma Alma Espiritual perfeita em Khert-Neter, e não morrerá uma segunda vez, e comerá seu alimento lado a lado com Osíris. **4.** Se este capítulo for conhecido pelo falecido na Terra, este irá tornar-se como Thoth, e será venerado pelos viventes. Ele não cairá prostrado no momento da maior intensidade da real chama da deusa Bast, e o Grande Príncipe fará com que ele avance de forma venturosa.

CAPÍTULO XVIII[293]

PRANCHAS XXIII e XXIV**

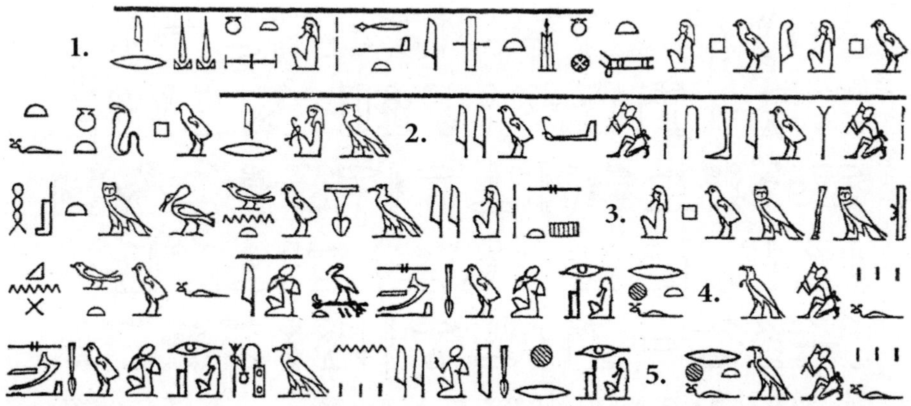

*. A publicação original não indica onde a rubrica se inicia na sequência de hieróglifos. (N.E.)

293. Uma cópia duplicada, com uma Introdução, é dada nas Pranchas XIII e XIV.

**. A publicação original não apresenta a tradução destes hieróglifos. (N.E.)

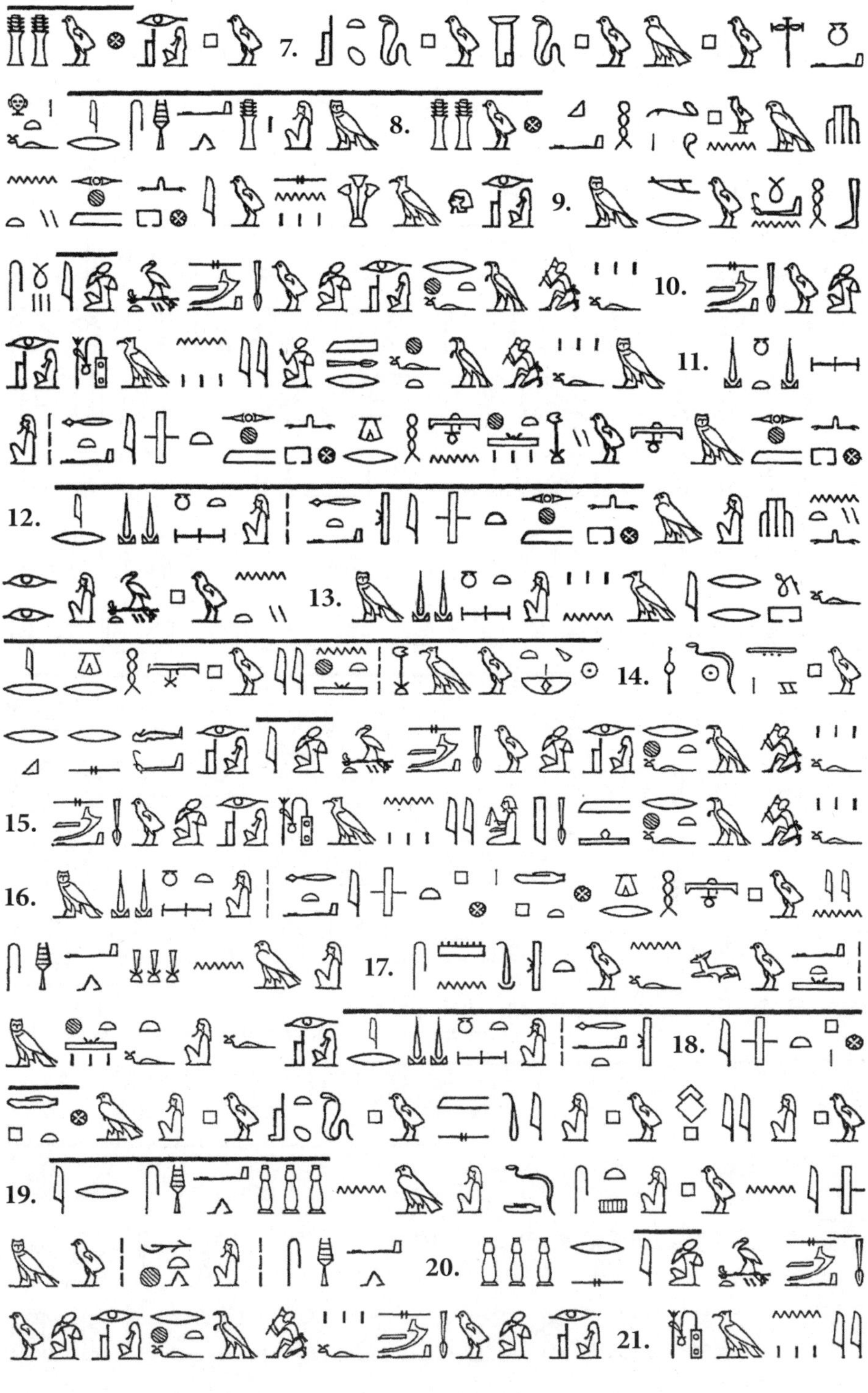
7.
8.
9.
10.
11.
12.
13.
14.
15.
16.
17.
18.
19.
20.
21.

22.
23.
24.
25.
26.
27.
28.
29.
30.
31.
32.
33.
34.
35.

36.
37.
38.
39.
40.
41.
42.
43.
44.
45.
46.
47.
48.
49.
50.

RUBRICA:

294. No Papiro de Nebseni, a rubrica deste capítulo contém algumas variantes interessantes e traz o seguinte:

CAPÍTULO CXXIV
O capítulo para ir ao encontro dos Chefes Tchatchau de Osíris

PRANCHA XXIV

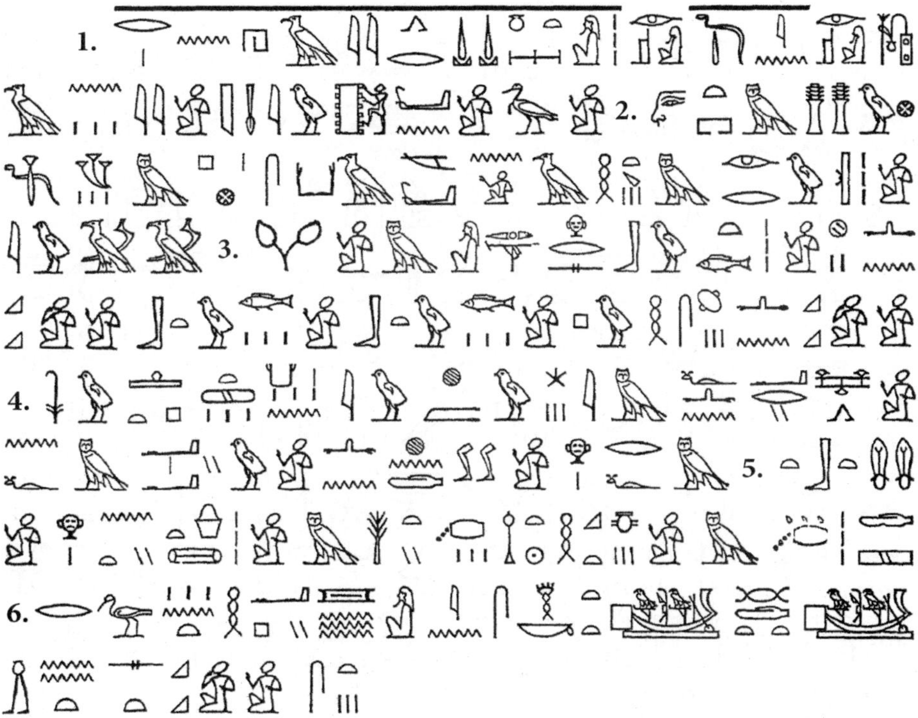

CAPÍTULO CXXIV. 1. O CAPÍTULO PARA IR AO ENCONTRO DOS CHEFES TCHATCHAU DE OSÍRIS. O Osíris Ani, cuja palavra é verdade, diz: Eu construí uma morada para minha Alma Ba **2.** no santuário de Tetu (Busíris). Eu semeio os grãos na cidade de Pe (Buto). Eu lavrei os campos com meus trabalhadores. Minha palmeira **3.** [ergue-se ereta e é] como Menu.[295] Eu abomino coisas abomináveis. Não comerei aquilo que para mim são abominações. Eu abomino a imundície: não a comerei. **4.** Não serei destruído pelas oferendas propiciatórias e refeições sepulcrais. Não me aproximarei da imundície [para tocá-la] com as mãos, não pisarei nela com **5.** minhas sandálias. Pois meu pão será feito de cevada branca (*dhura*?) e minha cerveja será feita do grão vermelho **6.** do deus Hapi (o deus Nilo), que a Barca Sektet e a Barca Atett trarão [a mim], e comerei meu alimento

295. Deus de criação e fertilidade. Ele está representado na forma de uma múmia ereta, itifálica, com plumas sobre a cabeça e um braço e uma mão erguidos sobre um açoite, .

7. sob a copa das árvores cujos belos braços (isto é, galhos) eu próprio conheço. **8.** Ó, quanto esplendor fará a Coroa Branca para mim, que será produzida em mim pelas deusas Ureus! **9.** Ó Porteiro de Sehetep-taui, traz-me aquilo com que os pães de propiciação são feitos. Concede-me que eu possa **10.** erguer a terra. Que as Almas Espirituais abram para mim [seus] braços, e que a Companhia dos Deuses não se manifeste **11.** enquanto os espíritos Hememet conversam com o Osíris Ani. Que os corações **12.** dos deuses conduzam-no em seu estado exaltado para o Céu, para o seio dos deuses que aparecem em formas visíveis. **13.** Se algum deus ou alguma deusa atacar o Osíris Ani, cuja palavra é verdade, quando ele partir, o Ancestral do ano, que se alimenta de corações **14.** [Osíris], irá devorá-lo quando ele sair a partir de Abidos, e os Ancestrais de Rá lidarão com ele, e os Ancestrais da Luz lidarão com ele. **15.** [Ele é] um deus esplendoroso [trajado com] o manto do Céu, e está entre os Grandes Deuses. Agora a subsistência do Osíris Ani, cuja palavra é verdade,

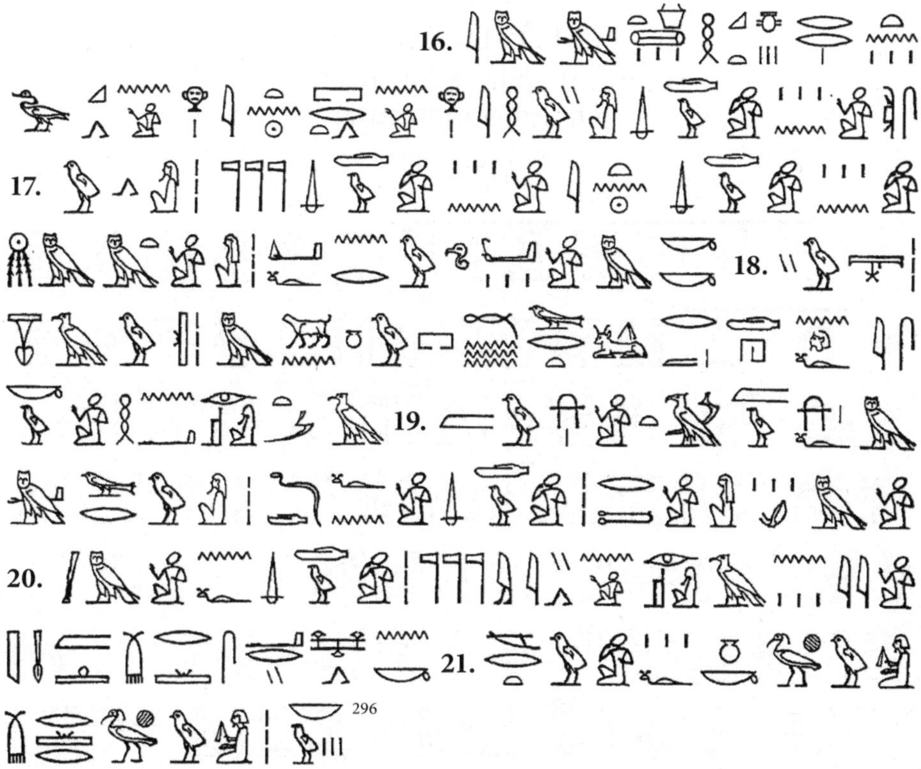

16. depende dos pães e da cerveja feitos para vossas bocas. Eu entro graças ao Disco, eu saio graças ao deus Ahui. Eu conversarei com os Seguidores 17. dos Deuses. Eu conversarei com o Disco. Eu conversarei com os espíritos Hememet. Ele espalhará o terror a mim na densa 18. escuridão (isto é, a escuridão externa), no interior da deusa Mehurt, ao lado de sua testa. Eis que estarei com Osíris, e minha 19. perfeição será sua perfeição entre os Grandes Deuses. Eu me dirigirei a ele com as palavras dos homens, eu escutarei, 20. e ele repetirá para mim as palavras dos deuses. Eu, o Osíris Ani, cuja palavra é verdade, em paz, vim preparado. Tu fazes aproximarem-se [de ti] 21. aqueles que te amam. Eu sou uma Alma Espiritual que está mais bem-preparada do que qualquer [outra] Alma Espiritual.[297]

---

296. A Recensão Saíta acrescenta 

297. Na Recensão Saíta há uma alusão aos Corpos Espirituais que estão em Anu (Heliópolis), Tetu (Busíris), Hensu (Heracleópolis), Abtu (Abidos), Apu (Panópolis) e Senu, uma cidade pró-

CAPÍTULO LXXXVI
O capítulo para transformar-se em uma andorinha

PRANCHA XXV

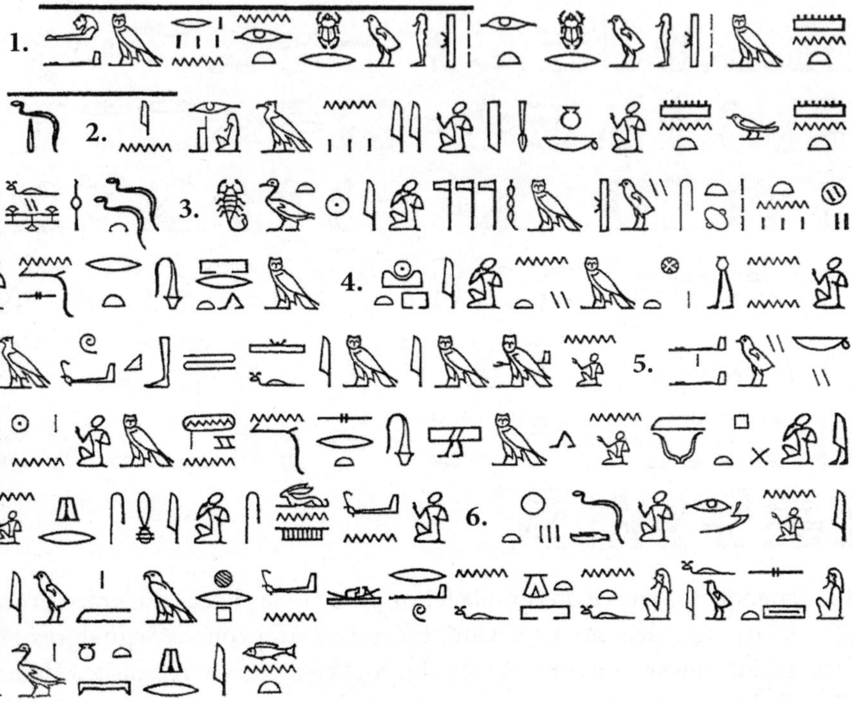

CAPÍTULO LXXXVI. 1. [TÊM INÍCIO AQUI OS CAPÍTULOS PARA FAZER TRANSFORMAÇÕES.] O CAPÍTULO PARA FAZER A TRANSFORMAÇÃO EM UMA ANDORINHA. **2.** O Osíris Ani, cuja palavra é verdade, diz: Eu sou uma andorinha, [eu sou] uma andorinha. [Eu sou] aquele escorpião, **3.** a filha de Rá. Salve, ó deuses, cujo aroma é doce. Salve, ó deuses, cujo aroma é doce. Salve, Chama, que vens do **4.** horizonte. Salve, tu que estás na cidade. Eu trouxe o Guardião de lá. Dá-me tuas **5.** mãos, e permita que eu passe meu tempo na Ilha da Chama. Eu avancei com uma mensagem, eu vim portando o relato de lá [para fazer]. Abre para mim. **6.** Como contarei aquilo

---

xima a Panópolis. O capítulo termina com as palavras "O Osíris Auf-ankh, o filho de Sheret-Menu, cuja palavra é verdade, é triunfante diante de cada deus e cada deusa que estão ocultos em Khert-Neter".

que vi lá? Eu sou como Hórus, o governante da Barca, quando o trono de seu pai lhe foi entregue, e quando Set, o filho de Nut, [jazia] sob os grilhões

7. que ele havia preparado para Osíris. Aquele que está em Sekhem me examinou. Estendo meus braços sobre Osíris. Eu vim para ser examinado, **8.** vim para falar lá. Permite que eu passe e entregue minha mensagem. Sou aquele que entra, [sou] julgado, [eu] saio engrandecido

9. no Portão de Neb-er-tcher. Eu sou purificado no Grande *Uart*.[298] Eu me desfiz de minhas maldades. **10.** Eu eliminei totalmente minhas ofensas (ou meus pecados). Eu eliminei totalmente todas as máculas do mal que existiam em mim [na face da Terra]. Purifiquei a mim mesmo, **11.** eu me fiz ser como um

298. Provavelmente, o Uart de Abidos, onde os devotos de Osíris colocavam suas oferendas para transmissão ao reino do deus em Sekhet Aaru.

deus. Salve, ó Porteiros, eu completei minha jornada. Sou igual a vós. Eu saí à luz do dia. Eu avancei com minhas pernas. Ganhei o controle sobre meus passos. [Salve,]

12. Almas Espirituais! Eu, eu mesmo, conheço os caminhos ocultos e os Portões de Sekhet-Aaru. Eu vivo **13.** lá. Em verdade, eu, eu mesmo, eu vim, derrotei meus inimigos na Terra, embora meu corpo seja uma múmia na tumba.

Em vários papiros, este capítulo tem uma rubrica (Naville, *op. cit.*, II, Bl. 202) como se segue:

Se este capítulo for conhecido pelo falecido, ele poderá entrar depois de ter saído à luz do dia.

Na Recensão Saíta, a rubrica é a seguinte:

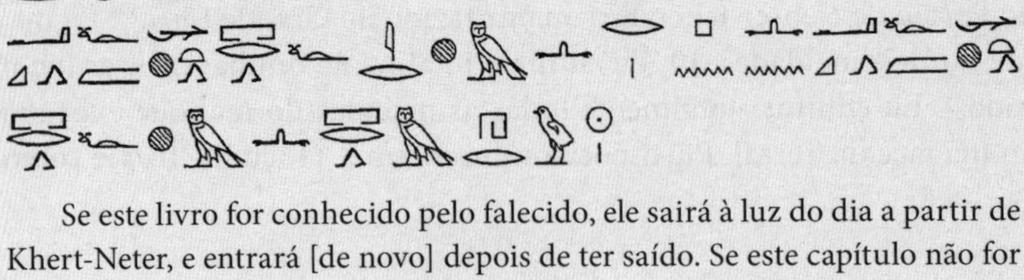

Se este livro for conhecido pelo falecido, ele sairá à luz do dia a partir de Khert-Neter, e entrará [de novo] depois de ter saído. Se este capítulo não for conhecido [pelo falecido], ele não entrará novamente depois de ter saído, [e ele] não saberá [como] sair à luz do dia.

CAPÍTULO LXXVII
O capítulo para transformar-se em um falcão de ouro
PRANCHA XXV

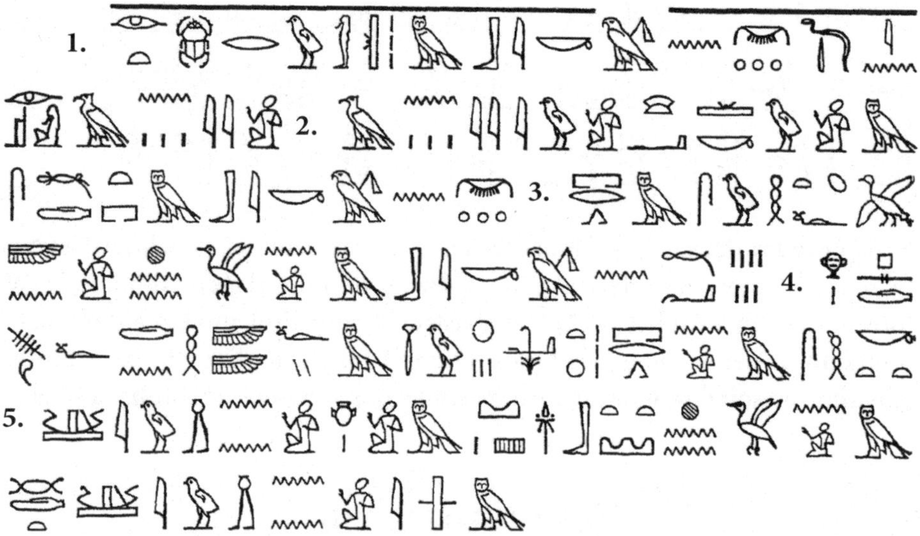

CAPÍTULO LXXVII. 1. [O CAPÍTULO] PARA FAZER A TRANSFORMAÇÃO EM UM FALCÃO DE OURO. O Osíris Ani diz: **2.** Eu me ergui e saí da câmara *seshett*, como o falcão dourado **3.** que sai de dentro do ovo. Eu voo, eu pouso (ou pairo no ar) como um falcão com um dorso de **4.** sete cúbitos, cujas asas são como o crisoprásio do Sul. Eu vim da Barca Sektet, **5.** e meu coração me foi trazido da montanha do Leste. Eu pousei na Barca Atet, e me foram trazidos aqueles que moram na

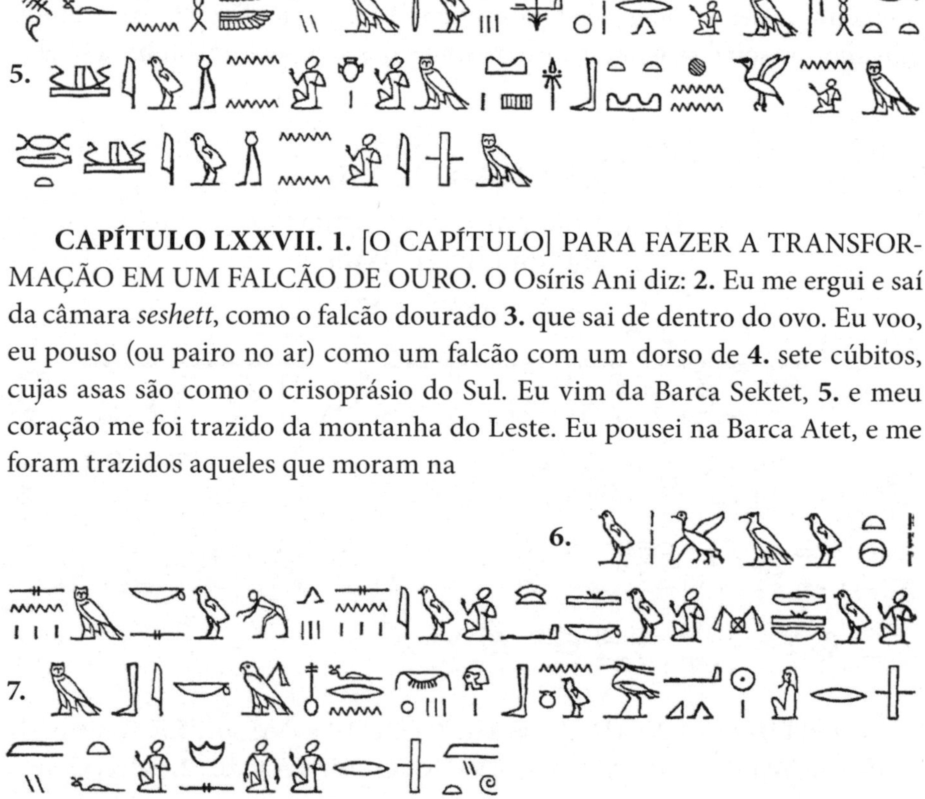

6. substância (?) deles próprios, e eles se curvaram em homenagem diante de mim. Eu me ergui, eu me refiz **7.** como um belo falcão dourado, com a

cabeça da Benu (fênix?), e Rá entrou [para ouvir minha fala]. Eu tomei assento entre

8. os grandes deuses, [os filhos de] Nut. Eu me assentei, o Sekhet-Hetepet (isto é, o Campo das Oferendas) está diante de mim. Lá eu como, **9.** lá me torno uma Alma Espiritual, lá sou abastecido com alimento em abundância, o quanto quiser. O deus dos Grãos (Nepra) forneceu alimento para minha garganta, eu sou o senhor de mim mesmo e dos atributos de minha cabeça.

CAPÍTULO LXXVIII
O capítulo para transformar-se em um falcão divino
PRANCHAS XXV e XXVI

CAPÍTULO LXXVIII. 1. [O CAPÍTULO PARA] FAZER A TRANSFORMAÇÃO EM UM FALCÃO DIVINO. O Osíris Ani diz: **2.** Salve, Grande Deus, vem para Tetu (Busíris). Prepara-me os caminhos, e que eu possa ir de um lado a outro [para visitar] meus **3.** tronos. Eu trabalhei. Eu me fiz perfeito. Ó, concede que eu possa ser temido.

4. Cria o medo a mim. Que os deuses do Tuat me temam e que lutem por mim **5.** nos salões deles. Não permitas que se aproxime de mim aquele que me atacaria ou me feriria na Casa da Escuridão. **6.** Cobre aquele que está indefeso, esconde-o. Que façam o mesmo os deuses que dão ouvidos à palavra [da verdade], os deuses Khep[r]iu **7.** que integram o séquito de Osíris. Permanecei quietos, então, ó deuses, enquanto o Deus mantém conversação comigo, aquele que dá ouvidos à verdade. **8.** Digo a ele minhas palavras. Osíris, faz com que aquilo que sai de tua boca possa circular até mim. Que eu veja tua própria forma. **9.** Que as Almas me envolvam. Concede-me que eu possa sair, e que possa ser o mestre de minhas pernas, e que possa viver lá como Neb-er--tcher em **10.** seu trono. Que os deuses do Tuat me temam, e que lutem por mim nos salões deles. Concede que eu possa seguir adiante com ele e com

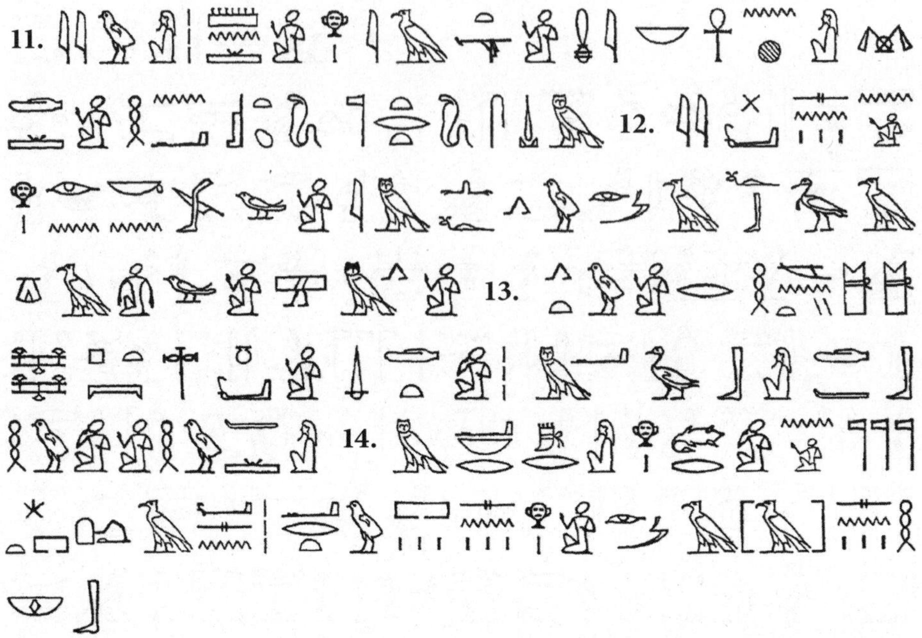

11. os deuses Ariu, e que eu possa estar firmemente estabelecido em meu pedestal como o Senhor da Vida. Que eu esteja na Companhia de Ísis, a deusa, e que [os deuses] me mantenham a salvo **12.** de quem poderia ferir-me. Que ninguém venha a ver aquele que está indefeso. Que eu possa avançar, e **13.** que eu possa chegar aos limites de Henti no céu. Que possa dirigir a palavra a Keb, e que possa dirigir súplicas ao deus Hu **14.** com Neb-er-tcher. Que os deuses do Tuat me temam, e que eles lutem por mim nos salões deles. Que vejam que tu

15. me forneceste alimento para o festival. Eu sou uma das Almas Espirituais que habitam o deus Luz. Eu fiz **16.** minha forma na Forma dele, quando ele vem a Tetu (Busíris). Sou um Corpo Espiritual entre os

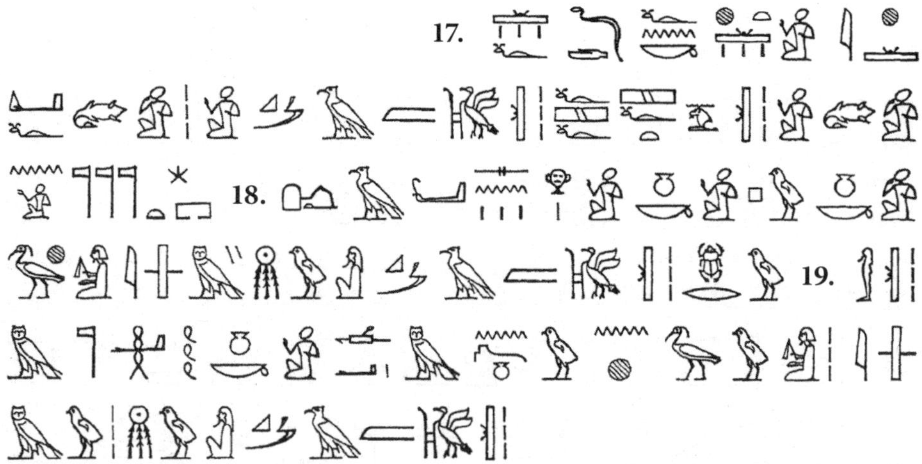

17. Corpos Espirituais dele; ele te dirá as coisas [que dizem respeito a] mim. Que ele possa fazer com que eu cause temor! Que ele possa criar [neles] o medo a mim! Que os deuses do Tuat me temam **18.** e que lutem por mim [nos salões deles]. Eu, eu mesmo, sou uma Alma Espiritual, um morador no deus Luz, cuja forma foi criada **19.** em carne divina. Eu sou uma das Almas Espirituais que moram no deus Luz, que foram criadas

20. pelo próprio Tem, e que existem nas flores (isto é, nos cílios) de seu Olho. Ele fezexistir, tornou gloriosas e engrandeceu (ou tornou destacadas) as faces deles durante a existência deles junto a ele. **21.** Eis que ele está sozinho em Nu. Eles o aclamam quando ele aparece no horizonte, e os deuses **22.** e as Almas Espirituais que ganharam existência com ele temem-no.

Eu sou um dos vermes que foram criados pelo Olho do Senhor Uno. E eis que,

23. quando Ísis ainda não havia dado à luz Hórus, eu já prosperava, e já havia envelhecido, e havia me destacado **24.** entre as Almas Espirituais que ganharam existência com ele. Elevo-me como um **25.** falcão divino, e Hórus dotou-me de um Corpo Espiritual com sua alma, para que [eu] possa tomar posse da propriedade de Osíris no Tuat. Ele falará aos Deuses Leões gêmeos **26.** por mim, o Chefe da Casa da Guirlanda Nemés, o Morador de sua caverna: Volta tu para as altitudes do Céu, pois ó, visto que tu **27.** és um Corpo Espiritual com as criações de Hórus, a Guirlanda Nemés não é destinada a ti: [mas] tu terás o poder da fala até mesmo nos limites extremos **28.** dos Céus. Eu, o guardião, tomei posse da propriedade de Hórus [que pertenceu] a Osíris no Tuat, e Hórus repetiu para mim **29.** o que seu pai Osíris lhe dissera

nos anos [passados], nos dias de seu enterro. Dá-me tu a Guirlanda Nemés, dizem os Deuses Leões Gêmeos

30. a mim. Avança, vem pela estrada para o Céu, e olha para aqueles que vivem nos limites extremos do horizonte. Os deuses do Tuat **31.** terão temor a ti e lutarão por ti nos salões deles. O deus Auhet[299] pertence a eles (?). Todos os deuses que vigiam o templo do Senhor Uno **32.** são invadidos pelo terror ante [minhas] palavras.

Salve, diz o deus que é exaltado em seu ataúde a mim. Ele colocou a Guirlanda Nemés,

33. [por] ordem dos Deuses Leões gêmeos. O deus Aahet abriu um caminho para mim. Eu sou exaltado [em meu ataúde], os deuses Leões gêmeos colocaram a Guirlanda Nemés em mim, **34.** e minhas duas mechas (?) de cabelo me são dadas. Ele instalou em mim meu coração por sua própria carne (?), e por meio de sua grande força dupla, e não cairei prostrado

299. Variantes

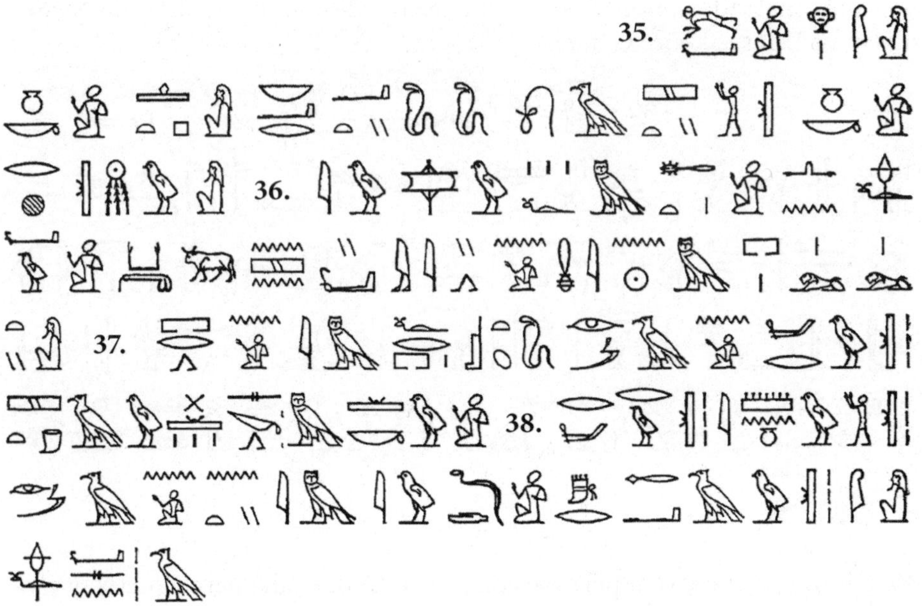

35. diante de Shu. Eu sou Hetep, o Senhor das duas deusas Ureus que devem ser adoradas. Eu conheço o deus da Luz, **36.** seus ventos estão em meu corpo. O Touro que provoca terror [nas almas] não vai me repelir. Eu venho diariamente à Casa dos Deuses Leões gêmeos. **37.** Eu saio de lá à luz para a Casa de Ísis. Eu contemplo as coisas sagradas que estão ocultas. Sou guiado até **38.** as coisas sagradas que estão ocultas. Eu vejo o ser que lá está. Eu falo aos poderosos de Shu; eles repelem aquele que se mostra irado em sua hora.

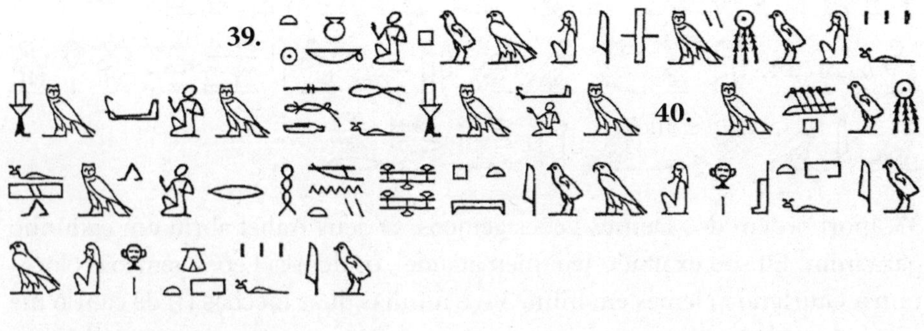

39. Eu sou Hórus, que mora em sua Luz divina. Eu sou o mestre de sua guirlanda (ou tiara). Eu sou o mestre de seu **40.** brilho. Eu avanço na direção dos limites de Henti do Céu. Hórus está sentado em sua cadeira. Hórus está em seus tronos.

41. Minha face é como a de um falcão divino. Eu sou aquele que está preparado [como] seu senhor. Eu sairei à luz para Tetu (Busíris). Eu verei Osíris. Eu viverei **42.** em sua presença verdadeira. (...) Nut. Eles irão me ver. Eu verei os deuses [e] o Olho de Hórus ardendo em chamas diante de meus olhos (?).

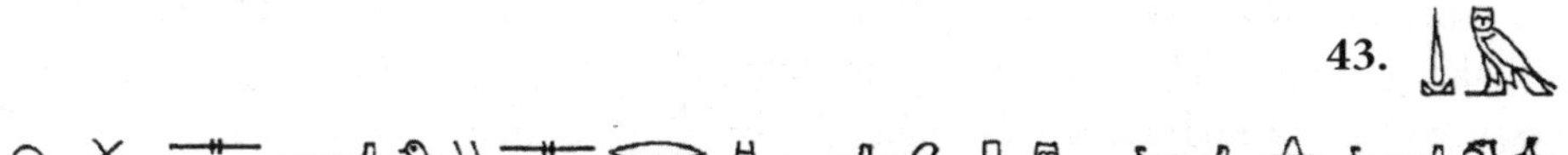

43. Eles estenderão as mãos para mim. Eu me erguerei. Serei o senhor daquele que me sujeitaria à imobilidade. Eles abrirão os caminhos sagrados **44.** para mim, eles verão minha forma, eles ouvirão minhas palavras.

[Glória] a vós, ó deuses do Tuat, cujas faces estão voltadas para trás, cujos **45.** poderes avançam, conduzi-me aos Deuses das Estrelas que jamais repousam. Preparai para mim os caminhos sagrados para a casa de Hemat, e para vosso **46.** deus, a Alma, que é poderosa e fonte de terror (ou assombro). Hórus ordenou-me erguer vossas faces; olhai para

47. mim. Eu me elevei como um falcão divino. Hórus me fez ser um Corpo Espiritual por meio da **48.** Alma dele, e tomar posse das coisas de Osíris no Tuat. Abri vós um caminho para mim. Eu viajei e cheguei até aqueles que são chefes de suas cavernas (ou seus templos) e que são guardiões **49.** da Casa de Osíris. Eu lhes falo sobre as poderosas façanhas dele. Faço com que saibam das vitórias dele. Ele está pronto [para golpear com seus] dois chifres a Set. Eles conhecem

50. aquele que tomou posse do deus Hu e que tomou posse dos Poderes de Tem.

Percorre tu teu caminho em segurança, gritam os deuses **51.** do Tuat para mim. Ó vós que tornais destacados vossos nomes, que são chefes em vossos templos, e que são guardiões da Casa de Osíris, concedei, rogo-vos, **52.** que eu possa vir a vós. Eu atei e eu juntei vossos Poderes. Eu indiquei aos Poderes os caminhos, os guardiões do horizonte,

53. e da Casa Hemat do Céu. Eu estabeleci as fortalezas deles para Osíris. Eu preparei os caminhos para ele. Eu realizei tudo que [ele] ordenou. Eu saí à luz **54.** para Tetu (Busíris). Eu vejo Osíris. Eu lhe falo a respeito do tema de seu Grande Filho, que ele ama, e a respeito [da derrota] do coração de **55.** Set. Eu contemplo o senhor que estava indefeso. Como os farei saber dos planos dos deuses, e daquilo que Hórus fez, **56.** sem o conhecimento de seu pai, Osíris?

Salve, Senhor, tua Alma, assustador e terrível, contempla-me. Eu vim, **57.** eu faço com que tu sejas exaltado! Eu abri um caminho à força através do Tuat. Eu abri as estradas que pertencem **58.** ao Céu, e as que pertencem à Terra, e ninguém se opôs a mim lá. Eu exaltei tua face, ó Senhor da Eternidade. [Exaltado sejas tu em teu trono, ó Osíris! Tu ouviste coisas boas, ó Osíris! Tua força é vigorosa, ó Osíris. Tua cabeça está presa a teu corpo, ó Osíris! Teu pescoço é firme, ó Osíris! Teu coração está alegre, (Ó Osíris!). Tua fala faz efeito, ó Osíris! Teus príncipes se alegram por estar estabelecido o Touro em Amentet. Teu filho Hórus subiu a teu trono, e toda a vida está ao lado dele. Milhões de anos servem a ele, e milhões de anos lhe têm temor. A Companhia dos Deuses é formada por seus servos, e eles lhe têm temor. O deus Tem, o

Governador, aquele que é o Único entre os deuses, falou, e sua palavra não desaparece. Hórus é o alimento divino e também o sacrifício. Ele se apressou em juntar (os membros de) seu pai. Hórus é seu salvador. Hórus é seu salvador. Hórus surgiu da essência de seu pai divino e de sua decomposição. Ele se tornou o Governador do Egito. Os deuses trabalharão para ele, e o farão por milhões de anos. Ele fará milhões de anos viverem através de seu Olho, o único de seu senhor, Neb-er-tcher.]

A última seção deste capítulo, colocada entre colchetes, foi estabelecida com base no texto preservado no Papiro de Nu, Folha 14. Poucas cópias do capítulo a incluem — e há indícios de que, originalmente, ela não integrasse o texto. O conteúdo dessa seção, tal como registrado no Papiro de Turim (Bl. XXX), é o seguinte:

Exaltado és em teu trono, ó Osíris. Tu ouves bem, ó Osíris. Tua força floresce, ó Osíris. Eu prendi **37.** tua cabeça [a teu] corpo para ti. Eu estabeleci tua garganta, o trono da alegria de teu coração. Tuas palavras são estáveis (?). Teus príncipes *shenit* estão felizes. Tu estabeleceste o Touro em Amentet.

38.

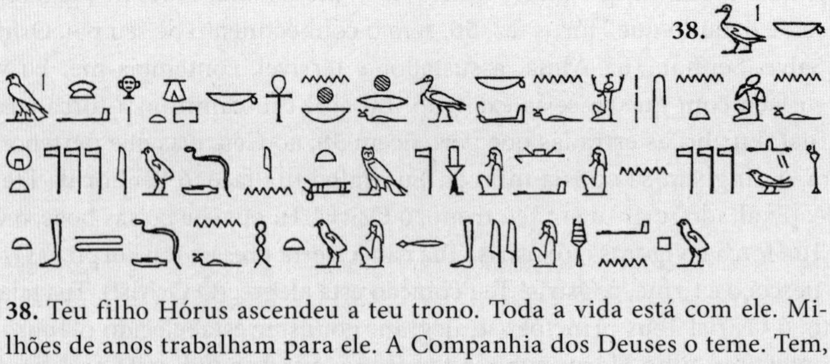

38. Teu filho Hórus ascendeu a teu trono. Toda a vida está com ele. Milhões de anos trabalham para ele. A Companhia dos Deuses o teme. Tem, o Poder Uno dos Deuses, falou, e o que ele falou não mudou, Hetu Aabi. Hórus ficou em pé.

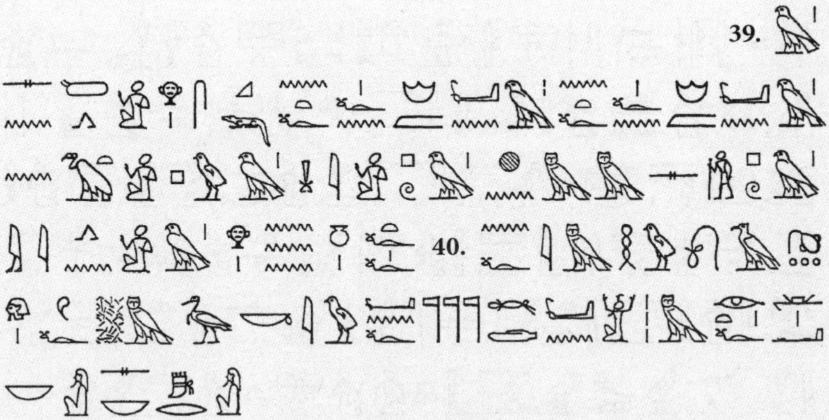

39. Eu fui por aí recolhendo teu pai. Hórus libertou teu pai. Hórus libertou [a mãe dele]. Minha mãe é Hórus. Meu irmão é Hórus. Meu tio é Hórus. Eu vim. Hórus segue seu pai. **40.** (...) ali o pó (?) da cabeça dele. Os deuses obedecerão a ele. Milhões de anos (...) em seu Olho, o Único de seu Senhor, Neb-er-tcher.

O texto do Capítulo LXXVIII apresentado por Naville é muito importante para o entendimento correto deste capítulo tão interessante, que aqui reproduzimos na íntegra:

Apêndice

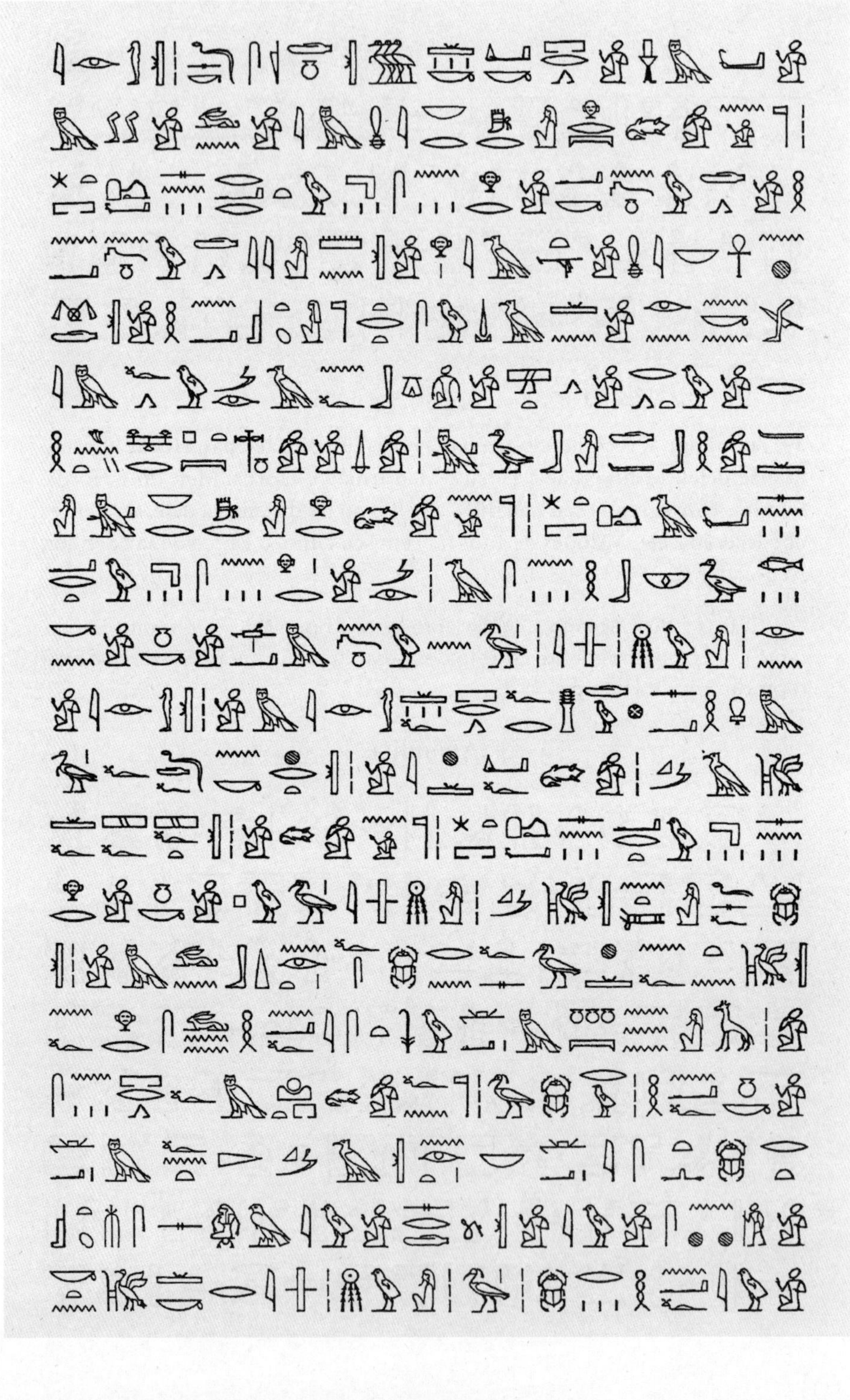

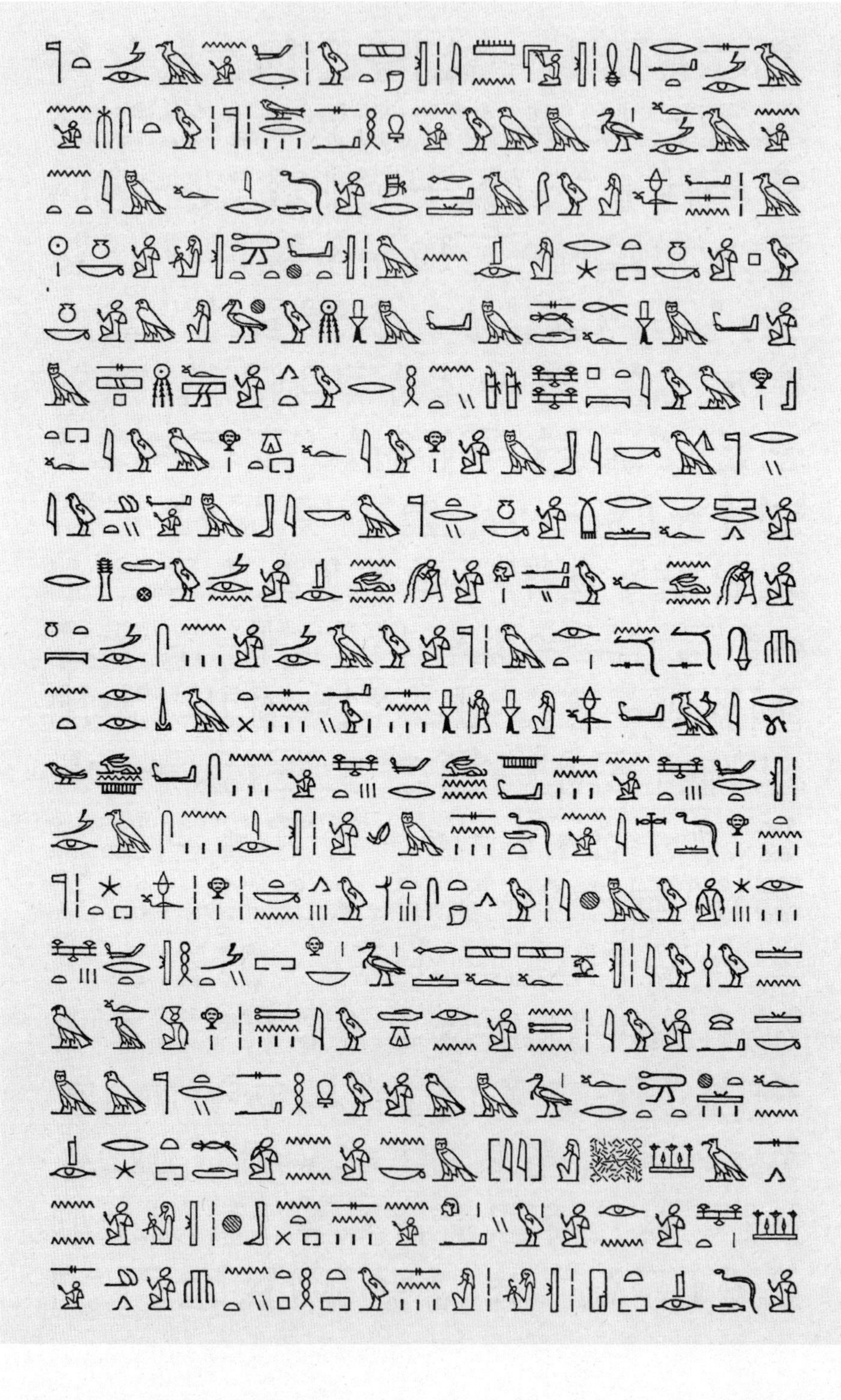

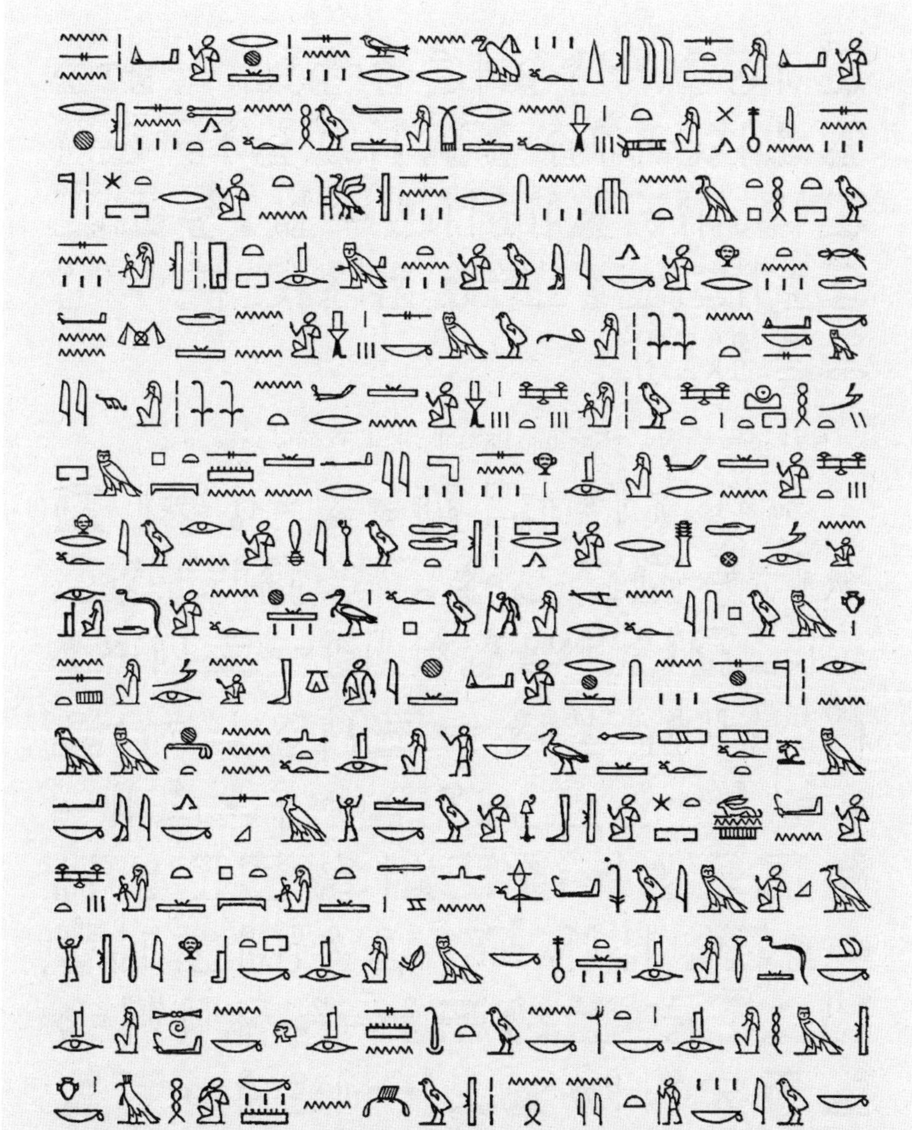

No Papiro de Nu, o Capítulo LXXVIII termina como se segue:

*. A publicação original não apresenta tradução para esta sequência de hieróglifos. (N.E.)

Apêndice

CAPÍTULO LXXIX*
O capítulo para transformar-se no príncipe dos Chefes Tchatchau

CAPÍTULO LXXIX.

CAPÍTULO LXXIX. 1. O CAPÍTULO PARA TRANSFORMAR-SE NO PRÍNCIPE DOS CHEFES TCHATCHAU. O Osíris Nu, cuja palavra é verdade, diz: **2.** Eu sou o deus Tem, aquele que fez o céu, o criador das coisas que existem, que saiu à luz a partir da Terra, que fez a semente do homem ganhar existência, o Senhor das coisas, que moldou os deuses, o Grande Deus, que criou a si mesmo, **3.** o Senhor da Vida, que fez prosperar as Duas Companhias dos Deuses. Glória a vós, ó Divinos Senhores das coisas, seres sagrados, cujos assentos estão ocultos por véus! Glória a vós, ó Senhores da Eternidade, **4.** cujas formas estão ocultas, cujos santuários são mistérios, cujos locais de morada são desconhecidos! Glória a vós,

*. Apêndice retirado do Papiro de Nu (Museu Britânico n.10,477, Folhas 8 e 9). (N.E.)

5. ó deuses que moram no Tenait (ou no Círculo de Luz)! Glória a vós, ó deuses do Círculo do país das Cataratas! Glória a vós, ó deuses que moram em Amentet! **6.** Glória a vós, ó deuses que moram dentro de Nut! Fazei com que eu possa vir diante de vós, eu sou puro, eu sou **7.** como um deus. Sou dotado de uma Alma Espiritual. Eu sou forte. Sou dotado de uma Alma-Coração. Trago a vós incensos e especiarias e natrão. Eu eliminei as repreensões (?) de vossas

8. bocas. Eu vim, eu eliminei o mal que está em vossos corações, e removi as ofensas que existiam em vós [contra mim]. Eu trago a vós **9.** atos do bem, e apresento diante de vós a verdade. Eu vos conheço. Sei vossos nomes. Conheço **10.** vossas formas que não são conhecidas. Eu passo a existir entre vós. Minha vinda é como a daquele deus que devora os homens

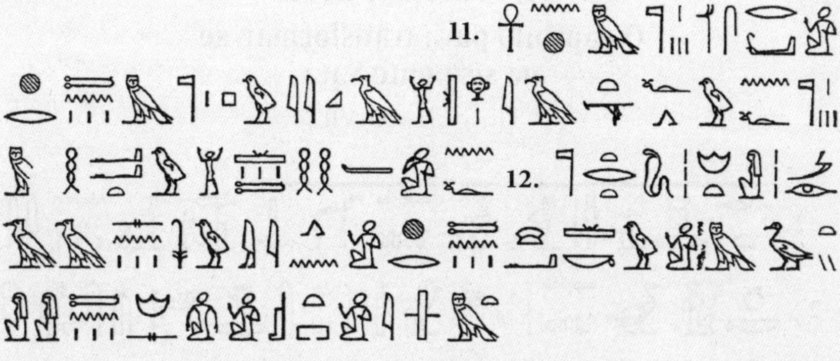

11. e se alimenta dos deuses. Eu sou forte diante de vós, da mesma forma que aquele deus que é exaltado sobre seu pedestal, diante de quem os deuses se apresentam com júbilo, e **12.** as deusas fazem súplicas quando me veem. Eu vim a vós. Eu subi a meu trono como vossas Duas Filhas (?). Ocupei meu assento no horizonte.

13. Eu recebo minhas oferendas de propiciação em meus altares. Eu bebo minha porção do vinho *seth* a cada noite. Eu venho até aqueles **14.** que se regozijam, e os deuses que vivem no horizonte dedicam a mim louvores, como o divino Corpo Espiritual, o Senhor dos mortais. **15.** Eu sou exaltado como aquele deus sagrado que mora na Grande Casa. Os deuses alegram-se imensamente ao verem minhas 16. formosas aparições a partir do corpo da deusa Nut, e quando a deusa Nut me faz surgir.

CAPÍTULO LXXXVII
O capítulo para transformar-se na serpente Sata
PRANCHA XXVII

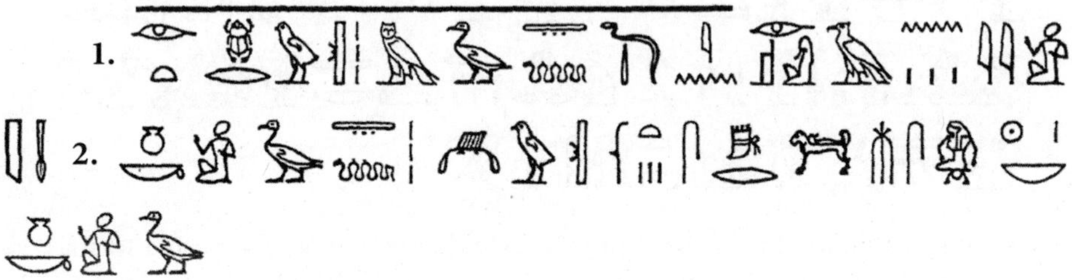

CAPÍTULO LXXXVII. 1. [O CAPÍTULO PARA] FAZER A TRANSFORMAÇÃO NA SERPENTE SATA. O Osíris Ani, cuja palavra é verdade, diz: **2.** Eu sou a serpente Sata, cujos anos são infinitos. Eu me deito, morto. Eu nasço todos os dias. Eu sou a serpente

3. Sa-en-ta que habita as partes mais extremas da Terra. Eu me deito na morte. Eu nasço, **4.** eu me faço novo, eu renovo minha juventude a cada dia.

Outros papiros trazem o seguinte trecho:*

*. A publicação original não apresenta tradução para esta sequência de hieróglifos. (N.E.)

CAPÍTULO LXXXVIII
O capítulo para transformar-se no deus Crocodilo

PRANCHA XXVII

CAPÍTULO LXXXVIII. 1. [O CAPÍTULO PARA] FAZER A TRANSFORMAÇÃO NO DEUS CROCODILO. O Osíris Ani, cuja palavra é verdade, diz: **2.** Eu sou o deus Crocodilo (Sebak) que mora entre seus terrores. Eu sou o deus Crocodilo e capturo [minha presa] como uma fera voraz. **3.** Eu sou o grande peixe que está em Kamui. Eu sou o Senhor para quem **4.** reverências e prostrações são feitas em Sekhem (Letópolis). E o Osíris Ani é o senhor a quem reverências e prostrações são feitas em Sekhem.

O Papiro de Nebseni tem algumas variantes interessantes. Nele, o texto deste capítulo é o seguinte:

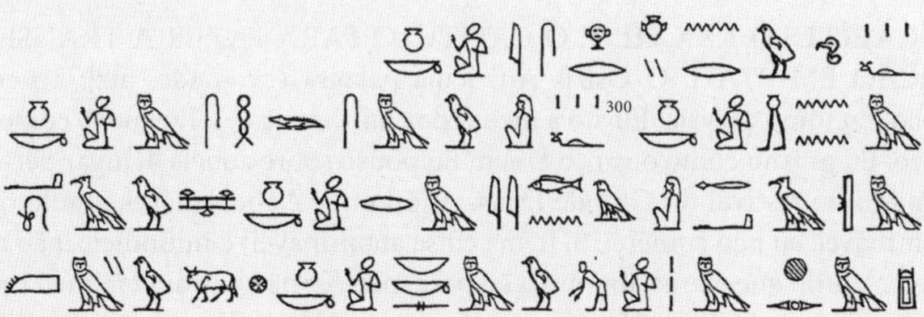

300. O Papiro de Turim traz 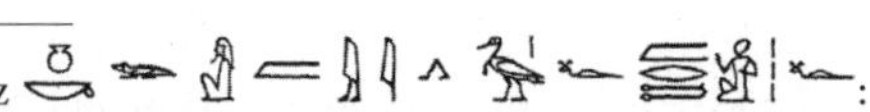: "Eu sou o Crocodilo, quando a alma dele junta-se aos seus".

Eis que sou aquele que habita seus terrores, eu sou o crocodilo, seu primogênito (?). Eu trago (presa) de longe. Eu sou o Peixe de Hórus, o Grandioso em Kamui. Eu sou o senhor das reverências em Sekhem.[301]

CAPÍTULO LXXXII
O capítulo para transformar-se em Ptah
PRANCHA XXVII

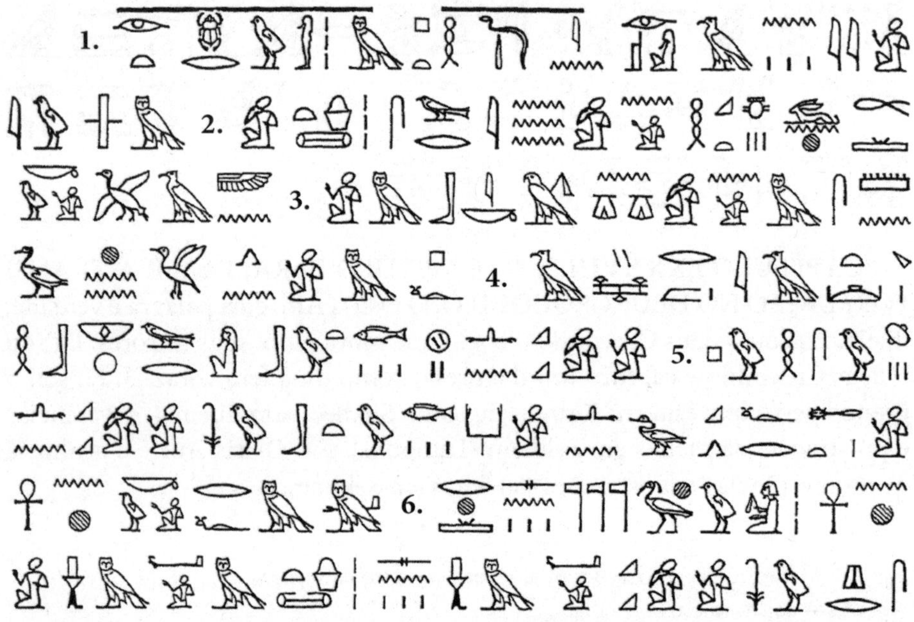

CAPÍTULO LXXXII. 1. O CAPÍTULO PARA FAZER A TRANSFORMAÇÃO EM PTAH. O Osíris Ani [cuja palavra é verdade, diz]: Eu como **2.** pão. Eu tomo cerveja. Eu ato a meu redor minhas vestes. Eu voo **3.** como um falcão. Eu grasno como o ganso Smen. Eu pouso sobre aquele **4.** lugar perto do Sepulcro no festival do Grande Deus. Aquilo que é abominável, aquilo que é abominável, eu não comerei. **5.** [Uma coisa abominável] é imundície, não a comerei. Aquilo que é uma abominação para meu Ka não entrará em meu corpo. Eu viverei daquilo de que **6.** vivem os deuses e as Almas Espirituais. Eu viverei, e eu serei mestre dos pães deles. Eu sou o mestre deles, e eu os comerei

301. Variação: Em Sekhem do grande deus cuja forma está oculta; em Tetu de Osíris, o Touro de Amentet.

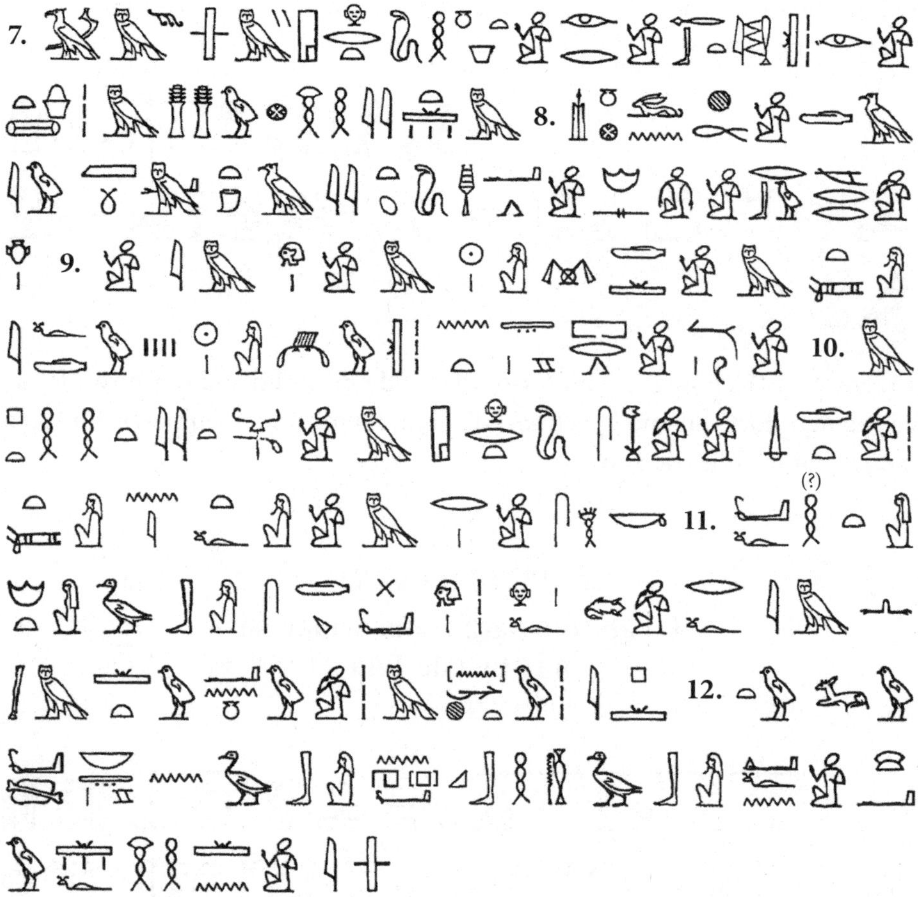

7. sob as árvores da habitante da Casa de Hathor, minha Senhora. Eu farei uma oferenda. Meus pães estão em Tetu (Busíris), minhas oferendas estão em **8.** Anu (Heliópolis). Eu ato a meu redor a túnica que é tecida para mim pela deusa Tait. Eu me erguerei e me sentarei em qualquer lugar que me agrade fazê-lo. **9.** Minha cabeça é igual à de Rá. Eu estou composto (ou eu estou completo) como Tem.

Neste momento, oferece os quatro pães de Rá e as oferendas da Terra.[302]

Eu sairei à luz. Minha língua é **10.** igual à de Ptah, e minha garganta é igual à de Hathor, e eu me recordo das palavras de Tem, de meu pai, com minha boca. Ele forçou **11.** a mulher, a esposa de Keb, quebrando as cabeças próximas a ele; portanto, havia lá temor a ele. [Seus] louvores são repetidos com vigor. Foi decretado que eu seja **12.** o Herdeiro, o senhor da terra de Keb.

302. Esta é uma instrução com caráter de rubrica.

Eu me uno a mulheres. Keb me restaurou e fez com que eu subisse a seu trono. Aqueles que moram

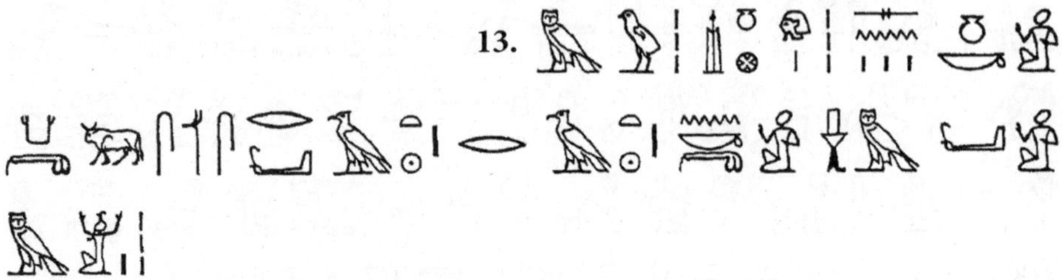

13. em Anu (Heliópolis) curvam-se diante de mim. Eu sou o Touro [deles], eu sou mais forte do que [o Senhor] da hora. Eu me uno a mulheres. Eu sou o mestre por milhões de anos.

CAPÍTULO LXXXV
O capítulo para transformar-se na alma de Tem

PRANCHA XXVII

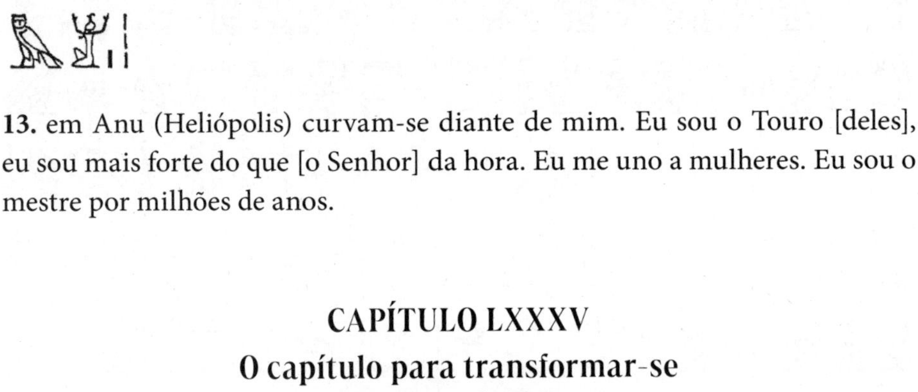

CAPÍTULO LXXXV. 1. [O CAPÍTULO PARA] FAZER A TRANSFORMAÇÃO NA ALMA DE TEM. O Osíris Ani, cuja palavra é verdade, diz: **2.** Eu não entrarei no local de destruição, eu não perecerei, eu não conhecerei [a decomposição]. Eu sou **3.** Rá, que vem de Nu, a Alma do Deus que criou seus próprios membros. Eu abomino o **4.** pecado; eu não olharei nessa direção. Eu não clamo contra a verdade, não, eu vivo

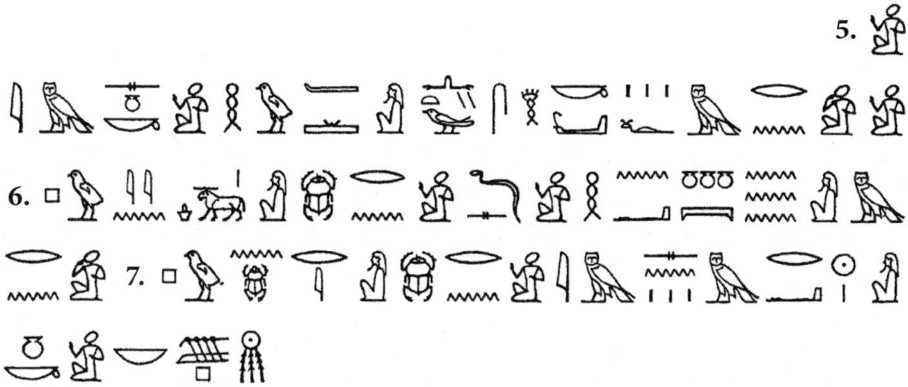

5. nela. Sou o deus Hu, o deus imperecível, sob o nome **6.** de "Alma". Eu criei a mim mesmo com Nu, sob o nome de **7.** "Khepera". Eu existo neles, assim como Rá. Eu sou o Senhor da Luz.

O texto anterior constitue apenas a seção de abertura do Capítulo LXXXV; a conclusão, de acordo com o texto do Papiro de Nu, é a que se segue:

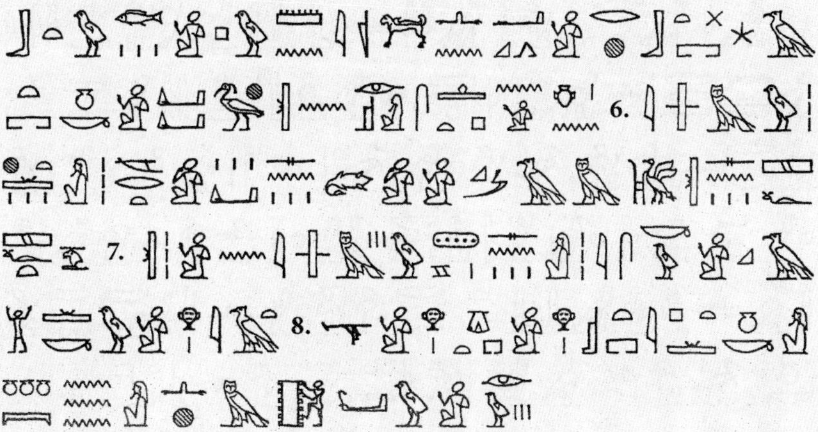

Aquilo que é uma abominação para mim é a morte; que eu não entre na câmara de tortura que existe no Tuat. Eu sou o deleite do Khu de Osíris. Eu faço ficarem felizes os corações **6.** daqueles que moram entre as coisas divinas que são amadas [por mim]. Eles fazem com que o medo a mim [seja abundante], eles criam o temor a mim **7.** para que permaneça nos seres divinos que habitam os próprios círculos. Eis que eu sou exaltado em meu pedestal, **8.** e em meu trono, e no assento que é destinado [a mim]. Eu sou o deus Nu, e aqueles que cometem pecado não me destruirão.

9. Eu sou o primogênito do deus primordial, e minha alma é [como] as **10.** Almas dos Deuses Eternos, e meu corpo é Perpetuidade. Minha forma criada é [aquela do] deus Eternidade, o Senhor dos Anos

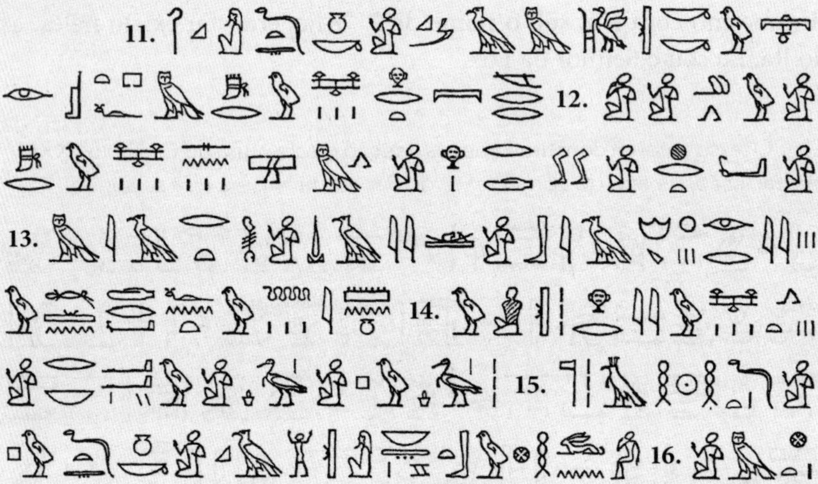

11. e Príncipe da Perpetuidade. Eu sou o Criador da Escuridão, que toma seu assento nos limites extremos dos Céus, [os quais] eu amo. **12.** Eu chego aos limites dos Céus. Eu avanço com minhas pernas. Eu dirijo meu **13.** local de repouso (?). Eu navego pelo céu. Eu acorrento e destruo as serpentes ocultas **14.** que rodeiam meus passos [no caminho até] o Senhor dos dois Braços. Minha alma é [como] as Almas dos **15.** Deuses Eternos, e meu corpo é Perpetuidade. Eu sou aquele que é exaltado, o Senhor da Terra de Tebu. **16.** Eu sou a Criança na cidade: "Jovem no campo" é meu nome. "O Imperecível" é meu nome. Eu sou o Criador de Almas de Nu. Eu faço minha morada em

17. Khert-Neter. Meu ninho (ou lugar de nascimento) é invisível, meu ovo não está partido. Eu eliminei o mal que existe em mim. Eu verei meu Pai, **18.** o Senhor da Tarde. Seu corpo mora em Anu (Heliópolis). Sou destinado a ser o Deus da Luz, um habitante do Deus da Luz, por cima do Domínio Ocidental da ave *Hebt* (Thoth?).

CAPÍTULO LXXXIII
O capítulo para transformar-se na ave Benu

PRANCHA XXVII

CAPÍTULO LXXXIII. 1. [O CAPÍTULO PARA] FAZER A TRANSFORMAÇÃO NA **2.** AVE BENU. O Osíris escriba Ani, cuja palavra é verdade, diz: Eu levantei voo a partir da matéria primitiva. Passei **3.** à existência como o deus Khepera. Eu germinei (ou cresci) como as plantas. Eu estou oculto (ou escondido) como o jabuti (ou a tartaruga) [em sua carapaça]. Eu sou a semente (?) de cada

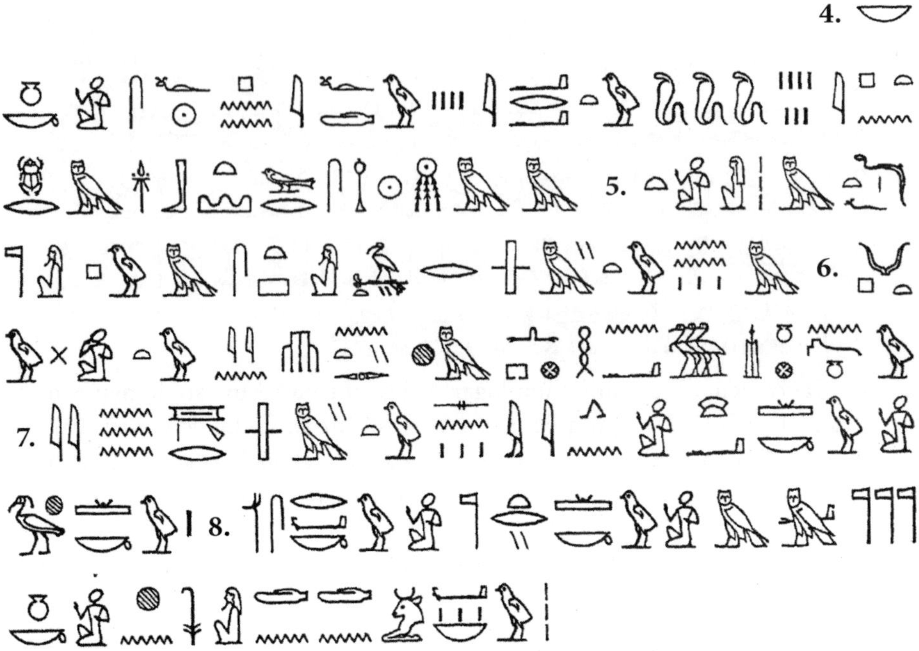

4. deus. Eu sou o Ontem dos Quatro [Quadrantes do Mundo] e dos Sete Ureus, que passaram à existência na terra do Leste. [Eu sou] o Grandioso (isto é, Hórus) que ilumina os espíritos Hememet **5.** com a luz de seu corpo. [Eu sou] aquele deus no que diz respeito a Set. [Eu sou] Thoth, que [se coloca] entre eles (isto é, Hórus e Set) como o **6.** juiz em nome do Governador de Sekhem (Letópolis) e das Almas de Anu (Heliópolis). [Ele era como] um rio entre eles. Eu vim. Eu me elevo em meu trono. Eu sou dotado de um Khu (isto é, Alma Espiritual).* **8.** Eu sou poderoso. Eu sou dotado com divindade entre os deuses. Eu sou Khensu, [o senhor] de todos os tipos de força.

RUBRICA:

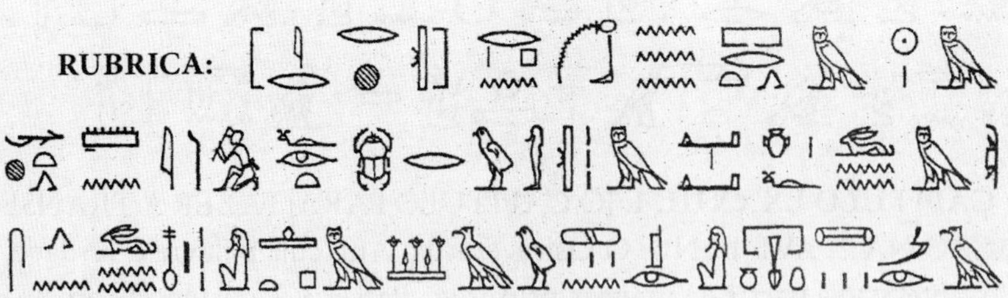

*. A publicação original não indica onde se inicia a tradução dos hieróglifos correspondentes ao número 7. (N.E.)

RUBRICA: [Se] este capítulo [for conhecido pelo falecido], ele sairá puro à luz do dia depois de sua morte e realizará todas as transformações que sua alma quiser. Ele estará entre os Seguidores de Un-Nefer (isto é, Osíris), e irá se satisfazer com o alimento de Osíris, e com as refeições sepulcrais. Ele verá o Disco [do Sol], ele estará em situação favorável na Terra diante de Rá, e sua palavra será verdade aos olhos de Osíris, e coisa maligna alguma terá domínio sobre ele para todo o sempre.

CAPÍTULO LXXXIV
O capítulo para transformar-se em uma garça
PRANCHA XXVIII

CAPÍTULO LXXXIV. 1. [O CAPÍTULO PARA] FAZER A TRANSFORMAÇÃO EM UMA GARÇA. O Osíris escriba Ani, cuja palavra é verdade, diz: **2.** Eu sou o mestre dos animais trazidos para o sacrifício [e] das facas que são [erguidas] contra suas cabeças [e] suas barbas; **3.** aqueles que moram em seus [campos de] esmeralda, os Deuses Antigos, e as Almas Espirituais, estão prontos no

303. De um papiro que se encontra em Paris (Naville, *op. cit.*, II, p. 185).

4. momento para o Osíris Ani, cuja palavra é verdade, em paz. Ele executa sacrifícios na Terra, e eu executo sacrifícios na Terra. Sou forte. Eu sigo pelas **5.** alturas do Céu. Eu me fiz puro. Caminho com grandes passadas para minha cidade. Tornei-me lá um proprietário de terras. Eu avanço rumo a Sepu. **6.** (...) me é concedido em Unu (Hermópolis). Eu coloquei os deuses em seus caminhos. Tornei esplêndidas as casas e cidades daqueles que estão em seus templos. **7.** Eu conheço o rio de Nut. Conheço Tatun. Conheço Teshert. Trouxe comigo os chifres deles. **8.** Eu conheço Heka. Ouvi com atenção as palavras dele. Sou o jovem Touro Vermelho que está marcado com marcas. Os deuses dirão quando ouvirem **9.** [sobre mim]: Descobri vossas faces. Ele veio a mim. Há uma luz que não conheceis. Os tempos e as estações estão em meu corpo. **10.** Eu não falo [mentiras] em detrimento da verdade, todo dia. A verdade está oculta nas sobrancelhas (?). [Durante a] noite eu navego rio acima para atender à celebração

11. [304]

11. daquele que está morto, acolher o Deus Antigo e proteger a Terra, eu, o Osíris Ani, cuja palavra é verdade.

A continuação deste capítulo no Papiro de Ani é, na verdade, o final do Capítulo LXXXV, que o escriba copiou aqui — seja inadvertidamente, seja por falta de espaço no local apropriado. Como a tradução das linhas restantes já foi dada, a partir de outro papiro da XVIII Dinastia, não há necessidade de acrescentar uma segunda versão aqui. O leitor deve notar as variantes no texto e fará as alterações necessárias na tradução.

304. O Capítulo LXXXIV termina aqui.

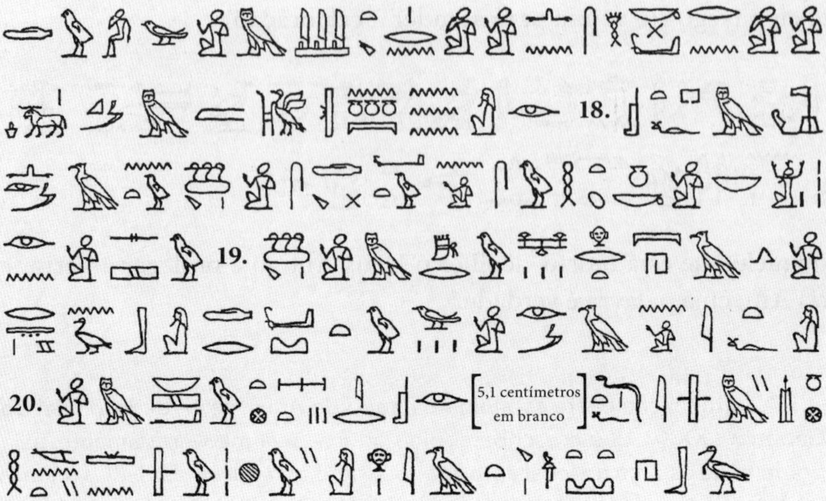

Na Recensão Saíta, o capítulo tem uma rubrica que diz o seguinte:

RUBRICA:

RUBRICA: Se este capítulo for conhecido [pelo falecido], ele viverá como uma Alma Espiritual perfeita em Khert-Neter; coisa maligna alguma irá derrotá-lo.

CAPÍTULO LXXXI(a)

O capítulo para transformar-se em um lótus (ou lírio)

PRANCHA XXVIII

1.

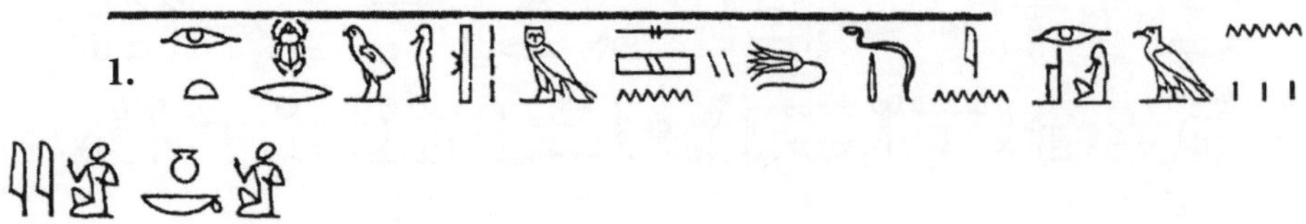

CAPÍTULO LXXXI(a). 1. [O CAPÍTULO PARA] FAZER A TRANSFORMAÇÃO NO LÓTUS (OU LÍRIO). O Osíris Ani, cuja palavra é verdade, diz: Eu sou

2. o lótus sagrado que surge da luz que pertence às narinas de Rá, e que pertence à **3.** cabeça de Hathor. Eu percorri meu caminho e vou em busca dele, ou seja, Hórus. Eu sou o lótus puro que surge do campo [de Rá].*

Apêndice

CAPÍTULO LXXXI(b)

(Naville, *op. cit.*, I, Bl. XCIII)

CAPÍTULO LXXXI(b). 1. O CAPÍTULO PARA FAZER A TRANSFORMAÇÃO EM UM LÓTUS. O Osíris, a senhora da casa, Aui, cuja palavra é a verdade, em paz, diz:

2. Salve, ó Lótus, protótipo do deus Nefer-Temu! Eu sou aquele que sabe vossos nomes (?).

*. A publicação original não indica onde se inicia a tradução dos hieróglifos correspondentes ao número 4. (N.E.)

3. Eu sei vossos nomes entre os deuses, os senhores de Khert-Neter. Sou um de vós. **4.** Concedei que eu possa ver os deuses que são os Guias do Tuat. Concedei-me um assento em **5.** Khert-Neter, perto dos Senhores de Amentet. Destinai a mim uma habitação na terra de Tchesert. Recebei-me **6.** na presença dos Senhores da Eternidade. Que minha alma possa sair à luz em qualquer lugar que desejar. Que ela não seja rejeitada na presença da Grande Companhia dos Deuses.

A versão do Capítulo LXXXI(b) apresentada existe em um único papiro, a saber, o Papiro de Paqrer , um sacerdote de Ptah. Atribuir uma data precisa a este papiro é difícil, mas certamente não é anterior a 950 a.C., e pode ter sido escrito tão tardiamente quanto em cerca de 700 a.C. O nome Paqrer não é comum, mas é encontrado no Sonho de Tanut-Amen,[305] onde ele ocorre na forma de . O determinativo mostra o significado do nome, isto é, "a rã". O Paqrer desta inscrição era o governador da cidade de Sept  (Phacusa), no Delta Oriental, e M. Naville observou (*Einleitung*, p. 95) que o Paqrer para quem o papiro foi escrito é chamado duas vezes de "Rei das Duas Terras" , isto é, foi aplicado um título real a ele. Pode ser que ele e o inimigo de Tanut-Amen fossem a mesma pessoa. É interessante observar que, no Capítulo LXXXI(b), o nome da esposa de Paqrer, o sacerdote de Ptah, é citado.

305. Ver Budge, *Annals of Nubian Kings*, p. 85.

CAPÍTULO LXXX
O capítulo para transformar-se no deus que ilumina a escuridão

PRANCHA XXVIII

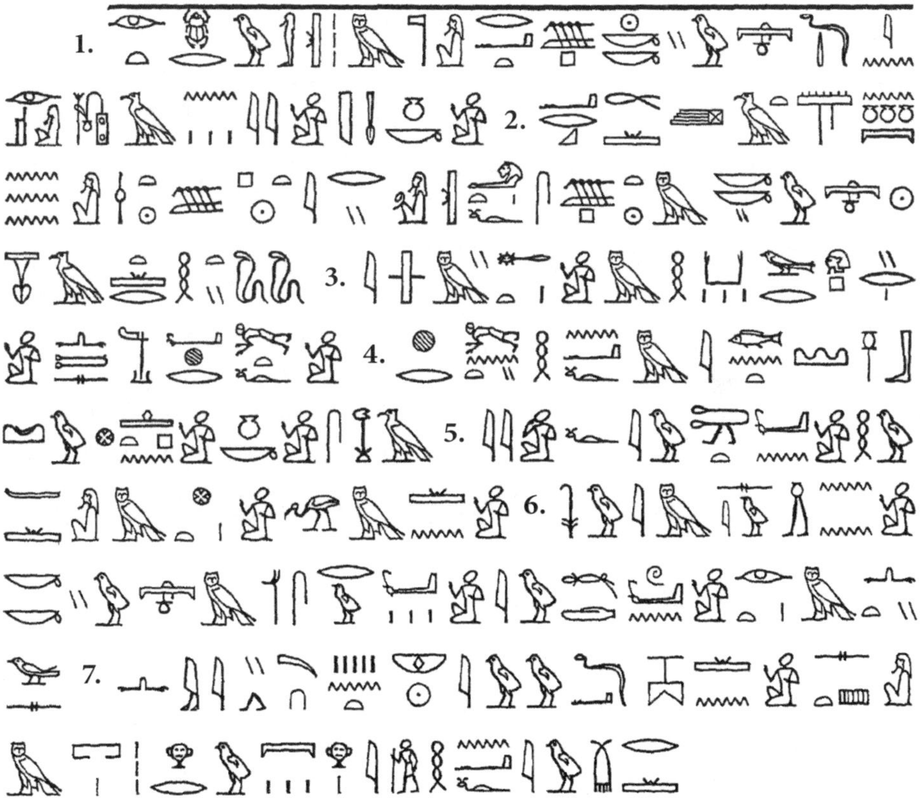

CAPÍTULO LXXX. [O CAPÍTULO PARA] **1.** FAZER A TRANSFORMAÇÃO NO DEUS QUE ILUMINA A ESCURIDÃO. O Osíris escriba Ani, cuja palavra é verdade, diz: Eu sou **2.** o cinturão das vestes do deus Nu, aquele que emana luz e brilha e pertence ao peito dele, que ilumina as trevas, que unifica as duas divindades Rehti, **3.** que habita meu corpo, por meio da grande magia das palavras proferidas por minha boca. Eu me ergo, mas aquele que me perseguia caiu. **4.** Aquele que estava com ele no Vale de Abtu (Abidos) caiu. Eu repouso. Eu me lembro **5.** dele. O deus Hu apossou-se de mim em minha cidade. Eu o encontrei **6.** lá. Eu levei embora as trevas à custa de minha força, eu preenchi o Olho [de Rá] quando ele estava indefeso, e quando **7.** ele não apareceu no festival do décimo quinto dia. Eu pesei Sut nas casas celestiais contra o Deus Antigo que estava com ele. Eu

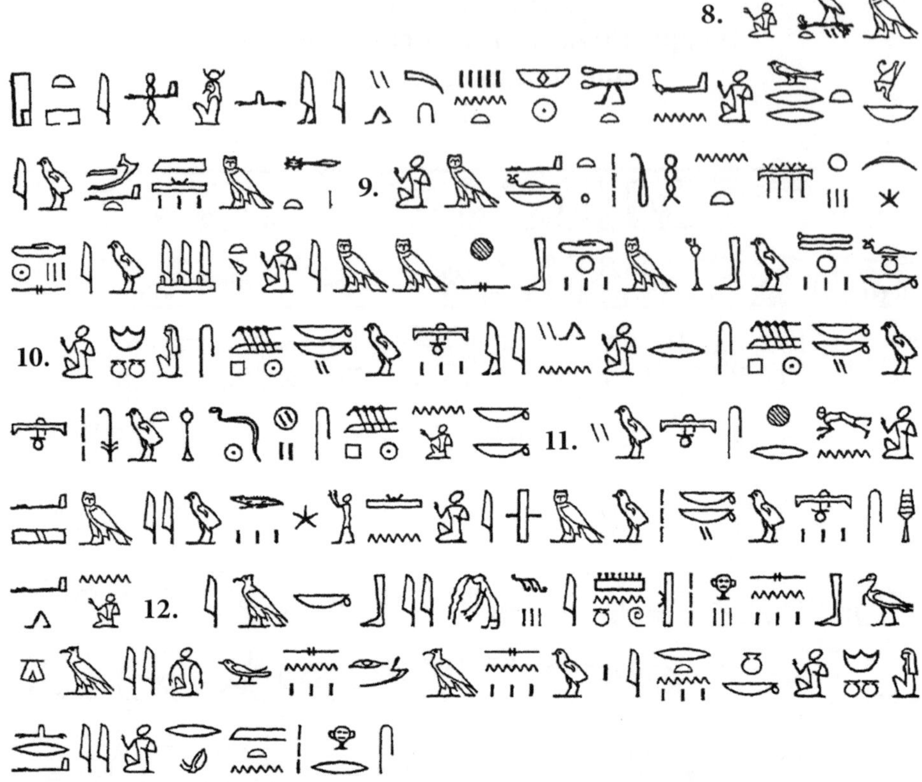

8. provi Thoth na casa do Deus da Lua, quando o décimo quinto dia do festival não ocorreu. Eu tomei posse da Coroa Urrt. A verdade está em meu corpo; **9.** turquesa e cristal são seus meses. Minha morada está situada em meio ao lápis-lazúli, em meio aos sulcos arados de lá. Eu sou **10.** Hem-Nu (?), que ilumina as trevas. Eu vim para iluminar as trevas; é luz. Eu iluminei as trevas. **11.** Eu derrotei os demônios *ashmiu*. Entoei hinos àqueles que habitam as trevas. Fiz com que se erguessem **12.** aqueles que choravam, cujas faces estavam cobertas; estavam em um estado indefeso de sofrimento. Olhai para mim. Eu sou Hem-Nu (?). Não deixarei que vós ouçais nada referente a isso. Eu lutei [Eu sou Hem-Nu (?). Eu iluminei as trevas. Eu vim. Eu coloquei um fim às trevas que de fato se tornaram luz.[306]]

306. 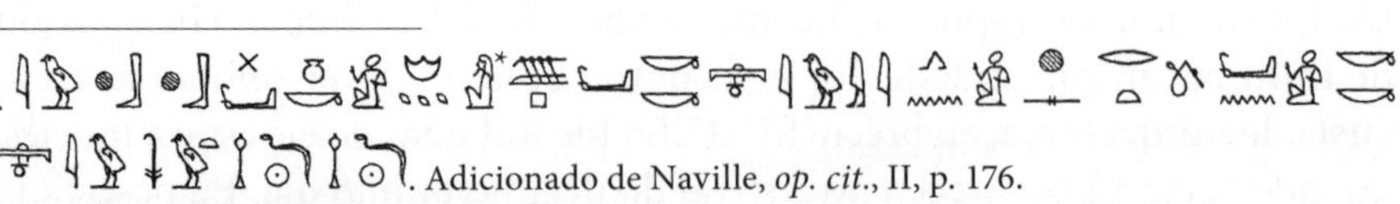. Adicionado de Naville, *op. cit.*, II, p. 176.

*. Variação: .

CAPÍTULO CLXXV
O capítulo para não morrer uma segunda vez

PRANCHA XXIX

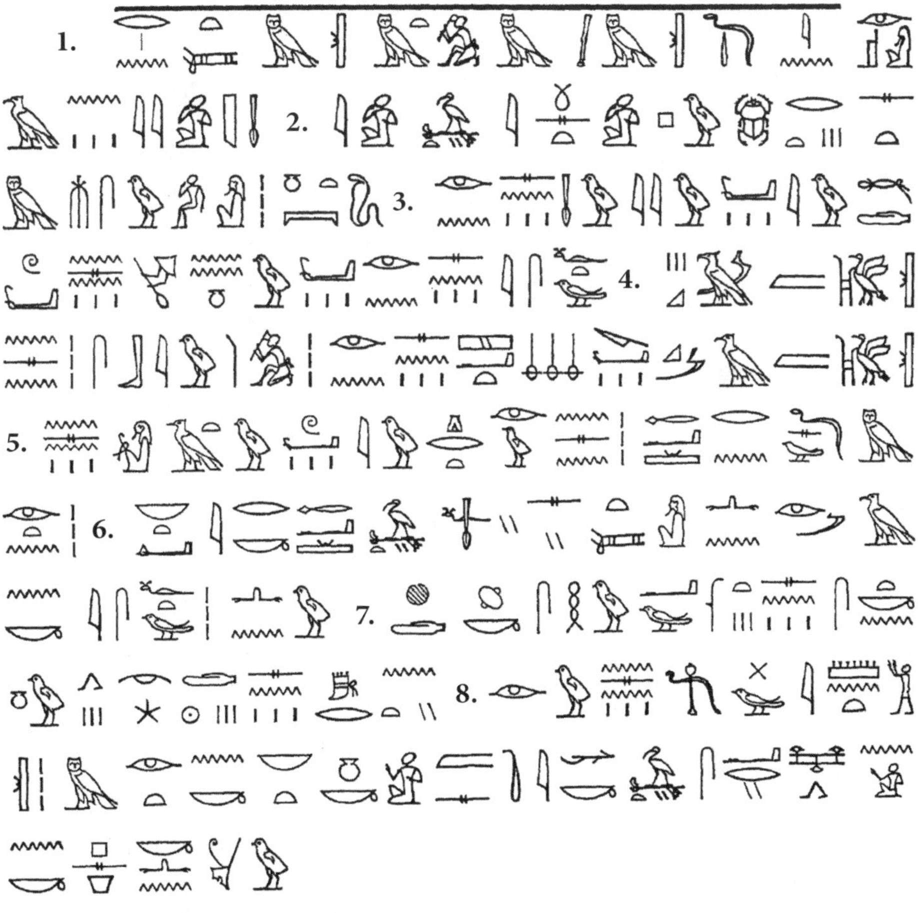

CAPÍTULO CLXXV. 1. [O CAPÍTULO PARA] NÃO MORRER UMA SEGUNDA VEZ. O Osíris Ani, cuja palavra é verdade, diz: **2.** Salve, Thoth! Que aconteceu com os filhos de Nut? **3.** Eles guerrearam, ergueram-se em conflito, fizeram o mal, **4.** criaram os demônios, promoveram massacres, causaram **5.** problemas; na verdade, em todos os seus atos, os fortes agiram contra os fracos. **6.** Concede, ó poder de Thoth, que aquilo que o deus Tem ordenou [possa ser feito]! E tu não contemples o mal, nem sejas tu **7.** provocado a enfurecer-se quando eles trazem confusão aos anos, e juntam-se e aglomeram-se para perturbar os meses. Pois, em tudo o que fizeram **8.** a ti, eles praticaram a iniquidade em segredo. Eu sou tua paleta de escrever, ó Thoth, e trouxe-te teu tinteiro. Eu não sou

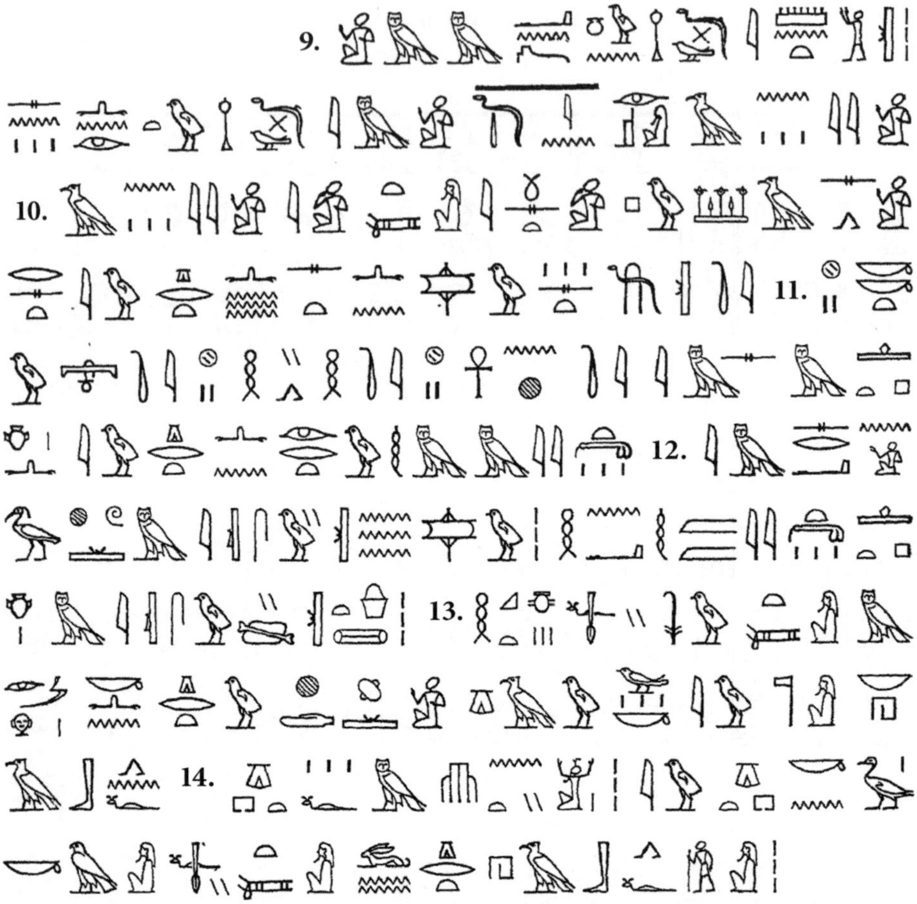

9. um dos que praticam a iniquidade em seus locais secretos; que mal algum me atinja.

O Osíris escriba Ani, **10.** cuja palavra é verdade, diz: Salve, Temu! Que tipo de terra é esta onde vim parar? Aqui não há água, aqui não há ar; sua profundidade é impossível de estimar, **11.** é tão escura quanto a noite mais escura, e os homens vagueiam indefesos por ela. Aqui, um homem não pode viver com o coração tranquilo; tampouco podem os anseios por amor ser satisfeitos. **12.** Mas permita que o estado das Almas Espirituais me seja concedido em vez de água e ar, e da satisfação dos anseios por amor, e permita que a quietude de coração me seja concedida em vez de pães e **13.** cerveja. O deus Tem decretou que verei tua face, e que não sofrerei com aquilo que aflige a ti. Possam todos os deuses transmitir a ti **14.** seus tronos por milhões de anos.

Teu trono passou a teu filho Hórus, e o deus Tem decretou que teu percurso transcorrerá entre os príncipes sagrados.

15. Em verdade, ele reinará a partir de teu trono e será o herdeiro do trono d'Aquele que habita o Lago de Fogo [Neserser]. Em verdade, foi determinado que em mim ele veja a si mesmo, e que minha face **16.** contemple a face do Senhor Tem. Quanto tempo, então, eu terei de vida? Foi decretado que tu vivas por milhões de anos, uma vida de milhões de anos. **17.** Que me seja concedido chegar aos príncipes sagrados, pois eu de fato eliminei todo o mal que cometi, desde a época em que esta Terra passou a existir a partir de Nu,

18. quando ela surgiu do abismo líquido igual ao que era nos dias de antigamente. Eu sou o Destino (ou o Tempo) e Osíris, eu fiz minhas transformações e assumi a aparência de diversas **19.** serpentes. O homem não sabe, e os deuses não são capazes de contemplar a beleza dupla que fiz para Osíris, o maior dos deuses. Eu dei a ele

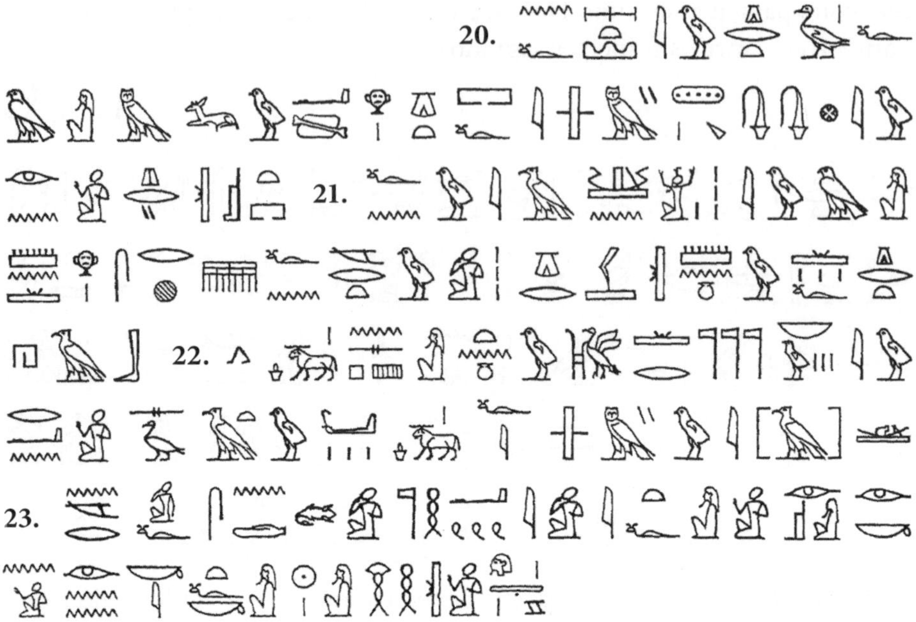

20. a região dos mortos. E, em verdade, seu filho Hórus está sentado no trono d'Aquele que habita o Lago de Fogo [de Neserser], como seu herdeiro. Eu fiz com que ele tivesse seu trono **21.** na Barca de Milhões de Anos. Hórus está assentado em seu trono [entre] os seus, e tem consigo tudo que é dele. Em verdade, a Alma de Set, que **22.** é maior do que todos os deuses, partiu. Que me seja concedido prender a alma dele com grilhões na Barca do Deus, **23.** quando eu desejar, e que ele guarde temor ao Corpo do Deus. Ó meu pai Osíris, tu fizeste por mim aquilo que teu pai Rá fez por ti. Que eu possa morar na Terra permanentemente.

24. Que eu mantenha a posse de meu trono. Que meu herdeiro seja forte. Que minha tumba e meus amigos que estão na Terra prosperem. **25.** Que meus inimigos sejam entregues à destruição e aos grilhões da deusa Serq. Eu sou teu filho. Rá é meu pai.

26. 

26. A mim, do mesmo modo, tu conferiste vida, força e saúde. Hórus está estabelecido em sua tumba (*serekh*). Concede tu que os dias de minha vida possam transcorrer em veneração e honras.

A partir da cópia fragmentada deste capítulo publicada por M. Naville em seu *Todtenbuch*, Bd. I, Bll. 198 e 199, fica claro que o texto presente no Papiro de Ani constitui apenas cerca de metade do total, e que seu conteúdo se refere ao estabelecimento do Reino de Osíris e à sucessão do seu trono por seu filho Hórus, com quem o falecido é identificado.

É quase impossível fazer algum sentido lógico desta versão fragmentária, pois os começos e os fins das linhas dos textos estão quase totalmente ausentes. Fragmentos isolados podem ser traduzidos, como: Hórus (ou o falecido) assume seu lugar à frente dos vassalos de Osíris;[307] gritos de alegria erguem-se em Hensu (Heracleópolis), e o contentamento reina em Nerutef, a tumba de Osíris em Heracleópolis;[308] ele herda o trono de Osíris e governa o Egito com a aprovação dos deuses;[309] o deus Suti o teme;[310] todo tipo e toda condição de homens e de espíritos, tanto vivos quanto mortos, comparecem diante dele e curvam-se em homenagem a ele; medo e temor a ele são incutidos em todos os seres;[311] Set vem a ele

307. 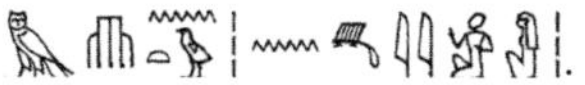

308. 

309. 

310. 

311. 

com a cabeça curvada até o chão;[312] o nome dele perdurará por milhões de milhões de anos;[313] ele usará a poderosa Coroa *Atef* sobre sua cabeça por milhões, e centenas de milhares, e dezenas de milhares, e milhares, e centenas, e dezenas de anos.[314] E, naturalmente, os melhores tipos de oferendas serão feitos a ele, e ele será abastecido com água fresca em abundância, a qual será retirada do rio, e não dos pequenos regatos laterais que são alimentados pelos grandes canais, tampouco das poças de água estagnada. Finalmente, o falecido nunca cessará de existir na Terra, mas, assim como seu divino homônimo Rá, ele estará lá por um "milhão, milhão, milhão", ou um "milhão de bilhões de anos" .

O capítulo do Papiro de Leiden* sobre Rá, o escriba, é seguido por uma rubrica:

RUBRICA:

RUBRICA: Este capítulo deve ser recitado sobre uma figura de Hórus feita de lápis-lazúli, que deve ser colocada no pescoço do falecido. É uma proteção na face da Terra, e garantirá para o falecido o afeto de homens, deuses e Almas Espirituais que são perfeitas. Além disso, ele atua como um encantamento em Khert-Neter, mas deve ser recitado por ti em nome do Osíris Rá, com regularidade e de modo contínuo, milhões de vezes.

312. 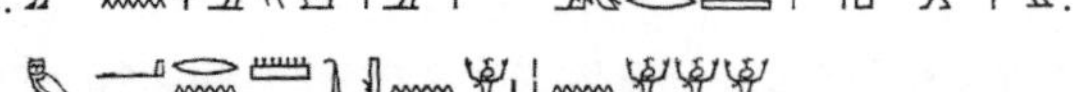.

313. 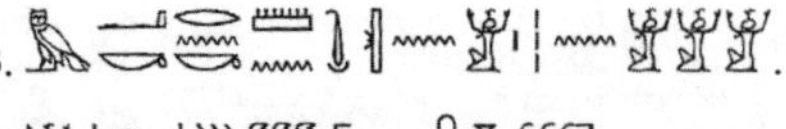.

314. 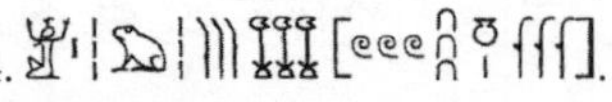.

*. Também conhecido como Papiro Ipuur. (N.T.)

Em suas duas versões, todo o capítulo anterior foi especialmente tratado pelo professor Naville nos *Proceedings of the Society of Biblical Archaeology*, v. XXXVI, p. 151 e 287 ss. O erudito autor crê haver no texto a alusão a uma cheia.

CAPÍTULO CXXV
INTRODUÇÃO(a)
O capítulo da entrada no salão de Maat

PRANCHA XXX

CAPÍTULO CXXV. INTRODUÇÃO(a). **1.** [O CAPÍTULO DA] ENTRADA NO SALÃO DE MAAT PARA LOUVAR OSÍRIS KHENTI-AMENTI. O Osíris escriba Ani, cuja palavra é verdade, diz: **2.** Eu vim a ti. Eu me aproximei para contemplar (isto é, vivenciar) tuas belezas (isto é, tua bondade benigna). Minhas mãos estão [estendidas] em adoração a teu nome de "Maat" (isto é, Verdade). Eu vim. Eu me aproximei [do lugar onde] a árvore do cedro não existe, **3.** onde a árvore da acácia não lança brotos,[315] e o solo não produz capim ou ervas. Agora eu adentrei na habitação que está oculta, e estou conversando

315. Ou onde a árvore de acácia não consegue crescer.

4. com Set. Meu protetor[316] avançou até mim, coberta estava sua face (?) sobre as coisas ocultas. **5.** Ele penetrou na Casa de Osíris, ele viu as coisas ocultas (mistérios) que estavam lá. Os Chefes Tchatchau dos Pilonos estavam sob a forma de Espíritos. O deus **6.** Anpu falou àqueles que o acompanhavam (?) com a linguagem de um homem que vem de Ta-mera,[317] dizendo "Ele conhece nossas estradas [e] nossas cidades (ou vilas). Eu estou com ele. **7.** Quando sinto o cheiro dele, é igual ao cheiro de um de vós!". E eu digo a ele: eu, o Osíris Ani, cuja palavra é verdade, em paz, cuja palavra é verdade, **8.** veio. Eu me aproximei para contemplar os Grandes Deuses. Eu viveria das oferendas propiciatórias [feitas] a seus Duplos. Eu viveria nos limites [do território da] **9.** Alma, o senhor de Tetu (Busíris). Ele me fará sair à luz na forma de uma ave Benu e manter conversação [com ele]. Eu estive no rio [para purificar-me]. Eu fiz oferendas

316. Um ancestral protetor?

317. Isto é, na linguagem egípcia.

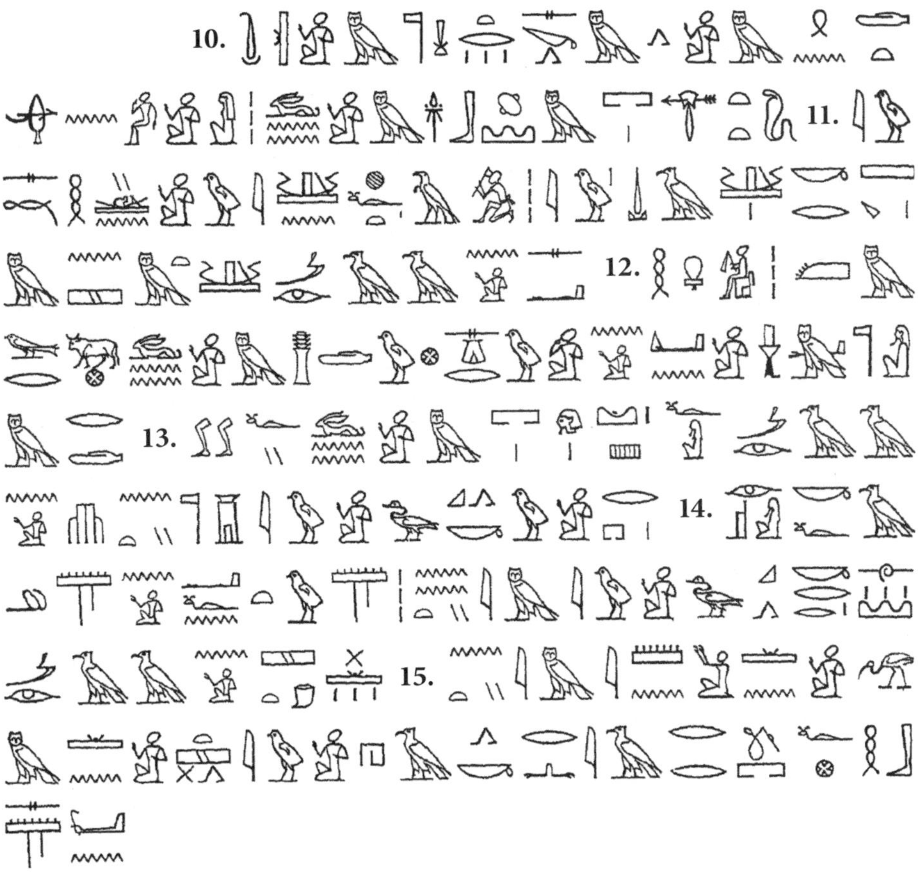

10. de incenso. Eu me devotei à Árvore de Acácia das Crianças [divinas]. Eu vivi em Abu (Elefantina), na casa da deusa Satet. **11.** Eu fiz afundar a embarcação dos inimigos. Eu naveguei sobre o lago [no templo] na Barca Neshmet. Eu contemplei os Sahu (ou Corpos Espirituais) **12.** de Kamur.[318] Eu estive em Tetu (Busíris). Eu mantive a minha paz. Eu fiz com que o deus fosse o senhor de suas **13.** pernas. Eu estive na Casa de Teptuf (isto é, Anúbis). Eu o vi, aquele que é o Governador do Salão do Deus. Eu entrei na Casa de Osíris **14.** e eu removi as coberturas de cabeça (perucas?) daquele que lá estava. Eu entrei em Rasta[319] e vi o Oculto (ou Mistério) **15.** que lá está. Eu estava oculto, [mas] eu encontrei o limite. Eu viajei para Nerutef,[320] e aquele que estava

318. Uma cidade próxima a Mênfis.

319. O Outro Mundo de Seker, perto de Mênfis.

320. O local do túmulo de Osíris em Heracleópolis.

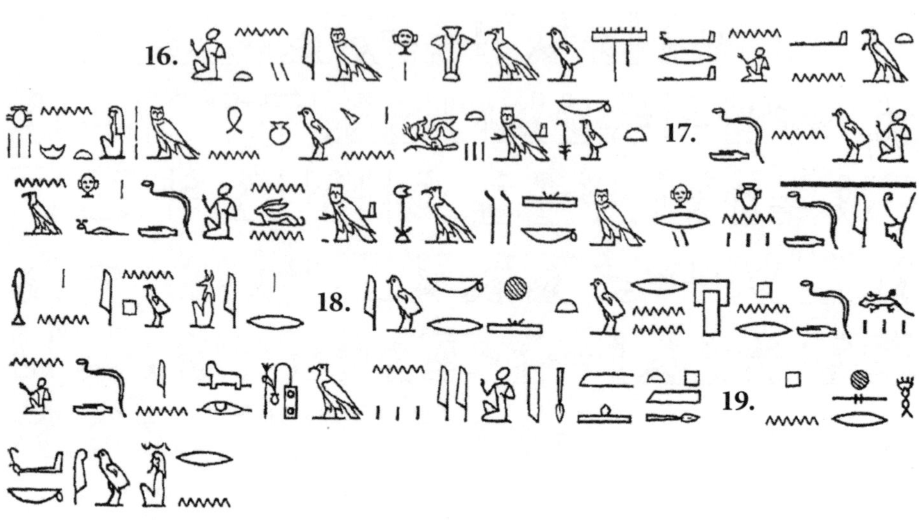

16. lá cobriu-me com vestes. Eu dei a mirra das mulheres,[321] juntamente com o pó *shenu* (?) dos viventes. Em verdade, ele (isto é, Osíris) **17.** contou-me as coisas que lhe diziam respeito. Eu disse: Que a pesagem que farás de mim ocorra conforme desejamos.

E a Majestade de Anpu irá me dizer:

18. "Sabes o nome desta porta, e podes dizê-lo?". E O Osíris escriba Ani, cuja palavra é verdade, em paz, cuja palavra é verdade, irá dizer **19.** "Khersek--Shu", é o nome

20. desta porta. E a Majestade do deus Anpu irá me dizer: **21.** "Tu conheces o nome da folha superior da porta, **22.** e o nome da folha inferior?". [E o Osíris escriba Ani] irá dizer: "Neb-Maat **23.** -heri-retiu-f", é o nome da folha superior

321. Isto é, o tipo de mirra usada por mulheres.

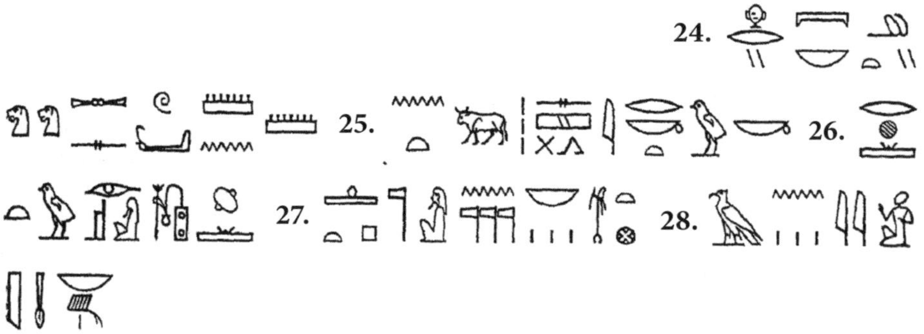

24. e “Neb-pehti-thesu-menment” [é o nome da folha inferior]. E a Majestade do deus Anpu irá dizer **25.** “Passe, pois tu **26.** tens conhecimento, ó Osíris, o escriba, contador das **27.** oferendas sagradas de todos os deuses de Tebas, **28.** Ani, cuja palavra é verdade, o senhor do serviço leal [a Osíris]”.

Apêndice

CAPÍTULO XXV
INTRODUÇÃO(b)

[Do Papiro de Nu (Museu Britânico, n. 10.477, Folha 22)]

1. [AS SEGUINTES][322] PALAVRAS DEVERÃO SER DITAS PELO ADMINISTRADOR DO GUARDIÃO DO SELO, NU, CUJA PALAVRA É VERDADE, QUANDO ELE CHEGAR AO SALÃO **2.** DE MAATI, DE FORMA QUE ELE SEJA SEPARADO DE TODO PECADO QUE TENHA COMETIDO E POSSA CONTEMPLAR A FACE DOS DEUSES. O Osíris Nu, cuja palavra é verdade, diz:

322. As palavras entre colchetes são adicionadas a partir de Naville, *Todtenbuch*, II, 334.

3. Glória a ti, ó Grande Deus, Senhor de Maati! Eu vim a ti, ó, meu Senhor, e cheguei até aqui de forma a poder **4.** contemplar tuas belezas.[323] Eu te conheço, sei teu nome, sei os nomes dos Quarenta e Dois Deuses que vivem contigo **5.** neste Salão de Maati, que vivem como carcereiros dos pecadores e que se alimentam do sangue destes **6.** no dia em que a consciência dos homens é avaliada na presença do deus Un-Nefer. Em verdade, teu nome é "REHTI-MERTI-NEBTI-MAATI".[324] Em verdade, **7.** eu vim a ti, eu trouxe Maati (Verdade) a ti. Eu me livrei do pecado por ti. Eu não cometi pecados contra os homens. Eu não me coloquei contra os membros de minha família. **8.** Eu não

323. Isto é, vivenciar teus atos benignos.

324. Isto é, as duas mulheres, os dois olhos, as duas damas de Maati.

agi de forma fraudulenta (ou desonesta) no Assento da Verdade.[325] Eu não conheci homens sem valor.[326] Eu não pratiquei o mal. Eu não fiz com que o primeiro [pensamento diário fosse que o]

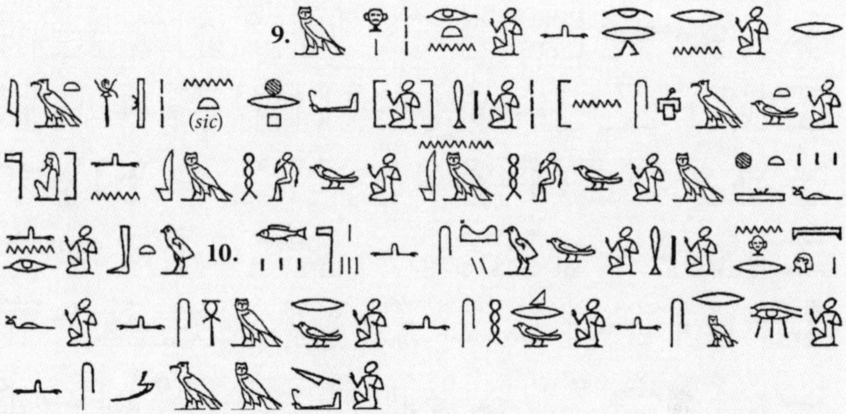

9. trabalho [desnecessário] fosse feito para mim. Eu não apresentei meu nome para receber honrarias. Eu não [tentei] maltratei criados [Eu não menosprezei Deus]. Eu não lesei o homem humilde para tomar sua propriedade. Eu não fiz aquilo que os deuses **10.** abominam. Eu não difamei um escravo ante seu mestre. Eu não infligi dor. Não fiz com que ninguém passasse fome. Eu não fiz homem algum chorar. Eu não cometi assassinato.

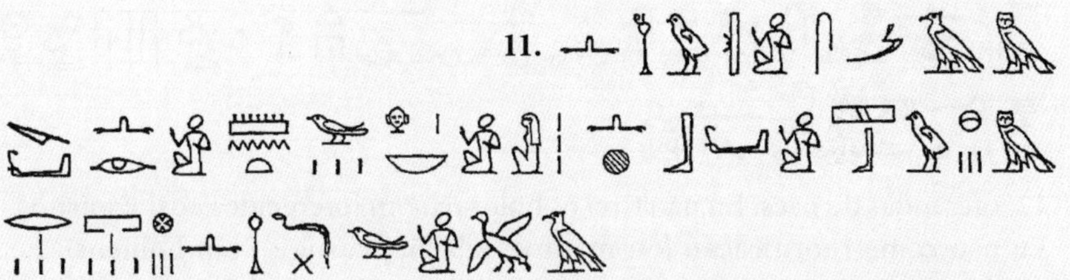

11. Eu não dei ordem para que fosse cometido assassinato. Eu não fiz com que calamidades se abatessem sobre homens e mulheres. Eu não roubei oferendas nos templos. Eu não lesei os deuses roubando suas

325. Um nome do salão de julgamento, ou do tribunal. Assim, esta sentença significa que o falecido não cometeu perjúrio.

326. Isto é, eu nunca fui amigo de homens inúteis ou libertinos e perdulários.

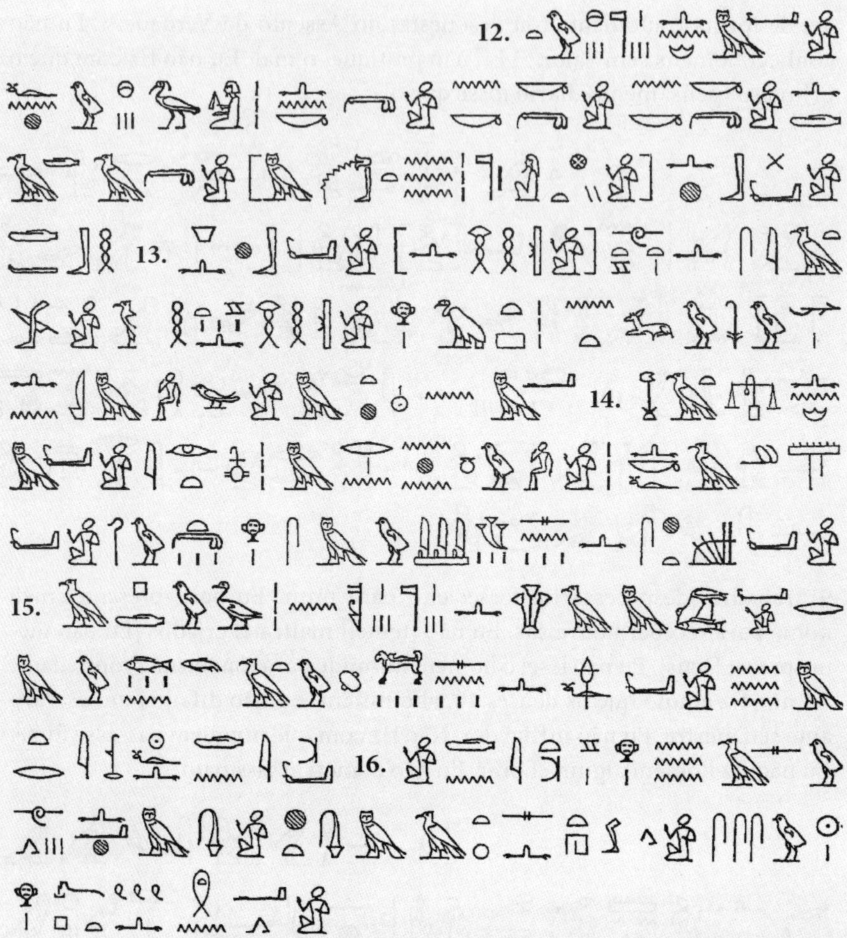

12. oferendas de pães. Eu não tirei os bolos *fenkhu* [oferecidos aos] Espíritos. Eu não cometi fornicação (ou mantive relações carnais com homens). Eu não me masturbei [nos santuários do deus de minha cidade]. Eu não subtraí do trigo que foi pesado. **13.** Eu não ocupei [terras da propriedade de meu vizinho e] incorporei à minha própria área. Eu não invadi campos [alheios]. Eu não adulterei os pesos das balanças. Eu não alterei o ponteiro da **14.** balança. Eu não ti-rei o leite da boca das crianças. Eu não espantei o gado de suas pastagens. Eu não capturei a laço **15.** os gansos dos recintos onde os deuses os mantêm. Eu não pesquei peixes com isca feita dos corpos do mesmo tipo de peixe. Eu não represei a água quando ela deveria fluir. Eu não desviei canais de **16.** água corrente. Eu não apaguei o fogo (ou a luz) que deveria arder. Eu não desrespeitei as épocas [de apresentar] oferendas seletas de carne. Eu não espantei

17. o gado das propriedades dos deuses. Eu não repudiei o deus (ou Deus) em suas manifestações. Eu sou puro. Eu sou puro. Eu sou puro. Eu sou puro. Minhas oferendas puras são as oferendas puras daquela **18.** grande Benu (fênix?) que habita Hensu. Eu sou puro. Pois eis que sou o nariz de Neb-nefu (isto é, o senhor do ar), que dá sustento a toda a humanidade, **19.** no dia em que o Utcha se enche[327] em Anu, no segundo mês[328] da estação Pert[329] no último dia do mês, [na presença do Senhor desta terra].[330] Eu vi Utchat encher-se em Anu e, portanto, que nenhuma **20.** calamidade recaia sobre mim nesta terra, ou neste salão de Maati, pois eu sei os nomes dos deuses que lá estão, [e que são os seguidores do Grande Deus].[331]

327. Isto é, o dia da lua cheia.

328. O mês copta Mekhir, o sexto mês do ano egípcio.

329. Isto é, a estação do crescimento; ela começava em meados de novembro e terminava em fins de março.

330. Acrescentado a partir do Papiro de Nebseni.

331. Acrescentado a partir do Papiro de Ani.

CAPÍTULO CXXV
A Confissão Negativa
PRANCHAS XXXI e XXXII

1. 

1. Salve, Usekh-nemmt, que vens de Anu (Heliópolis), eu não cometi pecado.

2. 

2. Salve, Hept-khet, que vens de Kher-aha, eu não cometi roubos com violência.

3. 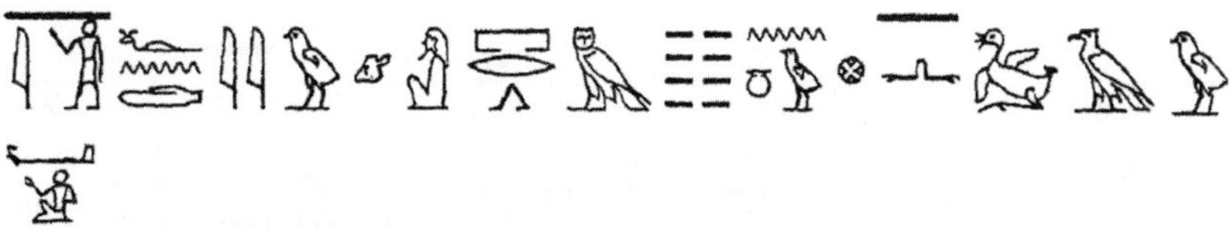

3. Salve, Fenti, que vens de Khemenu (Hermópolis), eu não roubei.

4. 

4. Salve, Am-khaibit, que vens de Qernet, eu não matei homens e mulheres.

5. 

5. Salve, Neha-her, que vens de Rasta, eu não roubei grãos.

6. 

6. Salve, Ruruti, que vens do Céu, eu não furtei oferendas.

7. 

7. Salve, Arfi-em-khet, que vens de Saut (Asyut), eu não roubei a propriedade de Deus.

8. 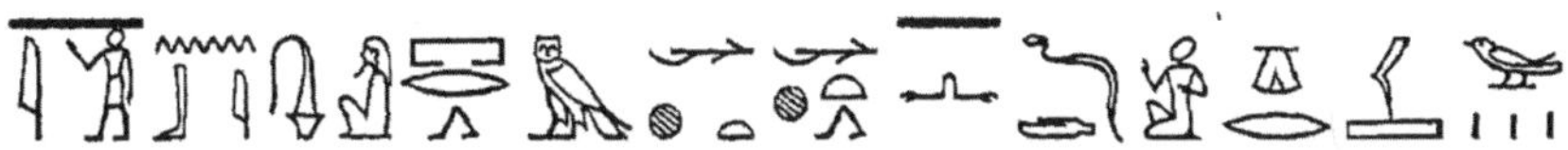

8. Salve, Neba, que vens e que vais, eu não proferi mentiras.

9. 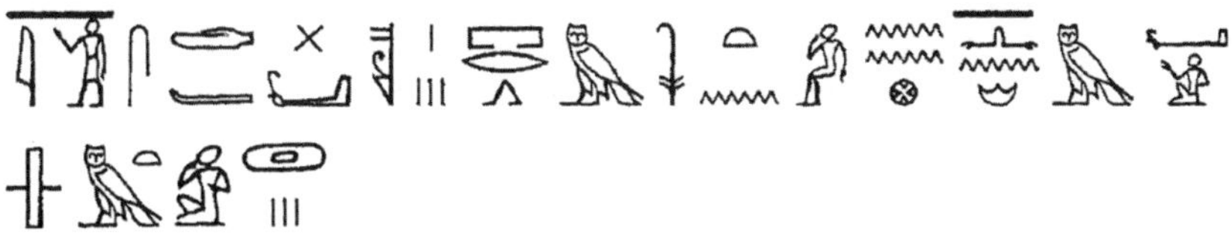

9. Salve, Set-qesu, que vens de Hensu (Heracleópolis), eu não levei comida embora.

10. 

10. Salve, Utu-nesert, que vens de Het-ka-Ptah (Mênfis), eu não proferi maldições.

11. 

11. Salve, Qerrti, que vens de Amentet, eu não cometi adultério, eu não me deitei com homens.

12. 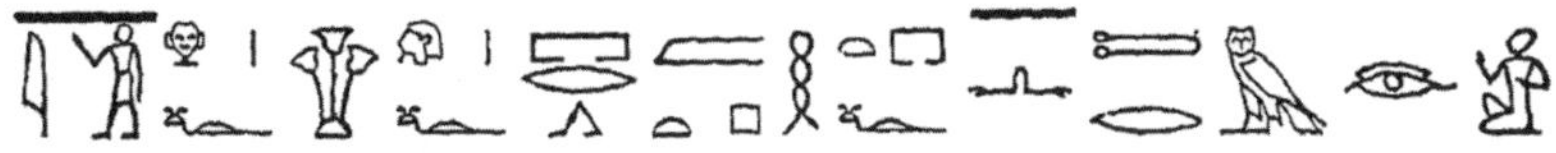

12. Salve, Her-f-ha-f, que vens de tua caverna, eu não fiz ninguém prantear.

13. 

13. Salve, Basti, que vens de Bast (?) (Bubástis), eu não comi o coração (isto é, eu não me lamentei sem motivo nem senti remorso).

14. 

14. Salve, Ta-retiu, que vens da noite, eu não ataquei homem algum.

15. 

15. Salve, Unem-snef, que vens da câmara de execução, eu não sou um homem desonesto.

16. 

16. Salve, Unem-besek, que vens de Mabit, eu não roubei terra cultivada.

17. 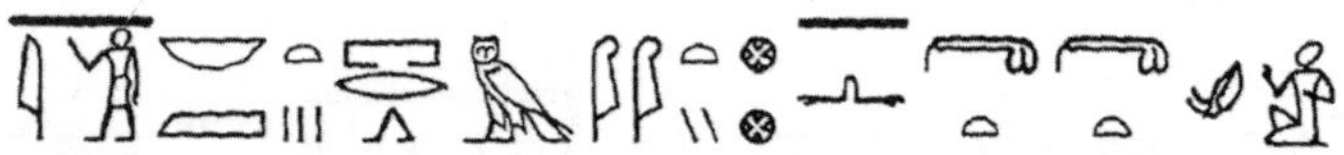

17. Salve, Neb-Maat, que vens de Maati, eu não fui um bisbilhoteiro.

18. 

18. Salve, Tenemiu, que vens de Bast, eu não difamei [homem algum].

19. 

19. Salve, Sertiu, que vens de Arm (Heliópolis), eu não me enfureci sem justa causa (?).

20. 

20. Salve, Tutu, que vens de Ati (o nomo de Busíris), eu não fui libertino com a esposa de homem [algum].

21. 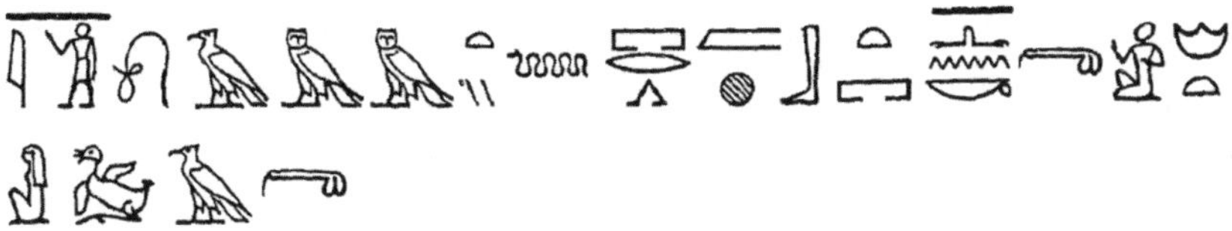

21. Salve, Uamemti, que vens da câmara Khebt, eu não fui libertino com a esposa de homem [algum].

22. 

22. Salve, Maa-antuf, que vens de Per-Menu (Panópolis), eu não poluí a mim mesmo.

23. 

23. Salve, Her-uru, que vens de Nehatu, eu não aterrorizei ninguém.

24. 

24. Salve, Khemiu, que vens de Kaui (?), eu não transgredi [a lei].

25. 

25. Salve, Shet-kheru, que vens de Urit, eu não fui um homem irado.

26. 

26. Salve, Nekhenu, que vens de Heqat, eu não me fiz de surdo às palavras verdadeiras.

27. 

27. Salve, Kenemti, que vens de Kenmet, eu não blasfemei.

28. 

28. Salve, An-hetep-f, que vens de Sau (Saís), eu não sou um homem de violência.

29. 

29. Salve, Sera-kheru, que vens de Unaset, eu não fui um incitador de discórdia (ou um perturbador da paz).

30. 

30. Salve, Neb-heru, que vens de Netchfet, eu não agi (ou julguei) de forma precipitada.

31. 

31. Salve, Sekhriu, que vens de Uten (?), eu não me intrometi em assuntos alheios.

32. 

32. Salve, Neb-abui, que vens de Sauti, eu não multipliquei minhas palavras ao falar.

33. 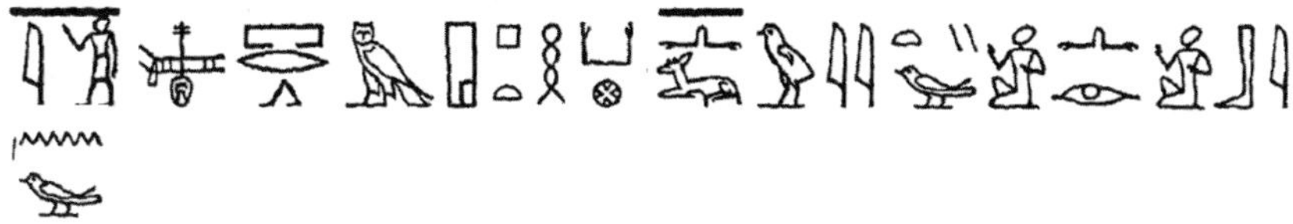

33. Salve, Nefer-Tem, que vens de Het-ka-Ptah (Mênfis), eu não fui injusto com ninguém, eu não fiz mal algum.

34. 

34. Salve, Tem-Sepu, que vens de Tetu (Busíris), eu não fiz bruxaria contra o rei (ou blasfemei contra o rei).

35. 

35. Salve, Ari-em-ab-f, que vens de Tebu, eu nunca interrompi [o fluxo de] água.

36. 

36. Salve, Ahi, que vens de Nu, eu nunca levantei a voz (falei de forma arrogante, ou com ira?).

37. 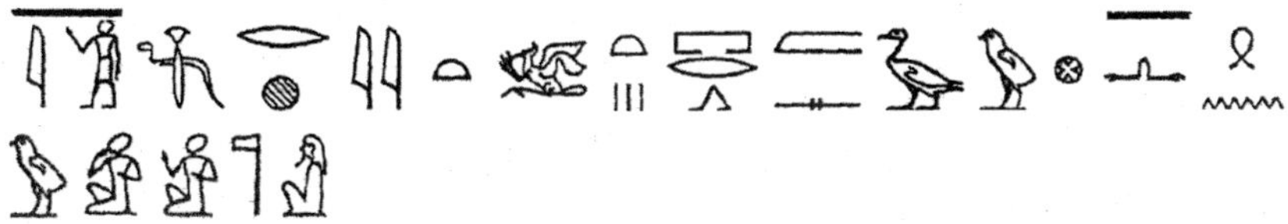

37. Salve, Uatch-rekhit, que vens de Sau, eu não amaldiçoei (ou blasfemei) Deus.

38. 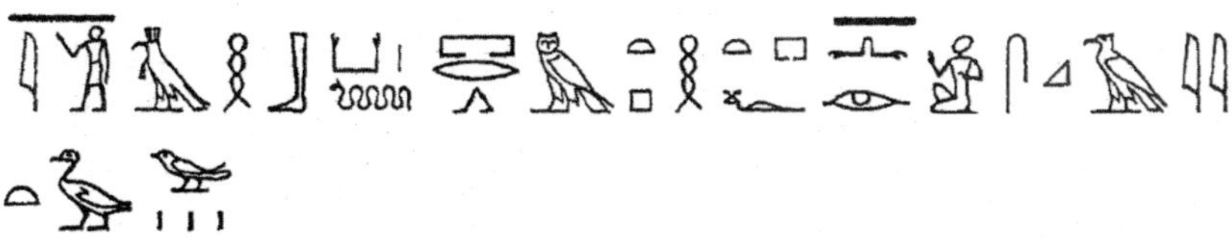

38. Salve, Neheb-ka, que vens de tua caverna, eu não agi com arrogância (?).

39. 

39. Salve, Neheb-nefert, que vens de tua caverna, eu não roubei o pão dos deuses.

40. 

40. Salve, Tcheser-tep, que vens do templo, eu não levei embora os bolos *khenfu* dos Espíritos dos mortos.

41. 

41. Salve, An-af, que vens de Maati, eu não tirei o pão da criança, nem tratei com desprezo o deus de minha cidade.

42. 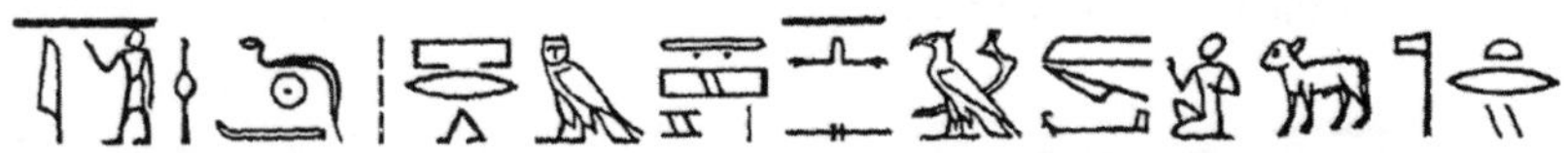

42. Salve, Hetch-abhu, que vens de Ta-she (o Fayyum), eu não matei gado pertencente ao deus.

No Papiro de Ani, o texto da Confissão Negativa difere consideravelmente do texto dos papiros mais antigos, por exemplo, do Papiro de Nebseni e do Papiro de Nu. Segue-se a versão do Papiro de Nebseni:

1. Salve, Usekh-nemmt, que vens de Anu, eu não cometi pecado.
2. Salve, Hept-Shet, que vens de Kher-aha, eu não roubei com violência.
3. Salve, Fenti, que vens de Khemenu, eu não cometi violência.
4. Salve, Am-khaibitu, que vens de Qerrt, eu não roubei.
5. Salve, Neha-hau, que vens de Rasta, eu não matei homens.

6. Salve, Ruruti, que vens do Céu, eu não subtraí do trigo que foi pesado.
7. Salve, Arti-f-em-tes, que vens de Sekhem (Letópolis), eu não agi com desonestidade.
8. Salve, Neba, que vens e que vais, eu não roubei a propriedade do deus.
9. Salve, Set-qesu, que vens de Hensu, eu não proferi mentiras.
10. Salve, Uatch-nesert, que vens de Het-ka-Ptah, eu não levei comida embora.
11. Salve, Qerti, que vens de Amenti, eu não proferi palavras malignas.
12. Salve, Hetch-abhu, que vens de Ta-she, eu não ataquei homem algum.
13. Salve, Unem-snef, que vens da câmara de execução, eu não sacrifiquei touro algum que fosse propriedade de um deus.
14. Salve, Unem-besku, que vens [da câmara Mabet], eu não agi de forma desonesta.
15. Salve, Neb-maat, que vens de Maati, eu não pilhei (ou não deixei abandonadas) as terras que haviam sido aradas.
16. Salve, Thenemi, que vens de Bast (Bubástis), eu nunca me intrometi em assuntos alheios [para cometer maldades].
17. Salve, Aati, que vens de Anu (Heliópolis), eu não coloquei minha boca em movimento (isto é, eu não difamei homem algum).
18. Salve, Tutuf, que vens de A (Ati?), eu não fiquei irado a não ser por um bom motivo.
19. Salve, Uamemti, que vens da câmara de execução, eu não fui libertino com a esposa de homem algum.
20. Salve, Maa-anuf, que vens de Per-Menu, eu não poluí a mim mesmo.
21. Salve, Heri-uru, que vens de [Nehatu], eu não aterrorizei homem algum.
22. Salve, Khemi, que vens de Ahaui (?), eu não realizei ataques.
23. Salve, Shet-kheru, que vens de Uri, eu não fui um homem irado.
24. Salve, Nekhen, que vens de Heq-at,[332] eu não me fiz de surdo às palavras verdadeiras.
25. Salve, Ser-Kheru, que vens de Unes,[333] eu não incitei a discórdia.
26. Salve, Basti, que vens de Shetait, eu não fiz ninguém prantear.
27. Salve, Her-f-ha-f, que vens de tua caverna, eu não cometi atos de impureza sexual nem me deitei com homens.
28. Salve, Ta-ret, que vens de Akhkhu (Escuridão?), eu não comi meu coração (isto é, lamentei-me ou me arrependi sem motivo, ou me entreguei ao remorso, ou perdi a paciência e me enfureci).

332. O XIII Nomo do Baixo Egito.

333. A metrópole do XIX Nomo do Alto Egito.

29. Salve, Kenemti, que vens de Kenmet, eu não amaldiçoei homem algum.
30. Salve, An-hetep-f, que vens de Sau, eu não agi de modo violento ou opressor.
31. Salve, Neb-heru, que vens de Tchefet, eu não agi (ou julguei) de forma precipitada.
32. Salve, Serekhi, que vens de Unth, eu não (...) meu cabelo [ou pele?], eu não fiz mal (?) ao deus.
33. Salve, Neb-abui, que vens de Sauti, eu não multipliquei excessivamente minha fala. **34.** Salve, Nefer-Tem, que vens de Het-ka-Ptah, eu não agi com desonestidade, eu não agi com perversidade.
35. Salve, Tem-Sep, que vens de Tetu (Busíris), eu não fiz nada com o intuito de amaldiçoar [o rei].
36. Salve, Ari-em-ab-f, que vens de Tebti, eu não interrompi (ou poluí) o fluxo de água.
37. Salve, Ahi-mu (?), que vens de Nu, eu não elevei a voz (isto é, falei de forma orgulhosa ou arrogante).
38. Salve, Utu-rekhit, que vens de tua casa, eu não amaldiçoei (ou blasfemei) Deus.
39. Salve, Neheb-Nefert, que vens do Lago de Nefer (?), eu não agi com insolência insuportável.
40. Salve, Neheb-kau, que vens de [tua] cidade, eu não tentei ganhar relevância indevida.
41. Salve, Tcheser-tep, que vens de tua caverna, eu não enriqueci exceto por meio daquilo que [por justiça] é meu.
42. Salve, An-a-f, que vens de Auker, eu não menosprezei [ou tratei com desprezo] o deus de minha cidade.

Apêndice

CAPÍTULO CXXV

Saudação aos deuses do Tuat

[Do Papiro de Nu (Museu Britânico, n. 10.477, Folha 24)]

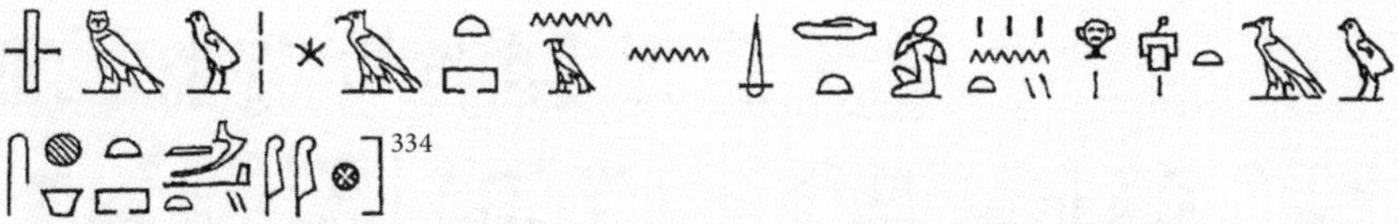
[334]

SÃO AS SEGUINTES AS PALAVRAS QUE O CORAÇÃO VERDADEIRO, QUE É IMACULADO, IRÁ DIZER QUANDO CHEGAR COM A PALAVRA DA VERDADE AO SALÃO DE MAATI; ELAS DEVERÃO SER DITAS QUANDO ELE CHEGAR DIANTE DOS DEUSES QUE MORAM NO TUAT; E SÃO AS PALAVRAS QUE DEVEM [SER DITAS] DEPOIS [QUE ELE SAIR DO] SALÃO DE MAATI.

1. Nu, o administrador do guardião do selo, cuja palavra é verdade, diz: Glória a vós, ó deuses que moram em vosso Salão de Maati! Eu **2.** vos conheço, eu sei vossos nomes. Que eu não caia sob vossas facas assassinas, e que vós não exponhais minha perversidade a este deus em cujo

3. séquito vós estais. Que nenhum infortúnio (ou má sorte) recaia sobre mim por vosso intermédio. Falai a verdade no que se refere a mim na presença de Neb-er-tcher, pois eu fiz o que é correto e justo em Ta-Mera.[335]

334. O trecho entre colchetes constitui o título do capítulo.

335. Um nome antigo do Egito.

4. Eu não amaldiçoei o deus (ou Deus), e minha má fortuna não recaiu sobre aquele que em seu momento foi rei.

Glória a vós, ó vós que viveis em vosso Salão de Maati, **5.** que não tendes nada de falso em vossos corpos, que viveis da Verdade, que vos alimentais da Verdade na presença de Hórus, **6.** que mora no Disco dele; livrai-me de Beba,[336] que se alimenta do fígado daqueles que são grandiosos (ou príncipes) no dia do Grande Julgamento. **7.** Concedei que eu possa vir diante de vós, pois não cometi pecados, não cometi atos desonestos, não fiz coisas malignas, e não prestei [falso] testemunho; **8.** portanto, que nada [de mau] me seja feito. Eu vivi da verdade, eu me alimentei da verdade, eu agi de acordo com as leis dos homens e as coisas que agradam os deuses. **9.** Eu apa-

336. Ele era o filho primogênito de Osíris.

ziguei o deus, fazendo sua vontade, eu dei pão ao faminto, e água a quem tinha sede, e vestes a quem estava nu,

10. e uma barca a quem não tinha nenhuma. Eu fiz oferendas propiciatórias e dei pães aos deuses, e as "coisas que são conjuradas pela palavra" aos Espíritos. Livrai-me, então, **11.** protegei-me, então, e não façais nenhuma acusação contra mim na presença [do Grande Deus]. Eu sou puro no que diz respeito a minha boca, e sou puro no que diz respeito a minhas mãos,[338] portanto, que me seja dito por aqueles que me virem: "Vem em paz, **12.** vem em paz".[339] Pois eu ouvi as palavras de peso que o *Sahu* disse ao GATO,[340] **13.** na Casa de Hapt-ra. Eu prestei testemunho a Her-f-ha-f,[341] e ele proferiu uma decisão (?) [que me diz respeito]. Eu vi as coisas sobre as quais a árvore Persea,

337. Variação: 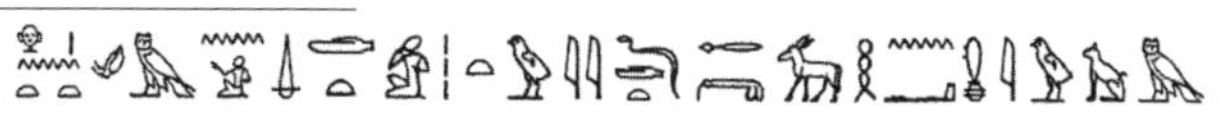 etc.

338. Isto é, minha fala é limpa, isto é, verdadeira, e eu nunca sujei minhas mãos praticando um ato falso, desonesto ou perverso.

339. Isto é, bem-vindo, bem-vindo.

340. Variação: "Pois eu ouvi a palavra que o Asno disse ao Gato".

341. Ele era o barqueiro que transportava as almas justas até a Ilha da Verdade; seu nome significa "deus com o rosto atrás de si".

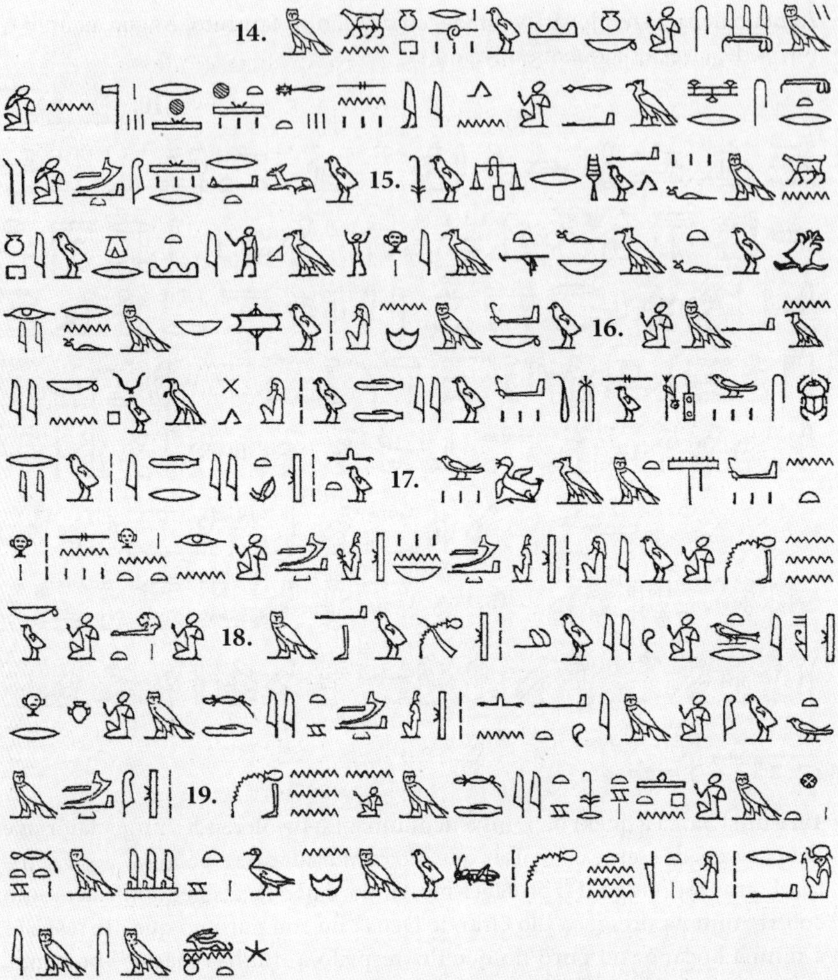

14. que está situada em Rasta, estende seus ramos. Fiz petições aos deuses, [e eu] conheço as coisas [que pertencem a] seus corpos. Eu vim percorrendo uma longa estrada para prestar um testemunho justo e para colocar a Balança **15.** sobre seus suportes no interior de Aukert. Salve, tu que és exaltado sobre teu pedestal, Senhor da Coroa Atef, que faz teu nome ser "Senhor dos Ventos", livra-me **16.** de teus Enviados divinos, que punem e afligem em conformidade com [tuas] ordens, e que fazem com que calamidades aconteçam, **17.** e cujas faces não estão cobertas, pois eu fiz o que é certo e correto para o Senhor da Verdade. Eu sou puro. Meu peito está purificado por **18.** libações, e minhas partes posteriores foram limpas com as coisas que limpam, e minhas partes internas foram mergulhadas no Lago da Verdade. Não há um único membro meu que careça de verdade. **19.** Eu me lavei no Lago do Sul.

Eu descansei na Cidade do Norte, que fica em Sekhet Sanhemu (isto é, o Campo dos Gafanhotos), onde os marinheiros de Rá lavam-se na

20. segunda hora da noite e na terceira hora do dia. O coração dos deuses fica satisfeito (?) quando eles passam sobre o lugar, seja à noite ou durante o dia, e eles me dizem "Que tu avances!". **21.** Eles me dizem "Quem és tu?". E eles me dizem "Qual é teu nome?". [E eu respondo] "Sept-kheri-nehait-ammi-beq-f"[342] **22.** é meu nome. Então, eles me dizem: "Avança direto para a cidade que fica a Norte da Oliveira. O que tu vês ali?". A Perna e a Coxa. O que **23.** dizes tu a eles? Que eu possa ver o júbilo nestas terras dos Fenkhu.[343] O que eles dão a ti? Uma chama de **24.** fogo e um cetro-amuleto [feito] de cristal. O que fazes

342. Isto é, "Aquele que está provido das flores *nehai*, que mora em sua oliveira".

343. Povo que vivia na fronteira nordeste do Egito, que alguns identificam como sendo os fenícios.

com eles? Eu os enterro no sulco de M'naat (*sic*), como coisas (isto é, oferendas) para a noite. O que

25. tu encontras no sulco de Maat? Um cetro de sílex, o nome do qual é "O Que Traz os Ventos". O que fizeste, pois, com a chama e o **26.** cetro-amuleto [feito] de cristal, depois que os enterraste? Eu recitei um encantamento sobre eles e os enterrei. Apaguei a chama do fogo e quebrei o cetro-amuleto, e fiz **27.** um lago de água. [E então os quarenta e dois deuses me dirão]: "Venha, agora, passe por cima do umbral desta porta e entre no Salão de Maati, pois tu nos conhece". "Não permitiremos que tu entres passando por cima de nós, dizem as barras

28. desta porta, "a menos que tu digas nossos nomes." [E eu respondo]: "Tekh-bu-maa[344] é vosso nome!". O lintel direito desta porta diz:

344. Isto é, "Fiel [da Balança] do lugar da Verdade".

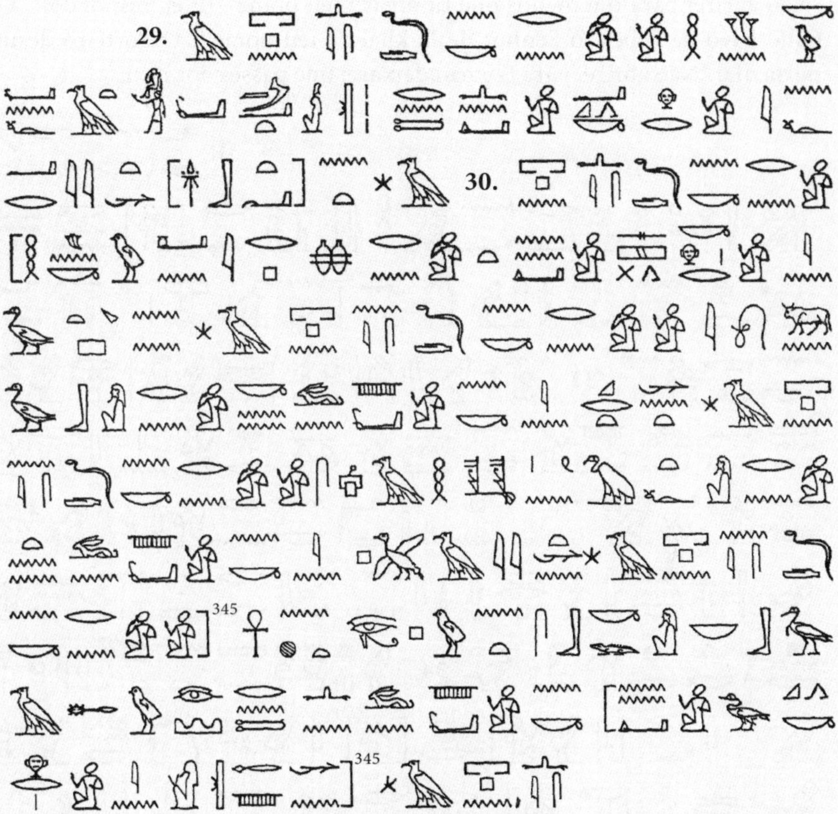

29. "Não permitirei que passes por mim a menos que tu digas meu nome!". [E eu respondo]: "Henku-en-fat-maat[346] é teu nome!". O lintel esquerdo desta porta diz: "Não permitirei que passes por mim **30.** a menos que tu digas meu nome". [E eu respondo]: "Henku-en-arp[347] é teu nome!". O piso desta porta diz: "Não permitirei que passes por cima de mim a menos que tu digas meu nome!". [E eu respondo]: "Aua-en-Keb[348] é teu nome!". E o ferrolho desta porta diz: "Não abrirei a porta para ti a menos que tu digas meu nome". [E eu respondo]: "Saah-en-mut-f[349] é teu nome!". O passador do trinco desta porta diz:

345. Os hieróglifos entre colchetes são do Papiro de Nebseni.

346. "Fortalecedor do apoio de Maat."

347. "Fortalecedor do vinho."

348. Isto é, o "Boi de Keb".

349. Isto é, "Carne de sua mãe"?

"Não abrirei para ti a menos que tu digas meu nome". [E eu respondo]: "O Olho Vivo de Sebek, o Senhor de Bakhau, é teu nome!". O Porteiro desta porta diz: "Não abrirei para ti e não deixarei que passes por mim

31. a menos que tu digas meu nome!" [E eu respondo]: "Cotovelo do deus Shu, que se posiciona para proteger Osíris é teu nome!". Os postes desta porta dizem: "Não deixaremos que passes por nós e entres, a menos que tu digas nossos nomes!". **32.** [E eu respondo]: "Filhos das deusas ureus é vosso nome!". O Porteiro desta porta diz: "Não abrirei para ti e não permitirei que passes por mim e entres **33.** a menos que tu digas meu nome!". [E eu respondo]: "Boi de Keb é teu nome!". [E eles respondem]: "Tu nos conheces, passa por nós, portanto, e entra!". O piso **34.** deste Salão de Maati diz: "Não permitirei que caminhes por cima de mim [a menos que tu digas meu nome], pois permaneço em silêncio. Eu sou santo porque sei os nomes dos dois pés com os quais caminharias

350. Os hieróglifos entre colchetes são do Papiro de Nebseni.

35. sobre mim. Declara-os, portanto, a mim!". [E eu respondo]: "Besu-Ahu é o nome de meu pé direito, e Unpet-ent-Het-Heru é o nome de meu pé esquerdo!". [O chão responde]: **36.** Tu nos conheces, entra, portanto, por cima de nós!". O Porteiro deste Salão de Maati diz "Não te anunciarei a menos que tu digas meu nome." [E eu respondo] "Discernidor **37.** de corações, buscador de ventres é teu nome!". [O Porteiro diz]: "Agora serás anunciado". [Ele diz]: "Quem é o deus que governa em sua hora? Fale (isto é, o nome dele)!". [E eu respondo]: "Au-taui". [Ele diz]: "Explique quem ele é".

38.

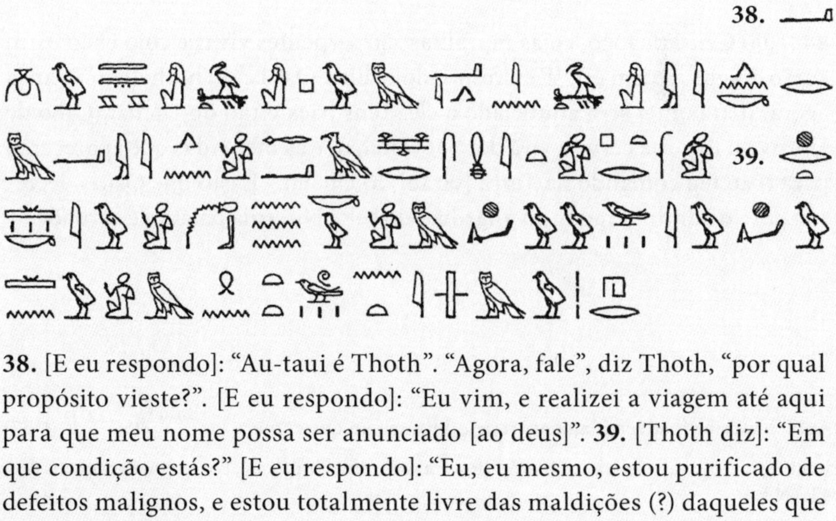

38. [E eu respondo]: "Au-taui é Thoth". "Agora, fale", diz Thoth, "por qual propósito vieste?". [E eu respondo]: "Eu vim, e realizei a viagem até aqui para que meu nome possa ser anunciado [ao deus]". **39.** [Thoth diz]: "Em que condição estás?" [E eu respondo]: "Eu, eu mesmo, estou purificado de defeitos malignos, e estou totalmente livre das maldições (?) daqueles que vivem seus dias,

40. e não sou um deles". [Thoth diz]: "Portanto, que [teu nome] seja anunciado ao deus". [Thoth diz]: "Diz-me quem é aquele*

44. cujo Céu é de fogo, cujas muralhas são serpentes vivas e cujo chão é um curso d'água. Quem é?". [E eu respondo]: "Ele é Osíris." [Thoth diz]: "Avança agora, [teu nome] será anunciado a ele. Teus pães virão do Utchat (Olho de Hórus ou Rá), tua cerveja virá do** **46.** Utchat, e as oferendas que aparecerão para ti ao teu comando na Terra [virão] do Utchat." É isto que Osíris decretou para o administrador do guardião do selo, Nu, cuja palavra é verdade.

351. Aqui, o escriba inadvertidamente repete a passagem que começa em  (l. 37).

*. A publicação original não traz os hieróglifos, e a respectiva tradução, correspondentes aos números 41 a 43. (N.E.)

**. A publicação original não indica onde se inicia a tradução dos hieróglifos correspondentes ao número 45. (N.E.)

RUBRICA: 47. 

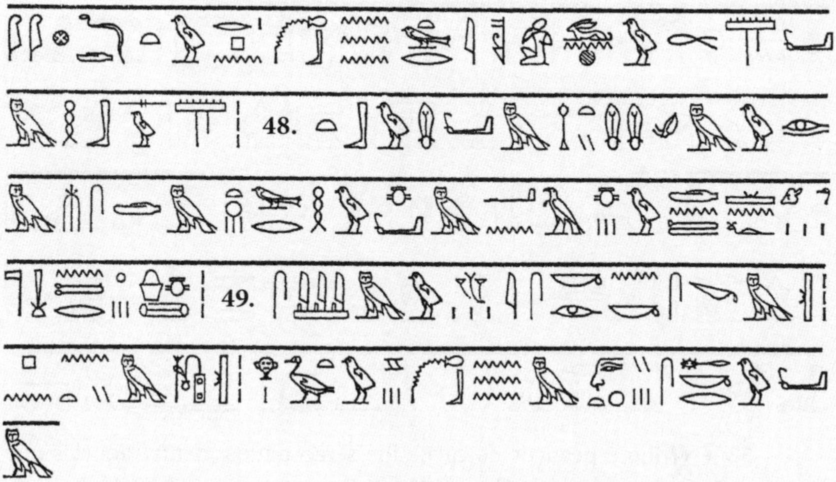

RUBRICA: 47. A FEITURA DA REPRESENTAÇÃO DO QUE ACONTECERÁ NO SALÃO DE MAATI. Este capítulo deve ser recitado pelo falecido quando ele estiver limpo e purificado e estiver trajado com vestes de linho **48.** e calçado com sandálias de couro branco, e seus olhos pintados com antimônio, e seu corpo estiver untado com um unguento feito de mirra. E ele deve apresentar como oferendas bois e aves emplumadas (isto é, gansos), e incensos, e pães e cervejas, e **49.** ervas de jardim. E eis que tu deves desenhar uma representação colorida disto em um ladrilho moldado com

50. 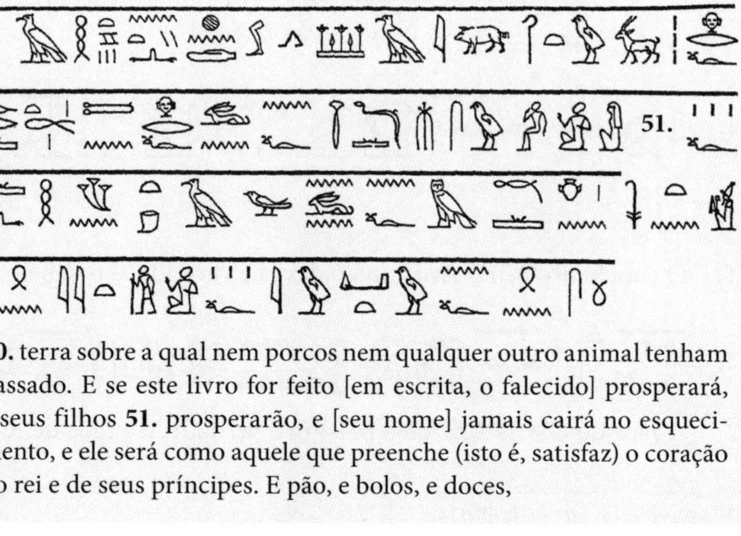

50. terra sobre a qual nem porcos nem qualquer outro animal tenham passado. E se este livro for feito [em escrita, o falecido] prosperará, e seus filhos **51.** prosperarão, e [seu nome] jamais cairá no esquecimento, e ele será como aquele que preenche (isto é, satisfaz) o coração do rei e de seus príncipes. E pão, e bolos, e doces,

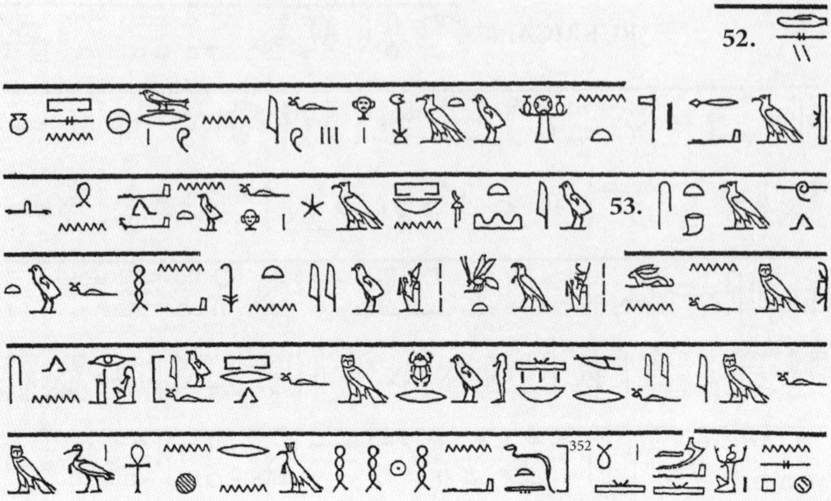

52. e vinho e pedaços de carne lhe serão dados [dentre aqueles que estão] sobre o altar do Grande Deus. E ele não será rechaçado de porta alguma em Amentet, e será **53.** levado junto aos deuses do Sul e aos deuses do Norte, e fará parte do corpo da guarda de Osíris, de forma contínua e regular, para sempre. [E ele sairá sob qualquer forma que quiser como uma alma viva, para todo o sempre.]

CAPÍTULO XLII
[O capítulo da deificação dos membros]

PRANCHA XXXII

1. 

1. O cabelo do Osíris Ani, cuja palavra é verdade, é o cabelo de Nu.

2. 

2. A face do Osíris Ani, cuja palavra é verdade, é a face de Rá.

352. Ver Naville, *op. cit.*, v. II, Bl. 334.

3. 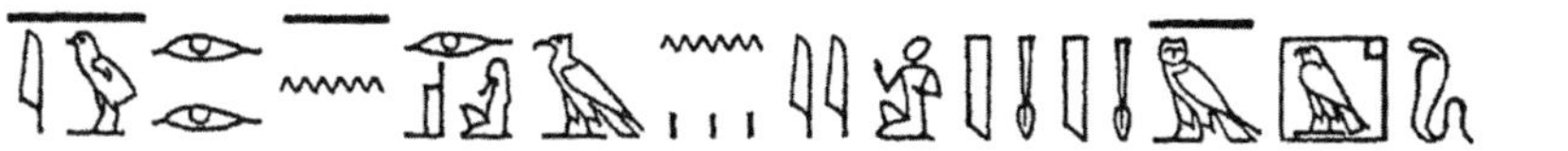

3. Os olhos do Osíris Ani, cuja palavra é verdade, são os olhos de Hathor.

4. 

4. Os ouvidos do Osíris Ani, cuja palavra é verdade, são os ouvidos de Up-uatu.

5. 

5. Os lábios do Osíris Ani, cuja palavra é verdade, são os lábios de Anpu.

6. 

6. Os dentes do Osíris Ani, cuja palavra é verdade, são os dentes de Serqet.

7. 

7. As faces do Osíris Ani, cuja palavra é verdade, são as faces de Ísis.

8. 

8. Os braços do Osíris Ani, cuja palavra é verdade, são os braços de Ba-neb-Tetu.

9. 

9. O pescoço do Osíris Ani, cuja palavra é verdade, é o pescoço de Uatchit.

10. 

10. A garganta do Osíris Ani, cuja palavra é verdade, é a garganta de Mert.

11. 

11. O peito do Osíris Ani, cuja palavra é verdade, é o peito da Senhora de Saís.

12. 

12. A espinha dorsal do Osíris Ani, cuja palavra é verdade, é a espinha dorsal de Set.

13. 

13. O tronco do Osíris Ani, cuja palavra é verdade, é o tronco dos Senhores de Kher-aha.

14. 

14. A carne do Osíris Ani, cuja palavra é verdade, é a carne de Aa-shefit.

15. 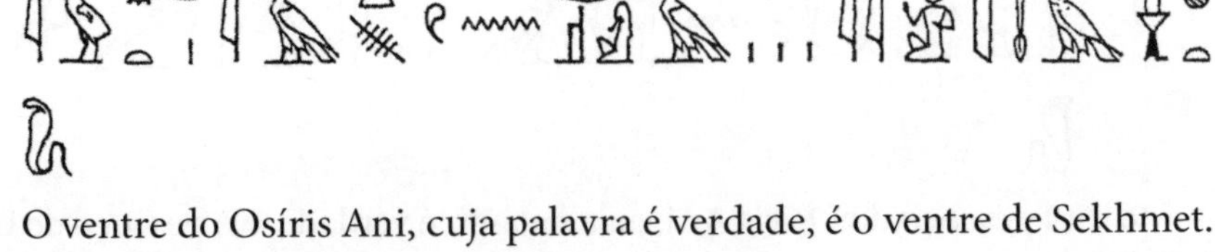

15. O ventre do Osíris Ani, cuja palavra é verdade, é o ventre de Sekhmet.

16. 

16. As nádegas do Osíris Ani, cuja palavra é verdade, são as nádegas do Olho de Hórus.

17. 

17. O falo do Osíris Ani, cuja palavra é verdade, é o falo de Osíris.

18. 

18. As coxas do Osíris Ani, cuja palavra é verdade, são as coxas de Nut.

19. 

19. Os pés do Osíris Ani, cuja palavra é verdade, são os pés de Ptah.

20. 

20. Os dedos da mão do Osíris Ani, cuja palavra é verdade, são os dedos da mão de Saah (Orion).

21. 

21. Os dedos do pé do Osíris Ani, cuja palavra é verdade, são os dedos do pé dos Ureus vivos.

Apêndice

O CAPÍTULO DA DEIFICAÇÃO DOS MEMBROS

[Da Pirâmide de Pepi I, p. 565 ss.[353]]

565. A cabeça deste Meri-Rá é a cabeça de Hórus (?); ele sai, portanto, e sobe ao Céu.

O crânio deste Pepi é a estrela Dekan (?) do deus; ele sai, portanto, e sobe ao Céu.

A fronte deste Meri-Rá é a fronte de (...) e Nu; ele sai, portanto, e sobe ao Céu.

A face deste Pepi é a face de Up-uatu; ele sai, portanto, **566.** e sobe ao Céu.

Os olhos deste Meri-Rá são os olhos da Grande Senhora, a primeira das Almas de Anu; ele sai, portanto, e sobe ao Céu.

O nariz deste Pepi é o nariz de Thoth; ele sai, portanto, e sobe ao Céu.

A boca deste Meri-Rá é a boca de Khens-ur; ele sai, portanto, e sobe, portanto, e sobe, portanto, ao Céu.

A língua deste Pepi é a língua de Maaa (Verdade)

353. Ver a edição de Maspero, p. 221, e a edição de Sethe, v. II, p. 227.

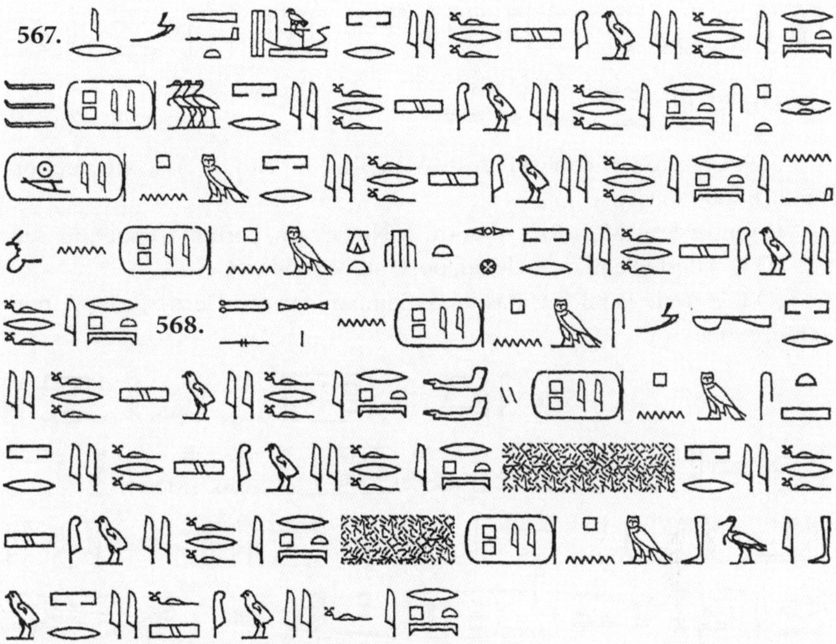

567. na Barca Maat; ele sai, portanto, e sobe ao Céu.

Os dentes deste Pepi são os dentes das Almas de [Anu?]; ele sai, portanto, e sobe ao Céu.

Os lábios deste Meri-Rá são os lábios de (...); ele sai, portanto, e sobe ao Céu.

O queixo deste Pepi é o queixo de Nest-khent-Sekhem (o trono da Primeira-Dama de Sekhem); ele sai, portanto, e sobe ao Céu.

568. O osso *thes* deste Pepi é o osso *thes* do Touro Sma; ele sai, portanto, e sobe ao Céu.

Os ombros deste Pepi são os ombros de Set; ele sai, portanto, e sobe ao Céu.

[O (...) deste Pepi] (...); ele sai, portanto, e sobe ao Céu.

[O (...) deste Pepi] (...) de Baabu; ele sai, portanto, e sobe ao Céu.

569.

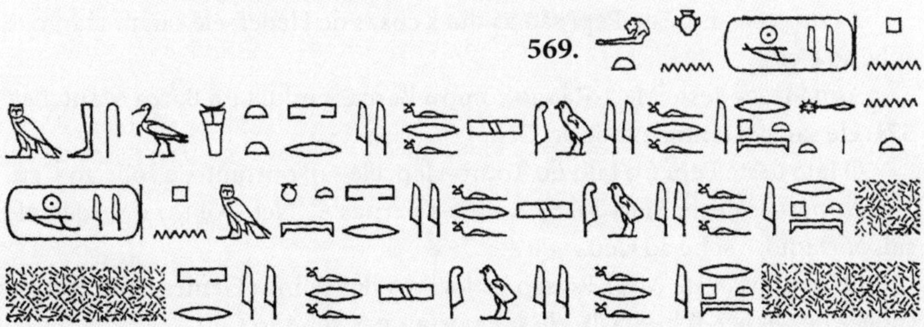

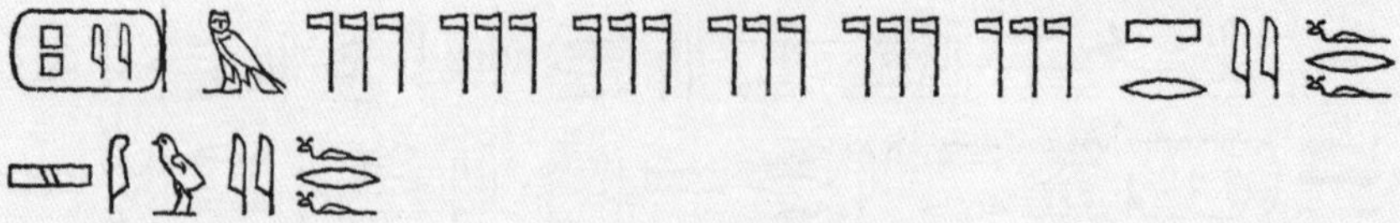

569. O peito (ou coração) deste Meri-Rá é o peito de Bast; ele sai, portanto, e sobe ao Céu.

O ventre deste Meri-Rá é o ventre de Nut; ele sai, portanto, e sobe ao Céu.

[O (...) deste Pepi] (...); ele sai, portanto, e sobe ao Céu.

[O (...) deste Pepi] (...) das duas Companhias dos Deuses; ele sai, portanto, e sobe

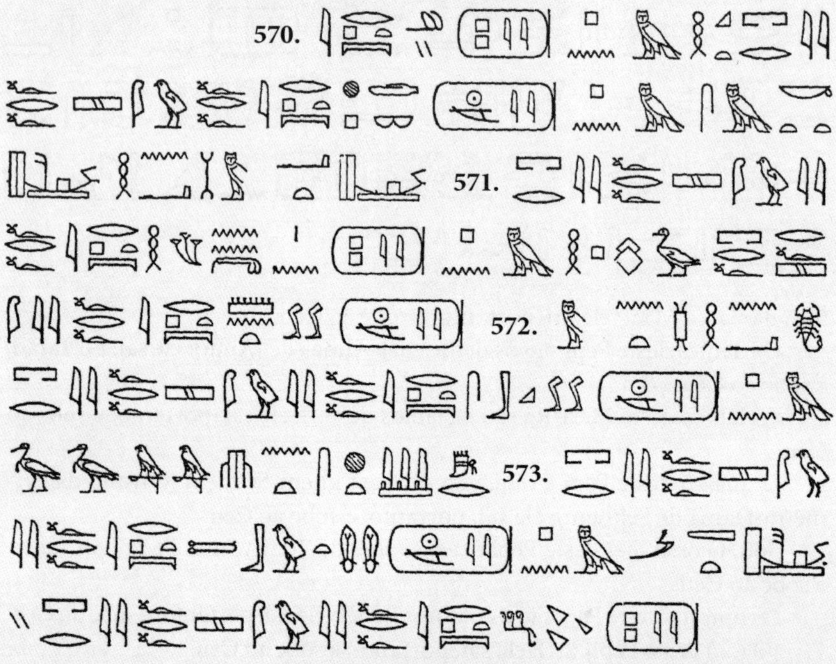

570. ao Céu.

As duas coxas deste Pepi são as duas coxas de Heqet; ele sai, portanto, e sobe ao Céu.

As nádegas deste Meri-Rá são como a Barca Semktet e a Barca Mantchet; **571.** ele sai, portanto, e sobe ao Céu.

O falo deste Pepi é o falo do Touro Hep; ele sai, portanto, e sobe ao Céu.

As pernas deste Meri-Rá **572.** são as pernas de Net (Neith) e Serqet; ele sai, portanto, e sobe ao Céu.

Os joelhos deste Meri-Rá são os joelhos das Almas Gêmeas que estão à cabeça de Sekhet-Tcher; **573.** ele sai, portanto, e sobe ao Céu.

As solas dos pés deste Meri-Rá são como a Barca Maati; ele sai, portanto, e sobe ao Céu.

Os dedos do pé deste Pepi

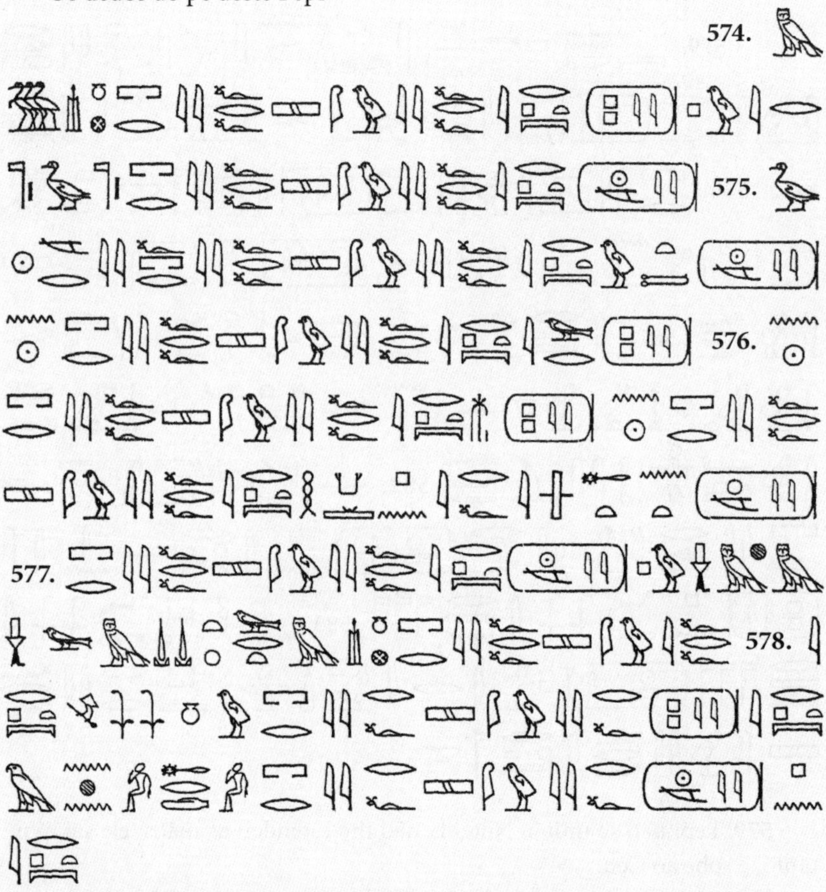

574. são os dedos do pé das Almas de Anu; ele sai, portanto, e sobe ao Céu.

Agora, este Pepi é um deus, o filho de um deus; ele sai, portanto, e sobe ao Céu.

Este Pepi **575.** é o filho de Rá, que o ama; ele sai, portanto, e sobe ao Céu.

Rá enviou Meri-Rá; ele sai, portanto, e sobe ao Céu.

Rá gerou [este] Pepi; **576.** ele sai, portanto, e sobe ao Céu.

Rá deu à luz Pepi; ele sai, portanto, e sobe ao Céu.

Este encantamento está, portanto, no corpo de Meri-Rá; **577.** ele sai, portanto, e sobe ao Céu.

Este Meri-Rá é o Poder, o Grande Poder, dentro do Grande Concelho dos Chefes, em Anu; **578.** ele sai, portanto, e sobe ao Céu.

Ele maneja a barca; Pepi sai, portanto, e sobe ao Céu.

[Pepi é] Hórus, a cria, o filho; Meri-Rá sai, portanto, e sobe ao Céu.

579. Pepi não se uniu a Nut, ela não lhe estendeu as mãos; ele sai, portanto, e sobe ao Céu.

Keb não removeu os obstáculos (?) de seu caminho; **580.** ele sai, portanto, e sobe ao Céu.

Deus algum afligiu os passos deste Meri-Rá; ele sai, portanto, e sobe **581.** ao Céu.

[Embora] Pepi não tenha recebido incenso (?), ele não é pranteado, não se lavou no vaso, não sentiu o cheiro do pernil, não levou a oferenda de carne, não trabalhou a terra, **582.** não dedicou (?) uma oferenda; ele sai, portanto, e sobe ao Céu.

Eis que não é este Pepi que vos disse tais coisas, ó deuses, **583.** é Heka quem disse, ó deuses, e este Meri-Rá é o suporte que está sob Heka; ele sai, portanto, e sobe ao Céu.

Cada um dos deuses

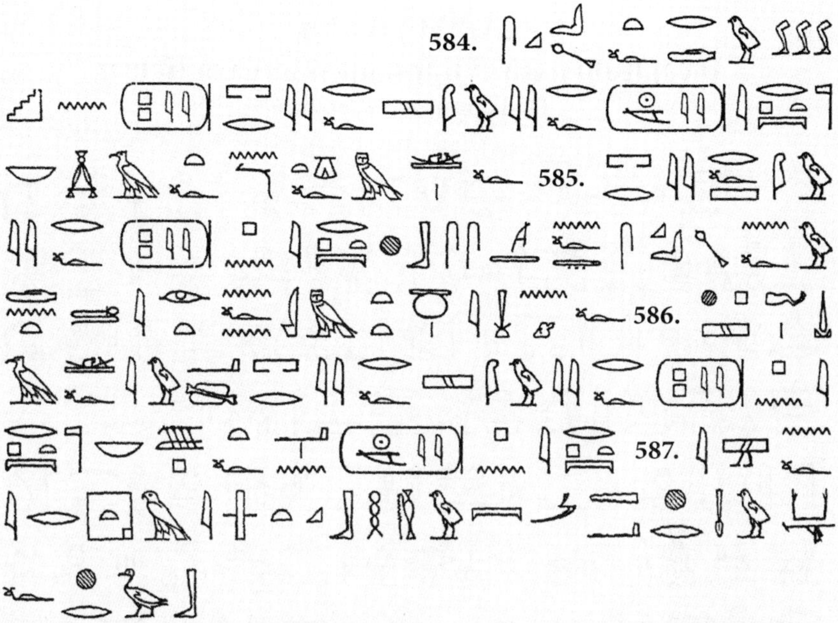

584. aflige (isto é, dedica) os pés de Pepi; ele sai, portanto, e sobe ao Céu.

Cada um dos deuses cede a Pepi seu trono em sua barca; **585.** ele sai, portanto, e sobe ao Céu.

Ele lavra a terra, dedica uma oferenda, traz o vaso de [sangue], sente o cheiro **586.** do pernil e traz a oferenda de carne; ele sai, portanto, e sobe ao Céu.

Cada um dos deuses segura a mão deste Meri-Rá no Céu,

587. Ele o conduz à Casa de Hórus no céu.

A palavra do Duplo é a verdade diante de Keb.

Esta seção, retirada do texto de Pepi I, ilustra o tratamento poético que o Capítulo da Deificação dos Membros recebeu nas mãos dos primeiros escribas, e mostra que cada declaração era seguida pelo refrão "ele sai, portanto, e sobe ao Céu", que provavelmente era cantado, em uníssono, por um grupo de sacerdotes auxiliares. No tratamento posterior do capítulo, o refrão é suprimido. Além disso, nas Recensões Tebana e Saíta, o texto introdutório e as linhas que se seguem à seção principal provam que, sob a XVIII Dinastia, visões religiosas de um caráter totalmente diferente estavam associadas a ela. Esse fato está bem ilustrado pela versão do Capítulo XLII escrita no Papiro de Nu, onde é dado um título ao tema da seção principal que a associa com o grande massacre que ocorreu em Hensu (Heracleópolis). Segue-se o texto, com uma tradução:

CAPÍTULO XLII
O capítulo para evitar o massacre em Hensu

[Do Papiro de Nu, Folha 6]

Capítulo XLII. 1. O CAPÍTULO PARA EVITAR OS **2.** MASSACRES QUE SÃO REALIZADOS EM HENSU (Heracleópolis). O Osíris Nu, cuja palavra é verdade, diz: Ó terra do Cetro! Ó Coroa Branca da forma divina! Ó tu porto seguro da barca! Eu sou o Filho **3.** (*Repetir quatro vezes*). Salve, Abu-ur! Tu dizes diariamente: "O bloco de sacrifício está pronto, como tu sabes, e tu vieste para a destruição". Eu sou **4.** Rá, que estabiliza aqueles que o louvam. Eu sou o Nó do deus na árvore Aser, aquele que é duas vezes belo, que é mais esplêndido hoje do que ontem (*repetir quatro vezes*). Eu sou Rá, que estabiliza aqueles que o louvam. **5.** Eu sou o Nó do deus no interior da árvore Aser, e minha aparição é a aparição [de Rá] neste dia. Meu cabelo é o cabelo de Nu. Minha face é a face do Disco. Meus olhos são os olhos de **6.** Hathor. Meus ouvidos são os ouvidos de Up-uat. Meu nariz é o nariz de Khenti-Khabas (?). Meus lábios são os lábios de Anpu. Meus dentes são os dentes de

7. Serqet. Minhas faces são as faces da deusa Ísis. Minhas mãos são as mãos de Ba-neb-Tet. Meus antebraços são os antebraços de Neith,a Senhora de Saís. Minha espinha dorsal é a **8.** espinha dorsal de Suti. Meu falo é o falo de Beba. Meus rins são os rins dos Senhores de Kher-aha. Meu peito é o peito de Aa-shefit. **9.** Meu ventre e meu dorso são o ventre e o dorso de Sekhmet. Minhas nádegas são as nádegas do Olho de Hórus. Meus quadris e minhas pernas são os quadris e as pernas de Nut. Meus pés são os pés de **10.** Ptah. [Meus dedos da mão] e meus dedos do pé são os [dedos da mão] e os dedos do pé dos deuses vivos. Não há membro de meu corpo que não seja o membro de um deus. Thoth protege meu corpo **11.** por completo, e eu sou Rá dia após dia. Eu não serei arrastado para trás pelos braços, e ninguém agarrará de forma violenta minhas mãos. E não me causarão mal, nem homens, nem deuses,

12. nem as Almas Espirituais, nem os mortos, nem qualquer homem, nem qualquer espírito *pat*, nem qualquer espírito *rekhit*, nem qualquer espírito *hememet*.

13. Eu sou aquele que sai e avança, cujo nome é desconhecido. Eu sou o Ontem. "Aquele que Contempla Milhões de Anos" é meu nome. Eu passo, eu passo pelos caminhos dos juízes divinos celestiais. **14.** Eu sou o Senhor da Eternidade: eu ordeno e julgo como Khepera. Eu sou o Senhor da Coroa Urrt. Eu sou aquele que mora no Utchat e no Ovo, e me é concedido viver lá. Eu sou aquele que mora no Utchat quando ele se fecha, e eu existo no Utchat graças à força dele. Eu saio e brilho; eu entro e ganho vida. Estou no Utchat, meu assento está **15.** em meu trono, e eu me sento na câmara *tent* diante dele. Eu sou Hórus. [Eu] atravesso milhões de anos. Eu determinei [o estabelecimento] de meu trono e sou o governante dele; e, em verdade, minha boca mantém um equilíbrio tanto na fala

354. Do Papiro de Mes-em-Neter.

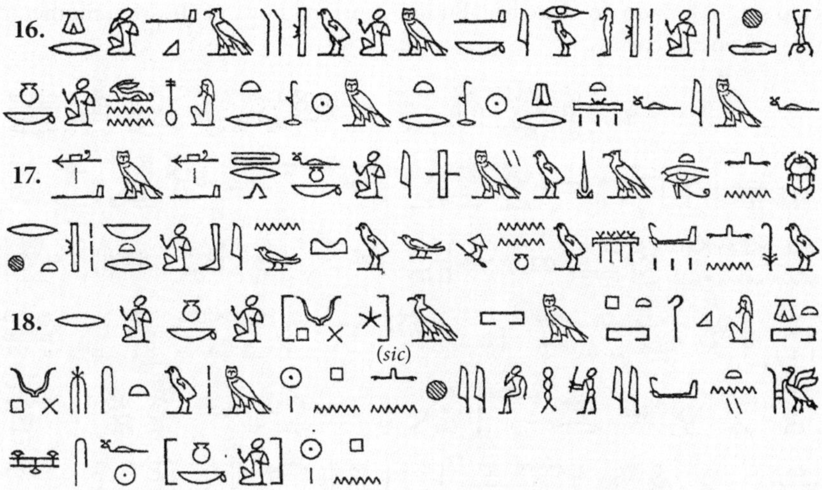

16. quanto no silêncio. Em verdade, minhas formas estão invertidas. Eu sou Un-Nefer, de um período a outro, e o que tenho está dentro de mim. Eu sou **17.** o Único, que provém de quem é o Único, que circula de um lado a outro em seu curso. Eu sou aquele que mora no Utchat. Coisa maligna alguma, de qualquer forma ou tipo, irá erguer-se contra mim, e nenhum objeto nefasto, e coisa maligna alguma, e nada desastroso irá me atingir. **18.** Eu abro a porta no Céu. Eu reino sobre meu trono. Abro o caminho para os nascimentos que ocorrem neste dia. Eu sou a criança que percorre a estrada do Ontem. Eu sou o Hoje

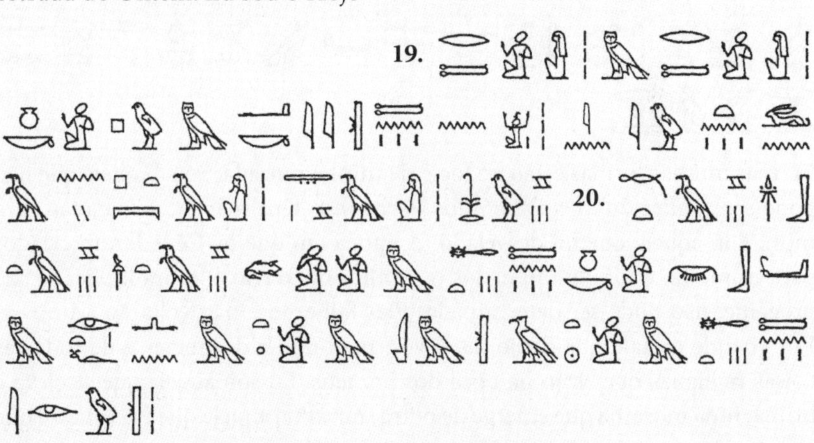

19. para incontáveis nações e povos. Eu sou aquele que vos protege por milhões de anos. Sejais vós habitantes do Céu, ou da Terra, ou do Sul, ou **20.** do Norte, ou do Leste, ou do Oeste, o temor a mim está em vossos corpos. Eu sou aquele

cujo ser foi forjado no olho dele. Eu não morrerei novamente. Meu momento está em vossos corpos,

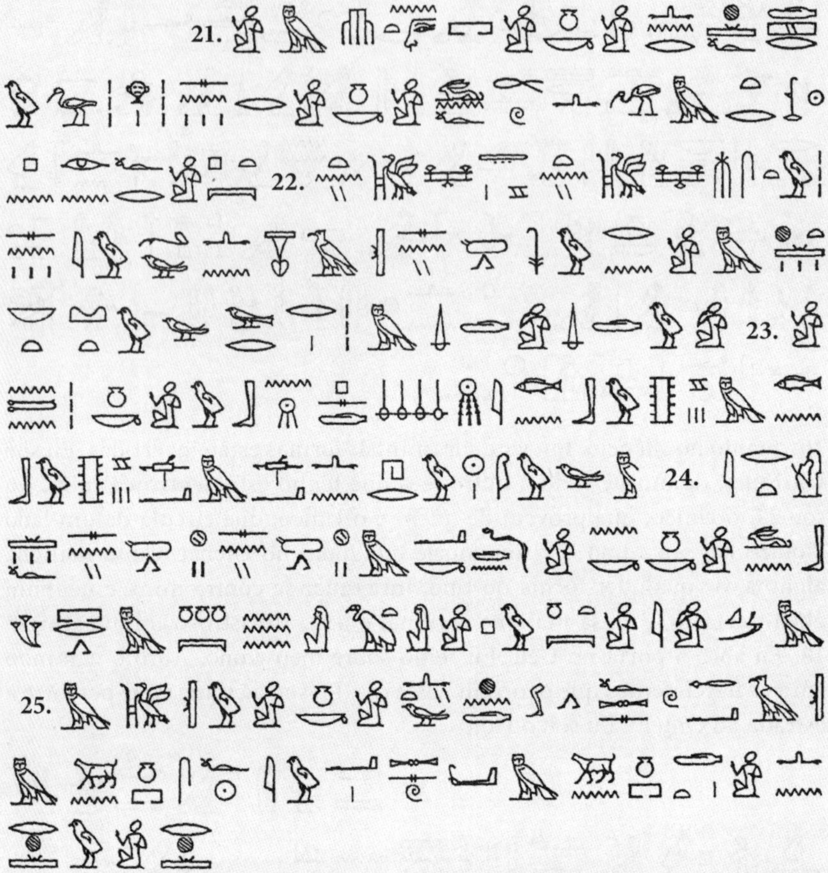

21. mas minhas formas estão no local de minha morada. Sou "Aquele que não pode ser conhecido". Os Demônios Vermelhos têm suas faces voltadas para mim. Sou aquele que foi desvelado. A época em que os Céus foram criados para mim, **22.** e foram ampliados os limites da Terra, e foi multiplicada sua progênie, não pode ser determinada. Eles falharão e não voltarão a unir-se. Em virtude da fala que dirijo **23.** a vós, meu nome distancia-se de todas as coisas malignas que estão na boca dos homens. Eu sou aquele que se eleva e brilha, uma muralha que emerge de outra muralha, aquele que é o Único e que provém de quem é o Único. Não se passa um dia sequer sem que **24.** as coisas que pertencem a ele estejam lá; passam, passam, passam, passam. Em verdade eu te digo, eu sou a planta que surge a partir de Nu, e minha mãe é Nut. Salve, ó **25.** meu Criador, eu sou aquele que não é capaz de caminhar, o Grande

Nó que habita o Ontem. O poder de minha força está em minha mão, eu não sou conhecido [por ti] e, no entanto, eu sou aquele que te conhece.

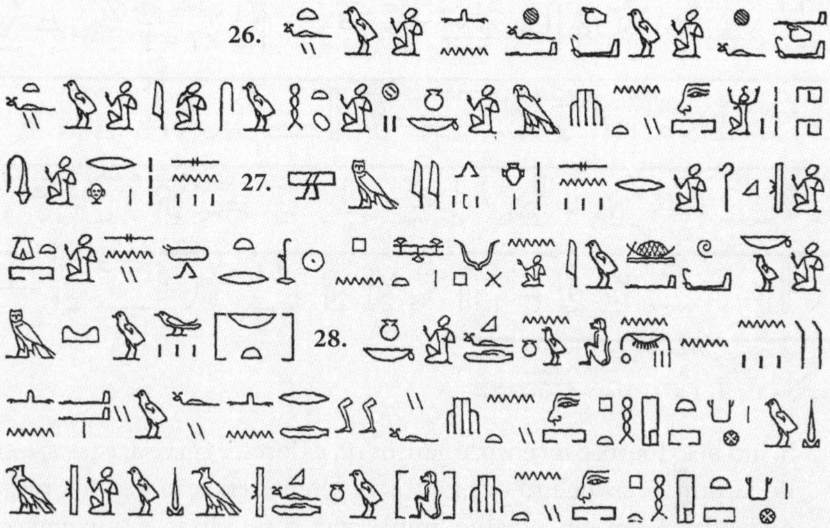

26. Eu não posso ser pego com a mão, mas sou aquele que pode pegar-te com a mão. Salve, ó Ovo! Salve, ó Ovo! Eu sou Hórus, que vive por milhões de anos, cuja chama vos ilumina, **27.** e traz vossos corações até mim. Eu sou o senhor de meu trono. Eu avanço nesta estação. Eu abri um caminho. Eu me livrei de todas as coisas malignas. **28.** Eu sou o macaco dourado com cabeça de cão, com três palmos e dois dedos [de altura], que não tem braços ou pernas, e que mora em Het-ka-Ptah (Mênfis). Eu sigo adiante como segue adiante o macaco com cabeça de cão que mora em Het-ka-Ptah.

Rubrica ao Capítulo CXXV

PRANCHA XXXIII

RUBRICA: 1. Contempla o Osíris Ani, cuja palavra é verdade, trajado com fino linho e calçado com **2.** sandálias de [couro] branco, e ungido com o mais fino unguento de mirra. São oferecidos a ele

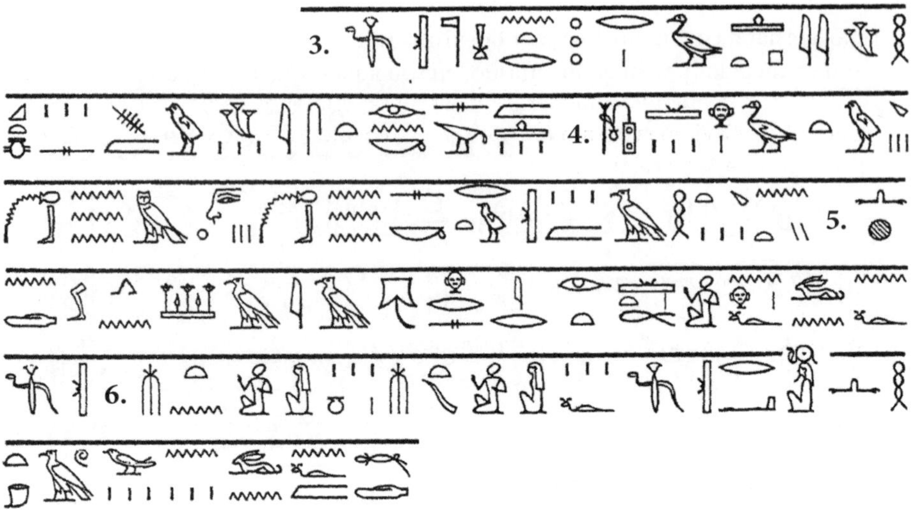

3. um belo touro, e incenso, e gansos *ra*, e flores, e cerveja, e pães, e ervas do jardim. E eis que tu deverás fazer a representação de uma mesa de oferendas **4.** em um ladrilho limpo, com cores puras, e tu o enterrarás em um campo onde **5.** suíno algum tenha passado. E, se uma cópia deste livro for escrita sobre esse ladrilho, ele se erguerá [de novo] e **6.** os filhos de seus filhos florescerão e prosperarão, como Rá, sem cessar. Ele será tido em alta conta

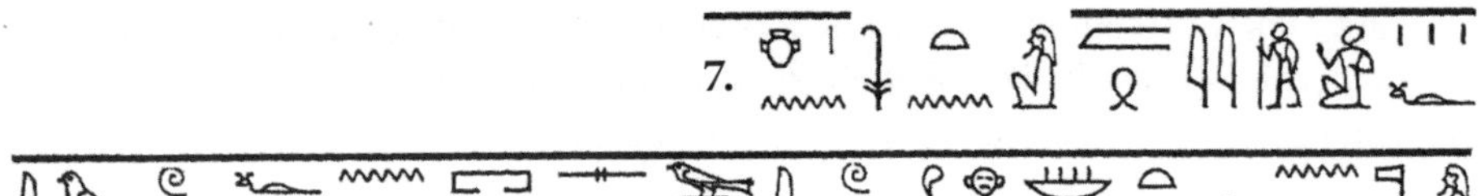

7. pelo rei e pelos nobres *shenit* da corte dele, lhe serão oferecidos pães e jarros de bebida e porções de carne, à mesa do altar **8.** do Grande Deus. Ele não será afastado de porta alguma em Amentet; ele viajará com o séquito **9.** dos Reis do Sul e dos Reis do Norte e habitará junto aos **10.** seguidores de Osíris próximo a Un-Nefer, para todo o sempre.

Apêndice

A vinheta que se segue à rubrica anterior, aparentemente, pertence ao Capítulo CXXVI, mas falta o texto do capítulo; ele é fornecido aqui, a partir do Papiro de Nu, Folha 24:

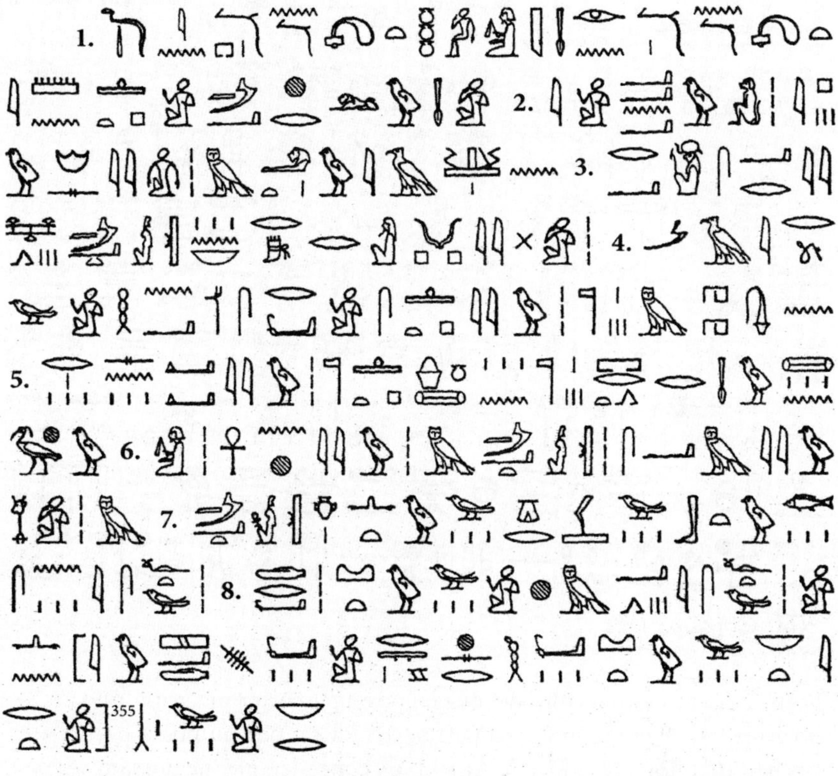

1. O administrador do guardião do selo, Nu, cuja palavra é verdade, gerado pelo administrador do guardião do selo Amen-hetep, cuja palavra é verdade, diz: **2.** Salve, ó Quatro Macacos que sentais na proa da Barca de Rá, **3.** que levais a verdade a Ne-ber-tcher, que presidis o julgamento **4.** do homem oprimido e de [seu] opressor, que fazeis com que os deuses fiquem contentes por intermédio da chama de vossas **5.** bocas, que apresentais oferendas sagradas aos deuses e refeições sepulcrais às Almas Espirituais, **6.** que viveis da verdade, e que vos alimentais da **7.** verdade do coração, que estais livres da desonestidade e da fraude, e para quem a perversidade é uma abominação, **8.** eliminai meus atos malignos e afastai meus pecados [que

355. Acrescentado a partir do papiro n. 9.913 do Museu Britânico.

mereciam chibatadas na Terra, e destruí qualquer coisa maligna que existe em mim], e permiti que não exista em mim nenhum tipo de obstáculo

9. até chegar a vós. Ó, concedei que eu possa percorrer meu caminho através do Amehet,[356] que eu possa adentrar em Rasta, que eu possa passar através dos **10.** pilonos ocultos de Ament. Ó, concedei que me possam ser ofertados bolos *shens* **11.** e cerveja, e bolos *persen*, assim como são ofertados às Almas Espirituais vivas, e concedei que eu possa entrar **12.** e sair de Rasta.

[Os Quatro Macacos respondem, dizendo:] Vem, pois nós eliminamos tua perversidade e afastamos teu pecado, junto aos teus pecados na face da Terra que merecem chibatadas, e destruímos qualquer coisa maligna **13.** que existisse em ti na face da Terra. Entra, portanto, em Rasta, e passa através dos pilonos ocultos de Amentet, e lá lhe serão oferecidos bolos *shens* **14.** e cerveja, e bolos *persen*, e tu sairás e entrarás como desejares, assim como fazem aqueles que são favorecidos [pelo Deus], e tu serás chamado [para partilhar as oferendas] a cada dia no horizonte.

356. Originalmente, uma câmara ou um local no Reino de Seker, o deus da Morte, que estava repleta de fogo e de água fervente; apenas os justos poderiam passar ilesos por essa região. Ela causava

CAPÍTULO CLV
O capítulo do Tet de ouro
PRANCHA XXXIII

CAPÍTULO CLV. 1. O CAPÍTULO DE UM TET DE OURO. O Osíris Ani, cuja palavra é verdade, diz: Tu te ergues por ti próprio, ó Coração Sereno! Tu **2.** brilhas por ti próprio, Coração Sereno! Coloca-te sobre tua base (?), eu venho, eu trago para ti um Tet de ouro, tu te alegrarás com isso.

Apêndice

As versões deste capítulo encontradas no Papiro de Nebseni e no Papiro de Nu são diferentes. Assim, temos:

Eleva-te, ó Osíris, tu tens tua espinha dorsal, ó Coração Sereno, tu tens tuas vértebras do pescoço e teu dorso, ó Coração Sereno! Coloca-te sobre tua base (?). Eu espalho água sob ti e trago-te um Tet de ouro para que possas alegrar-te com isso.[357]

RUBRICA: [**1.** Do Papiro de Nu.] 

grande temor aos deuses, sendo um local misterioso para as Almas Espirituais, fatal para os mortos . De acordo com o Capítulo CXLIX, o deus dessa região era chamado SEKHER (?) .

357. 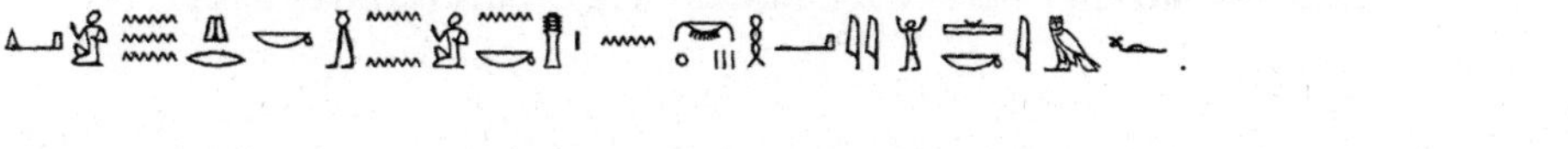.

RUBRICA: [Este capítulo] deve ser recitado sobre um Tet de ouro colocado em um pedestal feito de madeira de sicômoro que tenha sido embebido com a tintura das flores *ankhamu*, e deverá ser colocado no pescoço do falecido no dia do funeral. Se este amuleto for colocado em seu pescoço, ele vai se tornar um Khu perfeito em Khert-Neter, e nos festivais do Ano-Novo ele será igual aos Seguidores de Osíris, continuamente e para sempre.

RUBRICA: [**2.** Do Papiro de Turim.] 

RUBRICA: [Este capítulo] deve ser recitado sobre um Tet de ouro feito com o tronco de uma árvore de sicômoro, e deverá ser colocado no pescoço do falecido. Então, ele entrará através das portas do Tuat. Suas palavras não serão silenciadas. Ele ocupará seu lugar no Dia do Ano-Novo entre os Seguidores de Osíris.

Se este capítulo for conhecido pelo falecido, ele viverá como um Khu perfeito em Khert-Neter. Ele não será expulso através das portas de Amentet. Devem ser oferecidos a ele os bolos *shen*, e uma jarra de vinho, e o bolo *persen*, e fatias de carne nos altares de Rá ou, em algumas versões, Osíris Un-Nefer. E sua palavra será a verdade diante de seus inimigos em Khert-Neter continuamente, e para sempre e para sempre.[358]

CAPÍTULO CLVI
O capítulo de um *tet* de pedra vermelha (cornalina?)

PRANCHA XXXIII

CAPÍTULO CLVI. 1. O CAPÍTULO DE UM *TET* DE CORNALINA. Osíris Ani, cuja palavra é a verdade, diz: O sangue de Ísis, os encantamentos de Ísis, **2.** os poderes mágicos de Ísis tornarão forte este que é poderoso, e haverá um amuleto de proteção [contra aquele] que lhe faria as coisas que ele abomina.

RUBRICA: [Do Papiro de Nu.]

358. Uma bela coleção de Tets está em exibição na Quarta Sala Egípcia do Museu Britânico. Alguns estão encimados por coroas,  e 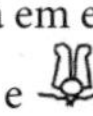. São feitos de louça vitrificada azul ou verde, lápis-lazúli, cornalina, ágata, vidro azul opaco, e um deles, um exemplo muito interessante (n. 20.636), é feito de pedra e incrustado com lápis-lazúli, cornalina, heliotropo e crisoprásio.

359. O Papiro de Nu traz .

RUBRICA: [Este capítulo] deve ser recitado sobre um *tet* de cornalina que tenha sido banhado em uma tintura de flores *ankhamu* e feito com um tronco de sicômoro. Ele deve ser colocado no pescoço do falecido no dia do funeral. Se isso for feito para ele, os poderes mágicos de Ísis protegerão os membros dele. Hórus, o filho de Ísis, irá alegrar-se quando o vir. [Nenhuma] estrada estará bloqueada para ele. Sua mão estará estendida para o Céu, sua mão estará estendida para a Terra, para sempre. Não permita que ninguém o veja. Em verdade (...)

Na Recensão Saíta, a rubrica é um pouco mais completa:

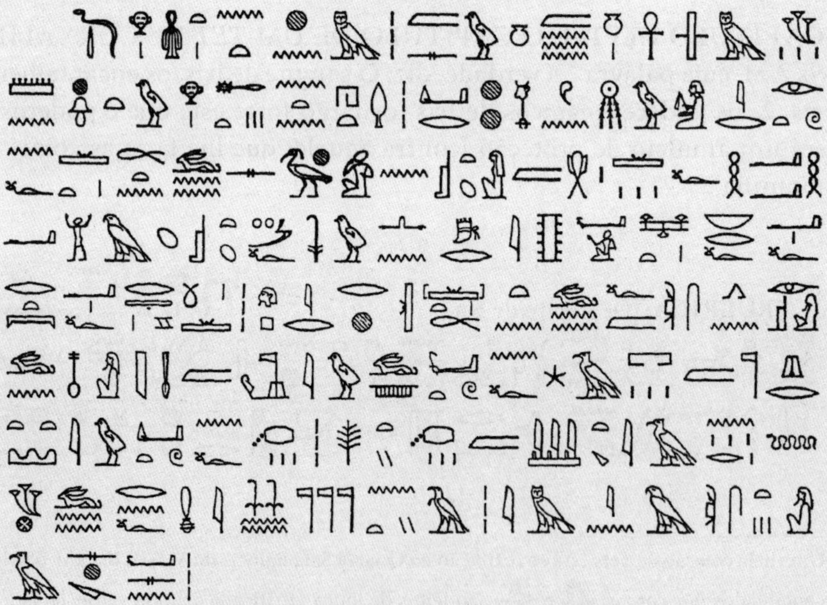

RUBRICA: [Este capítulo] deve ser recitado sobre um *tet* de cornalina untado com tintura das flores *ankhamu*, feito com o tronco de uma árvore de sicômoro. Ele deverá ser colocado no pescoço do Khu. Se esse livro for feito (isto é, escrito) para ele, os encantamentos mágicos de Ísis o protegerão, e Hórus, o filho de Ísis, irá rejubilar-se [quando] o vir. Nenhuma estrada estará bloqueada para ele. Sua mão estará estendida para o Céu, sua mão estará estendida para a Terra (...) Se este livro for conhecido por ele, ele fará parte do séquito de Osíris Un-Nefer, e sua palavra será verdade em Khert-Neter. As portas em Khert-Neter serão abertas para ele. Trigo e cevada lhe serão oferecidos em Sekhet-Aanru. O nome dele será como [os nomes dos] deuses que estão lá, os Seguidores de Hórus que fazem a colheita.

CAPÍTULO XXIX(c)
O capítulo de um coração de pedra Sehert

PRANCHA XXXIII

CAPÍTULO XXIX(c). 1. O CAPÍTULO DE UM CORAÇÃO DE PEDRA SEHERT. O Osíris Ani, cuja palavra é a verdade, diz: Eu sou a ave Benu, a Alma-Coração de Rá, o guia dos deuses **2.** ao Tuat. As Almas-Coração saem para a face da Terra a fim de fazer o que seus Kau (isto é, Duplos) desejam fazer, e a Alma-Coração do Osíris Ani sairá para fazer o que seu Ka desejar fazer.

Este capítulo é uma das muitas fórmulas que foram compostas com o objetivo de proteger o coração, e parece ter sido criado para ser gravado em corações feitos de *sehert*, uma pedra que ainda não foi identificada de modo satisfatório. Não existe, de fato, uma boa razão para considerá-lo uma variante do Capítulo XXIX(a) ou XXIX(b), e somente é agrupado com eles por ter o coração como tema. Na versão deste capítulo publicada por Naville (*op. cit.*, I, Bl. 41), o texto é um pouco mais extenso e traz o seguinte:

[Para os textos e traduções dos Capítulos XXIX(a) e XXIX(b), ver a descrição do conteúdo da Prancha XV.]

CAPÍTULO CLXVI
O capítulo do apoio de cabeça, ou travesseiro

PRANCHA XXXIII

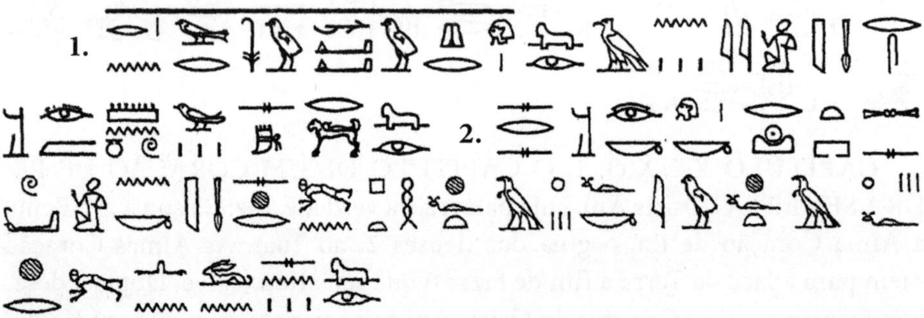

CAPÍTULO CLXVI. 1. O CAPÍTULO DO APOIO DE CABEÇA [OU TRAVESSEIRO], que deve ser colocado sob a cabeça do osíris ani, cuja palavra é verdade. Desperta tu de teu sofrimento, ó tu que jazes prostrado! **2.** Desperta! Tua cabeça está no horizonte. Ergo-te, ó tu cuja palavra é verdade. Ptah derrotou teus inimigos para ti. Teus inimigos caíram e jamais voltarão a existir, ó Osíris.

Esta versão está incompleta. O texto inteiro, encontrado no Papiro de Nebseni (Folha 21), é o seguinte:

O CAPÍTULO DO APOIO DE CABEÇA [OU TRAVESSEIRO]. Desperta de teus sofrimentos (ou de tua dor), ó tu que jazes prostrado. Eles (isto é, os deuses) montam guarda à tua cabeça no horizonte. Tu foste erguido, tua palavra é verdade no que diz respeito às coisas que fizeste. Ptah fez caírem prostrados teus inimigos. Foi ordenado que teu trabalho fosse feito para ti. Tu és Hórus, o filho de Hathor, Nesert, Nesertet, que devolveu a cabeça depois que ela foi cortada. Tua cabeça não será tomada de ti depois [de ter sido cortada]; tua cabeça não será levada para longe de ti, nunca, nunca!

Com o apoio de cabeça, ou travesseiro, a série de amuletos que Ani considerava muito importantes para sua proteção chega ao fim. No Papiro de Turim, vários outros amuletos estão ilustrados, e são incluídos os textos relacionados a eles. Assim, a vinheta do Capítulo CLVII é um abutre, com as asas abertas, segurando em cada garra o símbolo da "vida". Esse amuleto era feito de ouro e colocado sobre o pescoço do falecido; ele simbolizava a deusa Ísis e conferia sua proteção ao falecido. O morto tomava o lugar de Hórus e, assim como Ísis erguia-o dos mortos nos pântanos de papiro do Delta, supunha-se que ela realizaria a ressurreição de todo aquele que a venerassem. A vinheta do Capítulo CLVIII é um peitoral com cabeças de falcões, feito de ouro e colocado sobre o pescoço do falecido, a quem era assegurada a proteção de Ísis. A vinheta do Capítulo CLIX é um cetro , que era feito de crisoprásio. Era colocado no pescoço do falecido e assegurava-lhe a proteção da deusa Rennet. Na vinheta do Capítulo CLX, vemos Thoth dando ao falecido o cetro-amuleto, que carregava consigo a proteção e a força do grande deus das palavras de poder. A vinheta do Capítulo CLXII é uma vaca. Este amuleto era feito de ouro fino e colocado no pescoço do morto.

O capítulo em si era escrito em um pedaço de papiro novo e colocado sob a cabeça do morto, pois acreditava-se que isso manteria no corpo um calor semelhante ao que ele tinha enquanto estava na face da Terra. Na vinheta do Capítulo CLXIII, encontramos uma serpente com duas pernas humanas, um par de chifres e um disco sobre sua cabeça. Junto a ela, há dois Utchats, cada um com um par de asas e um par de pernas humanas. Na pupila de um Utchat, há uma figura de Menu com cabeça de falcão; e, na pupila do outro, há uma figura de Menu com a cabeça de Neith. Estas garantiam ao falecido liberdade e felicidade absolutas no Tuat, abundância de alimento e imunidade contra as calamidades que Set pudesse infligir.

Na vinheta do Capítulo CLXIV temos uma figura de Mut com três cabeças: uma da deusa Pekhat, uma de homem e uma de abutre. Mut está provida de um falo, um par de asas e as garras de um leão. Junto a Mut há dois anões gordos, cada um com uma cabeça de duas faces, uma de homem e a outra de falcão. A recitação do capítulo sobre essas figuras afastava do falecido os efeitos da morte. Na vinheta do Capítulo CLXV, há uma figura de Menu com o corpo de um besouro e itifálica; ele tem um par de plumas sobre a cabeça, seu braço direito porta um mangual , ele está erguido e exibe uma cauda. Com ele está uma figura humana que tem a cabeça de um carneiro projetando-se de cada ombro. A figura de Menu é pintada sobre o coração do falecido, e a outra figura é pintada sobre seu peito. Essas figuras faziam o falecido brilhar como as estrelas no Céu. No Papiro de Nebseni (Folha 22), a vinheta do Capítulo CLXVII é um Utchat colocado sobre o emblema de ouro . O texto do capítulo faz referência à devolução a Rá de seu olho, que havia sido levado por Set. Thoth foi em busca do Olho, trouxe-o de volta e recolocou-o na face do Deus Sol. Assim como fez isso para Rá, Thoth trará a alma de volta para o corpo morto daquele que foi servo e adorador leal de Osíris.

CAPÍTULO CLI(a)

Os textos na câmara funerária

PRANCHAS XXXIII e XXXIV

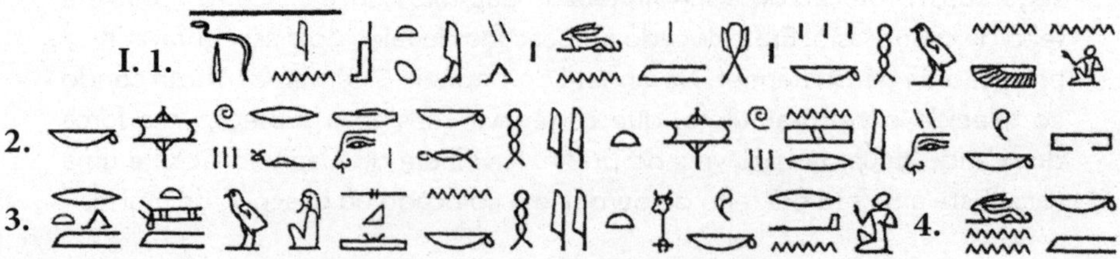

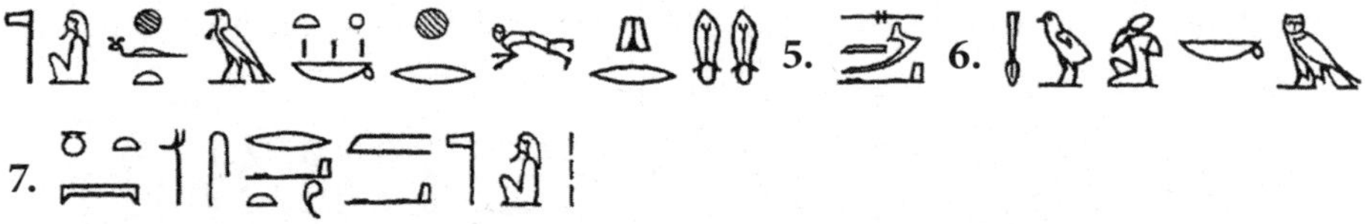

I. FALA DE ÍSIS. Ísis diz: Eu vim para ser tua protetora. Flutuo no ar que inspiras por tuas narinas e no vento norte que provém do deus Tem até teu nariz. Tornei íntegra tua traqueia. Eu faço com que vivas como um deus. Teus inimigos caíram sob teus pés. Fiz com que tua palavra fosse verdadeira diante de Nut, e tu és poderoso ante os deuses.

II. FALA DE NÉFTIS. Néftis diz para o Osíris Ani, cuja palavra é verdade: Permaneço a tua volta para proteger-te, ó irmão Osíris. Eu vim para ser tua protetora. [Minha força estará junto a ti, minha força estará junto a ti para sempre. Rá ouviu teu grito, e os deuses fizeram tua palavra ser verdade. Tu foste elevado. Tua palavra é verdade no que diz respeito ao que foi feito a ti. Ptah derrotou teus inimigos, e tu és Hórus, o filho de Hathor.][360]

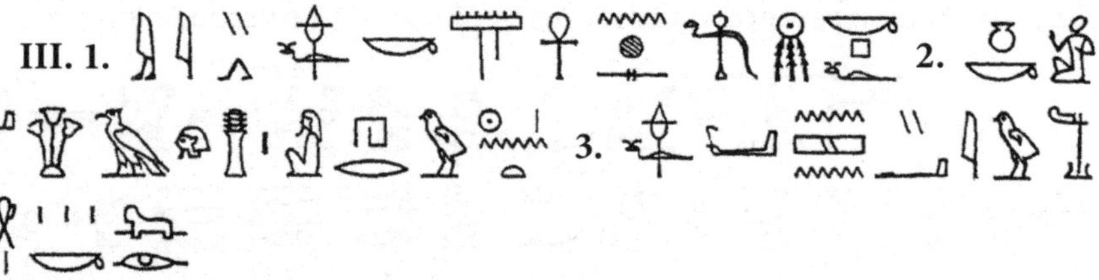

III. FALA DO TET. Eu vim rapidamente, e fiz recuar os passos do deus cuja face está oculta.[361] Eu iluminei seu santuário. Eu me posto jun-

360. O texto de Ani está corrompido aqui, e as palavras entre colchetes são traduzidas a partir do seguinte texto:  .

361. Leia-se: .

to ao deus Tet no dia de rechaçar o desastre.[362] Eu velo para proteger-te, ó Osíris.

IV. FALA DE KESTA (MESTA). Eu sou Kesta, teu filho, ó Osíris Ani, cuja palavra é verdade. Eu venho para proteger-te. Farei tua casa florescer, para sempre, como Ptah me ordenou, e como o próprio Rá ordenou.

V. FALA DE HAPI. Eu sou Hapi, teu filho, ó Osíris Ani, cuja palavra é verdade. Eu venho para proteger-te. Eu junto tua cabeça e os membros de teu corpo. Golpeio e derrubo para ti teus inimigos a teus pés. Entrego-te tua cabeça para todo o sempre, ó Osíris Ani, cuja palavra é verdade em paz.

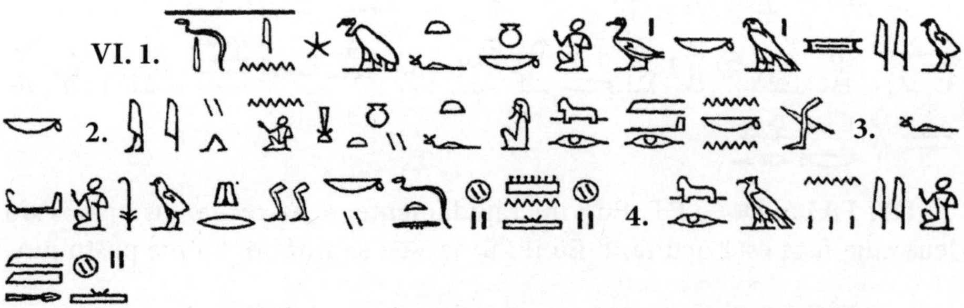

VI. FALA DE TUAMUTEF. Tuamutef diz: Eu sou teu filho Hórus, que te ama. Eu venho para vingar-te, meu pai Osíris, daquele que te fez mal. Eu o

362. Variação: 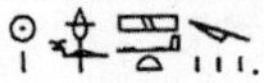.

prostrei sob teus pés para todo o sempre, para sempre, para sempre, ó Osíris Ani, cuja palavra é verdade, cuja palavra é verdade.

VII. FALA DE QEBHSENUF. Qebhsenuf diz: Eu sou teu filho, ó Osíris Ani, cuja palavra é verdade. Eu venho para proteger-te. Recolhi teus ossos e juntei teus membros. [Trouxe teu coração e o coloquei sobre o trono dele dentro de teu corpo. Faço tua casa florescer, ó tu que vives para sempre.][363]

VIII. FALA DA CHAMA. Eu te protejo com esta chama. Eu o expulso [o inimigo] do vale da tumba. Eu lanço (?) a areia ao redor [de teus pés]. Acolho o Osíris Ani, cuja palavra é verdade, em paz. [Um texto aperfeiçoado diz: "Eu envolvo com areia o ataúde oculto e afasto, pois, aqueles que o atacariam. Eu lanço luz no vale da tumba, eu o ilumino. Percorro as estradas para proteger (Osíris)".][364]

363. O texto de Ani está corrompido. A passagem entre colchetes é traduzida de outro texto, que é o seguinte: 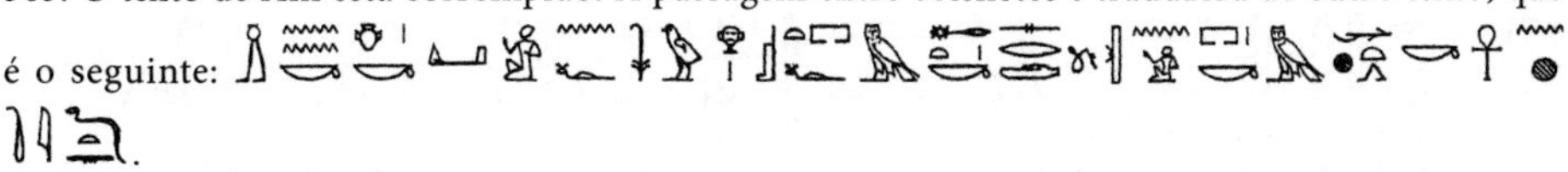

364. 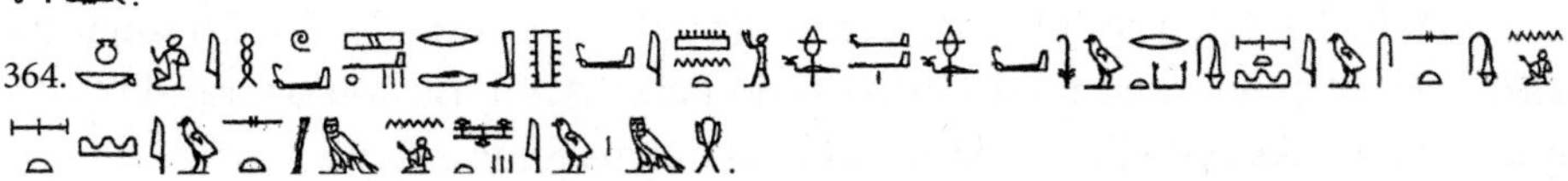

IX. FALA DA CHAMA. Eu venho para esquartejar. Não fui esquartejada, e não permitirei que sejas esquartejado. Eu venho para praticar violência [contra teu inimigo], mas não permitirei que seja praticada violência contra ti. Eu te protejo.

X. UMA ALMA DIZ: O Osíris Ani, cuja palavra é verdade, louva Rá quando ele rodopia elevando-se no céu no horizonte oriental.

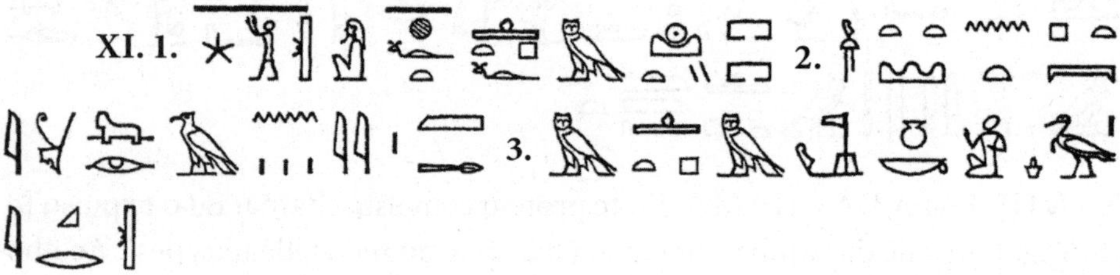

XI. UMA ALMA DIZ: O Osíris Ani, cuja palavra é verdade, em paz em Khert-Neter, louva Rá quando ele se põe no horizonte ocidental do céu [e diz] "Eu sou uma alma perfeita".

XII. FALA DE ANI. O Osíris Ani, cuja palavra é verdade, diz: Eu sou uma alma perfeita que mora no divino ovo do Peixe Abtu. Eu sou o Grande Gato que mora no Assento da Verdade, no qual o deus Shu se eleva.

XIII. [CAPÍTULO VI] O CAPÍTULO PARA NÃO TRABALHAR EM KHERT-NETER

XIII. FALA DA ESTATUETA USHABTI. [O CAPÍTULO PARA NÃO TRABALHAR EM KHERT-NETER.] Ilumina o Osíris Ani, cuja palavra é verdade. Salve, Estatueta Shabti! Se o Osíris Ani receber ordem de fazer qualquer um dos trabalhos que devem ser feitos em Khert-Neter, que tudo o que se interpuser em seu caminho seja afastado dele — seja trabalhar nos campos, ou encher os canais com água, ou carregar areia [do Leste para o Oeste]. A Estatueta Shabti responde: "Eu o farei, em verdade estou aqui [quando] tu chamas!".

No Papiro de Nu e no Papiro de Nebseni, a fala de Anpu, que é vista na vinheta junto ao ataúde, constitui um capítulo por si só e existe em duas formas, que se seguem:

CAPÍTULO CLI(b).

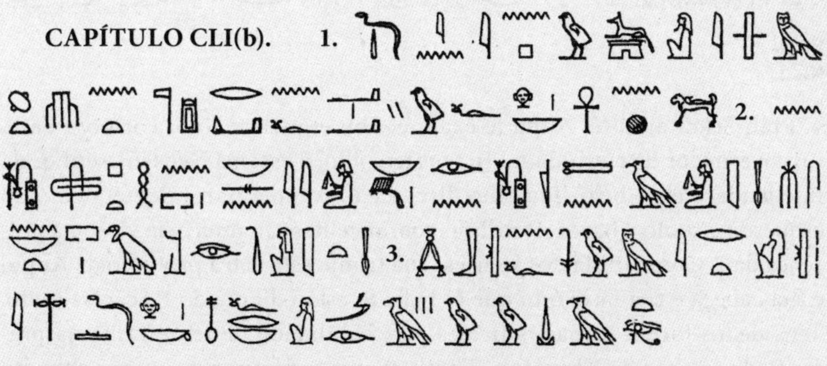

1. Anúbis, que habita a câmara da múmia, Governador da Casa Divina, pousa suas mãos sobre o senhor da vida (isto é, a múmia), **2.** o escriba, o desenhista de Ptah, Nebseni, o senhor da fidelidade, filho do escriba e pedreiro Thena, nascido da senhora da casa Mut-rest, cuja palavra é verdade, e, **3.** devotando-se a ele como seu guardião, diz: Glória a ti, tu que és feliz, senhor! Tu vês o Utchat.

4. Ptah-Seker atou-te. Anpu te exaltou. Shu ergueu-te, ó **5.** Formosa Face, tu, governador da eternidade. Tu tens teu olho, ó escriba Nebseni, senhor da fidelidade, e ele é belo. Teu olho direito é **6.** como a Barca Sektet, teu olho esquerdo é como a Barca Atet. Tuas sobrancelhas são uma bela visão na presença da **7.** Companhia dos Deuses. Tua fronte está sob a proteção de Anpu, e tua cabeça e tua face, ó tu que és belo, **8.** estão diante do Falcão sagrado. Teus dedos foram tornados firmes pela habilidade de teu escriba na presença do Senhor de Khemenu, Thoth, **9.** que conferiu a ti o conhecimento da fala dos livros sagrados. Tua barba é bela aos olhos de Ptah-Seker, e tu, ó escriba Nebseni, senhor da fidelidade, és formoso diante **10.** da Grande Companhia dos Deuses. O Grande Deus olha por ti, e ele te conduz pelo caminho da felicidade. Refeições sepulcrais são concedidas a ti, e ele derrota para ti teus inimigos,

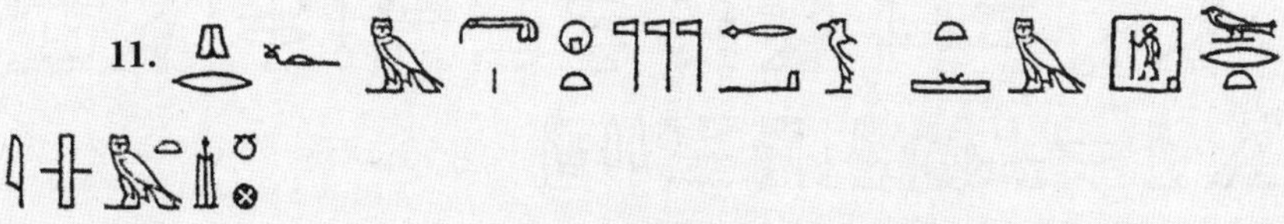

11. colocando-os sob teus pés na presença da Grande Companhia dos Deuses que vive na Casa do Grande Deus Antigo que está em Anu (Heliópolis).

CAPÍTULO CLI(c). O que se segue é uma forma abreviada do Capítulo CLI(b):

CAPÍTULO CX
Os capítulos de Sekhet-Hetepet
(Os Campos Elísios)
PRANCHA XXXIV

CAPÍTULO CX. 1. [AQUI] TÊM INÍCIO OS CAPÍTULOS DE SEKHET--HETEPET, E OS CAPÍTULOS PARA SAIR À LUZ DO DIA, PARA ENTRAR EM KHERT-NETER E DE LÁ SAIR, PARA CHEGAR EM SEKHET-AANRU **2.** E PARA VIVER EM PAZ NA GRANDE CIDADE, A SENHORA DOS VENTOS. O osíris escriba ani, cuja palavra é verdade, diz: que eu seja o mestre lá. Que eu seja um *khu* lá. Que eu lavre a terra. Que **3.** eu colha. Que me alimente. Que eu beba. [Que eu gere filhos lá. 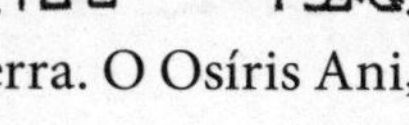.] Que eu faça lá tudo aquilo que uma pessoa faz na face da Terra. O Osíris Ani, cuja **4.** palavra é verdade, diz: Hórus venceu Set quando [ele] contemplava a construção (?) de Sekhet-Hetepet. [Ele] espalhou

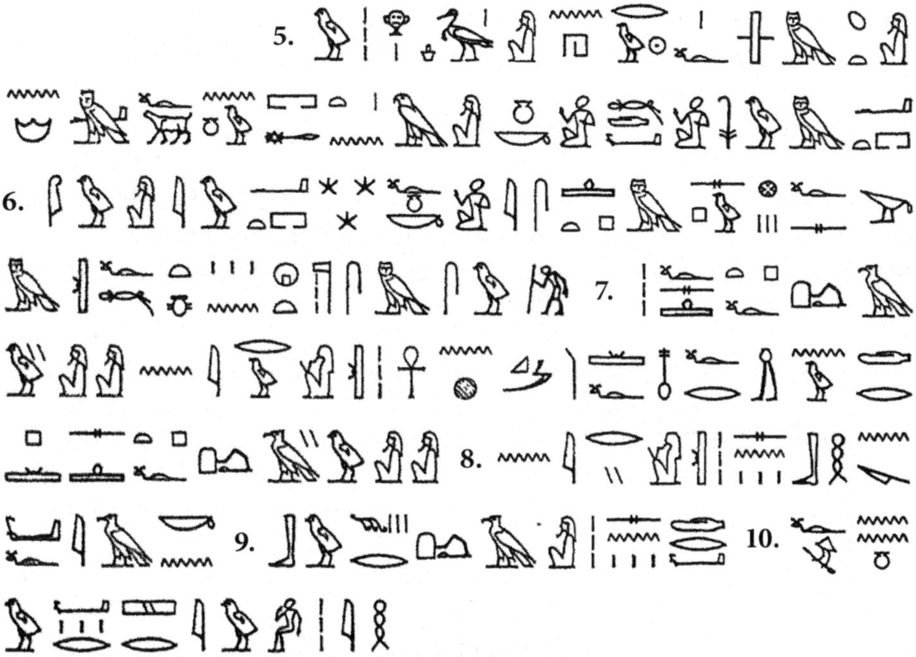

5. ar sobre a Alma Divina em seu Ovo, em seu momento. Ele libertou o interior do corpo de Hórus [dos Deuses Akeru]. Eu o coroei na Casa **6.** de Shu. A casa dele são as estrelas. Eis que assumo meu lugar em seus nomos. Ele guiou os corações da Companhia dos Deuses Primogênitos. **7.** Ele reconciliou os Dois Combatentes (isto é, Hórus e Set), os guardiões da vida. Ele fez o que é certo, trazendo uma oferenda (?). Ele reconciliou os Dois Combatentes com aquele que pertence a eles. **8.** Ele cortou as cabeleiras **9.** dos Dois Combatentes. Ele destruiu **10.** as revoltas dos filhos [deles].

11. Eu eliminei todo o mal que acometeu suas almas. Eu sou mestre em [Sekhet-Hetepet]. **12.** Eu conheço o lugar. Eu naveguei por seus lagos **13.** para chegar às cidades de lá. Eu tornei forte

14. minha boca. As Almas Espirituais estão prontas [para lutar], **15.** mas eles não vão ganhar o domínio sobre mim. Eu estou provido em teus Campos, **16.** ó deus Hetep. O que tu desejares, tu poderás fazer, [diz este deus].

O texto do Capítulo CX apresentado anteriormente está repleto de erros, e a tradução aqui apresentada é apenas uma sugestão do que Ani desejava dizer. O texto completo do capítulo é apresentado no Apêndice a seguir, mas é muito difícil entendê-lo.

Apêndice

CAPÍTULO CX
Os capítulos de Sekhet-Hetepet

[Do Papiro de Nebseni, Folha 17]

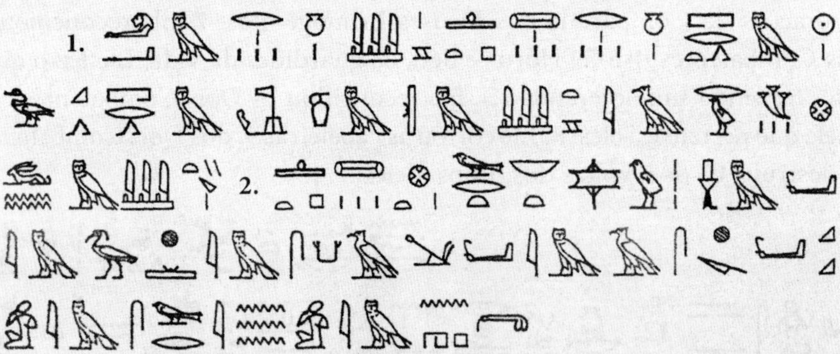

CAPÍTULO CX. 1. TÊM INÍCIO AQUI OS CAPÍTULOS DE SEKHET--HETEPET E OS CAPÍTULOS PARA SAIR À LUZ DO DIA; PARA PENETRAR EM KHERT-NETER E PARA SAIR DE LÁ; PARA CHEGAR A SEKHET-AARU; PARA VIVER EM SEKHET- **2.** HETEPET, A CIDADE PODEROSA, A SENHORA DOS VENTOS; PARA TER PODER LÁ; PARA

TORNAR-SE UMA ALMA ESPIRITUAL LÁ; PARA ARAR; PARA COLHER; PARA ALIMENTAR-SE; PARA BEBER; PARA FAZER AMOR

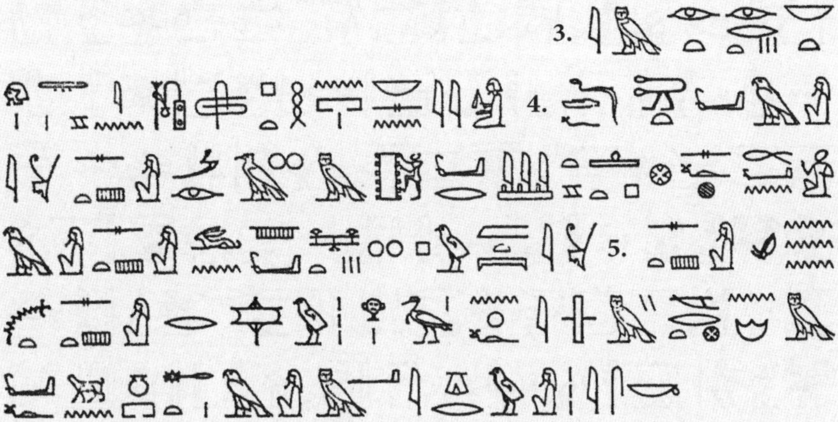

3. LÁ E PARA FAZER LÁ TUDO AQUILO QUE UM HOMEM FAZ NA TERRA. Nebseni, o escriba e desenhista de Ptah, diz:

4. Set venceu Hórus, que contemplava a construção em Sekhet-Hetepet. Eu libertei Hórus de Set. Set abriu os caminhos dos Dois Olhos (o Sol e a Lua) no céu. **5.** Set expeliu água com ar sobre a alma de seu Olho (?) que morava na cidade de Mert; ele libertou o interior do corpo de Hórus das mãos dos Deuses Akeru. Olhem para mim!

6. Eu remo esta grande barca pelo Lago do deus Hetep; eu a arrebatei na mansão de Shu. A mansão de suas estrelas renova a juventude, renova a juventude. Eu remo pelos **7.** lagos de lá para chegar às cidades de lá. Eu navego até a cidade do deus Hetep (...). Eis que eu estou em paz com o tempo dele, e com sua orientação (?), e com sua vontade (?), e com a Companhia dos Deuses,

8. que são seus primogênitos. Ele faz os Dois Combatentes (Hórus e Set) ficarem em paz [um com o outro] e formarem a guarda dos viventes que ele criou de forma justa, e ele traz paz; ele faz os Dois Combatentes estarem em paz com aqueles que protegem **9.** a ambos. Ele corta o cabelo de seus combatentes divinos, ele afasta dos filhos (?) a tempestade. Ele protege do ataque os Espíritos. **10.** Eu ganhei poder lá. Eu conheço a região. Eu naveguei por seus lagos para poder chegar a suas cidades. Minha boca é forte. Eu estou preparado contra os Espíritos. Eles não ganharão o domínio sobre mim. **11.** Eu sou recompensado [com] estes teus Campos, ó deus Hetep. O que tu desejas tu fazes, ó senhor dos ventos. Lá, serei um espírito. Lá, irei me alimentar. Lá, irei beber.

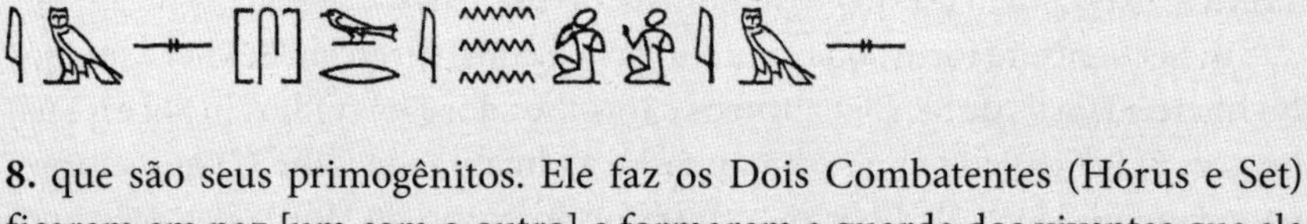

12. Lá, lavrarei a terra. Lá, farei a colheita. Lá, serei forte. Lá, farei amor. Lá, minhas palavras serão fortes. Lá, não estarei subjugado.

13. Lá, serei um homem poderoso. Tu tornaste forte (?) a boca e a garganta (?). Hetep Qettbu é o nome de lá. [Está] instalado sobre os pilares de Shu, e está relacionado às coisas agradáveis de Rá. **14.** Ele é o divisor dos anos, o que tem a boca oculta; silenciosa é sua boca, oculto é o que ele pronuncia, ele atinge a eternidade, ele toma posse da perpetuidade da existência como Hetep, Neb-Hetep. Hórus **15.** faz forte a si mesmo, como um falcão que tem mil cúbitos de comprimento, e dois mil cúbitos em vida (*sic*). Ele está equipado, ele segue viagem, ele vem ao lugar onde

16. seu coração estaria, entre os lagos que estão nas cidades de lá. Ele gerou filhos (?) na câmara de nascimento do deus da cidade (isto é, o deus local), ele está satisfeito com o alimento do deus da cidade; ele faz o que deve ser feito lá, no Campo de Smas-er-Khet (...) tudo da câmara de nascimento **17.** do deus da cidade. Agora, [quando ele] se põe na [terra da] vida como cristal, ele realiza tudo lá, [coisas que são] como as coisas feitas no Lago Neserser, onde não há quem se alegre, e onde há coisas malignas

18. de todos os tipos. O deus Hetep entra e sai, e marcha de um lado a outro no Campo de Smas-er-Khet, a Senhora da câmara de nascimento do deus da cidade.[365] [Que eu] viva com o deus Hetep,* **20.** vestido, e não espoliado pelos Senhores do Norte (?), e que o Senhor das coisas possa trazer alimento (?) a mim. Que ele possa me fazer seguir adiante. Que eu possa sair. Que ele traga a mim meu Poder **21.** lá, que eu possa recebê-lo, e que eu possa ser recompensado (ou provido) pelo deus Hetep. Que eu possa ser o senhor das palavras grandiosas e poderosas em meu corpo (?) neste meu lugar. Faz-me lembrar **22.** disso. Que eu [não] me esqueça. Que eu possa seguir adiante, que eu possa lavrar a terra. Estou em paz com o deus da cidade. Eu conheço a água, as cidades,

365. A passagem de "Agora, quando ele (...) a cidade" é repetida no papiro, como será visto a partir do texto egípcio.

*. A publicação original não indica onde se inicia a tradução dos hieróglifos correspondentes ao número 19. (N.E.)

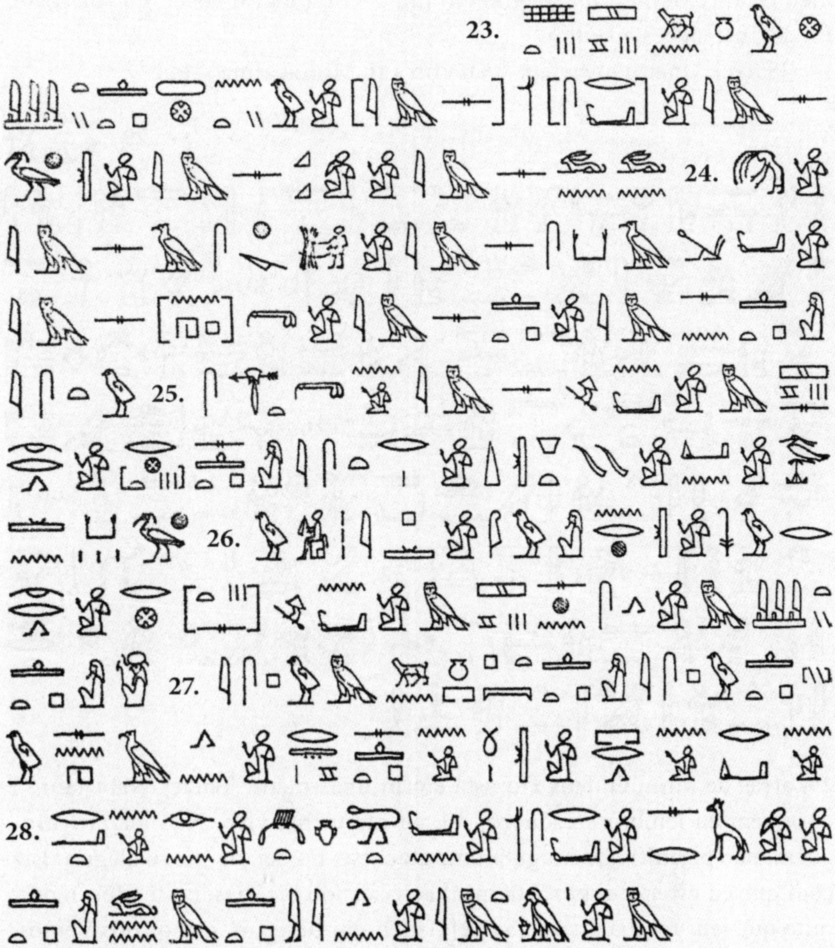

23. os nomos e os lagos que existem em Sekhet-Hetepet. Eu vivo lá. Eu sou forte lá. Eu brilho (?) lá. Eu me alimento lá. Eu (...) lá. **24.** Eu faço a colheita lá. Eu lavro a terra lá. Eu gero filhos lá. Eu estou em paz lá com o deus Hetep. Eis que **25.** eu semeio os grãos lá. Eu navego pelos lagos de lá, e eu chego às cidades, ó deus Hetep. Vê, minha boca está provida, ela tem chifres (isto é, dentes). Concede a mim a abundância dos Kau (Duplos) e das Almas Espirituais. **26.** Aquele que conta a mim é Shu. Eu não o conheço (?). Eu chego às cidades de lá. Navego pelos lagos. Eu caminho e percorro Sekhet-Hetepet. Eis que é Rá **27.** quem está no Céu. Eis que é Hetep [que é] seu duplo oferecimento de paz (?). Eu viajei até esse território (ou essa terra). Eu vesti meus trajes. Eu saí à luz. Eu dei o que **28.** estava ao meu alcance dar. Eu me alegrei em [meu] coração. Eu venci. Eu sou forte. Eu dei instruções a Hetep.

[Salve], Unen-em-hetep,[366] eu vim a ti. Minha alma segue

29. atrás de mim. O deus Hu está em minhas mãos. [Salve], Nebt-taui,[367] em quem eu lembro e esqueço, **30.** eu me tornei vivo. Não ataquei ninguém, não permiti que ninguém me atacasse. Eu dei, dá-me tu alegria. Faz com que eu esteja em paz, ata minhas veias (ou artérias, ou tendões), permita que [eu] receba ar. **31.** [Salve], Unen-em-hetep, o Senhor dos Ventos. Eu vim aqui. Eu abri minha cabeça. Rá dorme. Eu não velo (?), [pois] a deusa Hetemet está à porta do Céu **32.** durante a noite. Obstáculos foram colocados diante de mim, mas eu recolhi as emissões dele. Estou em minha cidade. Ó Nut-urt[368] (isto é, Grande Cidade), eu vim a ti. Eu avaliei minhas abundantes reservas.

366. Nome da primeira grande seção dos Campos Elísios.

367. Nome de um lago na segunda seção dos Campos Elísios.

368. Nome de um lago na primeira seção dos Campos Elísios.

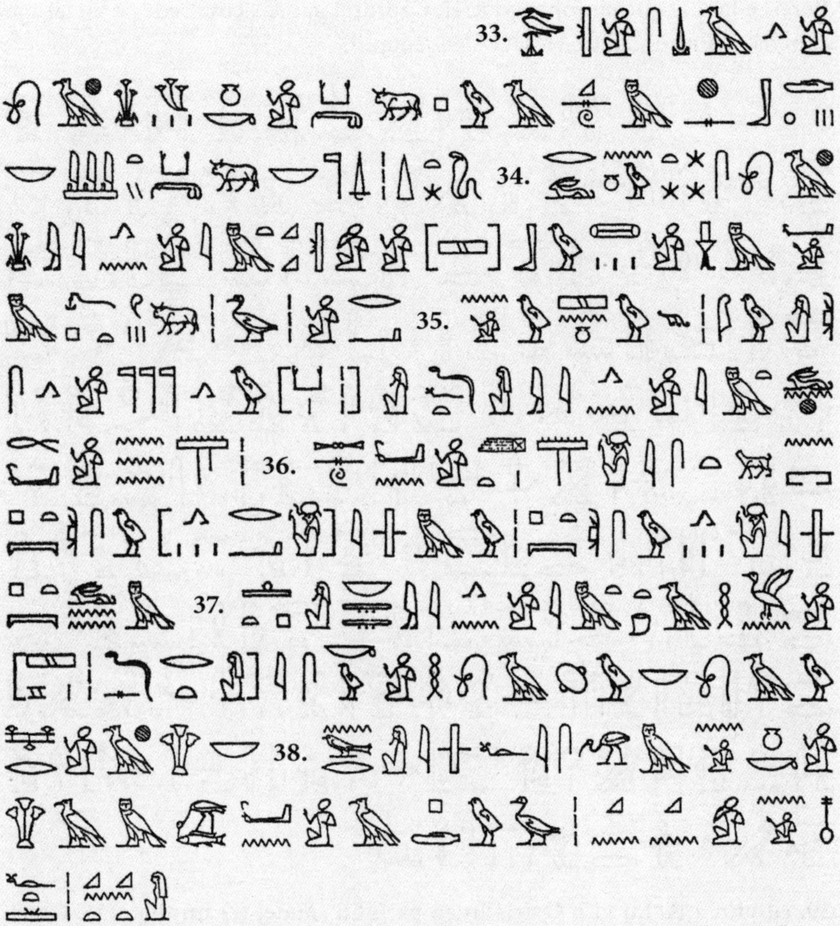

33. Eu avanço por meu caminho para Uakh.[369] Eu sou o Touro que está amarrado com uma corda de lápis-lazúli, o senhor do Campo do Touro, o senhor das palavras do deus, a deusa Septet (Sothis) **34.** em suas horas. Ó Uakh, eu vim a ti. Eu consumi meu alimento. Sou o senhor de peças de carne de boi seletas e de aves emplumadas, e as aves de Shu **35.** me foram dadas. Eu sigo os deuses, e sigo [depois dos Duplos], ó Tcheft,[370] eu vim a ti. Eu me trajo com mantos **36.** e me envolvo com as vestes *sat* de Rá. Contempla o Tribunal do céu (ou Céu), [e] os seguidores de Rá que moram no Céu. Ó Un-em-hetep, **37.** senhor das Duas Terras, eu vim a ti. Eu mergulhei nos Lagos de Tchesert; eis que todo tipo de impureza é removido de mim. O divino **38.** Grandioso

369. Nome de um lago na segunda seção dos Campos Elísios.

370. Nome de um distrito na terceira seção dos Campos Elísios.

floresce lá. Eis que eu [o] encontrei. Capturei gansos com redes e saciei-me com os melhores dentre eles. Ó Qenqentet,[371]

39. eu vim a ti. Eu vi o Osíris [meu pai]. Eu saudei (?) minha mãe. Gerei filhos. Capturei as serpentes (ou vermes), estou liberto. **40.** Sei o nome do deus que está com a deusa Tchesert, que tem cabelos lisos e está provido de chifres [prontos para marrar]. Ele colhe, e eu tanto lavro a terra **41.** quanto colho. Ó Hetemet, eu penetrei em ti. Eu me aproximei (?) do lápis-lazúli (céu?). Segui os ventos da Companhia dos Deuses. O Grande Deus entregou minha cabeça **42.** a mim. Aquele que prende minha cabeça a meu corpo para mim é o Poderoso, com olhos de lápis-lazúli (?), a saber, Ari-en-ab-f ("Ele faz aquilo que deseja"). Ó Usert,[372] eu vim a ti, vim à casa onde o alimento **43.** é trazido a mim. Ó Smam,[373] eu vim a ti. Meu coração observa,

371. Nome de um lago na segunda seção dos Campos Elísios.

372. Nome de um distrito na terceira seção dos Campos Elísios.

373. Nome de um distrito na terceira seção dos Campos Elísios.

minha cabeça está provida com a Coroa Branca. Eu atuo como o guia de seres celestiais. Faço florescer

44. os seres terrestres. Há alegria de coração para o Touro, e para os seres celestiais, e para a Companhia dos Deuses. Eu sou o deus, o Touro, o Senhor dos deuses, que percorre seu caminho através do azul-turquesa (isto é, o céu). Ó trigo e cevada do nomo, **45.** do Deus, eu vim a ti. Eu avancei. Eu ergui [você] (isto é, carreguei você), seguindo as melhores oferendas da Companhia dos Deuses. Eu prendi minha barca ao poste de amarração nos lagos dos seres celestiais. **46.** Eu ergui o poste de amarração. Recitei as palavras e dirigi louvores aos deuses que moram em Sekhet-Hetepet.

CAPÍTULO CXLVIII

[O capítulo para prover o falecido com carne, leite etc.]

PRANCHA XXXV

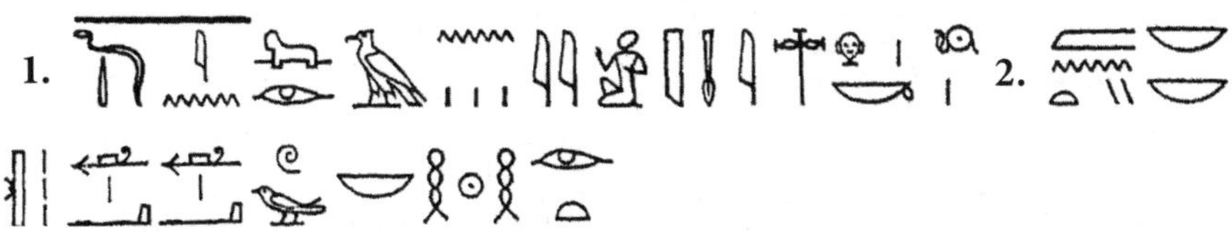

1. O Osíris Ani, cuja palavra é verdade, diz: Glória a ti, ó Rá, **2.** o Senhor da Verdade, o Único, o Senhor da Eternidade e Criador

3. da Perpetuidade. Eu vim diante de ti, ó meu Senhor Rá. Eu faria prosperarem **4.** as Sete Vacas e seu Touro. Ó vós que dais **5.** pães e cerveja às Almas Espirituais, concedei que minha alma possa estar convosco. **6.** Que ele nasça sobre vossas coxas. Que ele seja igual a um **7.** de vós para todo o sempre. Que o Osíris Ani, cuja palavra é verdade, tenha um poder glorioso **8.** no Belo Amentet.

Os nomes das Sete Vacas e seu Touro

1.  Het-Kau Nebtertcher.

2. 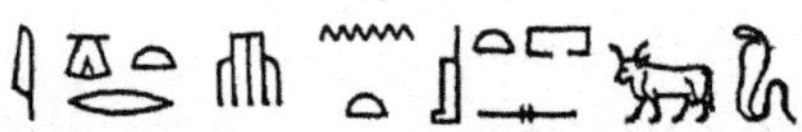 Akertkhentetasts.

3. 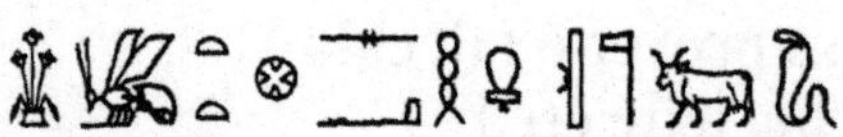 Khebitetsahneter.

4.  Urmertusteshertshenti.

5.  Khnemtemankhanuit.

6. 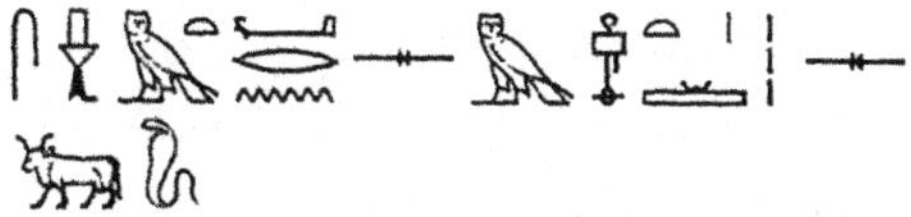 Sekhmetrensemabats.

7.  Shenatpetuthestneter.

8.  Kathaihemt.

Saudações aos Quatro Lemes do Céu

PRANCHA XXXVI

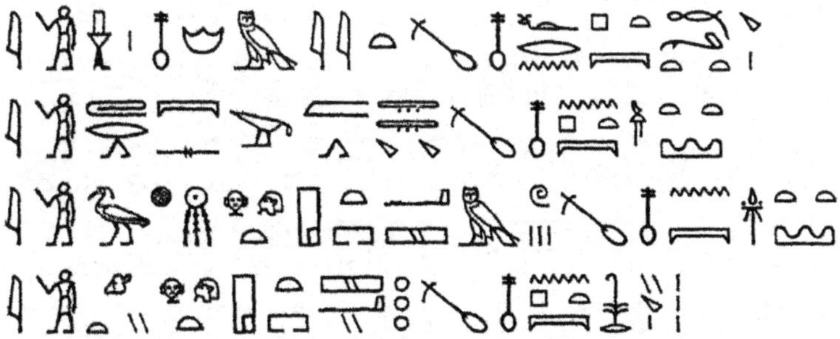

Salve, tu Formoso Poder, tu Formoso Leme do Céu Setentrional.

Salve, tu que circulas, Guia das Duas Terras, Formoso Leme do Céu Ocidental.

Salve, Esplendor, Habitante do templo dos deuses Ashemu, Formoso Leme do Céu Oriental.

Salve, Habitante do templo dos deuses Vermelhos, Formoso Leme do Céu Meridional.

Saudações aos Quatro Companheiros dos Deuses

Salve, deuses que estais acima da Terra, Guias do Tuat.

Salve, deusas-mães, que estais acima da Terra em Khert-Neter, na Casa de Osíris.

Salve, deuses que guiais Ta-tchesert, que estais acima da Terra e sois guias do Tuat.

Salve, Seguidores de Rá, que integrais o séquito de Osíris.

Apêndice

RUBRICA [Do Papiro de Nu]: 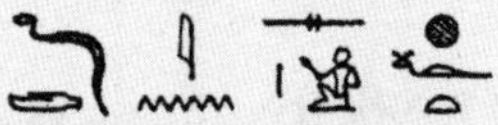

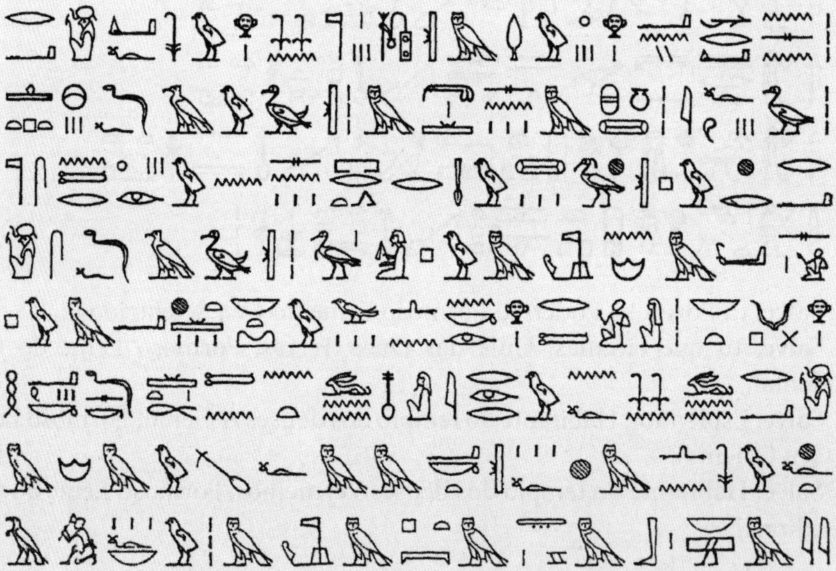

RUBRICA: [Estas palavras] serão recitadas quando Rá surgir por cima [das figuras] desses deuses escritas (ou pintadas) com cores em uma tabuleta, e tu colocarás oferendas de alimento *tchefau* diante deles, pães, cerveja, carne, gansos e incenso. Elas farão com que o falecido desfrute das "oferendas que surgem à palavra [de comando]" diante de Rá; e elas darão ao falecido alimento abundante em Khert-Neter e o livrarão de toda e qualquer coisa maligna. E tu não recitarás este Livro de Un-Nefer na presença de ninguém além de ti mesmo. Se isso for feito para o falecido, Rá será um leme para ele, e será para ele uma grande força protetora, e destruirá todos os seus inimigos para ele em Khert-Neter, e no Céu e na Terra, e em qualquer lugar onde ele possa entrar, e ele desfrutará do alimento celestial regular e continuamente, para sempre.

Na Recensão Saíta (ed. Lepsius, Bl. LXIX), este capítulo tem um título muito longo, a saber:

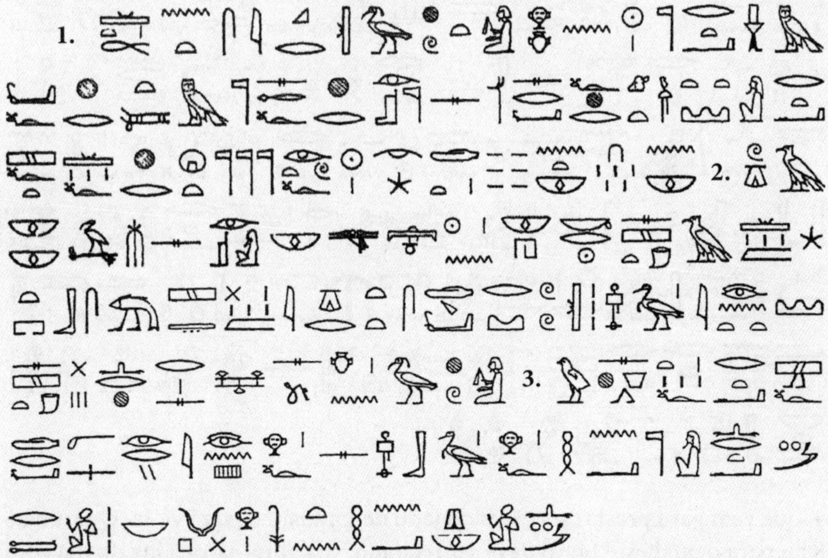

1. O LIVRO PARA TORNAR PERFEITO O KHU no coração de Rá, para fazer com que ele mantenha o domínio diante de Tem, para engrandecê-lo diante de Osíris, para torná-lo poderoso diante de Khent-Amentet e produzir o temor a ele diante da Companhia dos Deuses. Ele deve ser recitado no dia da Lua Nova, no festival do sexto dia, no festival do décimo quinto dia, **2.** no festival de Uak, no festival de Thoth, no Aniversário de Osíris, no festival de Menu, na noite de Heker, [durante] os Mistérios de Tuat, durante a celebração dos Mistérios em Akertet, no declínio das emissões, na passagem do Vale Funerário, [e] os Mistérios (...) [A recitação deles] fará o coração do Khu florescer (ou crescer) **3.** e tornará longos os seus passos e fará com que ele avance, e fará o rosto dele iluminar-se, e fará com que ele penetre até o Deus. Que homem algum testemunhe [a recitação] exceto o rei e o sacerdote Kherheb, mas o servo,

4. que vem para prestar serviços do lado de fora não deverá vê-la. Quanto ao Khu para o qual este Livro deve ser recitado, sua alma sairá à luz do dia com os vivos, ele terá poder entre os deuses, e a recitação o tornará irresistível **5.** para todo o sempre. Estes deuses o rodearão e o aceitarão. Ele será um deles. [Este livro] fará com que ele saiba como passou a existir no princípio. Este Livro é de fato um **6.** mistério verdadeiro. Que nenhum desconhecido tenha conhecimento dele. Não fale sobre ele com homem algum. Não o repita. Que nenhum [outro] olho o veja. Que nenhum [outro] ouvido o ouça. Que ninguém mais o veja exceto [tu mesmo] e aquele que [o] ensinou [a ti]. Que a multidão não [saiba sobre ele], **7.** exceto tu mesmo e o amigo amado por teu coração. Deves fazer (isto é, escrever) este livro na câmara *seh*, sobre um tecido pintado com estrelas (?) todo em cor. Ele é de fato um mistério. Aqueles que habitam os pântanos do Delta e em todos os lugares por lá não devem conhecê-lo. Ele abastecerá o Khu com alimento celestial em

8. Khert-Neter. Eu abastecerei sua Alma-Coração com alimento na Terra. Isso fará com que ele viva para sempre. Coisa [maligna] alguma terá domínio sobre ele.

As saudações aos Quatro Lemes, entre outras, são um pouco diferentes. Elas são as seguintes:

Salve, Poder do Céu, Aquele que Abre o Disco, Formoso Leme do Céu Setentrional.

Salve, Rá, Guia das Duas Terras, Formoso Leme do Céu Ocidental.

Salve, Khu, Morador da Casa dos deuses Akhemu, Formoso Leme do Céu Oriental.

Salve, Governador, Morador da Casa dos Deuses Tesheru, Formoso Leme do Céu Meridional.

Concedei pães e cerveja e alimento *tchefau* para o Osíris Auf-ankh, cuja palavra é verdade.

Salve, Pai dos Deuses! Salve, Mãe dos Deuses em Khert-Neter! Livrai o Osíris de todas as coisas malignas, de toda obstrução maligna, de todo ataque nefasto de um inimigo e daquele caçador mortífero cujas palavras são como facas, e de homens e deuses e de Almas Espirituais, e dos condenados, neste dia, nesta noite, no presente festival do décimo quinto dia, e neste ano, e das coisas malignas que ali existem.

CAPÍTULO CLXXXV
Hino a Osíris Khenti-Amenti Un-Nefer

PRANCHA XXXVI

1. O Osíris Ani, cuja palavra é verdade, louva Osíris Khenti-Amenti Un--Nefer e diz: Salve, meu Senhor, que te moves célere por toda a eternidade,

2. cuja existência é para sempre, senhor dos senhores, rei dos reis, SOBERANO (Ati), deus dos deuses, que vive nos **3.** templos (?) deles (...) deuses (...) homens. Que faças lugar para mim junto àqueles que estão em Khert-Neter, que adoram as formas de teu Ka, e que **5.** atravessam (?) milhões de milhões de anos. **6.** (...)* **9.** Que nenhuma demora surja para ti em Ta-mera. **10.** Que eles venham **11.** a ti, todos eles, os grandes, **12.** assim como os pequenos. Que este deus possa conceder o poder de entrar e sair de **13.** Khert-Neter sem ser rechaçado, **14.** em [qualquer] porta do Tuat, para o Ka do **15.** Osíris Ani, [cuja palavra é verdade].[374]

Este capítulo recebe aqui o número CLXXXV porque seu conteúdo guarda alguma semelhança com o conteúdo do capítulo no Papiro de Sutimes, ao qual Naville atribuiu esse número, e sua posição no final do Papiro de Ani sugere que seja uma variante dele. O Papiro de Sutimes contém o seguinte:

---

*. A publicação original não indica onde se inicia a tradução dos hieróglifos correspondentes ao número 4. Além disso, há uma omissão de tradução dos hieróglifos correspondentes aos números 6 a 8. (N.E.)

374. O texto deste capítulo está corrompido em muitos lugares.

SUTIMES, QUE FAZ AS LIBAÇÕES E PRESIDE A CÂMARA DO ALTAR DOS APTS, CHEFE DOS ESCRIBAS DE AMEN, CUJA PALAVRA É VERDADE, LOUVA OSÍRIS E PRESTA HOMENAGEM AO SENHOR DA ETERNIDADE, E SATISFAZ A VONTADE DO DEUS, E FALA A VERDADE, O SENHOR DO QUE É DESCONHECIDO, E DIZ:

Glória a ti, ó Sagrado Deus, ser poderoso e benigno, Príncipe da Eternidade, que habita tua morada na Barca Sektet, cujas elevações são incontáveis na Barca Atet, a quem louvores são prestados no Céu e na Terra. Pessoas e nações te exaltam, e o assombro com teu terror está no coração dos homens, e de Almas Espirituais, e dos mortos. Tua alma mora em Tetu (Busíris), e o assombro contigo está em Hensu (Heracleópolis). Tu depositaste os emblemas visíveis de ti mesmo em Anu, e a majestade de tuas transformações em teu lugar sagrado. Eu vim a ti. A verdade está em meu coração, e em meu peito não há artimanhas nem malícia. Concede que eu possa ter meu ser entre os viventes, e que possa navegar rio acima e rio abaixo, entre aqueles que formam seu séquito.

CAPÍTULO CLXXXVI
[O capítulo do louvor a Hathor, Senhora de Amentet]

PRANCHA XXXVII

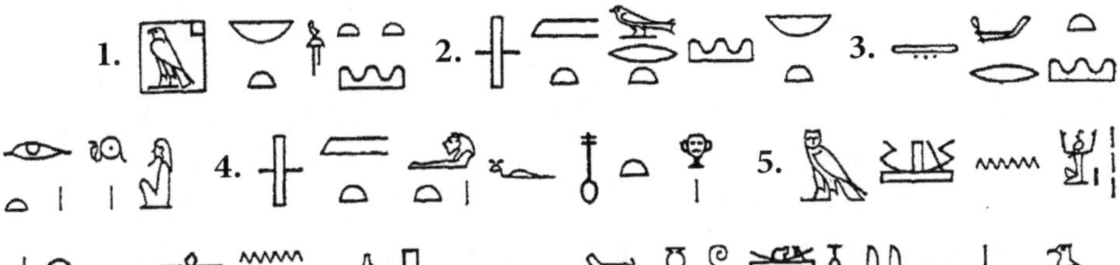

CAPÍTULO CLXXXVI. 1. Hathor, Senhora de Amentet, **2.** aquela que mora na Grande Terra (isto é, no Outro Mundo), a Senhora **3.** de Ta-Tchesert, o Olho de Rá, **4.** Aquela que Mora no Seio Dele, a Formosa Face **5.** na Barca de Milhões de Anos, o Assento **6.** da Paz daquele que faz a verdade, **7.** [Moradora] da Barca dos Favorecidos (...).*

*. A publicação original não fornece a tradução dos hieróglifos a partir do número 8. (N.E.)

A partir de outros papiros da XVIII Dinastia, que contêm a vinheta apresentada na Prancha XXXVII do Papiro de Ani, vemos que este último capítulo fora devotado ao louvor a Hathor e a outra grande deusa-vaca chamada Mehurt. Todos os textos são mais ou menos fragmentários, mas está claro que, depois de recitar os títulos da deusa Hathor e os louvores a ela, o falecido fazia uma declaração solene de que não havia cometido ofensa alguma no país dela, que havia executado as ordens do rei, estando com isso os deuses satisfeitos, e que finalmente implorava a ela que o deixasse viver lá em paz e alegria para sempre.

Apêndice

CAPÍTULO CXXXVII

O capítulo das quatro tochas

[Do Papiro de Nu, Folhas 26 e 27]

CAPÍTULO CXXXVII(a). 1.

CAPÍTULO CXXXVII(a). 1. O CAPÍTULO DAS QUATRO LÂMPADAS ACESAS QUE SÃO FEITAS PARA A ALMA ESPIRITUAL. Eis que

375. Acrescentado a partir do Papiro de Nebseni.

deves fazer quatro gamelas retangulares de argila **2.** onde deves espalhar incenso, e tu as encherá com o leite de uma vaca branca e nelas tu apagarás as lâmpadas. **3.** O Osíris Nu, o administrador do guardião do selo, cuja palavra é verdade, diz: O fogo vem a teu Ka, ó Osíris Khenti-Amenti! O fogo **4.** vem a teu Ka, ó Osíris Nu, cuja palavra é verdade. A noite vem após o dia.

5. [O fogo vem a teu Ka, ó Osíris, governador daqueles que estão em Amenti], e as duas irmãs (?) de Rá vêm também. Contempla-o (o fogo) elevar-se em Abtu (Abidos), e ele vem; eu faço com que ele venha, **6.** o Olho de Hórus. Ele está colocado sobre tua fronte, ó Osíris Khenti-Amenti; ele está colocado **7.** em teu templo e eleva-se em tua fronte; ele está colocado em tua fronte, ó Osíris Nu, **8.** ele está colocado em tua fronte. O Olho de Hórus te protege, ó Osíris Khenti-Amenti, e te mantém **9.** em segurança; ele lança prostrados todos os teus inimigos diante de ti, e todos os teus inimigos caíram prostrados diante de ti. **10.** Ó Osíris Nu, o Olho de Hórus te protege e te mantém em segurança, e lança prostrados

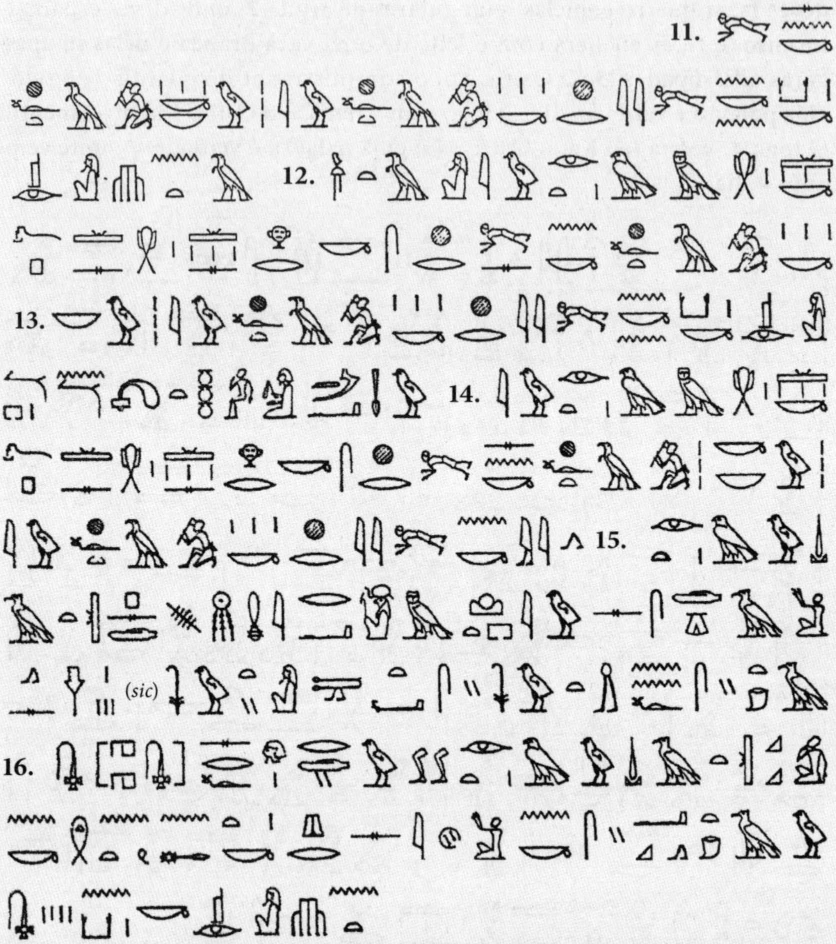

11. todos os teus inimigos. Teus inimigos caíram prostrados diante de teu Ka, ó Osíris Khenti-Amenti. **12.** O Olho de Rá te protege, ele te mantém em segurança, e lançou prostrados todos os teus inimigos. **13.** Teus inimigos caíram prostrados diante de teu Ka, ó Osíris Nu, cuja palavra é verdade. **14.** O Olho de Hórus protege-te e te mantém em segurança, ele lançou prostrados diante de ti todos os teus inimigos, e teus inimigos caíram prostrados diante de ti. O Olho de Hórus **15.** vem. Ele está firme e forte, ele emite luz, assim como Rá faz no horizonte. Ele recobre os poderes de Suti com escuridão, ele o domina e traz sua chama **16.** contra ele, por sua própria vontade. O Olho de Hórus está firme e forte, tu comes a carne dele, teu corpo a possui (?). Tu o aclamas. Os Quatro Fogos entrem em teu Ka, ó Osíris

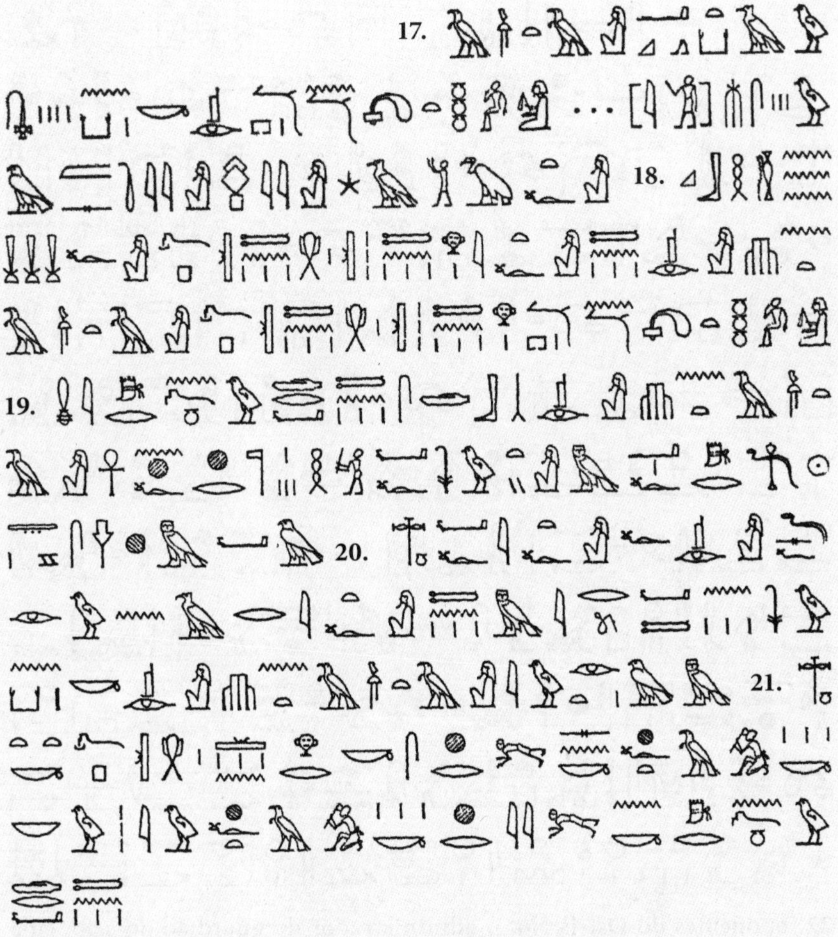

17. Khenti-Amenti, os Quatro Fogos entram em teu Ka, ó Osíris Nu, o administrador do guardião do selo, cuja palavra é verdade.

Salve, filhos de Hórus, Kesta, Hapi, Tuamutef **18.** e Qebhsenuf, vós destes vossa proteção a vosso divino Pai (Avô?) Osíris Khenti-Amenti, dai vossa proteção ao Osíris Nu, cuja palavra é verdade. **19.** Portanto, assim como destruístes o Oponente de Osíris Khenti-Amenti, que vive com os deuses, tendo golpeado Suti com a mão e o braço direito quando o alvorecer iluminou a Terra, e Hórus se tornou o mestre [de Suti], **20.** e vingou seu divino Pai ele próprio; e assim como vosso divino Pai fez prosperar (ou germinar) por meio da união do Ka de Osíris Khenti-Amenti, que realizastes, e o Olho de Hórus **21.** o tenha vingado, e o tenha protegido, e lançou prostrados diante dele todos os inimigos dele, e todos os inimigos dele tenham caído diante dele, da mesma forma destruí vós os

22. oponentes do Osíris Nu, o administrador do guardião do selo, cuja palavra é verdade. Que ele possa viver com os deuses, que ele golpeie seu inimigo, que ele possa destruí-lo **23.** quando o amanhecer iluminar a Terra. Que Hórus seja o mestre e vingue o Osíris Nu, e que o Osíris Nu prospere por meio de sua união com seu Ka, que vós realizastes. **24.** Ó Osíris Nu, o Olho de Hórus te vingou. Ele lançou prostrados todos os teus inimigos diante de ti, e todos os teus inimigos foram lançados prostrados diante de ti.

Salve, Osíris **25.** Khenti-Amenti, concede tu luz e fogo à Alma-Coração perfeita que está em Hensu (Heracleópolis). E [ó vós Filhos de Filhos de Hórus], concedei poder para a Alma-Coração viva do Osíris **26.** Nu por intermédio do fogo dele. Que ele não seja repudiado, e que não seja feito retroceder nas portas de Amentet! Que suas oferendas de pão e de roupas de linho lhe sejam trazidas

27. entre os senhores das oblações funerárias. Ó, oferecei louvores, como a um deus, ao Osíris Nu, o destruidor de seu oponente em sua forma de Verdade, e em seus **28.** atributos de um deus da verdade.

RUBRICA:

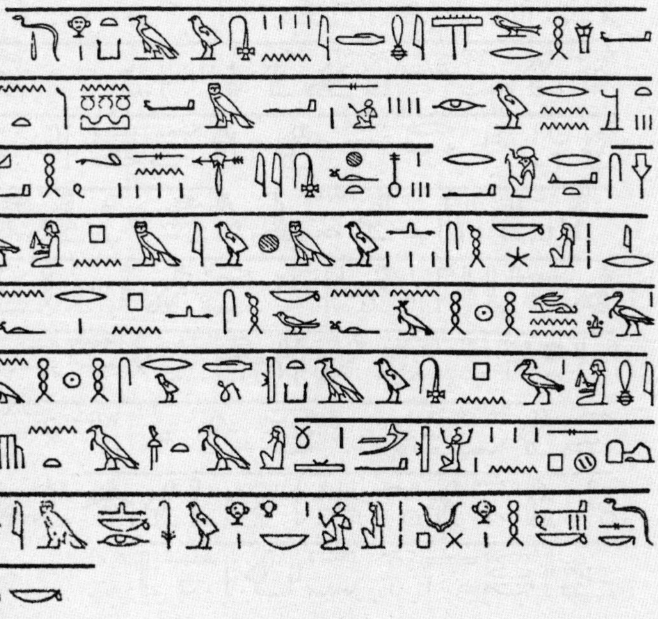

RUBRICA: [Este capítulo] deve ser recitado sobre quatro tochas de tecido *atma* que tenham sido untadas com o mais fino unguento Thehennu, e as tochas serão colocadas nas mãos de quatro homens que terão os nomes dos pilares de Hórus escritos **29.** nos ombros, e eles farão as tochas arderem na formosa luz de Rá, e isso deve conferir poder e força à Alma Espiritual do falecido em meio às estrelas que nunca se põem. Se este capítulo for recitado **30.** para ele, ele nunca, nunca perecerá, e irá se tornar uma alma viva para sempre. Tais tochas farão a Alma Espiritual prosperar como Osíris **31.** Khenti-Amenti, regular

376. Variação:

e continuamente, para sempre. É uma luta. Tu não deves realizar esta cerimônia diante de qualquer ser humano exceto tu mesmo, ou teu pai,

32. ou teu filho, porque é um mistério extremamente grande de Amentet, e é um protótipo das coisas ocultas que existem no Tuat. Quando esta cerimônia tiver sido realizada para o falecido, os deuses, as almas espirituais e o morto o verão 33. na forma de Khenti-Amenti, e ele terá poder e domínio da mesma forma que esse deus.

Se tu fizeres pelo falecido aquilo que é ordenado neste "Capítulo das quatro tochas ardentes" todos os dias, 34. tu farás com que a forma do falecido possa sair de todos os salões [no Tuat] e dos Sete Salões de Osíris. E ele viverá na forma do Deus. Ele terá poder e domínio correspondentes àqueles dos deuses e das Almas Espirituais 35. para todo o sempre. Ele entrará através dos pilonos secretos e não será repelido na presença de Osíris. E isso acontecerá desde que as seguintes coisas sejam feitas por ele, para que ele possa entrar e sair. 36. Ninguém o fará retroceder. Limite algum será imposto a suas andanças, e a sentença condenatória (isto é, culpado) não será feita a ele no Dia da Pesagem das Palavras (isto é, o Grande Julgamento) diante de Osíris — nunca, nunca. E tu deverás realizar o que quer que [esteja escrito] neste livro em nome do

37. falecido, que assim se tornará perfeito e puro. E irás "abrir a boca dele" com o instrumento de ferro. E escreverás estas coisas em conformidade com as instruções que são encontradas nos livros do Príncipe Herutataf, **38.** que as descobriu em um cofre secreto (elas estavam escritas de punho próprio pelo deus [Thoth], isto é, estavam escritas em hieróglifos, e foram depositadas no Templo da deusa Unnut, a Senhora de Unu)[377] durante uma viagem que fazia para inspecionar **39.** os templos e os santuários dos deuses. E tu deverá realizar essas cerimônias em segredo, na câmara Tuat da tumba, pois elas são mistérios do Tuat e são **40.** símbolos das coisas que são feitas em Khert-Neter.

377. Isto é, Hermópolis, a cidade de Thoth.

E tu deverás dizer: eu vim, eu avancei com pressa. Eu lanço luz sobre seus passos (isto é, do falecido). Eu estou oculto, mas lanço luz sobre seu local oculto, eu me posto junto ao Tet. Eu me posto

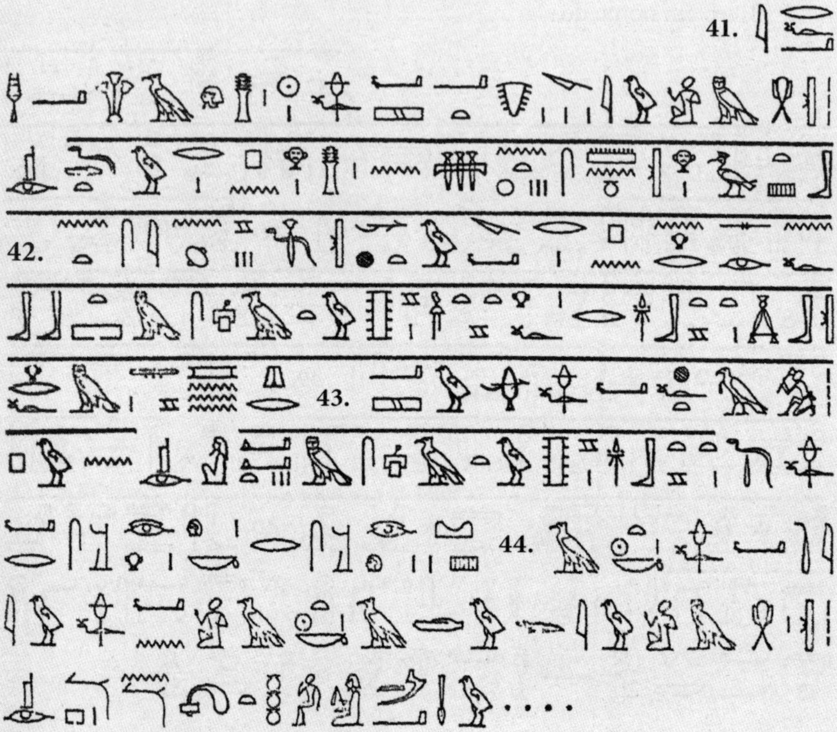

41. junto ao Tet de Rá, eu rechaço o sacrifício. Estou protegendo a ti, ó Osíris.

> **RUBRICA:** Este capítulo será recitado sobre um Tet de cristal que deve ser colocado sobre um tijolo **42.** feito de barro cru no qual este capítulo foi inscrito. Deverás fazer uma cavidade na parede oeste [da tumba] e, tendo voltado a parte da frente do Tet para oeste, tu fecharás a cavidade com barro ao qual foi misturado **43.** extrato de cedro. Este Tet deverá repelir os inimigos de Osíris que iriam instalar-se na parede leste [da tumba].

E tu dirás: eu fiz retrocederem teus inimigos. Eu velo por ti. Aquele que está sobre sua montanha (isto é, Anpu) protege **44.** a ti, preparado para o momento em que teus inimigos te atacarão, e ele os fará retroceder por ti.

Eu afastarei o Crocodilo no momento em que ele te atacar, e te protegerei, ó Osíris Nu.

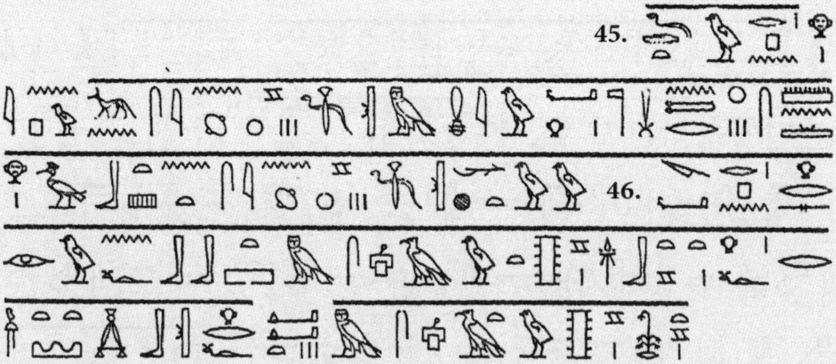

RUBRICA: 45. Este capítulo será recitado sobre uma estatueta de Anpu feita de barro cru misturado com incenso. E a estatueta deve ser colocada sobre um tijolo feito de barro cru, sobre o qual este capítulo foi inscrito. **46.** Tu farás uma cavidade na parede leste e, tendo voltado a face da estatueta de Anpu para a parede oeste, fecharás a cavidade. Essa estatueta irá repelir os inimigos de Osíris, que iriam instalar-se na parede sul (leia-se oeste).

47. E tu dirás: eu sou o cinturão de areia em volta do ataúde oculto. Eu faço retroceder a força do fogo ardente da montanha funerária. Eu percorro as estradas, e eu protejo **48.** o Osíris Nu, o administrador do guardião do selo, cuja palavra é verdade.

RUBRICA: Este capítulo será recitado sobre um tijolo feito de barro cru, onde uma cópia deste capítulo foi inscrita. E deverás colocar um junco no meio dele,

49. e deverás besuntá-lo com piche (ou betume) e atear fogo nele. Então, farás uma cavidade na parede sul e, tendo virado a parte da frente do tijolo para o norte, deverás emparedar o tijolo dentro dela. [Isso irá repelir os inimigos do Osíris Nu] que iriam juntar-se na **50.** parede norte.

E tu dirás: ó tu que vieste para atear fogo [à tumba ou múmia], não permitirei que o faças. Ó tu que vieste para lançar fogo [aqui], não permitirei que o faças. Vou queimar-te, e lançarei fogo **51.** sobre ti. Eu protejo o Osíris Nu, o administrador do guardião do selo, cuja palavra é verdade.

RUBRICA: Este capítulo será recitado sobre um tijolo feito de barro cru, sobre o qual uma cópia deste capítulo foi inscrita. [E deverás colocar sobre ele] uma estatueta do falecido feita de madeira de palma, **52.** com sete dedos de altura. E tu deverás realizar nela a cerimônia de "Abertura de Boca". Então tu farás uma cavidade na parede norte e, tendo [colocado o tijolo e a estatueta dentro dela], e voltado a face da estatueta para o sul, tu fecharás a cavidade. [Isso irá repelir os inimigos do Osíris Nu], que iriam juntar-se na parede sul.

E eis que tais coisas deverão ser feitas por um homem que tenha sido purificado pela água, e que esteja

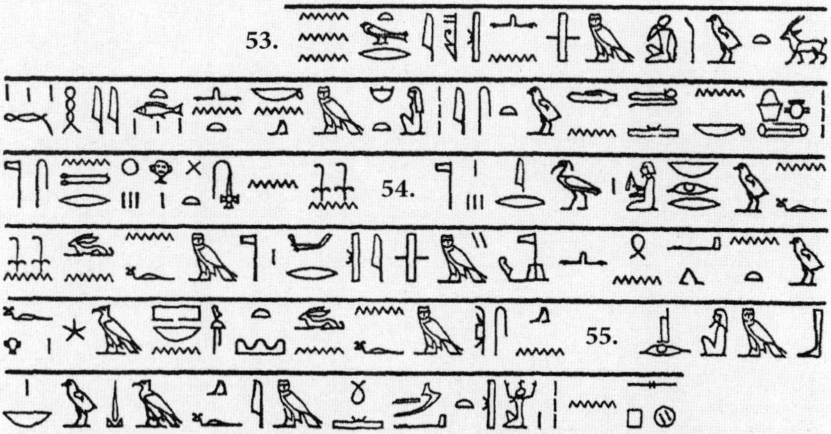

53. ritualmente limpo, e que não tenha comido nem carne nem peixe, e que não tenha [recentemente] feito sexo com mulheres. E eis que tu deverás fazer oferendas de pães e cerveja a esses deuses, e deverás queimar incenso nos fogos acesos para eles. **54.** Cada Alma Espiritual para quem tais coisas serão feitas vai se se tornar igual a um deus sagrado em Khert-Neter, e ele não será feito retroceder em nenhum portão em Amentet, e ele integrará o séquito de **55.** Osíris, acompanhando-o aonde quer que vá, de modo regular e contínuo.

Este livro foi impresso pela Gráfica Plena Print
nas fontes Avenir, Marlide Display e Minion Pro
sobre papel Ivory Bulk 58 g/m²
para a Mantra na primavera de 2025.